Partner auf Augenhöhe?

*Tanja Betz, Stefanie Bischoff, Nicoletta Eunicke,
Laura B. Kayser, Katharina Zink*

Partner auf Augenhöhe?

Forschungsbefunde zur Zusammenarbeit
von Familien, Kitas und Schulen
mit Blick auf Bildungschancen

| Verlag BertelsmannStiftung

Bibliografische Information der Deutschen Nationalbibliothek

Die Deutsche Nationalbibliothek verzeichnet diese Publikation in der Deutschen Nationalbibliografie;
detaillierte bibliografische Daten sind im Internet unter http://dnb.dnb.de abrufbar.

© 2017 Verlag Bertelsmann Stiftung, Gütersloh
Verantwortlich: Antje Funcke, Mirjam Stierle
Lektorat: Helga Berger, Gütersloh
Herstellung: Sabine Reimann
Gestaltung und Satz: Visio Kommunikation GmbH, Bielefeld
Umschlaggestaltung: Elisabeth Menke
Umschlagabbildung: Veit Mette (Junge), Image Source (Tafel)
Illustrationen: Klaus Pitter, Wien
Druck: Hans Kock Buch- und Offsetdruck GmbH, Bielefeld
ISBN 978-3-86793-789-4 (Print)
ISBN 978-3-86793-815-0 (E-Book PDF)
ISBN 978-3-86793-816-7 (E-Book EPUB)

www.bertelsmann-stiftung.de/verlag

Inhalt

Vorwort 7

1 Ausgangspunkt und Ziel des Buches 11

2 Das Ausgangsproblem: Bildungsbezogene (Un-)Gleichheit und (Un-)Gerechtigkeit 19
   2.1 Versuch einer begrifflichen Klärung 19
   2.2 (Un-)Gleiche Bildungschancen und Bildungsungleichheit in Kindertageseinrichtungen und Grundschulen 27
   2.3 Theoretischer Rahmen: Soziale und generationale Ungleichheit 31
      2.3.1 Soziale Ungleichheit mit Bourdieu: Sozial positionierte Akteure und das Bildungssystem 31
      2.3.2 Generationale Ordnung, Agency, Kindheit und Ungleichheit .. 32

3 Entstehung und Reproduktion von Bildungsungleichheit – Entschlüsselung multikausaler Zusammenhänge 37

4 Die aktuelle Debatte zu Elternbeteiligung, Zusammenarbeit und Bildungs- und Erziehungspartnerschaft mit Familien in Deutschland 43
   4.1 Ergebnisse der Dokumentenanalyse zur rechtlichen Verankerung von Zusammenarbeit und Partnerschaft in den Gesetzen des Bundes und der Länder 48
   4.2 Zusammenarbeit in den Bildungs- und Erziehungsplänen der Länder: Empirische Befunde 55
   4.3 Befunde zum Konstrukt Bildungs- und Erziehungspartnerschaft in praxisbezogenen Fachzeitschriften 60

5 Internationale und nationale Befunde aus wissenschaftlichen Studien zur Zusammenarbeit 67
    5.1 Die Recherche: Vorgehen und Darstellung der Befunde 68
        5.1.1 Vorgehen bei der Recherche 68
        5.1.2 Einführung: Das Konzept Elternbeteiligung/ *Parental Involvement* (PI) 74
        5.1.3 Einführung: Das Konzept Partnerschaft/*Partnership* 77
        5.1.4 Darstellung der Befunde 78
    5.2 Eltern und Fachkräfte: Zusammenarbeit im Elementarbereich 80
        5.2.1 Perspektiven und Handeln von Eltern 82
        5.2.2 Perspektiven und Handeln pädagogischer Fachkräfte 88
        5.2.3 Verhältnisbestimmungen: Eltern und Fachkräfte 93
    5.3 Eltern und Lehrkräfte: Zusammenarbeit im Primarbereich 97
        5.3.1 Perspektiven und Handeln von Eltern 98
        5.3.2 Perspektiven und Handeln von Lehrkräften 109
        5.3.3 Verhältnisbestimmungen: Eltern und Lehrkräfte 112
    5.4 Das Konzept *Parental Involvement* (PI): Unklarheiten, Widersprüche und Forschungslücken 115
    5.5 Das Konzept *Partnership*: Unklarheiten, Widersprüche und Forschungslücken 126

6 Perspektiven und Positionen von Kindern: Zusammenarbeit im Elementar- und Primarbereich 133

7 Ertrag der Analyse und Forschungslücken 143

8 Ausblick 163

Literaturverzeichnis 169

Anhang 195
    Anhang 1: Beiträge aus praxisorientierten Fachzeitschriften 195
    Anhang 2: Bildungs- und Erziehungspläne 198
    Anhang 3: Übersicht über (inter-)nationale Studien zum Themenfeld Elternbeteiligung, Zusammenarbeit und Partnerschaft 200

Die Autorinnen 238

Abstract 242

Vorwort

In Deutschland sind die Chancen von Kindern und Jugendlichen auf Bildung und Teilhabe ungleich verteilt – nach wie vor hängt ihr Erfolg im Bildungssystem sehr stark von ihrer familiären Herkunft ab. Dieser Befund bestätigt sich seit Jahren in allen Bildungsberichten. Auch wenn sich inzwischen positive Entwicklungen aufgrund der Reformen im Bereich der Kindertageseinrichtungen und Schulen zeigen, kann von Chancengerechtigkeit im deutschen Bildungssystem noch nicht die Rede sein. Vielmehr erweist sich das Problem der Bildungsungleichheit als besonders vielschichtig, komplex und hartnäckig.

Offensichtlich gelingt es bisher nicht, die Mechanismen zu identifizieren und zu durchbrechen, durch die für manche Kinder und Jugendliche herkunftsbedingt Barrieren auf ihrem Bildungsweg entstehen. Gleichwohl spielt die Schnittstelle von Bildungsinstitution und Familie in der bildungs- und sozialpolitischen Diskussion der letzten Jahre nur eine nachrangige Rolle. Auch wissenschaftlich wird hierzu zumindest in Deutschland noch kaum geforscht, obwohl genau da, wo Eltern, Kinder und Fach- und Lehrkräfte aus Kindertageseinrichtungen und Schulen miteinander in Kontakt treten und beide Lebenswelten aufeinandertreffen, wechselseitig Erwartungen und Enttäuschungen entstehen, die auch zum Aufbau und zur Verfestigung von Barrieren für Kinder und Jugendliche führen können.

Seit einigen Jahren wird unter dem Label der »Bildungs- und Erziehungspartnerschaft« in Politik und in Fachkreisen eingefordert, dass sich Eltern einerseits sowie Fach- und Lehrkräfte in Kindertageseinrichtungen und Schulen andererseits partnerschaftlich und auf Augenhöhe begegnen sollen. Die dahinterstehende Idee ist, dass eine gute und intensive Zusammenarbeit mit Müttern und Vätern dazu beitragen kann, die Bildungschancen von Kindern zu verbessern. Viele Kindertageseinrichtungen und Schulen arbeiten heute schon intensiv daran.

Die Vorstellung von »Partnern auf Augenhöhe« ist allerdings ein Idealbild: Es wirft Fragen auf und kann Akteure auch unter Druck setzen. Können Eltern und Pädagogen, die jeweils sehr unterschiedliche Rollen, Positionen und auch Machtbefugnisse haben, sich wirklich als gleichberechtigte Partner begegnen? Ist eine konsens- und harmonieorientierte Kommunikation immer gut? Und welche Rolle spielen bei der Idee eigentlich die Kinder und Jugendlichen – sind sie auch Partner?

Diese wenigen Fragen machen bereits deutlich, dass die Schnittstelle zwischen Bildungsinstitution und Familie vor allem empirisch näher in den Blick genommen werden sollte. Das ist das Ziel dieses Buches. Die Kindheitsforscherin und Erziehungswissenschaftlerin Prof. Dr. Tanja Betz und ihre Kolleginnen von der Goethe-Universität Frankfurt am Main haben darin herausgearbeitet, wie das Thema Zusammenarbeit und Partnerschaft rechtlich, bildungs- und sozialpolitisch, aber auch in der Fachdiskussion gerahmt wird. Erstmalig liegt hiermit ein umfassender Überblick über den Stand der Forschung im In- und Ausland zu diesem Themenkomplex vor, der insbesondere die Mikroebene des konkreten Handelns von Fach- und Lehrkräften, Eltern und Kindern in den Fokus rückt. Darüber hinaus untersuchen die Autorinnen die bisher vorliegenden Befunde zu den Wirkungen von Bildungs- und Erziehungspartnerschaften und Elternbeteiligung auf die Bildungserfolge der Kinder. Sie kommen dabei zu dem Ergebnis, dass die häufig angeführte positive Wirkung von Elternbeteiligung auf den Bildungsweg der Kinder bisher nicht ausreichend empirisch belegt werden kann.

Die Forscherinnen aus Frankfurt arbeiten in ihren Analysen deutliche Forschungslücken im Themenfeld Zusammenarbeit zwischen Bildungsinstitution und Familie heraus und leiten zahlreiche Problem- und Handlungsfelder ab. Zudem gelingt es ihnen, Zusammenhänge zwischen der Entstehung von Bildungsungleichheit bzw. Barrieren für Kinder und der Gestaltung der Schnittstelle von Bildungsinstitution und Familie herzustellen.

An diesen Themen und blinden Flecken der Forschungslandschaft wird das Kooperationsprojekt »Kinder zwischen Chancen und Barrieren – Wie Eltern, Kinder, Kita & Schule interagieren« der Goethe-Universität Frankfurt am Main und der Bertelsmann Stiftung in den kommenden Jahren weiterarbeiten. Dazu werden in einem qualitativen Forschungsdesign die Vorstellungen und Perspektiven der Kinder, Mütter und Väter, der Grundschullehrkräfte sowie der frühpädagogischen Fachkräfte mit Blick auf Zusammenarbeit untersucht.

Ziel des Projektes und unserer Arbeit ist es, mehr über die Gestaltung der Interaktionen an der Schnittstelle von Bildungsinstitution und Familie zu erfahren. Wir wollen Einblicke gewinnen, warum sich an dieser Stelle für manche Kinder Barrieren aufbauen, während sich für andere Chancen eröffnen. Diese Erkenntnisse sollen dazu beitragen, wirksame Maßnahmen zum Abbau von Ungleichheit zu ergreifen. Dazu werden Handlungsempfehlungen für die Gestaltung der Zusammenarbeit von Eltern, Kindern, Fach- und Lehrkräften abgeleitet, insbesondere in Bezug auf die notwendigen Rahmenbedingungen für gute Interaktionen in Kindertageseinrichtungen und Grundschulen. Ergänzend kommen auch Reformvorschläge mit Blick auf die Aus- und Weiterbildung der Fach- und Lehrkräfte sowie die pädagogische Praxis hinzu. Damit können wir einen weiteren wichtigen Baustein beisteuern, der zu fairen Bildungs- und Teilhabechancen für alle Kinder beiträgt.

Dr. Jörg Dräger
Mitglied des Vorstands
der Bertelsmann Stiftung

Anette Stein
Director
Programm Wirksame Bildungsinvestitionen
der Bertelsmann Stiftung

1 Ausgangspunkt und Ziel des Buches

Kinder wachsen in Deutschland in andauernden Ungleichheitsverhältnissen auf, die sich in vielen Teilbereichen der Gesellschaft zeigen. Die vorliegende Publikation konzentriert sich auf die Ungleichheiten innerhalb des deutschen Bildungssystems; sie werden in der fachlichen Diskussion insbesondere nach sozialer Herkunft/Schichtzugehörigkeit, Migrationshintergrund, Geschlecht und Region/Bundesland differenziert und analysiert.

Seit mehreren Jahren wird durch institutionalisierte Berichtssysteme auf diese Ungleichheiten hingewiesen, die mit weiteren Ungleichheiten im Leben von Kindern verknüpft sind, zum einen beispielsweise mit Armutslagen (u. a. Laubstein, Holz und Seddig 2016) und zum anderen mit nachweisbaren Folgen für ihre zukünftigen Bildungs- und Arbeitsmarktchancen bzw. Lebenschancen in der Erwachsenengesellschaft. Zu diesen Berichtssystemen gehören unter anderem der Länderreport Frühkindliche Bildungssysteme (Bock-Famulla, Lange und Strunz 2015) oder der nationale Bildungsbericht (Autorengruppe Bildungsberichterstattung 2016), der die Bereiche von der frühkindlichen Bildung, Betreuung und Erziehung über die allgemeinbildende Schule und nonformale Lernwelten im Schulalter bis hin zur Weiterbildung und dem Lernen im Erwachsenenalter umfasst. Auch die Kinder- und Jugendberichte der Bundesregierung (zuletzt BMFSFJ 2013) zeigen in regelmäßigen Abständen und mit unterschiedlichen Schwerpunktsetzungen Ungleichheiten im Kinderleben und in den Bedingungen des Aufwachsens auf, unter anderem im Kontext der Kinder- und Jugendhilfe. Hinzu kommen groß angelegte quantitative und international vergleichend angelegte Studien wie IGLU oder PISA, die ebenfalls soziale, ethnische, geschlechtsspezifische und regionale Disparitäten in der Bildungsbeteiligung und den Kompetenzen von Schülerinnen und Schülern dokumentieren. Im Vergleich der OECD-Staaten schließlich wird problematisiert, dass es in Deutschland nach wie vor einen überdurchschnittlich starken Zusammenhang von Herkunftsfaktoren und Chancen auf Erfolg im Bildungssystem gibt (exemplarisch OECD 2016).

Aufgrund der gut belegten und in der Öffentlichkeit breit wahrgenommenen Problematik wurden zahlreiche Bildungsreformen, Programme und Initiativen auf den Weg gebracht, die – zumeist neben anderen Zielen – dazu dienen sollen, die genannten Bildungsungleichheiten zu vermindern und abzubauen. Zu denken ist etwa an die Einführung der Ganztagsschulen in Deutschland oder an die Implementierung von Sprachstandsfeststellungsverfahren im vorschulischen Bereich, an Initiativen wie »Bildung durch Sprache und Schrift (BiSS)« oder das Programm »Elternchance II – Familien früh für Bildung gewinnen«. Auch zahlreiche Initiativen zur Steigerung der Qualität in den Kindertageseinrichtungen gehören dazu.

Die Reformen und Maßnahmen setzen dabei auf unterschiedlichen Ebenen an. Es geht um

- die Veränderung der Strukturen (Stichworte: Strukturqualität; Organisationsentwicklung), der Rahmenbedingungen und des Finanzierungssystems,
- die Ausweitung des Angebots, auch für jüngere Kinder (u.a. Krippenausbau), für Kinder und ihre Eltern (u.a. Familienzentren, Elternbildungsangebote) sowie für Kinder mit Deutsch als Zweitsprache (u.a. Sprachförderung),
- die Vernetzung und Kooperation zwischen verschiedenen Institutionen (z.B. Übergangsgestaltung, Kooperationsvorhaben; Bildungs- und Erziehungspartnerschaft im weiteren Sinne siehe Stange 2012),
- die Qualifizierung der pädagogischen Fach- und Lehrkräfte; dazu können Reformen in der Ausbildung (Akademisierung) sowie die Intensivierung der Fortbildung für die pädagogisch Tätigen gezählt werden (Stichwort: Professionalisierung; Orientierungs- und Prozessqualität).

Trotz zahlreicher Maßnahmen und zum Teil bereits seit Jahren praktizierter Programme ist die Diagnose deutlicher Bildungsungleichheiten in unterschiedlichen Bereichen des Bildungssystems auch im Jahr 2017 immer noch zutreffend. Es besteht somit nach wie vor Handlungsbedarf, wenn es darum geht, Disparitäten zu vermindern und Ungleichheiten abzubauen.

Zusammenarbeit und Bildungs- und Erziehungspartnerschaft als Maßnahme zum Abbau von Ungleichheit

Im Zuge der vielfältigen und sehr unterschiedlich gelagerten Bemühungen, Bildungsungleichheiten zu vermindern und allen Kindern gleiche (Start-)Chancen zu ermöglichen, wird seit geraumer Zeit insbesondere auf (fach-)politischer, aber auch auf handlungsfeldbezogener und zum Teil wissenschaftlicher Ebene eine *Bildungs- und Erziehungspartnerschaft* zwischen Familien und Kindertageseinrichtungen bzw. Grundschulen eingefordert. Bildungs- und Erziehungspartnerschaften – und damit die Zusammenarbeit zwischen Bildungsinstitution und Familie – gelten neben den bereits skizzierten Ansätzen als eine zentrale Antwort auf die Frage, wie bestehende (Bildungs-)Ungleichheiten vermindert werden können. Die Zusammenarbeit wird, auch als Bildungs- und Erziehungspartnerschaft, prominent in den Bildungs- und Erziehungsplänen der Bundesländer vorgeschrieben. Ebenso ist die Partnerschaft in Teilen in den Schulgesetzen der Länder und den Gesetzen zur Kindertagesbetreuung verankert; sie hat Eingang gefunden in zahlreiche Leitlinien und Leitbilder von Trägern, Kindertageseinrichtungen und Schulen sowie in die Aus- und Fortbildungsunterlagen für (angehende) pädagogische Fach- und Lehrkräfte. Praxisorientierte Fachzeitschriften, die sich an pädagogische Fach- und Lehrkräfte, Leitungen, Träger und Behörden sowie an Eltern und die interessierte (Fach-)Öffentlichkeit richten, befassen sich ebenfalls intensiv mit dem Thema Zusammenarbeit als Bildungs- und Erziehungspartnerschaft.

In der vorliegenden Publikation steht im Zusammenhang mit der Beobachtung gesellschaftlicher Ungleichheitsverhältnisse das Themenfeld[1] *Elternbeteiligung, Zusammenarbeit und Bildungs- und Erziehungspartnerschaft mit Familien* im Fokus, wobei der Schwerpunkt auf Kindertageseinrichtungen und Grundschulen gelegt wird. Aus einer erziehungs- und sozialwissenschaftlichen Perspektive wird somit die Schnittstelle von Bildungsinstitution und Familie genauer betrachtet: Wie soll sie gestaltet sein? Wie wird sie gestaltet? Welche Konsequenzen bzw. Effekte ergeben sich hieraus jeweils für die unmittelbar beteiligten Akteure, also die pädagogischen Fach- und Lehrkräfte, Eltern sowie Kinder?

Die Betrachtung dieser Schnittstelle ist unter zwei Gesichtspunkten besonders interessant:

Erstens ist – wie oben kurz skizziert – unstrittig, *dass* in Deutschland familiale Merkmale und Prozesse mit der Bildungsbeteiligung und Teilhabe im Feld der Kindertagesbetreuung sowie mit Erfolgen im Bildungssystem zusammenhängen. Ungeklärt ist aber, *wie genau*, d. h. durch welche Mechanismen, Bildungsungleichheit gerade an der Schnittstelle von Familie und Institution (Kindertageseinrichtung/Grundschule) – und damit auch im Kontext von Elternbeteiligung, Zusammenarbeit und Partnerschaft – hergestellt wird. Dies stellt eine Forschungslücke dar. Zugleich ist unbekannt, durch welche politischen und pädagogischen Maßnahmen diese Ungleichheiten wirksam und nachhaltig vermindert werden könnten.

---

1   Es handelt sich um ein Themenfeld, da die Begriffe und Konzepte in der Literatur und der Fachdebatte sehr unterschiedlich, teilweise synonym verwandt werden. Die Klärung, wann und inwiefern es sich um Elternbeteiligung, Zusammenarbeit oder Partnerschaft handelt, ist daher nicht allgemein und übergreifend, sondern nur je spezifisch möglich.

Zweitens, und dies ist ein neuer Gesichtspunkt, lässt sich gar nicht über *Elternbeteiligung, Zusammenarbeit und Bildungs- und Erziehungspartnerschaft mit Familien* sprechen, ohne zugleich etwas über eine weitere Ausprägung von gesellschaftlichen Ungleichheitsverhältnissen auszusagen, die mit dem Alter der Gesellschaftsmitglieder korrespondiert: diejenige zwischen Kindern und Erwachsenen und damit *die generationale Ungleichheit*. Diese Perspektive eröffnet auch Einsichten in das Machtgefälle, da Erwachsene in der machtvolleren Position sind als Kinder – wie dies auch im Kontext der Kinderrechtsdebatte immer wieder vorgetragen wird (exemplarisch Liebel 2007). Allein auf der sprachlichen Ebene zeigen sich unmittelbar Problemstellungen und offene Fragen, ist doch in der Literatur und fachlichen Diskussion in erster Linie von der *Eltern*beteiligung die Rede – allein semantisch geht es damit also zunächst nicht auch um die *Kinder*beteiligung. Die Frage, die sich stellt, lautet: Mit wem sollte zusammengearbeitet und eine Partnerschaft aufgebaut werden, wenn von Familie die Rede ist: mit Eltern, mit Kindern oder mit beiden? Ebenso sollte thematisiert werden, wer in der Kindertageseinrichtung und Grundschule der Partner der Familien ist: die Fach- bzw. Lehrkraft oder auch die Kinder bzw. die Schülerinnen und Schüler?

Die auf das Bildungssystem bezogene soziale Ungleichheit und die generationale Ungleichheit wurden bereits in der Expertise von Betz (2015) genauer in den Blick genommen und problematisiert. Die Autorin arbeitete zwei Punkte kritisch heraus: Zum einen weist die fachliche Debatte über die Schnittstelle zwischen Bildungsinstitution und Familie zahlreiche Lücken und blinde Flecken auf. Zum anderen sind die Diskussionen und Forderungen in der deutschen Debatte vor allem programmatisch und damit auch weniger stark – oder gar nicht – empirisch fundiert.

Zielsetzung und Vorgehen
In dieser Publikation sollen daher die *empirischen Grundlagen* für eine sachliche Diskussion zum Themenfeld Elternbeteiligung, Zusammenarbeit und Partnerschaft mit Familien vorgestellt und aufbereitet werden. Zugleich geht es auch darum, einerseits die Rahmenbedingungen sowie andererseits die Wirkungen und Nebenwirkungen der verstärkten Bemühungen in diesem Bereich empirisch genauer zu betrachten. Hierfür wird der Blick auf die internationale wissenschaftliche Debatte zu Elternbeteiligung, Zusammenarbeit und Partnerschaft ausgeweitet, wie sie sich in empirischen Studien präsentiert.

Um diesen Vorhaben nachzugehen, bilden die folgenden beiden Säulen das Gerüst der Publikation:
1. Im ersten empirischen Schritt werden mögliche Determinanten von gesellschaftlichen, auf das Bildungssystem bezogenen Ungleichheiten genauer betrachtet: *Eigene empirische Analysen* von Dokumenten und Textsorten, die bislang als Forschungsgegenstand nahezu unbeachtet geblieben sind, ermöglichen Einsichten, wie die Schnittstelle von Bildungsinstitution und Familie in *rechtlichen* und *politischen* Kontexten sowie im *handlungsfeldbezogenen* Fachdiskurs gestaltet wird; dies ist insofern bedeutsam, als die Inhalte dieser Dokumente den politischen, den (fach-)öffentlichen und den handlungsfeldbezogenen Diskurs maßgeblich prägen. Für die Analysen werden, mit dem Fokus auf Zusammenarbeit und Partnerschaft, zunächst die rechtlichen Grundlagen der Arbeit in Kindertageseinrichtungen und Schulen auf Ebene der Bundesländer und des Bundes eingehender betrachtet. Anschließend werden mit den Bildungs- und Erziehungsplänen der Länder, die als Orientierungsgrundlage für das pädagogische Handeln dienen (sollen), weitere relevante Komponenten der institutionellen Rahmenbedingungen im Bildungswesen themenbezogen analysiert.
Schließlich wird eine Untersuchung des fachlichen Diskurses um Zusammenarbeit und Partnerschaft vorgestellt, wie er sich in den einschlägigen praxisnahen Zeitschriften in Bezug auf Kindertageseinrichtungen und Grundschulen zeigt. Mit diesen drei empirischen Schlaglichtern können bisher in der Debatte wenig zur Kenntnis genommene Aspekte der Gesamtthematik in den Blick genommen werden, insbesondere im Hinblick auf generationale Ungleichheitsverhältnisse, die in den Analysen im Vordergrund stehen.
Empirische Forschung zu diesen Dokumenten (und ihren Rezeptionsweisen) ist auch vor dem Hintergrund der Frage bedeutsam, in welchem Zusammenhang sie mit der (Re-)Produktion von Ungleichheiten stehen. Die durchgeführten Analysen können so den Ausgangspunkt für zukünftige vertiefende Unter-

suchungen bilden, die daran interessiert sind, das Themenfeld Zusammenarbeit und Partnerschaft mit Familien in gesamtgesellschaftlichen Ungleichheitsverhältnissen zu verorten.
2. In einem zweiten empirischen Schritt werden weitere (mögliche) Determinanten von gesellschaftlichen, auf das Bildungssystem bezogenen Ungleichheiten genauer betrachtet, indem erstmalig ein systematischer Überblick über die einschlägige *empirische internationale Fachliteratur* (Literaturreview zu empirischen Studien) zum Themenfeld Elternbeteiligung, Zusammenarbeit und Partnerschaft mit Familien gegeben wird. Hierbei geht es um die Fragen, was sich aus Sicht der nationalen und internationalen wissenschaftlichen Studien hinter den Phänomenen *Elternbeteiligung, Zusammenarbeit* und *Bildungs- und Erziehungspartnerschaft* verbirgt und welche Schlussfolgerungen aus der empirischen Forschung für die fachliche Debatte ableitbar sind. Der Fokus wird bei der Analyse und Aufarbeitung insbesondere auf die Akteursgruppen gerichtet, die (un-)mittelbar in die Zusammenarbeit und Partnerschaft involviert sind, d. h. die Eltern, die pädagogischen Fachkräfte, die Lehrkräfte und die Kinder bzw. Schülerinnen und Schüler. Damit wird die *Mikroebene* der unmittelbaren Reproduktion von Ungleichheiten in den Vordergrund gerückt.

Ziel dieses Vorgehens ist es, den Prozessen auf die Spur zu kommen, durch die soziale und generationale Ungleichheiten an der Schnittstelle von Bildungsinstitution und Familie wirksam werden. Damit können und sollen in diesem Buch Politik, Wissenschaft und (Fach-)Öffentlichkeit für die komplexen Mechanismen der (Re-)Produktion von bildungsbezogenen und generationalen Ungleichheiten im Feld der Kindestagesbetreuung und der Schule an ebendieser Schnittstelle sensibilisiert werden, um darauf aufbauend Anknüpfungspunkte für die politische und pädagogische Praxis erarbeiten zu können.

Um die genannten Ziele zu erreichen, werden die folgenden *Leitfragen* bearbeitet, die die Struktur der Publikation begründen:
- Kapitel 2: Was genau ist gemeint, wenn von sozialer und generationaler Ungleichheit sowie Bildungsungleichheit die Rede ist, und welche Probleme werden damit beschrieben? Was wird unter Chancengleichheit und -gerechtigkeit verstanden, die als bildungs- und sozialpolitische Ziele formuliert werden und dem Abbau von Ungleichheit dienen sollen?
- Kapitel 3: Was ist über Bildungsungleichheiten in Kindertageseinrichtungen und Grundschulen sowie ihre (Re-)Produktion bekannt? Worauf wird der Schwerpunkt in der Publikation gelegt?
- Kapitel 4: Wie wird das Themenfeld Zusammenarbeit und Bildungs- und Erziehungspartnerschaft mit Familien gegenwärtig in den jeweiligen rechtlichen Grundlagen, im Kontext politischer Steuerung (Gesetze, Bildungs- und Erziehungspläne) und im fachlichen Diskurs verhandelt?
- Kapitel 5: Durch welche Mechanismen wird Bildungsungleichheit an der Schnittstelle von Familie und Institution (Kindertageseinrichtung/Grundschule) hergestellt und reproduziert? Welches Wissen liegt aus (inter-)nationalen Studien zu den Sichtweisen, Handlungsorientierungen, Überzeugungen und dem Handeln der Eltern sowie der pädagogischen Fach- und Lehrkräfte hin-

sichtlich Elternbeteiligung, Zusammenarbeit und Partnerschaft vor? Welche Bedeutung kommt dabei gesellschaftlichen Ungleichheitsverhältnissen zu (Bildungsungleichheit, soziale Ungleichheit, generationale Ungleichheit)?
- Kapitel 6: Was lässt sich aus (inter-)nationalen Studien zu den Sichtweisen, Handlungsorientierungen, Überzeugungen und dem Handeln der Kinder bzw. der Schülerinnen und Schüler mit Blick auf Elternbeteiligung, Zusammenarbeit und Partnerschaft rekonstruieren? Inwiefern kommen hier gesellschaftliche Ungleichheitsverhältnisse zum Tragen?
- Kapitel 7 und 8: Welche Anregungen und Schlussfolgerungen lassen sich aus den Überlegungen und Ergebnissen für die weitere Erforschung der (Re-)Produktion von Ungleichheiten an der Schnittstelle von Bildungsinstitution und Familie, für politische Maßnahmen zum Abbau von Ungleichheiten und für die fachliche Debatte ableiten?

In einem Anhang »*Übersicht über (inter-)nationale Studien zum Themenfeld Elternbeteiligung, Zusammenarbeit und Partnerschaft*« werden 50 empirische Publikationen in Kurzportraits vorgestellt, die exemplarisch für die recherchierten Studien stehen und Einblicke in bedeutsame Facetten der vielschichtigen internationalen Forschung zu diesem Themenfeld geben. Sie können als Anregung dienen, sich auch in Deutschland vertieft und spezifisch mit einzelnen Forschungsvorhaben, ihren jeweiligen nationalen Kontexten, ihrem Sampling und ihren zentralen Befunden genauer zu beschäftigen.

Diese Studie ist ein Baustein des Kooperationsprojektes »Kinder zwischen Chancen und Barrieren – Wie Eltern, Kinder, Kita & Schule interagieren«, das wir gemeinsam mit der Bertelsmann Stiftung 2015–2018 durchführen. Dort ist sie eingebettet in das Projekt »Familie und Bildung: Politik vom Kind aus denken«. Wir danken besonders den Projektmanagerinnen Antje Funcke und Mirjam Stierle aus der Bertelsmann Stiftung für ihre engagierte und konstruktive Mitarbeit an der Fertigstellung der Studie. Sie haben damit einen wichtigen Beitrag zum Gelingen des vorliegenden Werks geleistet.

2 Das Ausgangsproblem: Bildungsbezogene (Un-)Gleichheit und (Un-)Gerechtigkeit

2.1 Versuch einer begrifflichen Klärung

Bildungsungleichheiten im Bildungssystem

Es gibt im deutschen Bildungssystem sehr stabile Bildungsungleichheiten. Seit Jahrzehnten zeigen Studien auf, dass dabei soziale und ethnische Differenzlinien sehr bedeutsam sind und auch nicht nennenswert an Bedeutung verlieren (für den Kontext Schule Becker und Lauterbach 2016; Geißler 2006; für die Grundschule und den vorschulischen Bereich Bollig und Betz 2016; Klemm 2008). Kinder haben dementsprechend systematisch unterschiedliche Chancen, im Bildungssystem erfolgreich zu sein sowie bereits an entsprechenden Angeboten zu partizipieren und Zugänge eröffnet zu bekommen.

Während die Bildungsexpansion in den 1970er-Jahren zu einer tendenziellen Aufhebung der Bildungsbenachteiligung von Mädchen im allgemeinbildenden Schulsystem führte (Ditton 2016: 285), gilt dies nicht für die Ungleichheitsfaktoren *soziale Herkunft* und *Migrationshintergrund*. Die Bildungsbeteiligung, die besuchte Schulform, die Übergänge im Bildungssystem[2], die Leistungsbeurteilungen von Schülerinnen und Schülern oder auch die Kompetenzeinschätzungen durch Lehrkräfte sind nicht unabhängig von leistungsfremden Kriterien, wie sie die soziale und ethnische Herkunft der Schülerinnen und Schüler darstellt.[3] Geißler (2006; 2014) spricht in diesem Zusammenhang von expandierenden Bildungschancen bei wenig(er) Chancengleichheit, denn trotz einer Zunahme höherer Bildungsabschlüsse insgesamt haben sich bei der Bildungsteilhabe die Abstände zwischen privilegierten und weniger privilegierten Bevölkerungsgruppen vergrößert. Dies gilt sowohl für die verschiedenen Ebenen des Bildungssystems als auch für die

---

2 Die Befunde zu vorzeitigen bzw. verspäteten Einschulungen (Faust et al. 2013) sind z. B. Indikatoren für Bildungsungleichheit.
3 Exemplarisch: Becker 2011; Becker und Lauterbach 2016; Berkemeyer et al. 2014; Covay und Carbonaro 2010; Ditton 2016; Ditton und Krüsken 2006; Schuchart und Dunkake 2014; Berkemeyer et al. 2014.

berufliche Weiterbildung, die Hochschulbildung und das selbstgesteuerte Lernen (Becker und Lauterbach 2016: 3 f.; zu den zentralen Determinanten der Reproduktion von Bildungsungleichheit vgl. Kap. 3).

Es gibt markante Bildungsungleichheiten, die sich auf die Zugänge zu wie auch Prozesse und Verfahren innerhalb von Bildungsinstitutionen sowie auf Bildungsergebnisse beziehen lassen; somit weisen sie auf Ungleichheiten zu Beginn, im Verlauf und am Ende der Bildungslaufbahn hin. In diesem Zusammenhang gibt es unterschiedliche Perspektiven darauf, inwiefern dies und was genau dabei als ungerecht oder problematisch anzusehen ist – entsprechend unterscheiden sich auch die Absichten und die konkreten Vorschläge für Veränderungen. In jedem Falle ist aber ein differenzierter, wissenschaftlicher Blick notwendig, um die komplexen Mechanismen besser zu verstehen, innerhalb derer soziale Ungleichheiten im Zusammenspiel von Bildungsinstitutionen, Akteuren und gesellschaftlichen Strukturen produziert und reproduziert werden. Hierzu bedarf es theoretischer Konzepte, mit denen diese Prozesse und Zusammenhänge überhaupt sichtbar gemacht und konzeptualisiert werden können, sind doch Bildungs- und gesellschaftliche Teilhabechancen nur im Kontext gesamtgesellschaftlicher Ungleichheitsverhältnisse zu verstehen.

Der systematische, an die Strukturkategorie »soziale Herkunft« gekoppelte Zugang zu institutionalisierter Bildung als einer wichtigen gesellschaftlichen Ressource wird unter dem Begriff der *sozialen Bildungsungleichheit* diskutiert (Becker und Lauterbach 2016).[4] Die Befunde zur Abhängigkeit der Bildungschancen von der sozialen Herkunft und zu den ungleichen Zugängen zu Institutionen und Angeboten sind besonders brisant, da mit diesen auch weitergehende gesellschaftliche Teilhabe- und Lebenschancen verknüpft sind (Becker und Hadjar 2011; Schneider 2015: 126) – die Ausstattung mit materiellen Ressourcen, die Position auf dem Arbeitsmarkt und die kulturelle Teilhabe wie auch weitere Aspekte der alltäglichen Lebensführung hängen maßgeblich von der Bildungsbeteiligung sowie von den erreichten Bildungszertifikaten und Kompetenzen ab (exemplarisch Becker und Lauterbach 2016). In Deutschland bestehen jedoch auch bei gleichen Leistungen und Bildungsabschlüssen in Abhängigkeit von der sozialen Herkunft ungleiche Chancen, an gesellschaftlichen Ressourcen teilzuhaben (Becker und Hadjar 2011), sodass von gesellschaftlichen Ungleichheitsverhältnissen die Rede ist.

Der Wettbewerb nach Leistungskriterien im Bildungssystem
Vor dem Hintergrund gesamtgesellschaftlicher Ungleichheitsverhältnisse ist innerhalb des Bildungssystems die Vorstellung eines gerechten Wettbewerbs nach Leistungskriterien (formale Chancengleichheit vgl. Fend 2009) das grundlegende Prinzip. Heid (2016) spricht davon, dass das »Leistungsprinzip (…) als das Prinzip statusunabhängiger sozialer (Zuteilungs-)Gerechtigkeit auch im Bildungssystem allgemein anerkannt« wird (ebd.: 96). Und dies gilt, obwohl die ›reine‹ Leistungsorientierung im Widerspruch zu der empirisch beobachtbaren und vielfach nach-

---

4   Becker und Schuchart (2016) sprechen im Zusammenhang mit Bildungschancen in Anlehnung an Frank Kalter vom Migrationshintergrund als Spezialfall der sozialen Herkunft.

gewiesenen Reproduktion von sozialer Ungleichheit im und durch das Bildungssystem steht (Bourdieu und Passeron 1971, zit. nach Becker und Hadjar 2011; de Moll 2016). Die Orientierung an der individuell zu erbringenden bzw. bereits erbrachten Leistung verschleiert einerseits die zahlreichen leistungsunabhängigen und sehr komplexen Einflüsse auf schulische Erfolge und andererseits die weiterhin bestehenden ungleichen Chancen, an gesellschaftlichen Ressourcen teilzuhaben und in gehobene soziale Positionen zu gelangen.

Erfolge und Misserfolge können im Bildungssystem vor dem Hintergrund des meritokratischen Ideals, des »Sie/er hat es verdient« oder aber des »Sie/er hat sich nicht genug angestrengt« interpretiert und erklärt werden. Als Folge werden in erster Linie die unmittelbar Beteiligten, die Schülerinnen und Schüler und teilweise auch ihre Eltern, in die Verantwortung genommen, während weder das Schulsystem noch grundlegendere gesellschaftliche Ungleichheitsverhältnisse ausreichend reflektiert werden. Dabei führt der verbreitete Glaube an die Meritokratie zu dem Paradox, dass die Bildungsinstitutionen und ihre Funktionsweise selbst diejenigen Ungleichheiten mitreproduzieren, die sie abbauen möchten bzw. sollen (Becker und Hadjar 2011; Heid 2016): Es gibt keine grundlegenden Reformen, weil die grundsätzliche Logik des Systems unangetastet bleibt. Heid (2016) arbeitet heraus, dass – und inwiefern – der Glaube und die Anwendung des Leistungsprinzips gerade derjenigen statusabhängigen Ungleichheit Geltung verschaffen, die eigentlich außer Kraft gesetzt werden sollte (ebd.: 98), denn: »Unter den realen sozialstrukturellen Voraussetzungen seiner Geltung und Anwendung hat das Leistungsprinzip jene soziale Ungleichheit in sich aufgenommen, die es zu problematisieren und zu revidieren verspricht« (ebd.). So kommt etwa die Festlegung, was eigentlich als »Leistung« gilt, nicht unabhängig von gesellschaftlichen Machtverhältnissen zustande und wird auch nicht von allen gesellschaftlichen Gruppen gleichermaßen festgelegt.

Darüber hinaus ist es paradox, dass sowohl diejenigen, die von diesen Mechanismen profitieren, weil sie bereits eine gesellschaftlich privilegiertere Stellung einnehmen, als auch diejenigen, die hierdurch (weiterhin) benachteiligt werden, am meritokratischen Ideal festhalten. Damit stabilisieren sie die gegebenen Verhältnisse und die Logik des Systems (Betz 2010). Der meritokratische Glaube ist dabei nicht nur bei Erwachsenen anzutreffen; bei ihnen wurde dies mehrfach untersucht (Hadjar 2008). Vielmehr wird er auch bereits von Kindern vertreten, wie Betz und Kayser (2017) in Interviews mit Kindern im Grundschulalter und in einer standardisierten Befragung von Grundschulkindern nachweisen können. Allerdings gibt es zur Frage, inwiefern schon Kinder glauben, dass im Bildungssystem die Leistungen der Schülerinnen und Schüler ausschlaggebend sind und nicht soziale oder ethnische Merkmale, kaum Analysen (ebd.) (s. Stichwort *generationale Ungleichheit*, vgl. Abschn. 2.3.2).[5]

---

5   Stojanov (2013) kritisiert ebenso die Heranziehung von Leistung als Gerechtigkeitsnorm im Bildungssystem. Ein wesentlicher Kritikpunkt für ihn ist, dass die meritokratische Idee, die damit verbunden wird, bei Heranwachsenden nicht greife, da ihre Chancen noch nicht als »selbstverschuldet« oder »selbstverdient« anzusehen wären, da sie noch keine »autonomen Individuen« seien (Stojanov 2013: 61). Hierdurch allerdings spricht er Kindern und Jugendlichen Handlungsfähigkeit (Agency) ab (vgl. kritisch dazu: Abschn. 2.3.2).

Festzuhalten ist dennoch: Das Leistungsprinzip wird zwar vielerorts problematisiert, als Grundlage des Bildungssystems aber zumeist nicht generell infrage gestellt. Zudem ist es eng mit den beiden zentralen bildungs- und sozialpolitischen Zielen angesichts der skizzierten fortwährenden Ungleichheiten verknüpft: (Chancen-)*Gleichheit* und (Chancen-)*Gerechtigkeit*. Was wird darunter jeweils verstanden?

(Chancen-)Gleichheit
Die mit dem Begriff der Chancengleichheit zwischen allen Kindern verbundene Idee ist es, ihre Teilhabe an spezifischen gesellschaftlich bedeutsamen Gütern zu realisieren – und das ungeachtet ihrer sozialen Herkunft, ihrer unterschiedlichen sozialen und kulturellen Hintergründe, ihres Geschlechts oder anderer Faktoren wie der Region, dem Wohnort oder der Wohngegend. Es geht darum, mögliche Barrieren abzubauen: Alle sollen z. B. die gleichen Chancen haben, gesellschaftlich relevante Ressourcen wie Bildungszertifikate (Abschlüsse) zu erlangen und (damit) begehrte Positionen im Erwachsenenalter einzunehmen, etwa indem anerkannte Berufe ausgeübt werden.

Differenziert wird dahingehend, ob es sich um eine individuelle Chancengleichheit oder aber um eine repräsentative Chancengleichheit handelt und damit um eine nicht auf das Individuum, sondern auf gesellschaftliche Gruppen bezogene Gleichheit (z. B. alle Mädchen, alle türkischstämmigen Kinder, alle Kinder mit alleinerziehenden Elternteilen). Unterschiedliche Auffassungen bestehen weiterhin darin, ob es um Chancengleichheit beim *Beginn* – also um gleiche Ausgangsbedingungen (Startchancengleichheit) und damit ›formale‹ Chancengleichheit (Fend 2009) – oder am *Ende* der Bildungslaufbahn gehen soll – also um gleiche Erfolgsquoten (Ergebnisgleichheit) bzw. substanzielle Chancengleichheit (ebd.). Dabei, so Ditton (2016), ist die Forderung nach »Ergebnisgleichheit« (ebd.: 281) weitaus umstrittener als die in der Bevölkerung stärker geteilte Vorstellung von Chancengleichheit, »die sich auf die Aussichten bezieht, in begehrte soziale Positionen gelangen und die mit ihnen verbundenen Güter und Privilegien erwerben zu können« (ebd.).

In jedem Falle aber bedarf es in demokratischen Gesellschaften einer Erklärung und Plausibilisierung, mitunter einer Rechtfertigung, wieso es beim Zugang, bei der Teilhabe und/oder in den Bildungsergebnissen Unterschiede, d. h. keine Gleichheit gibt. Sofern diese Unterschiede in den zuvor erbrachten Leistungen liegen, im Können, in den Fähigkeiten, in der Anstrengung des Einzelnen, kann, so wiederum Ditton (ebd.: 248), von »nachvollziehbaren und gesellschaftlich akzeptierten bzw. allgemein als gerecht empfundenen Kriterien« gesprochen werden. Wenn also niemand aufgrund bestimmter persönlicher oder sozialer Merkmale wie der familialen Herkunft benachteiligt oder bevorzugt wird, dann werden (Ergebnis-)Differenzen nicht per se als ungerecht oder ungerechtfertigt angesehen. Hier greift zum einen das bereits dargelegte Meritokratieideal sowie zum anderen das Konzept der Chance, d. h. sie gehabt und möglicherweise auf unterschiedliche Art und Weise realisiert zu haben. Dies zumindest ist eine breit vertretene Auffassung in der Fachliteratur.

Allerdings gibt es hierzu sehr kontroverse Diskussionen und das Prinzip einer so verstandenen Chancengleichheit wird vielerorts durchaus als sehr problematisch eingestuft (für einen problemorientierten Überblick über die Thematik im Kontext Schule: Dietrich, Heinrich und Thieme: 2013a; international im Kontext von Parenting: Vandenbroeck et al. 2017, i. E.). Heid (2016) beispielsweise hält fest: »Wer die Forderung nach *Chancen*gleichheit billigt, postuliert damit eine *Aussicht* auf eine günstige Gelegenheit, beispielsweise auf sozial anerkannten Lernerfolg – und akzeptiert zugleich, dass er damit aber *keine Garantie* auf die Realisierung dieser Chance hat. Eine Chance ist umso attraktiver, je kleiner die Zahl der Fälle ist, in denen sie realisiert werden kann. (...) Das Chancensubjekt muss also auch lernen, *dass das Misserfolgsrisiko konstitutiver Bestandteil des Chancenkonzepts ist*« (ebd.: 99, Hervorh. i. O.). Zudem merkt Heid kritisch an, dass im Kontext der Forderungen nach Chancengleichheit die Heranwachsenden als Subjekte stark in den Mittelpunkt gerückt werden.

Auch Giesinger (2007) hebt hervor, dass mit dem Chancenkonzept die freie Entscheidung von Personen hervorgehoben wird: Eine Chance kann man »*ergreifen* oder *verwerfen*« (ebd.: 364, Hervorh. i. O.). Indessen kann man mit Heid (2016) darauf verweisen, dass zu wenig die Frage gestellt wird, von wessen Wollen, von wessen Können und von wessen Handeln es – über das Subjekt hinaus – abhängig ist, ob die notwendigen Bedingungen zur Chancenverwirklichung realisiert werden können. Kritisch sieht Heid dabei, dass die Möglichkeiten, eine Chance zu verwirklichen, unter den gegebenen gesellschaftlichen, d. h. sozialstrukturellen Bedingungen nicht gleich sind bzw. sein können. Diese Einschätzung deckt sich mit dem ungleichheitstheoretischen Zugang, wie er in Abschnitt 2.3 noch genauer entfaltet wird.

(Chancen-)Gerechtigkeit
Neben der (Chancen-)Gleichheit wird in der öffentlichen, politischen und wissenschaftlichen Debatte ein zweites Begriffspaar verwendet: die (Chancen-)Gerechtigkeit. Auch hierunter verbergen sich unterschiedliche Bedeutungen und Nuancierungen; zudem liegt eine weitere Schwierigkeit darin, dass das Verhältnis der Begriffe *Gleichheit* und *Gerechtigkeit* nicht eindeutig bestimmt ist. Während sie gerade in der öffentlichen und politischen Debatte häufig austauschbar verwendet werden (vgl. auch in der Bildungsforschung Stojanov 2008: 210), gibt es im wissenschaftlichen Diskurs auch Stimmen, die z. B. Chancengleichheit als ein Prinzip zur Gewährleistung von Gerechtigkeit ansehen (z. B. Dietrich, Heinrich und Thieme 2013b mit Verweis auf Rawls; Heid 2016). In jedem Falle kann davon die Rede sein, dass es sich – auch in der Zusammensetzung *Bildungs(un)gerechtigkeit* – um ein unscharfes Konzept *(Fuzzy Concept)* handelt (Dietrich, Heinrich und Thieme 2013a), dessen Verwendung häufig Fragen aufwirft und oftmals pragmatischer Natur ist; dies gilt auch und gerade im Zusammenhang mit Bildung bzw. dem Bildungssystem (ebd.; Giesinger 2007). Diese Voraussetzungen erschweren eine fundierte Auseinandersetzung mit dem Gerechtigkeitsbegriff in Bildungsfragen.

Wenn von Chancengerechtigkeit die Rede ist, wird häufig darauf fokussiert, dass »für alle Menschen die gleichen Lebensaussichten geschaffen werden sollen« (Knoll 2014: 14), und zwar nach bestimmten, als gerecht angesehenen Zuteilungsmechanismen. Um dies zu bestimmen, werden unterschiedliche Gerechtigkeitskonzepte herangezogen. Diese folgen zwangsläufig normativen, auf die jeweilige Gesellschaft bezogenen Vorstellungen, die bestimmen, was als gerecht gelten soll und welche Kriterien hierfür ausschlaggebend sein sollen. Hierzu herrscht eine große Vielfalt.[6]

Stojanov (2008) unterscheidet drei zentrale Gerechtigkeitsmodelle. Diese eignen sich gut, um zu verstehen, auf welch unterschiedliche Weise von Gerechtigkeit die Rede sein kann und welche Schwierigkeiten sich in der bildungspolitischen Debatte nach der ersten PISA-Studie ausmachen lassen. Er differenziert, unter anderem in Anlehnung an John Rawls, Martha Nussbaum und Axel Honneth, *Verteilungs-, Teilhabe-* und *Anerkennungsgerechtigkeit* (ebd.: 210) und arbeitet heraus, welche Gerechtigkeitsmodelle welchen Problemdiagnosen zugrunde liegen. Zugleich geht er darauf ein, dass und inwiefern je nach Diagnose unterschiedliche (bildungs-)politische Schlüsse abgeleitet werden.[7]

Orientiert man sich an diesen Modellen, kann von *Verteilungsgerechtigkeit* unter anderem dann die Rede sein, wenn Schulnoten, Bildungszertifikate oder Übergangsempfehlungen durch Lehrkräfte entsprechend den Leistungen von Schülerinnen und Schülern, nicht aber systematisch z. B. mit ihrer sozialen und regionalen Herkunft variieren. Dies fasst Stojanov mit der Unterkategorie[8] »Leistungsgerechtigkeit«. Zudem wäre es aus dieser Perspektive gerecht, gleiche Ausgangsbedingungen zu schaffen, indem z. B. kompensatorisch eingegriffen wird (etwa durch finanzielle Zuwendungen oder pädagogische Förderung) und so Benachteiligungen durch die Herkunft der Kinder früh abgebaut werden (ebd.: 213). Diesen Aspekt fasst er wiederum mit der Unterkategorie »Chancengleichheit«.

Teilhabegerechtigkeit bezieht sich dagegen auf die Möglichkeit, durch die soziale Partizipation aller als Ziel des Bildungssystems ein menschenwürdiges Leben zu führen. Es geht zum einen um die Kultivierung von Grundfähigkeiten *(Capabilities)* für alle, zum anderen um die Beseitigung von Ausschlussmechanismen weit über das Bildungssystem hinaus (Stojanov 2008).[9]

Wird das Modell der *Anerkennungsgerechtigkeit* herangezogen, dann geht es um die Wahrung von moralischem Respekt gegenüber allen Gesellschaftsmitgliedern statt »Diskriminierung« sowie um ihre soziale Wertschätzung anstelle von, wie Stojanov es bezeichnet, »diskursiver Stigmatisierung« (ebd.: 215).[10]

---

6   Zu den Begriffen und ihren Differenzierungen siehe Knoll 2014; auch Becker und Lauterbach 2016; Dietrich, Heinrich und Thieme 2013b; Stojanov 2008. Zum Zusammenhang von Gerechtigkeit und den klassischen Grundrechten, politische Partizipationsrechte am Staat, bürgerliche Abwehrrechte und soziale Anspruchsrechte gegenüber dem Staat siehe Hübner 2013.

7   Daher lohnt es sich, sich mit den gegenwärtigen Verwendungsweisen und Vorstellungen von Gerechtigkeit, wie sie im politischen Feld, in der (Sozial-)Wissenschaft und in der bildungsbezogenen Fachpraxis beobachtbar sind, genauer zu befassen, da sie Auswirkungen auf das jeweilige Handeln, zumindest auf Schlussfolgerungen und Empfehlungen haben, die jeweils abgeleitet werden. Hierzu gibt es bislang jedoch kaum empirische Arbeiten.

8   Eine weitere Unterkategorie von Verteilungsgerechtigkeit ist die Begabungsgerechtigkeit, die in bildungspolitischen Debatten bedeutsam ist (vgl. Stojanov 2008; 2013).

9   Teilhabegerechtigkeit wird andernorts auch synonym zum Begriff der Befähigungsgerechtigkeit verwendet (u. a. Dietrich, Heinrich und Thieme 2013b).

10 Interessanterweise wird in der Analyse von Stojanov (2008) deutlich, dass in der bildungspolitischen Diskussion nicht mit positiven Ausprägungen von Anerkennungsgerechtigkeit gearbeitet wird, sondern mit ihren negativen Ausprägungen, d. h. deren Missachtung.

Durch seine qualitative Analyse der Verwendung der Kategorie *Bildungsgerechtigkeit* in aktuellen Zeitungsartikeln und parteipolitischen Dokumenten kann Stojanov aufzeigen, dass Fragen der Verteilungsgerechtigkeit die bildungspolitische Debatte mit Abstand dominieren, während Fragen der Teilhabe- und Anerkennungsgerechtigkeit nur marginal von Bedeutung sind. Dabei allerdings, so Stojanov weiter, überwiegt die Feststellung, dass es Ungleichheiten *gibt*. Seltener indessen wird thematisiert, *warum* Chancenungleichheit problematisch ist und *wie* sie reduziert werden könnte (ebd.: 216). Dieses Ergebnis lässt sich mit der Analyse von Hübner (2013) verbinden: Dieser geht auf die Schwierigkeit ein, dass gerade in Bezug auf das Prinzip der Verteilungsgerechtigkeit eine »*erhebliche Vielfalt* von plausiblen Alternativen« vorherrsche sowie eine »*große Uneindeutigkeit* über das richtige Kriterium« (ebd.: 41, Hervorh. i. O.).

Angesichts der dargelegten fehlenden Eindeutigkeit und der Fülle an Ausprägungen und Deutungen ist es sehr schwer, mit dem Begriff der Bildungsgerechtigkeit oder der Chancengerechtigkeit empirisch zu arbeiten. Ein Großteil der im internationalen Review rezipierten Publikationen und Studien (vgl. Kap. 6 und Kap. 7) verwendet nicht eindeutig und theoretisch hergeleitet die Begriffe Gleichheit oder Gerechtigkeit oder definiert, was jeweils als Zielzustand erreicht werden sollte. Vielmehr fokussieren die Studien auf die Analyse der Probleme im Zuge fehlender Chancengleichheit und -gerechtigkeit. Die Debatte um die Begriffe (Chancen-)Gleichheit und Gerechtigkeit kann und soll daher hier nicht weiter vertieft werden. Dies wäre eine eigene Abhandlung wert, insbesondere angesichts ihrer häufig pragmatischen Verwendungsweise und der oftmals unterschiedlich zusammengesetzten, aber bisweilen synonym verwandten Begriffspaare (u. a. Chancenungleichheit, Bildungsungleichheit, Bildungsgerechtigkeit, Chancengerechtigkeit, Bildungschancen(un)gleichheit) in der bildungs-, sozial- und integrationspolitischen Diskussion, aber in nicht geringen Teilen ebenfalls in darauf bezogenen wissenschaftlichen Debatten. Diese Schwierigkeit zeigt sich auch noch einmal angesichts der Tatsache, dass sehr viele unterschiedliche, teilweise nicht näher explizierte Bildungsbegriffe zugleich das Verständnis dessen erschweren, worum genau es gerade geht.[11]

Zwischenfazit: Forschung zu Bildungsungleichheit – Chancen und Grenzen
Für das Verständnis der folgenden Kapitel ist *erstens* ein bedeutsamer Aspekt festzuhalten: Es kann nicht eindeutig geklärt werden, »auf welchen Endzustand die Maßnahmen zur Erhöhung von Chancengleichheit hinstreben sollten« (Giesinger 2007: 374), denn es gibt keinen gesellschaftlichen Konsens darüber, »welche Differenzen in den Bildungsresultaten von Kindern aus verschiedenen sozialen Schichten (...) moralisch akzeptabel« (ebd.) sind und welche nicht. Diese Uneindeutigkeit gilt ebenso für weitere Differenzierungslinien zwischen Kindern wie diejenige

---

11 Sehr unterschiedliche Bildungsverständnisse werden beispielsweise deutlich in den einschlägigen Abhandlungen von Becker (2016); Dietrich, Heinrich und Thieme (2013b); Fend (2009); Giesinger (2007); Heid (2016) und Stojanov (2013). Während beispielsweise Stojanov (2013) hervorhebt, dass unter anerkennungstheoretischen Prämissen Bildung keineswegs als ›Gut‹ (indessen: Giesinger 2007), sondern als »Prozess der Entwicklung individueller Autonomie« (Stojanov 2013: 62) anzusehen ist, kann unter der verteilungstheoretischen Perspektive Bildung als erstrebenswertes ›Gut‹ betrachtet werden.

nach Geschlecht oder ethnischer Herkunft sowie in Bezug auf ihre Wohngegend. Hierzu bedarf es weiterer gesellschaftlicher Debatten unter Einbezug aller gesellschaftlichen Akteure – das bedeutet: auch der Kinder (vgl. Abschn. 2.3.2).[12] Die vorliegende Studie kann ein Ausgangspunkt für eine solche Debatte sein, indem sie empirische Einblicke in die Problematik bietet.

Zweitens gilt es, eine weitere Debatte in Bezug auf das Bildungssystem offensiver zu führen: die Debatte darum, inwiefern sich personenbezogene, häufig als natürlich kategorisierte und soziale Differenzen überhaupt deutlich trennen lassen oder nicht stärker in ihrem Zusammenspiel betrachtet werden müssten. Denn häufig wird bei der Frage, was einen Einfluss auf Bildungs- und Schulerfolge hat, eine Trennung vorgenommen: Einerseits werden Konzepte in den Blick genommen, die dem *Individuum* zugeschrieben werden – wie individuelle Lernvoraussetzungen, Begabungen, Talent, Leistung oder das individuelle Leistungspotenzial. Andererseits werden *soziale Einflussfaktoren* fokussiert, zu denen häufig solche aus dem familialen Bereich gezählt werden – wie das Anregungsniveau in der Familie, ihre finanziellen Ressourcen etc. Diese Trennung ist künstlich und wird bisweilen in Bezug auf das Bildungssystem auch moralisch vorgenommen. Beispielsweise gelten individuelle Differenzen als natürlich; sie liegen bereits vor dem Eintritt in die Schule als biologisch-genetische Grundlagen fest (kritisch dazu Stojanov 2013) und werden als gegeben hingenommen (Giesinger 2007: 370), während soziale Differenzen als moralisch illegitim angesehen werden und daher, z. B. über kompensatorische Angebote, bearbeitet werden.

Was aber fehlt, ist, beide Ausprägungen von Unterschieden zwischen Kindern als dynamisch und veränderbar anzusehen und gemeinsam zu denken – und zu erforschen.[13] Dieses Erfordernis des Zusammendenkens kann am Beispiel des Begabungskonzepts veranschaulicht werden, das häufig lediglich als Faktor angesehen wird, der dem Individuum zugeschrieben wird: Begabung aber ist nicht einfach (natürlich) vorhanden oder nicht. Vielmehr wird es gesellschaftlich festgelegt und ist nicht unabhängig von gesellschaftlichen Interessen, wer als begabt gilt und für was genau sie/er als begabt gilt. Heid (2016) hält dazu fest, dass Begabung eine »von Sozialisations- und Lernprozessen niemals unabhängige und stets auch auf die Deckung eines hierarchisch strukturierten Qualifikationsbedarfs bezogene »Größe« ist«, sodass das Begabungskonzept »wesentliche Elemente jener sozialen Ungleichheit (Statusabhängigkeit) in sich aufgenommen hat, die es zu überwinden verspricht, aber zu rechtfertigen vermag« (ebd.: 103).

Diese gesellschaftliche Kontextualisierung von Begabung ist auch insofern bedeutsam, als in den folgenden theoretischen Herleitungen und Analysen nicht in-

---

12 Es scheint aus einer kindheitstheoretischen Perspektive keineswegs ausgemacht, wie Hübner (2013) dies festhält, dass es weitgehend Einigkeit darüber gibt, dass Beteiligungsrechte »*möglichst groß* und *prinzipiell gleich* gestaltet sein sollen« (Hübner 2013: 41, Hervorh. i. O.). Mit Blick auf die Rechte von Kindern werden deutliche Einschränkungen erkennbar, sodass die Gleichheit sich maximal auf alle erwachsenen Akteure zu richten scheint (vgl. Kap. 4.1).

13 Stojanov (2013) verweist darauf, stärker darüber nachzudenken, wie Bildungsinstitutionen Kinder »auch ›begaben‹ können – etwa dann, wenn sie diese als uneingeschränkt entwicklungsfähige Personen anerkennen« (Stojanov 2013: 59).

dividuumsbezogene, sondern soziale bzw. gruppenbezogene Perspektiven, Orientierungen und Handlungen in den Blick genommen werden, nicht aber die Bildungsprozesse oder Prozesse der Autonomieentwicklung einzelner Kinder. Hierzu können mit den vorliegenden Studien keine Aussagen gemacht werden. Vielmehr handelt es sich um Aussagen, die auf Kollektive zutreffen (wie Kinder, Erwachsene oder Personen mit privilegierterem Status und benachteiligte Personen) und die auch Vergleiche zwischen Kollektiven erlauben, wie etwa zwischen der Position von Kindern bzw. Schülerinnen und Schülern in Institutionen und der von Erwachsenen.

Drittens bedarf es zukünftig einer weitergehenden Systematisierung, was in Bildungskontexten und v. a. in den darauf bezogenen qualitativen und quantitativen sozialwissenschaftlichen Studien jeweils als theoretisches und empirisches Problem und Ansatzpunkt, als Ursache – und demzufolge als Lösungsstrategie – verstanden wird. Denn bislang gibt es eine Vielfalt an Konzepten, die teilweise nebeneinander stehen, teilweise (latent) konkurrierend herangezogen werden, ohne aber die Verflechtungen, blinden Flecke und Widersprüche herauszuarbeiten, die den jeweiligen Zugängen inhärent sind. Hilfreich wäre es, zusätzlich zu insbesondere auf die Empirie fokussierten Arbeiten auf theoretischer Ebene herauszuarbeiten, welche Chancen und welche Grenzen mit dem jeweils verfolgten Konzept verbunden sind, was in den Blick genommen wird und werden kann (und was nicht), und zwar genau dann, wenn empirisch – qualitativ oder quantitativ – mit einem sozialwissenschaftlichen Fokus zu Ungleichheit und Ungerechtigkeit geforscht wird.

Viertens schließlich ist es relevant, dass sich alle Akteure in einem einig sind, unabhängig davon, welches Begriffsverständnis von Gleichheit oder Gerechtigkeit in den herangezogenen Studien und Fachtexten jeweils (zumindest implizit) favorisiert oder aber abgelehnt wird: dass weder Chancengleichheit noch Bildungsgerechtigkeit im Bildungssystem als gegeben angenommen werden können und dass dies als problematisch anzusehen ist. Hier wird großer Forschungsbedarf gesehen. Um nun diesen Bedarf genauer herauszuarbeiten, wird im Folgenden der Fokus der Betrachtung zunächst eingegrenzt: Im Zentrum steht nicht das Bildungssystem als solches; vielmehr werden Kindertageseinrichtungen und Grundschulen innerhalb gesamtgesellschaftlicher Ungleichheitsverhältnisse verortet. Es geht zunächst um die Frage, ob und wie diese Institutionen Bildungsungleichheit vermindern können oder aber zu einer Reproduktion von Bildungsungleichheit beitragen. Sodann wird der Fokus noch weiter konkretisiert, zunächst in Form von Analysen der rechtlichen, politischen und praxisbezogenen Grundlagen von Zusammenarbeit und Partnerschaft. Die anschließend betrachteten internationalen und nationalen empirischen Studien geben Auskunft darüber, was empirisch über die Phänomene Elternbeteiligung, Zusammenarbeit und Partnerschaft bekannt ist und inwiefern sich hierdurch (jeweils) Ungleichheiten reduzieren lassen.

2.2 (Un-)Gleiche Bildungschancen und Bildungsungleichheit in Kindertageseinrichtungen und Grundschulen

In der derzeitigen bildungs- und sozialpolitischen Debatte werden ungleiche Bildungschancen und -resultate mit Bezug auf Kindertageseinrichtungen und Grundschulen zentral und mit hoher öffentlicher Aufmerksamkeit verhandelt. Gleiche und gerechte Bildungschancen gelten als wichtige Basis für die weitere Bildungskarriere und die Lebenschancen von Kindern.

Bildungsungleichheit in der Grundschule
Der Grundschule als »undifferenzierte Elementarschule für alle schulpflichtigen Kinder« (Götz und Sandfuchs 2014: 32) kommt in Deutschland eine besondere Rolle zu. Es ist ihr Anspruch, (Chancen-)Gleichheit herzustellen und jedem Kind »grundsätzlich jede Form weiterführender Bildung« zu eröffnen (ebd.). Indessen zeigen viele empirische Untersuchungen, dass bereits in der Grundschule Unterschiede nach sozialer Herkunft deutlich werden: Sowohl die Rückstellungen (Faust und Roßbach 2014) als auch die Leistungen, Übergangsempfehlungen und -entscheidungen variieren nach der sozialen Herkunft der Kinder (Klemm 2008). Beispielsweise sind Kinder aus unteren sozialen Schichten in der Grundschule und auch in der Sekundarstufe I bei der Gruppe funktionaler Analphabeten »überrepräsentiert und gelten als kompetenzarm« (Becker 2016: 8). Dabei gilt insbesondere der Übergang von der Grundschule auf eine weiterführende Schule als »entscheidende Weichenstellung« (Ditton 2016: 284; ebenso: Becker 2016) und bedeutsam für die (Re-)Produktion ungleicher Bildungschancen (Becker und Lauterbach 2016). Es kann entsprechend der bereits genannten Verteilungsprinzipien nicht von gerechten Chancen für Kinder im Grundschulalter gesprochen werden, weil sich auch leistungsfremde Kriterien wie die soziale Herkunft als relevant erweisen (exemplarisch de Moll 2016).

Kitas als Orte, um Bildungsungleichheit zu reduzieren
Die größten Hoffnungen für den Abbau von sozialen Bildungsungleichheiten liegen aktuell nicht (mehr) in der Schule, sondern vielmehr auf dem *vorschulischen Bereich* bzw. auf den Kindertageseinrichtungen. Es geht in der öffentlichen Debatte darum, »Chancengleichheit am Start« zu gewährleisten (Stojanov 2008: 216). Diese Fokusverschiebung verdeutlichen auch die vermehrten Investitionen und die hohe öffentliche und fachpolitische Aufmerksamkeit für die frühkindliche Bildung, Betreuung und Erziehung (Betz und Bischoff 2015; Bollig und Betz 2016; Europäische Kommission 2011).

Dabei wird in Bezug auf Kindertageseinrichtungen zum einen hervorgehoben, dass es sich um Bildungsinstitutionen handelt, die, als Einrichtungen der Kinder- und Jugendhilfe, Benachteiligungen abbauen sollen (§ 1 SGB VIII Absatz [3] Satz 1; exemplarisch Brandes, Friedel und Röseler 2011). Zum anderen werden (erneut) diejenigen Stimmen laut, die fordern, Kindertageseinrichtungen als erste Stufe des Bildungssystems zu konzipieren und zu etablieren. Bislang handelt es sich dabei allerdings um »Reformforderungen« (Reyer 2015: 8), die (noch) nicht rechtlich und administrativ umgesetzt wurden. Zugleich aber gibt es in einzelnen Bildungs- und Erziehungsplänen auf Ebene der Bundesländer, d. h. in den Orientierungshilfen für das pädagogische Handeln, bereits solche systemintegrativen Dokumente, die den Unterschied zwischen den Bildungsorten Kindertageseinrichtung und Schule und damit den beiden Systemen einebnen; zu nennen ist hier etwa der Hessische Bildungs- und Erziehungsplan: Hessisches

Ministerium für Soziales und Integration und Hessisches Kultusministerium (2015).[14]

Durch eine möglichst frühe Bildung und Förderung und bisweilen auch durch kompensatorische[15] Angebote soll zu gesellschaftlicher Chancengleichheit beigetragen werden (kritisch Klinkhammer 2014) und dadurch ein »*Bildungsmehrwert*« entstehen (Reyer 2015: 9, Hervorh. i. O.). Die daraus resultierenden Hoffnungen allerdings sind bislang empirisch nicht widerspruchsfrei belegt (Anders 2013; Anders und Roßbach 2013; Betz 2010; Bollig und Betz 2016; Heekerens 2010). Hierfür werden verschiedene Gründe verantwortlich gemacht:

Erstens zeigt die internationale und nationale Forschung zu ungleichen Beteiligungsraten an hochqualitativer Kinderbetreuung bei unterschiedlichen Bevölkerungsgruppen, dass bereits hier systematische Unterschiede bestehen (z. B. Bollig und Betz 2016: 335). Sie werden beispielsweise darin deutlich, dass Kinder aus armen Familien, aus ethnischen Minderheiten und von Arbeitslosigkeit betroffener Eltern seltener in solchen Einrichtungen zu finden sind, u. a. da die Mütter bzw. Väter ihre Kinder häufiger recht kurzfristig anmelden, sodass sie auf langen Wartelisten nicht zum Zuge kommen (Vandenbroeck und Lazarri 2014). Zudem gibt es ethnische und soziale Segregationstendenzen bei der außerhäuslichen Kinderbetreuung, welche die erhoffte ungleichheitsreduzierende Wirkung vorschulischer Institutionen fraglich werden lassen (BMFSFJ 2013: 113 ff.; Fuchs und Peucker 2007; Hogrebe 2016).

Ein weiterer Aspekt sind differenzielle, z. B. nach Schichtzugehörigkeit sich unterscheidende Bildungs- und Betreuungsarrangements im Kindesalter (de Moll und Betz 2014), d. h. dass Kinder je nach sozialer Zugehörigkeit in unterschiedlichen und unterschiedlich vielen Arrangements, unter anderem Kindertageseinrichtungen, ihren Alltag verbringen. Kinder aus sozial privilegierteren Schichten haben hierbei insofern Vorteile, als sie von einer Förderung und »forcierter Kultivierung« (Bollig und Betz 2016: 337) im Alltag profitieren können, während dies für Kinder aus weniger privilegierten Familien seltener zutrifft. Die Bedeutsamkeit von Bildungs- und Betreuungsarrangements für die (Re-)Produktion von Bildungsungleichheit wird bislang allerdings erst in Ansätzen erforscht (Betz 2010; 2013a; de Moll und Betz 2014). Alle genannten Befunde stehen den gegenwärtigen Möglichkeiten von Kindertageseinrichtungen entgegen, durch qualitativ hochwertige Bildung, Betreuung und Erziehung gleiche Startchancen für Kinder zu schaffen (Betz 2010).

Zweitens – und dies ist ein noch grundsätzlicherer Aspekt – geben einige qualitative Studien deutliche Hinweise darauf, dass auch Kindertageseinrichtungen

---

14 Zu Strukturdifferenzen zwischen Kindertageseinrichtungen und Schulen siehe Diehm (2008).

15 Die Kompensation bezieht sich je nach Autor/in und Studie auf sehr unterschiedliche Aspekte mit dem gemeinsamen Ziel, dass sie dem Ausgleich von Benachteiligung dienen sollen. Hierunter fallen u. a. ein finanzieller Ausgleich (z. B. ein geringerer Elternbeitrag), ein Ausgleich über besondere Förderangebote (z. B. ein frühes Sprachförderangebot) oder zusätzliche Angebote für Eltern (z. B. ein Elternbildungsangebot). Denkbar ist aber ebenso ein Ausgleich über die Komposition der Kindergruppe in einer Einrichtung (z. B. indem die Kindergruppe sprachlich gemischt zusammengesetzt wird) oder über die Komposition und Anzahl der pädagogischen Professionellen (z. B. mehr Fachkräfte mit akademischem Abschluss, ein günstigerer Betreuungsschlüssel).

selbst nicht losgelöst von gesellschaftlichen Ungleichheitsverhältnissen betrachtet werden können. In den Einrichtungen sind ungleichheits(re)produzierende Mechanismen auf einer Mikroebene beobachtbar. Exemplarisch kann dies an der Studie von Nelson und Schutz (2007) veranschaulicht werden. Sie untersuchen, inwiefern sich Kindertageseinrichtungen danach unterscheiden, ob und wie häufig die Kinder unter sich sind (›natürliches Wachsenlassen‹) oder aber mit den erwachsenen Bezugspersonen interagieren und dabei gelobt oder getadelt werden (›Kultivierung‹). Die Autorinnen kommen zu dem Schluss, dass in Kindertageseinrichtungen ähnliche Prozesse ablaufen wie in Familien: Kinder aus privilegierten Familien finden anschlussfähige, ähnliche Settings, in denen sie viel mit Erwachsenen interagieren, gelobt und ermuntert werden, während dies auf Kinder aus weniger privilegierten Familien seltener zutrifft.[16]

Zwischenfazit: Forschung zu Bildungsungleichheit in der frühen und mittleren Kindheit
Mit diesen Einsichten in die Forschung zu Bildungsungleichheiten in der frühen und mittleren Kindheit sind drei Anforderungen an die Forschung verbunden: *Erstens* genügt es nicht, nur Zugänge zu den Einrichtungen und Schulen in den wissenschaftlichen und politischen Blick zu nehmen bzw. diese Zugänge allen Kindern zu eröffnen; vielmehr ist zugleich das Geschehen in den Bildungsinstitutionen selbst viel genauer zu betrachten. *Zweitens* muss in Betracht gezogen werden, dass Kindertageseinrichtungen – aber auch Grundschulen – nicht nur die gesellschaftlich erhoffte kompensatorische Wirkung entfalten können, sondern als Institutionen selbst eventuell ebenfalls Bildungsungleichheiten verstärken. Hierzu fehlen bislang allerdings längsschnittliche Studien. Damit muss insbesondere die Frage offenbleiben, ob und wenn ja wie genau frühe Bildung zu größerer Chancengerechtigkeit und -gleichheit führen kann (vgl. Beyer 2013; Bischoff 2016; Krüger und Rabe-Kleberg 2013). Das Gleiche gilt für die Frage, inwiefern sie selbst keine oder gar gegenteilige Effekte mit hervorbringt, also Ungleichheiten zusätzlich verfestigt oder verstärkt. *Drittens* muss das Wechselspiel zwischen institutionellen Angeboten und weiteren Arrangements der Bildung und Betreuung im Kinderleben (u. a. das familiäre Setting, aber ebenso beispielsweise Vereine und weitere Angebotsstrukturen) im Gesamtzusammenhang in den Blick genommen werden, da die häufig fokussierten Bildungsinstitutionen (Kindertageseinrichtung, Grundschule) selbst wiederum nur einen Teil des kindlichen Lebenszusammenhangs repräsentieren.

Der bislang skizzierte problemorientierte Einblick in die gegenwärtigen Debatten um Bildungsungleichheit und -ungerechtigkeit sowie in die empirischen Befunde zu ungleichen Bildungschancen und Bildungsungleichheit in Kindertageseinrichtungen und Grundschulen wird im Folgenden ergänzt um einen theoretischen Rahmen. Dieser ist notwendig, um die weiteren Analysen in den Kapiteln 4, 5 und 6 einordnen zu können und zu verstehen, aus welcher Perspektive und damit vor welchem theoretischen Hintergrund sie durchgeführt wurden.

---

16 Qualitative Studien zu Ungleichheiten in Kindertageseinrichtungen: z. B. Bischoff 2016; Diehm et al. 2013; Isler, Künzli und Leemann 2010; Kuhn 2013; Nelson und Schutz 2007; Neumann und Seele 2014.

2.3 Theoretischer Rahmen: Soziale und generationale Ungleichheit

Im Folgenden wird knapp die theoretische Perspektive dargelegt, die den Blick auf die nachfolgenden empirischen Analysen fokussiert und leitet. Im Mittelpunkt stehen dabei sowohl soziale Ungleichheiten als auch generationale Ungleichheiten; sie können zwar separat analysiert werden, sind in der Wirklichkeit aber häufig eng miteinander verschränkt.

2.3.1 Soziale Ungleichheit mit Bourdieu: Sozial positionierte Akteure und das Bildungssystem

Wie sieht nun dieser differenzierte Blick aus, mit dem die komplexen Mechanismen der (Re-)Produktion von sozialer Ungleichheit sichtbar gemacht werden können? Welche Prozesse sind es, die letztlich zur Koppelung von sozialer Herkunft, Bildungsbeteiligung und Schulerfolg führen?

Da Bildungs- und Teilhabechancen nur im Zusammenhang mit gesamtgesellschaftlichen Ungleichheitsverhältnissen zu verstehen sind (u. a. de Moll 2016; Kramer 2011), schließt die vorliegende Publikation an den bildungssoziologischen und gesellschaftstheoretischen Ansatz Pierre Bourdieus an (u. a. Bourdieu 1987); dieser wird mittlerweile in verschiedenen wissenschaftlichen Disziplinen produktiv genutzt (exemplarisch Friebertshäuser, Rieger-Ladich und Wigger 2009; Lange-Vester 2015). Durch diesen Zugang kommen v. a. Mikroprozesse in den Blick, welche die (relativ) stabilen Ungleichheitsverhältnisse erklären und gleichzeitig in ihrer Verwobenheit mit den gesellschaftlichen Machtverhältnissen sichtbar machen können.

Bourdieus (1987) theoretisches Konzept des Habitus betont die sozialstrukturelle Einbettung des Denkens und Handelns von Akteuren. Als Vermittler zwischen Struktur und Praxis (als verinnerlichte gesellschaftliche Struktur) führt der Habitus dazu, dass Akteure aufgrund ihrer sozialen Position über einen bestimmten praktischen Sinn, eine bestimmte Art des Denkens und Handelns verfügen. Er ist im Alltag der Akteure auf einer zumeist unbewussten Ebene handlungsleitend und führt vornehmlich zu einer Reproduktion der sozialen Struktur (ebd.). Es wird davon ausgegangen, dass die Institution Schule als »Mittelklasseninstitution« (Lütkens 1971, zit. nach Link 2011: 127)[17] an den Habitus der mittleren und oberen gesellschaftlichen Schichten angepasst ist. Entsprechend ist die unterschiedliche Nähe des jeweiligen Habitus von Kindern und Familien zur Institution Schule ganz entscheidend: Ungleichheitsverstärkende Effekte sind für Kinder aus weniger privilegierten Schichten wahrscheinlicher (zum Konzept der Passung Kramer et al. 2009; 2013), während es Kindern aus privilegierteren Familien leichterfällt, in der Schule erfolgreich zu sein. Diese Fragen der Passung werden mittlerweile auch für den Bereich der Kindertageseinrichtungen betrachtet, z. B. in Bezug auf pädagogische Fachkräfte (Bischoff 2016).

Während die Angehörigen der mittleren und oberen Schichten den Anforderungen der Bildungsinstitutionen in stärkerem Maße entsprechen bzw. diese mit-

---

17 Für eine weitere Ausdifferenzierung des Milieuschulbezugs siehe Kramer, Helsper, Thiersch und Ziems (2009).

definieren und festlegen (vgl. den vorangegangenen Abschnitt 2.2; zur Festlegung von Leistung in der Schule Heid 2016), müssen Angehörige unterer Schichten verstärkte Anpassungsleistungen erbringen (Bourdieu und Passeron 1971; aktuell: Kramer 2011; 2015). Diese Anpassungsleistungen werden in der Bildungsforschung im Allgemeinen in Bezug auf Schülerinnen/Schüler und das Bildungssystem untersucht. Aber auch bei Eltern (Kayser und Betz 2015) und Lehrkräften (Betz, de Moll und Kayser 2015) geht es um Fragen der Passung zu den Vorstellungen und Anforderungen in den Institutionen. Diese Perspektive auf Bildungsungleichheit ist allerdings weit weniger erforscht.

Die Anpassungsleistungen durch die Akteure geschehen zum Teil bewusst. Jedoch beschreibt Bourdieus Konzept des Habitus insbesondere ein unbewusstes, habitualisiertes Prinzip der Produktion von Denken und Handeln, welches das Handeln von Akteuren zwar nicht determiniert, aber doch einen gewissen Handlungsspielraum absteckt (Krais und Gebauer 2002). Das bedeutet, dass nicht genau vorhergesagt werden kann, wie Akteure zukünftig handeln werden. Es ist jedoch plausibel, davon auszugehen, dass sie dies innerhalb eines gewissen Spielraums tun, da andere Handlungen für sie gänzlich unvorstellbar sind, nicht zu ihnen passen. Die bestehenden sozialen Verhältnisse werden damit, so die Theorie, durch das Alltagshandeln der Akteure und ihre Interaktionen mit hoher Wahrscheinlichkeit immer wieder aktualisiert (Bourdieu 1987). Grundsätzliche, plötzliche Veränderungen sind unwahrscheinlich.

Bezogen auf die Kindertageseinrichtung und die (Grund-)Schule bedeuten diese Überlegungen, dass alle Beteiligten – Eltern, Kinder, Lehrkräfte und pädagogische Fachkräfte – als sozial situierte Akteure verstanden werden müssen.[18] Wenn es etwa um Elternbeteiligung in der Schule geht oder wenn pädagogische Fachkräfte und Eltern eine Bildungs- und Erziehungspartnerschaft aufbauen (sollen), ist ihr jeweiliges Handeln dabei habituell strukturiert und in Abhängigkeit von ihrer jeweiligen privilegierten oder weniger privilegierten Position in der Gesellschaft zu sehen. Wie genau sich dies jeweils in der konkreten Interaktion und Situation darstellt, kann nur über empirische Forschung erschlossen werden (vgl. Kap. 5 und Kap. 6).

2.3.2 Generationale Ordnung, Agency, Kindheit und Ungleichheit

Gesellschaftliche Ungleichheitsverhältnisse hängen, wie gezeigt, mit systematisch ungleichen Bildungs- und Teilhabechancen von Personen zusammen, die unterschiedlichen sozialen Gruppen zuzuordnen sind, z. B. Kinder aus unterprivilegierten sozialen Milieus, Mädchen aus gesellschaftlich privilegierteren Milieus oder Personen mit Migrationshintergrund. Allerdings gibt es nicht nur soziale, geschlechtsspezifische und an die ethnische Herkunft gekoppelte Ungleichheiten, die sich im Bildungssystem und zumeist auch im Zusammenhang mit der sozialen Stellung von Personen bemerkbar machen. Vielmehr ist die Gesellschaft zu-

---

18   Zur sozialen Situierung der bildungsrelevanten Akteure Betz und de Moll 2016; Betz, de Moll und Kayser 2015; Bischoff 2016; Bischoff, Betz und Eunicke 2017; de Moll 2016; Kayser und Betz 2015.

sätzlich durch ein weiteres Ungleichheitsverhältnis geprägt, nämlich das der »generationalen Ungleichheit« – der zwischen Erwachsenen und Kindern (Engelbert und Herlth 2010: 112; Olk 2009: 127).

In der Forschungsrichtung, die sich mit dieser Form von Ungleichheit genauer beschäftigt, der Kindheitsforschung, wird mit dem Konzept der *generationalen Ordnung* (Betz 2009) gearbeitet. Damit wird ein bestimmtes, gesellschaftlich geformtes – historisch und kulturell durchaus variables – Verhältnis von Erwachsenen und Kindern beschrieben (Bühler-Niederberger 2011; Esser et al. 2016; Mierendorff 2014). In der generationalen Ordnung kommt ein hierarchisch strukturiertes Generationenverhältnis zum Ausdruck, das sich als ungleich erweist und in dem Kinder in hohem Maße ökonomisch, kulturell und rechtlich abhängig von Erwachsenen sind (u. a. Alanen 2009).

Mit dem Konzept der generationalen Ordnung wird jedoch auch darauf verwiesen, dass Erwachsene ebenfalls von Kindern abhängig sind und die Kategorien Kinder und Erwachsene somit nicht unabhängig voneinander gedacht beziehungsweise gelebt werden können; vielmehr sind sie relational aufeinander bezogen (Betz und Bischoff 2015). Veranschaulicht werden kann diese Denkfigur, indem man sich vergegenwärtigt, dass Eltern nicht ohne Kinder vorstellbar sind oder Lehrkräfte nicht ohne Schülerinnen und Schüler agieren können. Beide sind jeweils aufeinander verwiesen und angewiesen.

»Wie die gesellschaftliche Position der Frauen im Gender-Zusammenhang nicht ohne Bezug auf die der Männer begriffen werden kann, so die der Kinder nicht ohne den Bezug auf die der Erwachsenen im Generationenzusammenhang. Kinder und Erwachsene sind aufeinander bezogen, nicht nur persönlich in Kind-Eltern- und Schüler-Lehrer-Beziehungen, sondern im gesellschaftlich geformten Verhältnis zwischen den Positionen Kind und Erwachsener« (Hengst und Zeiher 2005: 19).

Kindheit wird aus der Perspektive der sozialwissenschaftlichen Kindheitsforschung als ein wichtiges gesellschaftliches Konstrukt angesehen, das als Element der Sozialstruktur eine bedeutende Ungleichheitsdimension darstellt (Betz 2008). Die generationale Ordnung formt dabei das Leben von Kindern ebenso wie das von Erwachsenen: Sie ist mit normativen Vorstellungen über eine ›gute‹ Kindheit verknüpft, die für alle Beteiligten (Betz und Bischoff 2015) und ebenfalls die Institutionen der Kindheit, wie z. B. Schulen, Familien oder Kindertageseinrichtungen, sowie die wohlfahrtsstaatliche Ausgestaltung von Kindheit handlungsleitend sind (Mierendorff 2010). In diesem handlungsleitenden Rahmen agieren die Kinder selbst, aber ebenso ihre Eltern sowie pädagogische Fach- und Lehrkräfte wie auch weitere Beteiligte.

Verdeutlicht werden kann dieser Zusammenhang an dominanten gesellschaftlichen Leitbildern ›guter‹ Kindheit, wie etwa der Vorstellung, dass Kindheit optimierbar ist (Betz und Bischoff 2015; Bischoff et al. 2013) Dieses Leitbild beeinflusst, wer als ›gute‹ Eltern (Betz, de Moll und Bischoff 2013) oder ›gute‹ Fachkräfte verstanden wird. Die Leitbilder bestimmen damit auch das ›richtige‹ Handeln in Institutionen (Bischoff et al. 2013). Dabei hängt die generationale Ordnung mit einem weiteren bedeutenden Konzept in der Kindheitsforschung zusammen: der *Agency*[19] oder Handlungsfähigkeit von Kindern.

Kinder denken und handeln immer ›als Kinder‹ und damit aus der sozialen Position *Kind* heraus in einem generational geordneten Verhältnis zu Erwachsenen. Ihre Perspektive wie auch ihre Handlungsmöglichkeiten sind damit immer nur aus dieser besonderen Position heraus zu verstehen und von dieser geprägt (Esser et al. 2016). Die generationale Ordnung ist jedoch, über die Bedeutung für das konkrete Denken und Handeln von Kindern auf der Mikroebene hinaus, als gesellschaftlich geordnetes Verhältnis von Kindern und Erwachsenen auch konstitutiv für die gesellschaftliche Ordnung insgesamt (Mierendorff 2014). Sie ist mit Prozessen sozialer Ordnungsbildung verwoben (Bühler-Niederberger 2005; 2011) und insbesondere mit sozialen Klassenverhältnissen eng verknüpft.

Dieser Zusammenhang ist nicht zuletzt deshalb gegeben, weil die normativen Vorstellungen einer ›guten‹ Kindheit, die auch in Bildungsinstitutionen wirksam sind und etwa durch Lehrkräfte oder pädagogische Fachkräfte artikuliert werden, sich an der Gestaltung von Kindheit in den mittleren und oberen sozialen Schichten orientieren und damit ungleichheitsrelevant sind. Anders gestaltete Kindheiten, z. B. in unteren sozialen Milieus, werden an diesen gemessen: Sie werden als ›abweichende‹ Kindheiten wahrgenommen und in frühpädagogischen und schulischen Kontexten negativer beurteilt (hierzu auch Betz 2009; Bühler-Niederberger und Mierendorff 2009).

Diese Überlegungen sind ebenfalls anschlussfähig an Bourdieu: Es ist die Passung – bzw. Nicht-Passung – von Kindheiten an die aktuellen Anforderungen der Bildungsinstitutionen, die (ebenfalls) über die zukünftige Teilhabe an der Gesellschaft entscheidet (Betz 2009; Bühler-Niederberger 2011). Gerade vor dem Hintergrund markanter Bildungsungleichheitsverhältnisse ist es daher von Bedeutung, das Denken und Handeln sowohl von erwachsenen als auch von kindlichen Akteuren in Bildungsinstitutionen, in Familien und in weiteren zentralen Settings des Kinderlebens genauer in den empirischen Blick zu nehmen, als dies bislang der Fall ist (de Moll und Betz 2016; Lareau 2011; in Kindertageseinrichtungen Brooker 2010a). Kindheit, *Agency* und generationale Ordnung bilden somit wichtige Referenzpunkte einer differenzierten Auseinandersetzung mit den Mechanismen der (Re-)Produktion sozialer Ungleichheitsverhältnisse in und trotz Bildungsinstitutionen sowie zwischen Bildungsinstitution und Familie.

Auch die Tatsache, dass die wissenschaftliche, pädagogische und praxisbezogene Thematisierung von Kindern stark auf den Bereich der Bildung, auf das Bildungssystem und die erfolgreiche Entwicklung von Kindern fokussiert ist, muss als Ausdruck der herrschenden generationalen Ordnung gesehen werden – Kinder interessieren in den Debatten vor allem als zukünftige, (bildungs-)erfolgreiche Erwachsene; hierfür müssen sie (früh) gefördert und gebildet werden (Betz und Bischoff 2015; Reinders 2016). Dieser Blickwinkel geht jedoch damit einher, dass

---

19 Mierendorff (2014) geht einführend auf das kindheitstheoretische *Agency*-Konzept ein. Die Ambivalenzen in diesem Konzept und die empirischen Studien dazu werden in Betz und Esser (2016) und Esser et al. (2016) detailliert erörtert. Auch in deutschsprachigen Publikationen wird in der Kindheitsforschung zumeist mit dem englischen Begriff *Agency* gearbeitet.

ihre Belange als Kinder in der Gegenwart, im Hier und Jetzt, und ihre *Agency* in unterschiedlichen Feldern aus dem Blick geraten (Esser et al. 2016) und/oder für weniger bedeutsam erachtet werden (in Kindertageseinrichtungen hierzu z. B. Alasuutari 2014).

Zwar sind Kinder häufig der Dreh- und Angelpunkt der Bemühungen Erwachsener, die an ihrem Wohl orientiert und interessiert sind (vgl. Kap. 4). Allerdings geht es oftmals primär um die Sicherstellung des von Erwachsenen festgelegten Wohls bzw. Interesses des Kindes – so in der UN-Kinderrechtskonvention: »in the best interests of the child« –, das eng mit einer ›gelungenen‹ und auf die Zukunft gerichteten Entwicklungsperspektive verknüpft ist sowie mit dem (zukünftigen) Schulerfolg von Kindern (vgl. Kap. 4; Betz 2015). Inwiefern es sich hierbei um geteilte Interessen von Erwachsenen und Kindern handelt, wäre empirisch zu erforschen (vgl. Kap. 6).

3 Entstehung und Reproduktion von Bildungsungleichheit – Entschlüsselung multikausaler Zusammenhänge

Es ist vielfach empirisch nachgewiesen worden, *dass* signifikante Zusammenhänge zwischen der sozialen und ethnischen Herkunft der Schülerinnen/Schüler und ihrem Schulerfolg im deutschen Bildungssystem bestehen (vgl. Abschn. 2.2). Weniger klar und eindeutig ist allerdings, *wie* sich das gesellschaftliche Problem *Bildungsungleichheit* besser verstehen und erklären lässt – und damit ist auch nicht ausreichend geklärt, welche Maßnahmen zu ergreifen sind, um Bildungsungleichheiten entgegenzusteuern und sie zu vermindern. Die Frage ist demnach: Welche Determinanten bzw. Faktoren sind relevant für Bildungsungleichheiten und wie hängen diese jeweils miteinander zusammen?

In der quantitativen und qualitativen Bildungs- und Ungleichheitsforschung wird versucht, diese Faktoren, die auf unterschiedlichen, miteinander eng verwobenen Ebenen liegen, zu identifizieren und in ihren Zusammenhängen näher zu beleuchten.

Ein Analysefokus liegt dabei auf der politischen Ebene wohlfahrtsstaatlicher Regelungen und Maßnahmen von Bund, Ländern und Kommunen sowie den länderspezifisch ausgestalteten Bildungssystemen (exemplarisch Becker und Schuchart 2016; Schlicht 2011) und damit auf Faktoren, die der *Makroebene* zuzuordnen sind; dazu zählen etwa der Ausbau von Ganztagsschulen oder staatliche Bildungsausgaben. Weiterhin werden, auf der *Mesoebene*, Faktoren auf institutioneller Ebene in Bezug auf Schulen und Kindertageseinrichtungen analysiert. Dies sind beispielsweise institutionelle Barrieren, etwa die Anzahl an Übergängen im schulischen Bildungssystem oder auch Selektionsmechanismen, die durch eine schulische Bewertung wie die Empfehlungen der Lehrkraft an solchen Übergängen wirken (exemplarisch Ditton 2016; Hollstein 2008; Huxel 2012). Ebenfalls zentral sind an dieser Stelle Formen institutioneller Diskriminierung. Dies können beispielsweise organisationsinterne Abläufe sein, die zulasten von Schülerinnen und Schülern mit Migrationshintergrund ausfallen. Gomolla und Radtke (2009) stellen in einer Studie fest, dass organisatorische Ressourcen, rechtliche Rahmenbedingungen und pädagogische Überzeugungen von Lehrkräften *im Zusammenspiel* die Entscheidung beeinflussen, ob Kinder mit Migrationshintergrund in Regelklassen eingeschult, zurückgestellt oder Förderklassen zugewiesen werden.[20] Auf der *Mikroebene* schließlich liegt der Fokus auf den Interaktionen, den Wahrnehmungs-, Denk- und Handlungsweisen der Akteure im Alltag von Bildungseinrichtungen oder auch in Familien. Hier lassen sich ebenfalls relevante Determinanten identifizieren, beispielsweise die habitusspezifischen Orientierungsrahmen von Grundschülerinnen/Grundschülern und deren Passung zu verschiedenen Schulkulturen (Kramer et al. 2009) oder der (Leistungs-)Habitus von Grundschullehrkräften (exemplarisch Betz, de Moll und Kayser 2015; Lange-Vester 2015).

Die exemplarisch genannten Studien weisen darauf hin, dass es vielfältige *Wechselwirkungen* zwischen den Determinanten auf den unterschiedlichen Ebenen gibt. Diese gilt es aufzuschlüsseln, will man zu einem vertiefenden Verständnis der Entstehung und Reproduktion von Bildungsungleichheit gelangen: So arbeiten beispielsweise Gomolla und Radtke (2009) für den Kontext Schule heraus, dass ethnisch codierte Diskriminierungen nicht nur auf die Motivationen von Einzelpersonen zurückgehen, sondern ebenso auf formale Rechte, etablierte Strukturen, Wertvorstellungen und bewährte Handlungsmaximen, die in Gesellschaften institutionalisiert sind (ebd.: 18). Die Forscher/innen machen auch deutlich, dass und inwiefern die Institution Schule diskriminiert. Sie zeigen, dass sich die Veränderungen des gesamtgesellschaftlichen politischen Diskurses zur Integration von Arbeitsmigrantinnen und -migranten im Bildungssektor niederschlagen und sich in spezifischer Weise auf die Organisationsformen der Förderung und Unterrichtung von Kindern mit Migrationshintergrund auswirken, z. B. auf dafür bereitgestellte finanzielle und personelle Ressourcen (ebd.: 116).

Ähnliches können auch Diehm et al. (2013) für den Kontext Kindertageseinrichtungen feststellen: Die Forscherinnen arbeiten heraus, wie pädagogische Fachkräfte vor die dilemmatische Aufgabe gestellt werden, zwischen inkonsistenten Klassifizierungsanforderungen eines Sprachscreeningverfahrens (am Beispiel Delfin 4 in Nordrhein-Westfalen) und komplexen Migrationsrealitäten von Kindern zu vermitteln (ebd.: 652). Das (politisch gewollte) Verfahren verlangt den Fachkräften in der Praxis Entscheidungen ab, die bereits zu einem frühen Zeitpunkt des kindlichen Bildungsweges Unterschiede produzieren und Kinder etikettieren (ebd.: 654).

Diese auf verschiedenen Ebenen liegenden Untersuchungsansätze und die entsprechend vielfältigen, hier exemplarisch dargelegten Befunde zur Benachteiligung von Kindern bzw. Schülerinnen und Schülern im Bildungssystem entsprechend ihrer sozialen und ethnischen Herkunft lassen keinen Zweifel daran, dass es sich bei der Entstehung von Bildungsungleichheit um einen *multikausalen Zusam-*

---

20 Des Weiteren gibt es zahlreiche Untersuchungen zu primären und sekundären Herkunftseffekten von Schüler/innen und ihren Familien (exemplarisch Ditton 2016; Ditton, Krüsken und Schauenberg 2005; Maaz und Nagy 2009). Es wird hier davon ausgegangen, dass u. a. das systematisch unterschiedliche Entscheidungsverhalten von Eltern an Übergängen einen zentralen Einfluss auf Bildungsungleichheiten hat. Diese Forschungsrichtung nimmt dabei sowohl Determinanten auf der Makroebene in den Blick (z. B. die Übergänge im System) als auch Determinanten auf der Mikroebene (das Entscheidungsverhalten z. B. am Ende der Grundschulzeit).

menhang handelt. Becker und Lauterbach (2016) gehen auf Basis des aktuellen Forschungsstandes der empirischen Bildungsforschung davon aus, dass »eine Vielzahl von Ursachen vorliegt, die für die Entstehung und Dauerhaftigkeit von Bildungsungleichheit verantwortlich zu machen ist, und dass für ihre Erklärung eine komplexe Wechselwirkung verschiedener Einflüsse zu berücksichtigen ist« (ebd.: 25; vgl. ebenso Ditton 2016). Geißler (2006) spricht davon, dass das »hochkomplexe Ursachengeflecht der schichttypisch ungleichen Bildungschancen bislang nur bruchstückhaft empirisch-theoretisch ausgeleuchtet« ist (ebd.: 40). Diese Einschätzung, die sich insbesondere auf das schulische Bildungssystem bezieht, gilt ebenso mit Blick auf das System der Kindestageseinrichtungen und ist darüber hinaus zutreffend für alle Differenzkategorien, die sich in Bildungsfragen als relevant erwiesen haben. Neben der Schichtzugehörigkeit sind dies zumindest das Geschlecht, die ethnische Herkunft und die Region bzw. der Wohnort (vgl. Abschn. 2.2).

Trotz der Einsicht in die Komplexität und Vielschichtigkeit des Phänomens Bildungsungleichheit gibt es nicht viele Forschungsarbeiten, welche die genannten Ebenen empirisch miteinander ins Verhältnis setzen. Diese Beobachtung gilt insbesondere, wenn man den Blick auf die Schnittstelle Familie und Bildungsinstitution lenkt, d. h. auf die Erforschung der Beteiligung von Eltern in Bildungsinstitutionen, die Zusammenarbeit der Akteure oder deren Bildungs- und Erziehungspartnerschaft. Ebenfalls selten[21] sind empirische Untersuchungen, die sich auf der Ebene des alltäglichen (Bildungs-)Geschehens in Schulen oder Familien den jeweiligen Akteuren, ihren Interaktionen und ihrer Mitwirkung an der (Re-)Produktion der bestehenden sozialen Verhältnisse widmen.[22] Diese Lücke gilt insbesondere für eine entsprechende Forschung in Kindertageseinrichtungen oder in Familien mit Kleinkindern, d. h. in der frühen Kindheit.[23]

An diesen Beobachtungen setzen die empirischen Analysen in diesem Buch an: Es wird beleuchtet, inwiefern die *Mikroebene sozialer Praxis* in einzelnen Situationen und Interaktionen mit *Makrophänomenen sozialer Ungleichheit bzw. Bildungsungleichheit* in einem wechselseitig aufeinander verweisenden Zusammenhang steht (Hirschauer 2015: 112). Zu identifizieren sind »Schnittstellen zwischen Interaktionsordnung und Makrostrukturen« (ebd., mit Verweis auf Goffman 2001), die sich unter anderem als Schlüsselsituationen mit unmittelbaren Effekten für die Beteiligten erweisen können. Die genaue Betrachtung und das Verständnis der sozialen Prozesse in Schulen, in Kindertageseinrichtungen, in Familien etc. – in die wir bislang sehr wenig Einblick haben – geben Aufschluss darüber, *wie* und *wieso* sich auf der Makroebene gut beobachtbare und bereits vielfach dokumentierte (Bildungs-)Ungleichheiten durch die Praxis (re-)produzieren. Ohne eine solche re-

---

21 Vergleichsweise häufiger sind beispielsweise Untersuchungen, die sich mit den Zusammenhängen von sozialen Merkmalen (wie sozioökonomischem Status oder Migrationshintergrund) und Schulleistungen oder Entwicklungsoutcomes beschäftigen.

22 Exemplarisch Becker und Lauterbach 2016; Büchner und Brake 2006; Lareau 2011; mit Blick auf Kinder bzw. Schüler/innen siehe de Moll und Betz 2016.

23 Exemplarisch Bischoff 2016; Isler, Künzli und Leemann 2010; Nelson und Schutz 2007 in Bezug auf Kinder in Kindertageseinrichtungen.

lationale Aufschlüsselung der jeweiligen Determinanten (vgl. dazu die vorangegangenen Erläuterungen zum theoretischen Rahmen) ist es unwahrscheinlich, dass Maßnahmen und Reformvorhaben zur Verminderung der stabilen Ungleichheitsverhältnisse greifen können. Dabei wird auch deutlich, dass der Blick ›nur‹ auf die Bildungsinstitutionen und die darin unmittelbar präsenten Akteure zu kurz greift – vielmehr sind ebenfalls die Relationen zu weiteren Kontexten, insbesondere zur Familie, aber ebenso den rechtlichen und politischen Rahmenbedingungen, mit in den Blick zu nehmen (vgl. Kap. 4).

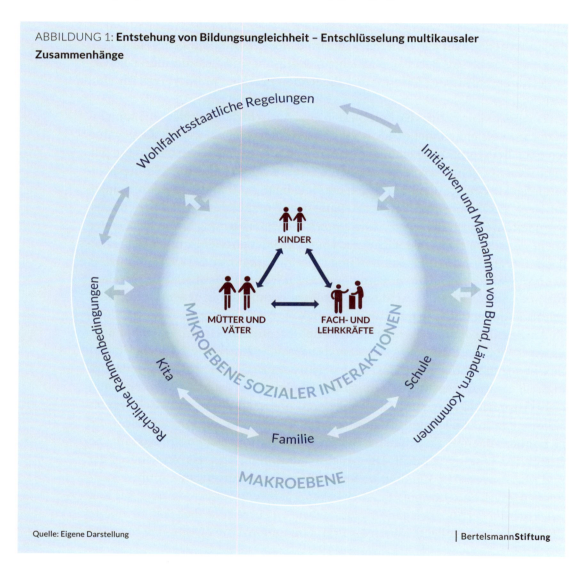

ABBILDUNG 1: **Entstehung von Bildungsungleichheit – Entschlüsselung multikausaler Zusammenhänge**

Quelle: Eigene Darstellung | BertelsmannStiftung

Um gesellschaftliche Kontexte wie die rechtlichen Rahmenbedingungen und bildungspolitische Vorgaben entsprechend zu berücksichtigen, werden im folgenden Kapitel 4 *in einem ersten Schritt* drei empirische Schlaglichter auf Phänomene geworfen, die sich der gesellschaftlichen Makroebene zuordnen lassen: die Verankerung der Thematik »Zusammenarbeit und Bildungs- und Erziehungspartnerschaft« in den Rechtsgrundlagen des Bundes und der Bundesländer für die Kindertageseinrichtungen und in den Schulgesetzen der Länder (Abschn. 4.1), die Darlegungen der Thematik in den Bildungs- und Erziehungsplänen auf Länderebene (Abschn. 4.2) sowie die Debatte um Elternbeteiligung, Zusammenarbeit und Partnerschaft mit Familien in praxisorientierten Fachzeitschriften (Abschn. 4.3); diese Zeitschriften richten sich an die interessierte Fachöffentlichkeit sowie pädagogische Fachkräfte, Lehrkräfte, Eltern, aber auch Träger, Vertreterinnen und Vertreter von Behörden sowie Aus- und Fortbildner/innen. Es ist anzunehmen, dass von diesen fachbezogenen sowie den sozial- und bildungspolitischen und ebenso den rechtlichen Diskursen und Maßnahmen Effekte auf das tatsächliche Handeln der Akteure in den Bildungsinstitutionen ausgehen – ohne dass bislang entschlüsselt worden wäre, wie genau diese Zusammenhänge sich vollziehen und ob sie mit Prozessen der Reproduktion von sozialer und generationaler Ungleichheit zusammenhängen (vgl. Abschn. 2.3). Hierzu sollen die Analysen im vorliegenden Buch einen Beitrag leisten.

In einem zweiten Schritt werden thematisch einschlägige nationale und internationale wissenschaftliche Studien systematisiert und aufbereitet (Kap. 5 und Kap. 6). Der Forschungsstand zu Elternbeteiligung, Zusammenarbeit und Bildungs- und Erziehungspartnerschaften mit Familien wird dargelegt und auf zentrale Befunde, Annahmen und Forschungslücken hin analysiert. Ergänzend zu den Analysen der Rechtsgrundlagen, Bildungs- und Erziehungspläne sowie praxisorientierten Fachzeitschriften zum Thema Zusammenarbeit (s. o.) werden verstärkt solche Studien in den Blick genommen, die Phänomene auf der Mikroebene der Wahrnehmung, des Denkens und des Handelns der Akteure untersuchen: Es geht vornehmlich um *die Praxis selbst* und damit um »Muster sequentiellen, routinierten Handelns« (Rogge und Groh-Samberg 2015: 37), die sowohl in Kindertageseinrichtungen und in Schulen als auch in Familien beobachtbar sind. Damit sind Interaktionssituationen und in soziale Kontexte eingebundene Handlungsschemata von Bedeutung. Die Ausgangsannahme entsprechend dem dargelegten theoretischen Rahmen ist, dass soziale Lebenserfahrungen der Akteure in ihren situativen Erfahrungen und Routinen, in alltäglichen Interaktionen zum Tragen kommen (ebd.: 38). In den Interaktionen und in den (darauf bezogenen) Schilderungen der Akteure werden alltägliche und subtile Erfahrungen sozialer Differenz in Bildungskontexten anschaulich (ebd.). Diese Studien geben somit vielversprechende Einblicke nicht nur in die Komplexität, sondern auch in konkrete Formen und Vollzüge der (Re-)Produktion von Bildungsungleichheit als multikausalem Phänomen.

4 Die aktuelle Debatte zu Elternbeteiligung, Zusammenarbeit und Bildungs- und Erziehungspartnerschaft mit Familien in Deutschland

Die Debatte um die Einbeziehung von Eltern in Bildungsinstitutionen, um die Zusammenarbeit und Partnerschaft wird lebhaft geführt – häufig in unmittelbarem Zusammenhang mit dem Vorhaben, dadurch die Bildungschancen von Kindern zu verbessern (u. a. zur Debatte Betz 2015). Die Zusammenarbeit zwischen Bildungsinstitution und Familie wird dabei als Standard professionellen Handelns in Kindertageseinrichtungen (Fröhlich-Gildhoff 2013a; 2013b) und zunehmend auch in (Grund-)Schulen (Sacher 2014a; Vodafone Stiftung Deutschland 2013) angesehen – die Forderungen, sie zu intensivieren und zu verändern, Eltern stärker einzubeziehen und zu beteiligen, sind auf verschiedenen Ebenen bereits beobachtbar. Eine Fülle an *praxisorientierter Ratgeber- und Fachliteratur* (exemplarisch Dusolt 2008; Sacher 2014a; Stange 2012; Tschöpe-Scheffler 2014) widmet sich der Zusammenarbeit unter dem Begriff der Bildungs- und Erziehungspartnerschaft. In diesen Publikationen zeigt sich zumeist ein positives Bild von Partnerschaft, etwa indem Stange (2014: 572) eine Bildungs- und Erziehungspartnerschaft der ›ehemaligen‹ Elternarbeit als »deren positive Ausprägung« gegenüberstellt (vgl. Abschn. 4.3) zur Partnerschaftsrhetorik in Praxiszeitschriften).

Zudem manifestiert sich die Debatte in den *Bildungs- und Erziehungsplänen der Bundesländer*. Diese formulieren das partnerschaftliche Verhältnis zwischen Institutionen und Familien als (verbindliche) Vorgabe für die Arbeit in Kindertageseinrichtungen mit eigenständigen (Unter-)Kapiteln zu Bildungs- und Erziehungspartnerschaft, gemeinsamer Verantwortung und Zusammenarbeit und stecken hierfür den Rahmen ab. Weniger ausgeprägt geschieht das in diesen Dokumenten auch für Grundschulen (vgl. Abschn. 4.2 mit einer Analyse der 16 Bildungs- und Erziehungspläne). In 13 der 16 Pläne wird die Zusammenarbeit mit Eltern als Bildungs- und Erziehungspartnerschaft konzipiert.

Die Bedeutung des Partnerschaftskonstrukts und der diesbezüglichen Vorgaben zeigt sich ebenfalls in zahlreichen *Fortbildungsprogrammen*, die auf Grundlage der Bildungs- und Erziehungspläne initiiert und praktiziert werden. So werden beispielsweise in Hessen und Bayern Fortbildungen durch Referent/

innen-Tandems für pädagogische Fach- und Lehrkräfte durchgeführt, um die »Zusammenarbeit vor Ort im Sinne einer gleichwertigen Partnerschaft«[24] zu stärken und die Bildungs- und Erziehungspartnerschaft umzusetzen. Darüber hinaus ist das Partnerschaftskonzept bereits in zahlreichen *Qualifikationsprofilen* und in *Ausbildungsinhalten* enthalten, z. B. in der Ausbildung von Erzieherinnen und Erziehern, und fest verankert im Beschluss der Kultusministerkonferenz aus dem Jahr 2011 »Kompetenzorientiertes Qualifikationsprofil für die Ausbildung von Erzieherinnen und Erziehern an Fachschulen/Fachakademien« (KMK 2011) sowie im länderübergreifenden Lehrplan für Erzieherinnen und Erzieher (o. V. 2012). Darüber hinaus wird das Konzept u. a. im Fachbuch »Professionelles Handeln im sozialpädagogischen Berufsfeld. Erzieherinnen und Erzieher«, das speziell für Fachschulen entwickelt wurde, genauer ausgestaltet (Gartinger, Janssen und Albrecht 2015).

Auch auf *rechtlicher Ebene* ist die Bedeutung der Bildungs- und Erziehungspartnerschaft ablesbar. Während in allen Bundesländern die Zusammenarbeit zwischen Elternhaus und Bildungsinstitution für Schulen und für Kindertageseinrichtungen rechtlich verankert ist, findet sich in einigen von ihnen darüber hinaus die explizite rechtliche Festlegung von *partnerschaftlicher Zusammenarbeit* (vgl. Abschn. 4.1 zu einer Analyse der Ländergesetze für Kindertageseinrichtungen und Schulen).

Die Bildungs- und Erziehungspartnerschaft erweist sich somit in Teilen auf der rechtlichen, vor allem aber auf der bildungs- und sozialpolitischen Ebene als hoch bedeutsam für die Handlungspraxis wie auch die Aus- und Fortbildung der pädagogischen Fachkräfte, ebenso in der Fachöffentlichkeit. Anders verhält es sich in den auf diese Bereiche fokussierten Wissenschaften, insbesondere in den Erziehungs- und Sozialwissenschaften, sowie bei den Forschungsvorhaben zur Thematik: Bei genauerer Betrachtung der Literatur wird deutlich, dass es sich um ein wissenschaftlich, d. h. theoretisch und empirisch weitgehend unbearbeitetes Feld handelt, insbesondere im deutschen Kontext (vgl. Kap. 5, Kap. 6 und Kap. 7), und das empirische Wissen zu Partnerschaft, Elternbeteiligung und Zusammenarbeit sehr gering ist.

Dass der Begriff der Partnerschaft, der in den folgenden Analysen in diesem Kapitel im Vordergrund steht, in den Debatten positiv besetzt ist und sich großer Beliebtheit erfreut, ist nicht weiter verwunderlich, da der Begriff zumeist unmittelbar positive Assoziationen auslöst.[25] Allerdings muss auf der Basis der Expertise von Betz (2015) festgehalten werden, dass sowohl in den politischen als auch in den fachlichen Diskussionen die Bildungs- und Erziehungspartnerschaft fast ausschließlich als Ideal proklamiert wird, ohne – bislang zumindest – eine differen-

---

24 Bayernweit werden z. B. Fortbildungen von 20 Referent/innen-Tandems durchgeführt (www.stmas.bayern.de/kinderbetreuung/bep/fortb-partner.php – abgerufen am 24.08.2016).
25 Im Duden wird festgehalten, dass partnerschaftlich synonym zu einigen weiteren positiv besetzten Begriffen wie freundschaftlich, kameradschaftlich, kollegial, kumpelhaft, solidarisch oder vertraulich verwendet wird.

ziertere Debatte anzuregen und empirisch fundierte Einblicke in das einzufordern, was unter dem Label »Partnerschaft« firmiert.[26]

Hinzu kommt, dass in den Debatten die Begriffe Zusammenarbeit, (Eltern-)Beteiligung, Einbeziehung und Partnerschaft häufig synonym verwendet werden. Diese und weitere Schwierigkeiten wurden bereits von Betz (2015) genauer beleuchtet und kritisch hinterfragt: Die Autorin zeigt auf, dass der tatsächliche Nutzen einer Zusammenarbeit als Partnerschaft (und für wen dieser am größten ist) nicht eindeutig ist und sich zudem die theoretische und empirische Basis als nur wenig belastbar erweist. Außerdem stellt sie heraus, wie schwierig es schon auf der Diskursebene ist, im Rahmen des Konstrukts einer Bildungs- und Erziehungspartnerschaft davon auszugehen, dass die Bedürfnisse aller Partner, d. h. pädagogischer Fachkräfte, Lehrkräfte, Eltern und Kinder gleichberechtigt berücksichtigt werden könnten. Vielmehr arbeitet sie heraus, dass vor allem eine Orientierung an den Institutionen, ihren Forderungen, ihrem Alltag und ihrer Arbeit beobachtbar ist und vielfach aus dieser Institutionenperspektive heraus argumentiert wird. Diese Beobachtung stimmt in Teilen auch mit den Befunden aus den wenigen in Deutschland vorhandenen Studien zur Bildungs- und Erziehungspartnerschaft in Kindertageseinrichtungen überein (Viernickel et al. 2013).

Um den Fragen auf den Grund zu gehen, wie die Bildungs- und Erziehungspartnerschaft auf der rechtlichen, bildungs- und sozialpolitischen sowie fachlich-handlungsfeldbezogenen Ebene konzipiert und gerahmt wird, werden im Folgenden drei empirische Schlaglichter auf die Zusammenarbeit an der Schnittstelle von Familie und den Bildungsinstitutionen Kindertageseinrichtung und Grundschule geworfen:

- Erstens: Wie wird das Verhältnis von Institution und Familie auf **rechtlicher Ebene** in den Schulgesetzen der Länder und den Gesetzen für Kindertageseinrichtungen in Bund und Ländern reguliert und welcher Stellenwert kommt der Partnerschaft darin zu? Welche Position nimmt die Akteursgruppe Kinder hierbei ein?
- Zweitens: Wie wird das Konstrukt Bildungs- und Erziehungspartnerschaft in den Bildungs- und Erziehungsplänen der Länder, d. h. auf **bildungs- und sozialpolitischer (Steuerungs-)Ebene** verhandelt bzw. konkret definiert? Wie werden Kinder dabei konzeptualisiert?
- Drittens: Angesichts der Omnipräsenz des Konstrukts Bildungs- und Erziehungspartnerschaft auf der **fachlich-handlungsfeldbezogenen Ebene** (in praxisorientierten Fachzeitschriften für Kindertageseinrichtungen und Grundschulen) – was macht dieses Konzept für die beteiligten Akteure, für die Kinder, Mütter und Väter sowie für pädagogische Fach- und Lehrkräfte, so attraktiv? Wie wird das Konstrukt in den fachlichen Grundlagen verwendet?

---

26 Nach der Publikation der Expertise »Das Ideal der Bildungs- und Erziehungspartnerschaft« (Betz 2015) sind neben weiteren thematischen Veröffentlichungen der Autorin (exemplarisch Betz 2016a, 2016b, 2016c) auch weitere kritische Beiträge in der fachlichen Community publiziert worden (exemplarisch für Kindertageseinrichtungen Klein 2016; beispielhaft für die Grundschule Kock 2016).

Methodisches Vorgehen

Um die genannten Fragen zu klären, wurden drei Inhaltsanalysen von Dokumenten durchgeführt: (1) Gesetzesgrundlagen, (2) Bildungs- und Erziehungspläne und (3) Artikel aus praxisbezogenen Fachzeitschriften, die Ausdruck der hohen Bedeutsamkeit des Konzepts der Bildungs- und Erziehungspartnerschaft sowie von Zusammenarbeit zwischen Bildungsinstitutionen und Familien sind. Die Dokumente richten sich insbesondere an pädagogische Fach- und Lehrkräfte sowie Leitungen von Kindertageseinrichtungen und Grundschulen, zudem an Trägervertreterinnen und -vertreter sowie Vertreterinnen und Vertreter von (Schul-)Behörden, an Eltern sowie an die interessierte (Fach-)Öffentlichkeit.

(1) **Rechtsgrundlagen:** In Anlehnung an Mayring (2015) wurden die aktuell gültigen Gesetzesgrundlagen und Verordnungen auf Landesebene (Schulgesetze sowie Gesetze im Kontext der Kindertagesbetreuung) für die 16 Bundesländer in Bezug auf die Themenfelder »Zusammenarbeit« und »Partnerschaft« inhaltsanalytisch untersucht. Zudem wurde das SGB VIII miteinbezogen, sofern es Regelungen zu Kindertageseinrichtungen betrifft. Das Sample wurde durch diese Fokussierung auf die genannten Themenfelder somit thematisch eingegrenzt. Darauf aufbauend erfolgte eine Analyse der jeweils einschlägigen Paragrafen auf Synonyme und Begründungsmuster für die Zusammenarbeit mit Familien sowie auf die jeweils genannten Akteursgruppen und schließlich die Art und Weise ihres Einbezugs in die Zusammenarbeit; dabei lag der Schwerpunkt auf den in den Gesetzen genannten Akteuren, d.h. den Kindern bzw. Schülerinnen und Schülern, den Eltern sowie dem pädagogischen Personal und den Lehrkräften. Auch verwandte Bezeichnungen für diese Personengruppen (u.a. Sorgeberechtigte, Erzieherin bzw. Erzieher, Schulleiterin bzw. Schulleiter) sind in die Analyse eingeflossen.

(2) **Bildungs- und sozialpolitische Grundlagen:** Alle aktuell gültigen 16 Bildungs- und Erziehungspläne[27] der Bundesländer haben eigene (Unter-)Kapitel, die entweder mit »Bildungs- und Erziehungspartnerschaft«, »gemeinsame Bildungsverantwortung« oder mit Schlüsselbegriffen wie »Zusammenarbeit« oder »Partnerschaft« überschrieben sind. Diese Kapitel wurden in das Sample aufgenommen und alle mit der qualitativen Inhaltsanalyse nach Mayring (2015) mit der Software MAXQDA analysiert. Im ersten Schritt der Analyse wurde ein deduktives Codesystem erstellt.[28] Anschließend erfolgte eine Schärfung des Codesystems, indem induktive, also aus dem Material abgeleitete Kategorien ergänzt wurden. Mit diesen insgesamt 18 Codes wurden alle Sequenzen in den Analyseeinheiten codiert, in denen verschiedene Personengruppen (wie Kinder, Schülerinnen/Schüler, Fach- und Lehrkräfte, Eltern oder Schulleiterinnen/Schulleiter) thematisiert sowie Definitionen oder Begründungen von Zusammenarbeit gegeben wurden. Die Codierung erfolgte durch mehrere Forscherinnen, um die Trennschärfe und Verständlichkeit der Kategorien zu überprüfen. Bei der Auswertung lag der Fokus auf dem Code für Se-

---

27 Zur Übersicht über alle verwendeten Bildungs- und Erziehungspläne vgl. Anhang 2.
28 Detailliertere Informationen zum verwendeten Codesystem für die Analyse können bei Bedarf in der Arbeitseinheit Kindheitsforschung und Elementar-/Primarpädagogik an der Goethe-Universität Frankfurt am Main eingeholt werden.

quenzen, in denen Kinder thematisiert wurden (dem ›Kinder-Code‹). Zudem ging es um die Verhältnisse zwischen den einzelnen Codes (wenn z. B. kaum Codes für Kinder gesetzt wurden, lag die Frage nahe, wer stattdessen in der Zusammenarbeit genannt wird). Die Codes wurden für die einzelnen Pläne paraphrasiert und generalisiert.

(3) **Fachlich-handlungsfeldbezogene Grundlagen:** Das Sample für die praxisorientierten Fachzeitschriften, die Akteure in Grundschulen und Kindertageseinrichtungen adressieren, wurde über Recherchen u. a. in Fachportalen (wie www.erzieherin.de oder www.bildungsserver.de) zusammengestellt. Angesichts der Fülle an Beiträgen zum Themenfeld wurde der Untersuchungszeitraum auf zehn Jahre (2005–2015) begrenzt.[29] Anschließend erfolgte eine Sichtung der Inhaltsverzeichnisse und Themenschwerpunkte, ebenso eine Recherche relevanter Artikel anhand der Überschriften. Die Artikel wurden in einem weiteren Schritt quergelesen. Auf diese Weise konnten weitere Artikel aus dem Sample ausgeschlossen werden, die andere Themen, wie z. B. Kommunikationsstrategien mit Eltern, behandeln. Sobald ein Artikel dem Themenfeld Bildungs- und Erziehungspartnerschaft zugeordnet werden konnte, wurde er dagegen in das Sample aufgenommen. Die verbleibenden 115 Artikel aus 16 Fachzeitschriften wurden anschließend in drei Bereiche unterteilt: erstens in Erfahrungsberichte bzw. Best-Practice-Artikel, zweitens in Handlungsanleitungen für die Umsetzung der Bildungs- und Erziehungspartnerschaft und drittens in konzeptionelle Artikel, die sich allgemein um Bildungs- und Erziehungspartnerschaft drehen. Beiträge, die dem letzteren Bereich zuzuordnen sind, wurden dann mit der qualitativen Inhaltsanalyse nach Mayring (2015) analysiert (vgl. hierzu Betz und Eunicke 2017). Das Sample der Analyse besteht damit insgesamt aus 43 Artikeln aus 14 Fachzeitschriften.[30] 27 dieser Artikel finden sich in Zeitschriften für den Elementarbereich, 16 Artikel wurden in Fachzeitschriften für den Primarbereich publiziert.

---

29 Weiterhin wurden Zeitschriften unter den folgenden Kriterien ausgeschlossen: Schwerpunkt auf Fachdidaktik; Begrenzung auf bestimmte Regionen oder Bundesländer; inhaltliche Ausrichtung, die nicht anschlussfähig an das Erkenntnisinteresse der Analyse ist (wie z. B. die Zeitschrift *musikpraxis*). Bereichsspezifische Zeitschriften (z. B. *schulmanagement*) wurden in das Sample integriert, auch wenn bei diesen die Auflage vergleichsweise gering ist.
30 Zur Übersicht der analysierten Artikel aus den Praxiszeitschriften vgl. Anhang 1.

TABELLE 1: **Übersicht der Artikel aus praxisorientierten Fachzeitschriften (2005–2015) zum Thema Bildungs- und Erziehungspartnerschaft**

	Kita	Grundschule	Gesamt
Anzahl der Artikel insgesamt (2005–2015)	85 Artikel in 10 Zeitschriften	30 Artikel in 6 Zeitschriften	115 Artikel in 16 Zeitschriften
Davon konzeptionelle Artikel und im Sample[31] der Analyse	27 Artikel aus 10 Zeitschriften[32]	16 Artikel aus 4 Zeitschriften[33]	43 Artikel aus 14 Zeitschriften

Quelle: eigene Darstellung | BertelsmannStiftung

4.1 Ergebnisse der Dokumentenanalyse zur rechtlichen Verankerung von Zusammenarbeit und Partnerschaft in den Gesetzen des Bundes und der Länder

In einer ersten Analyse wurden auf Bundes- und Länderebene die rechtlichen Grundlagen der Zusammenarbeit zwischen Institution und Familie bzw. Eltern getrennt für die Bereiche Kindertageseinrichtung und Schule genauer untersucht.

Im Feld der Kindertagesbetreuung normiert das Sozialgesetzbuch VIII (SGB VIII), das den bundesrechtlichen Rahmen für die Organisation und Gestaltung der Arbeit in Kindertageseinrichtungen bildet, in § 22a Abs. 2 S. 1 Nr. 1 ausdrücklich eine Verpflichtung (»sollen«) der Träger der öffentlichen Jugendhilfe, die Zusammenarbeit zwischen Fachkräften und Erziehungsberechtigten sicherzustellen. Die bundesrechtliche Rahmengesetzgebung wird nach dem föderalistischen Prinzip von den einzelnen Bundesländern in eigenen rechtlichen Konkretisierungen gefasst. Entsprechend gibt es in allen 16 Ländern explizite Regelungen für die Ausgestaltung des Verhältnisses von Elternhaus/Familie und Institution; der bundes-

---

31 Diese Artikel fokussieren allgemein das Konstrukt der Bildungs- und Erziehungspartnerschaft und umfassen sowohl programmatisch ausgerichtete Texte sowie stärker wissenschaftlich untermauerte Artikel. Unberücksichtigt blieben Texte, die konkrete Handlungsanleitungen beinhalten, wie eine Partnerschaft umzusetzen ist, und Beiträge, die Best-Practice-Beispiele bzw. Erfahrungsberichte vorstellen.

32 Kita-Zeitschriften: klein&groß [Druckauflage: 8.400], Betrifft KINDER [Druckauflage: 5.000], Theorie und Praxis der Sozialpädagogik [Druckauflage: 8.000], Kindergarten heute [Druckauflage: 35.250], Welt des Kindes [Druckauflage: 10.000], Kleinstkinder [Druckauflage: 14.500], Zeitschrift für Tagesmütter und -väter [Druckauflage: 6.000], Frühe Kindheit [Druckauflage: 4.000], Kinderzeit [Druckauflage: 30.000] und Meine Kita [Druckauflage: 42.000]. Die Angaben beziehen sich größtenteils auf die Mediadaten der Zeitschriften (Stand: 12/2015).

33 Grundschul-Zeitschriften: Grundschule [Druckauflage: 7.000], Grundschulunterricht [Druckauflage: 5.700], Die Grundschulzeitschrift [Druckauflage: 5.100] und Schulmanagement [Druckauflage: 2.400]. Die Angaben beziehen sich größtenteils auf die Mediadaten der Zeitschriften (Stand: 12/2015).

gesetzlichen Rahmenregelung folgend sollen die pädagogischen Fachkräfte mit den Erziehungsberechtigten zusammenarbeiten.[34]

Auch im Kontext Schule wird in den 16 Landesgesetzen (Schulgesetzen) festgehalten, dass und inwiefern die Lehrkräfte mit den Eltern zusammenarbeiten sollen. Dabei gibt es jedoch deutliche rechtliche Unterschiede zwischen Kindertagesbetreuung und Schule und ihrem jeweiligen Verhältnis zur Familie. Das Erziehungsrecht, das bereits im Grundgesetz verankert ist (Art. 6 Abs. 2 GG[35]) und ins SGB VIII ebenfalls aufgenommen wurde (§ 1 Abs. 2 SGB VIII), geht dem Auftrag der Kinder- und Jugendhilfe voraus (§ 1 Abs. 3 SGB VIII); die Familie nimmt damit »gegenüber dem Kindergarten eine Vorrangstellung ein« (Liegle 2005, zit. nach Cloos und Karner 2010: 177). Dies wird auch in § 9 Nr. 1 SGB VIII deutlich, in dem festgehalten wird, dass bei der Erfüllung der Aufgaben »die von den Personensorgeberechtigten bestimmte Grundrichtung der Erziehung (...) zu beachten (ist).« Damit handelt es sich, so Cloos und Karner, um eine »geteilte Verantwortung ungleicher Partner« (ebd.: 177). Indessen hat die Schule einen eigenständigen Bildungs- und Erziehungsauftrag und »die Bildungs- und Erziehungsrechte von Eltern und Staat (stehen) aus verfassungsrechtlicher Sicht ›gleichrangig‹ nebeneinander« (Wabnitz 2015: 36); die Bildung der Kinder soll gemeinsam gewährleistet werden (ebd.).

Trotz dieser sich deutlich unterscheidenden Verantwortungszuschreibung wird sowohl in Kindertageseinrichtungen als auch in Schulen das Verhältnis zwischen Institution und Familie rechtlich reguliert und Zusammenarbeit als verpflichtende und damit relevante Aufgabe für die öffentlichen Institutionen und ihre Vertreterinnen und Vertreter festgeschrieben. Daher ist es lohnenswert, sich in beiden Feldern mit der Art und Weise zu beschäftigen, wie jeweils über Zusammenarbeit gesprochen, wie sie ausdifferenziert und gerahmt wird.

Bei der Analyse zeigt sich, dass – vergleichbar zur häufig austauschbaren Verwendung der Begriffe in der Wissenschaft, in der (Fach-)Öffentlichkeit und im politischen Feld (vgl. Abschnitte 4.2 und 4.3 sowie Kapitel 5) – auch in den hier näher untersuchten rechtlichen Grundlagen die Begriffe *(Eltern-)Beteiligung, Einbeziehung, Zusammenwirken, Zusammenarbeit, Mitwirken, Mitarbeit* und *Partnerschaft* quasi synonym genutzt werden. In den rechtlichen Grundlagen ist dabei für den Bereich der Kindertageseinrichtungen der Begriff der *Zusammenarbeit* dominant. So wird auch im Rahmen der bundesrechtlichen Regelung hinsichtlich der Förderung von Kindern in Tageseinrichtungen und in der Kindertagespflege der Begriff der Zusammenarbeit zwischen Fachkräften und Erziehungsberechtigten gebraucht (§ 22a Abs. 2 Nr. 1 SGB VIII). In den Schulgesetzen ist hingegen zumeist der Begriff der *(Eltern-)Mitwirkung* aufzufinden. Mitwirkung wird dabei zum Teil im Sinne von formalen Mitwirkungsrechten verstanden, aber mitunter wird darunter auch ein Zusammenwirken und Zusammenarbeiten beschrieben. Die Analyse zeigt darüber

---

34   Aus den Soll-Verpflichtungen lassen sich keine Rechtsansprüche ableiten (für das SBG VIII Wabnitz 2015).

35   Auf völkerrechtlicher Ebene gibt es noch das Übereinkommen über die Rechte des Kindes (UN-KRK). Diese Kinderrechtskonvention »besitzt den Rang eines einfachen Bundesgesetzes« und kann zudem »zur Auslegung der Grundrechte und anderer Gesetze herangezogen werden« (Wabnitz 2015: 149).

hinaus, dass die Zusammenarbeit in den Rechtsgrundlagen teilweise als *Partnerschaft* genauer spezifiziert wird; der Partnerschaftsbegriff ist aber insgesamt nicht dominant. Explizit ist in vier von 16 Bundesländern im Bereich der Kindertageseinrichtungen sowie in drei von 16 Schulgesetzen von Partnerschaft die Rede.

TABELLE 2: **Überblick über die rechtlichen Grundlagen der Bundesländer, in denen partnerschaftliche Zusammenarbeit verankert ist**

Bundesland	Rechtliche Grundlage und exemplarischer Textbeleg
Partnerschaftliche Zusammenarbeit in Kindertageseinrichtung und Schule	
Bereich Kindertagesbetreuung	
Bayern	»Eltern und pädagogisches Personal arbeiten partnerschaftlich bei der Bildung, Erziehung und Betreuung der Kinder zusammen.« (Art. 11 Abs. 2 BayKiBiG, Bildungs- und Erziehungsarbeit in Kindertageseinrichtungen; Erziehungspartnerschaft)
Hessen	»Die pädagogischen Fachkräfte sollen im Rahmen der Bildungs- und Erziehungspartnerschaft auf einen regelmäßigen und umfassenden Austausch mit den Erziehungsberechtigten über die Bildung, Erziehung und Betreuung der Kinder hinwirken.« (§ 27 Abs. 1 S. 2 HKJGB, Elternbeteiligung, Elternversammlung und Elternbeirat)
Mecklenburg-Vorpommern	»Das in den Kindertageseinrichtungen tätige pädagogische Personal, die Tagespflegepersonen und die örtlichen Träger der öffentlichen Jugendhilfe arbeiten mit den Personensorgeberechtigten zum Wohl der Kinder partnerschaftlich zusammen.« (§ 8 Abs. 1 S. 1 KiföG M-V, Bildungs- und Erziehungspartnerschaft)
Nordrhein-Westfalen	»Das Personal der Kindertageseinrichtungen und Tagespflegepersonen arbeiten mit den Eltern bei der Förderung der Kinder partnerschaftlich und vertrauensvoll zusammen.« (§ 9 Abs. 1 S. 1 KiBiz, Zusammenarbeit mit den Eltern)
Bereich Schule	
Brandenburg	»Ziel der Mitwirkung ist es, die Selbstständigkeit jeder Schule gemäß § 7 zu fördern und das notwendige partnerschaftliche Zusammenwirken aller Beteiligten in der Bildungs- und Erziehungsarbeit zu stärken.« (§ 74 Abs. 1 S. 1 BbgSchulG, Ziel der Mitwirkung, Allgemeines)
Mecklenburg-Vorpommern	»Die Verwirklichung des Bildungs- und Erziehungsauftrages der Schule erfordert eine vertrauensvolle und partnerschaftliche Zusammenarbeit von Lehrerinnen und Lehrern, Erziehungsberechtigten, Schülerinnen und Schülern und den sonstigen am Schulwesen Beteiligten sowie deren Mitwirkung an den Entscheidungen und Maßnahmen der Schule.« (§ 74 Abs. 1 S. 1 SchulG M-V, Grundsätze der Schulmitwirkung)
Nordrhein-Westfalen	»Die Schule achtet das Erziehungsrecht der Eltern. Schule und Eltern wirken bei der Verwirklichung der Bildungs- und Erziehungsziele partnerschaftlich zusammen.« (§ 2 Abs. 3 SchulG NRW, Bildungs- und Erziehungsauftrag der Schule)

Quelle: eigene Darstellung | BertelsmannStiftung

Einmal abgesehen von der jeweiligen Verwendung der *Begriffe,* werden – wie dies auch für den fachlichen Diskurs festgehalten werden konnte (Betz 2015) – unterschiedliche *Ziele* für die Zusammenarbeit benannt. Analysiert man die Rechtsgrundlagen unter der Frage, *warum* zusammengearbeitet werden soll, so erhält man vielfältige Antworten. Diese werden insbesondere an den Kindern ausgerichtet. Die Zusammenarbeit bzw. Mitwirkung zielt vornehmlich auf

- das Wohl der Kinder bzw. jedes Kindes,
- die (demokratische) Erziehung der Kinder (zu Selbstständigkeit und Verantwortungsbewusstsein),
- die bestmögliche, einheitliche Förderung, Erziehung und Betreuung der Kinder bzw. jedes Kindes,
- die optimale Entwicklung jedes Kindes,
- das frühzeitige Erkennen von entwicklungsspezifischen Problemstellungen,
- die Stärkung der Eigenverantwortlichkeit und Gemeinschaftsfähigkeit der Kinder bzw. jedes Kindes,
- die eigenverantwortliche Gestaltung des Bildungsweges,
- die Sicherung eines guten Übergangs in die Schule,
- die Sicherung der Rechte der Kinder sowie
- die Realisierung des Erziehungs- und Bildungsauftrags.

Achtet man nicht nur auf die allgemein formulierten Ziele, die sowohl in den gesetzlichen Grundlagen für Kindertageseinrichtungen als auch in denjenigen für die Schulen genannt werden, sondern betrachtet man die *Position von Kindern* in den Gesetzesgrundlagen der Länder genauer, so zeigt sich ein ambivalentes Bild:
1. Kindern wird *im Bereich der Kindertageseinrichtungen* zumeist »entwicklungsangemessen« (z. B. in Bayern) und »altersgemäß« (z. B. in Brandenburg) eine Beteiligung und Mitwirkung zugestanden, und zwar: »an der Gestaltung des Alltags« (Berlin, Mecklenburg-Vorpommern, Nordrhein-Westfalen), bei der »Gestaltung der Einrichtung« (Bayern), bei der »Gestaltung der Bildungs- und Betreuungsarbeit« (Hamburg), bei der »Organisation der Tageseinrichtung« (Sachsen-Anhalt), bei »Entscheidungen in der Einrichtung« (Brandenburg, Sachsen), »bei Angelegenheiten, die ihren Tagesablauf betreffen« (Schleswig-Holstein) und »an allen sie betreffenden Angelegenheiten« (Bremen). Damit wird Kindern in den rechtlichen Grundlagen ein an Voraussetzungen bzw. Bedingungen geknüpfter, aber dennoch zunächst grundlegender Status als Akteure zugebilligt (zum Akteurskonzept Betz und Esser 2016; Esser et al. 2016; Mierendorff 2014)[36].
Dieser Status als Akteur ist jedoch nicht nur an Bedingungen geknüpft, sondern auch nicht institutionalisiert. Das bedeutet, dass es für Kinder bzw. das Kinderkollektiv weder auf der Ebene der Landesgesetzgebung noch im SGB VIII einen eigenen, festen Ort z. B. in Form eines Kinderrates, einer Kinderver-

---

36 Dies zeigt sich auch in darin, dass für die Betriebserlaubnis einer Einrichtung im Sozialgesetzbuch VIII festgehalten wird, dass »zur Sicherung der Rechte von Kindern und Jugendlichen in der Einrichtung geeignete Verfahren der Beteiligung sowie der Möglichkeit der Beschwerde in persönlichen Angelegenheiten Anwendung finden« (§ 45 Abs. 2 S. 2 Nr. 3 SGB VIII).

sammlung oder einer Kindervertretung gibt – wie dies im Bereich der Schule der Fall ist (s. u.) –, an dem sie ihre Handlungsfähigkeit unter Beweis stellen könnten. So kann es zwar auf Träger- und Einrichtungsebene beispielsweise regelmäßige Morgenkreise oder Kinderkonferenzen geben, »in denen die Kinder ihre Meinung äußern und Entscheidungen beeinflussen können« (Maywald 2012: 127). Es gibt ebenso »Kita-Verfassungen« (Buchalik und Hansen 2016; Knauer und Hansen 2016)[37] auf Einrichtungsebene, um demokratische Rechte von Kindern zu verankern. Jedoch gibt es keine rechtliche Grundlage dafür, dass die Träger und Einrichtungen angehalten werden, dies konsequent und flächendeckend einzuführen und zu institutionalisieren.
2. Weiterhin ist beobachtbar, dass sich der Akteursstatus von Kindern im Kontext der Kindertageseinrichtungen nicht auf den Themenkomplex *Zusammenarbeit* bezieht. Sobald es konkreter wird und es im Besonderen um Zusammenarbeit und damit um die Gestaltung des Verhältnisses von Einrichtung und Familie geht, beziehen sich die Formulierungen nur noch auf eine Zusammenarbeit unter Erwachsenen. Kinder werden hierbei nicht explizit als Akteure konzipiert. Vielmehr, so heißt es in den Gesetzestexten mehrerer Länder, arbeiten Eltern und das pädagogische Personal sowie teilweise weitere erwachsene (!) Partner (partnerschaftlich) zusammen und tauschen sich aus (z. B. Hessen). Mit solchen Formulierungen aber wird die Familie mit Eltern gleichgesetzt und Kinder, die ebenfalls als Teil von Familie zu denken sind, sind hier nicht mehr unmittelbar Beteiligte – sie sind vielmehr Anlass und zugleich Ziel der Zusammenarbeit unter Erwachsenen. Damit werden Kinder in den Rechtsgrundlagen zu Objekten, wenn es um die Gestaltung des Verhältnisses von Familie und Kindertagesbetreuung geht. Ihnen wird kein Subjektstatus zugebilligt.

Stellt man die Gesetzesgrundlagen zu Kindertageseinrichtungen denjenigen zu Schulen gegenüber, werden Gemeinsamkeiten, vor allem aber Unterschiede darin deutlich, wie die Position von Kindern bzw. in Schulgesetzen von Schülerinnen und Schülern ausgestaltet wird. Ähnlich wie bei den Kindertageseinrichtungen werden Letzteren Formen und Möglichkeiten der Beteiligung und Mitwirkung zuerkannt, beispielsweise »am Schulleben« (Bayern), »in Unterricht und Erziehung« (Berlin), in »der Gestaltung und Organisation der schulischen Bildung« (Mecklenburg-Vorpommern) oder in der »Entscheidungsfindung über die Gestaltung des Unterrichts« (Rheinland-Pfalz).
1. Die genannten Formen der Beteiligung und Mitwirkung im Kontext Schule sind, anders als im Bereich der Kindertageseinrichtungen, rechtlich verankert. Als Schülerinnen und Schülern werden Kindern in viel stärkerem Maße Informations- (Bayern, Berlin, Brandenburg, Hamburg, Hessen, Mecklenburg-Vorpommern, Sachsen), Beratungs- (Berlin, Mecklenburg-Vorpommern, Sachsen), Beteiligungs- (Bayern, Brandenburg) und Beschwerderechte (Bayern, Sachsen)

---

37 Knauer, Hansen und Sturzhecker (2016) unterscheiden »*Kita-Gesetze*« und bezeichnen damit Regeln, »die auf demokratischem Wege (…) in demokratischen Aushandlungsprozessen von Kindern und Erwachsenen« (Knauer, Hansen und Sturzhecker: 2016: 42) entstanden sind, und »*Kita-Verordnungen*«. Darunter verstehen sie Regeln, die Erwachsene ohne die Beteiligung von Kindern festlegen.

explizit zugestanden.³⁸ Diese sind aber, vergleichbar zu Kindertageseinrichtungen, z. B. »ihrem Alter entsprechend« (Berlin) und »entwicklungsgemäß« (Hamburg) an Voraussetzungen gebunden und damit eingeschränkt. Wiederum anders als in den Kindertageseinrichtungen gibt es jedoch kollektive Mitwirkungsrechte für Schülerinnen und Schüler in der Schule wie Schülerräte (Hamburg, Hessen, Niedersachsen, Sachsen), Schülerkonferenz (Brandenburg), Schülerbeirat und Schülervereinigung (Bremen), Schülerversammlungen (Baden-Württemberg, Berlin, Bremen, Mecklenburg-Vorpommern, Rheinland-Pfalz, Saarland, Sachsen, Thüringen), Schülervertretungen (Berlin, Mecklenburg-Vorpommern, Nordrhein-Westfalen, Rheinland-Pfalz, Saarland, Sachsen, Sachsen-Anhalt, Thüringen) sowie Klassenschülerschaften (Niedersachsen).³⁹

38   Darüber hinaus werden zahlreiche weitere Rechte für Schülerinnen und Schüler festgehalten, u. a. in Bayern z. B. das Vorschlagsrecht, in Bremen z. B. das Recht, einen Bildungsweg einzuschlagen, in Sachsen-Anhalt das Recht auf Bildung und in Thüringen z. B. das Recht auf Auskunft über den Leistungsstand und die Möglichkeiten der Förderung.

39   Hinzu kommen weitere kollektive Organisationsformen wie der Schülerausschuss in Bayern oder in Nordrhein-Westfalen die Schulpflegschaft.

Über die konkrete Ausgestaltung der genannten Rechte und die Möglichkeiten von Schülerinnen und Schülern, ihre Rechte umzusetzen, kann auf der Basis einer Analyse der Gesetzesgrundlagen keine Aussage gemacht werden. Es gibt viele kritische Stimmen, welche die mangelnde Umsetzung von Kinderrechten in Schulen beklagen (exemplarisch: Krappmann 2016; Maywald 2012; Petry und Krappmann 2016).

2. Die Analyse zeigt darüber hinaus, dass Schülerinnen und Schüler auch im Kontext der Zusammenarbeit zwischen Schule und Familie – zumindest in manchen Bundesländern – als Beteiligte (u. a. Bayern, Hamburg, Hessen, Saarland) und sogar als »Partner« (Mecklenburg-Vorpommern, Brandenburg) konzipiert werden und ihre Mitwirkung damit speziell in diesem Kontext explizit festgeschrieben wird. Im Schulgesetz von Mecklenburg-Vorpommern wird Folgendes festgehalten:

»*Die Verwirklichung des Bildungs- und Erziehungsauftrages der Schule erfordert eine vertrauensvolle und partnerschaftliche Zusammenarbeit von Lehrerinnen und Lehrern, Erziehungsberechtigten, Schülerinnen und Schülern und den sonstigen am Schulwesen Beteiligten sowie deren Mitwirkung an den Entscheidungen und Maßnahmen der Schule*« (§ 74 Abs. 1 S. 1 SchulG M-V, Grundsätze der Schulmitwirkung).

Im Brandenburgischen Schulgesetz wird die Position der Schülerinnen und Schüler als Partner etwas abgeschwächt. Hier heißt es:

»*Ziel der Mitwirkung ist es, die Selbstständigkeit jeder Schule gemäß § 7 zu fördern und das notwendige partnerschaftliche Zusammenwirken aller Beteiligten in der Bildungs- und Erziehungsarbeit zu stärken. An der Gestaltung eines demokratischen Schullebens wirken Eltern, Schülerinnen und Schüler ihrem Alter entsprechend sowie Lehrkräfte mit*« (§ 74 Abs. 1 S. 1 BbgSchulG, Ziel der Mitwirkung, Allgemeines).

Während hier also die Partnerschaft auch auf die Schülerinnen und Schüler ausgedehnt wird, sind im Schulgesetz in Nordrhein-Westfalen, in dem ebenfalls auf die partnerschaftliche Gestaltung des Verhältnisses von Schule und Elternhaus abgehoben wird, die Schülerinnen und Schüler ausgenommen: »Schule und Eltern wirken bei der Verwirklichung der Bildungs- und Erziehungsziele partnerschaftlich zusammen« (§ 2 Abs. 3 S. 2 SchulG NRW, Bildungs- und Erziehungsauftrag der Schule). Damit werden in Nordrhein-Westfalen (wie in den Kindertageseinrichtungen) in den rechtlichen Grundlagen die Schülerinnen und Schüler ausgeklammert, wenn es um die Gestaltung des Verhältnisses zwischen Bildungsinstitution und Familie geht. Die Schülerinnen und Schüler selbst werden somit auch bei der Verwirklichung der Bildungs- und Erziehungsziele nicht als Partner betrachtet.

In Bezug auf eine Partnerschaft aller Beteiligten gibt es jedoch bereits Erfahrungen auf Schulebene. Die Rede ist von einer sogenannten »Begegnung auf Augenhöhe« (Hessisches Kultusministerium und Landeselternbeirat von Hessen 2013) in Schulen, die in Form von »Schulbegleitgesprächen« zu dritt zustande kommen soll, d. h. dass Lehrkräfte, Eltern und Schülerinnen/Schüler zusammen Beratungsgespräche in den Schulen führen (ebd.).[40] In Rheinland-Pfalz wiederum ist auf der Ebene der Gesetzesgrundlagen von einer Partnerschaft aller Beteiligten nicht die Rede, aber zumindest auf der Ebene der landesspezifischen Grundschulordnung ist eine verbindliche Verankerung von sogenannten »Lehrer-Schüler-Eltern-Gesprächen« zu beobachten. Verbindlich zum Halbjahr der Klassenstufen 2, 3 und 4 muss es gemeinsam mit den Eltern und den Schülerinnen/Schülern ein Gespräch über das Lern-, Arbeits- und Sozialverhalten sowie über die Lernentwicklung in den Fächern und Lernbereichen geben (Ministerium für Bildung, Wissenschaft, Weiterbildung und Kultur und Landeselternbeirat Rheinland-Pfalz 2015). Dabei wird der Anspruch formuliert, dass diese Gespräche »auf Augenhöhe – unter Partnern« geführt werden (ebd.; Ministerium für Bildung, Wissenschaft, Jugend und Kultur, o. J.).

4.2 Zusammenarbeit in den Bildungs- und Erziehungsplänen der Länder: Empirische Befunde

Neben den gesetzlichen Grundlagen wurden für die vorliegende Studie die Bildungs- und Erziehungspläne der Länder empirisch analysiert. Sie sollen als Orientierung für die pädagogische Arbeit in Kindertageseinrichtungen und Grundschulen dienen (Betz und Eunicke 2017). Die Pläne wurden in den 2000er-Jahren in allen 16 Bundesländern als Steuerungsinstrumente eingeführt, um Ziele der Bildungsarbeit, wie sie im »Gemeinsamen Rahmen der Länder für die frühe Bildung in Kindertageseinrichtungen« (JMK und KMK 2004) festgeschrieben wurden, in den Institutionen festzulegen.

Die Fach- und Lehrkräfte sind entsprechend angehalten, mit den Eltern »aufgrund der gemeinsamen Bildungs- und Erziehungsverantwortung partnerschaftlich« zusammenzuwirken (ebd.: 6). Dies stellt einen Aspekt der »Qualitätsentwicklung« in den Institutionen (ebd.: 5 f.) dar, die in allen 16 Plänen mit eigenständigen (Unter-)Kapiteln zu Zusammenarbeit oder Partnerschaft aufgegriffen wird. Die verstärkte Zusammenarbeit mit Eltern in Form einer Bildungs- und Erziehungspartnerschaft ist dabei eines der Konzepte, das umgesetzt werden soll. Insofern ist es interessant, sich mit diesen bildungs- und sozialpolitischen und zugleich fachlichen Grundlagen der Arbeit in den Institutionen genauer zu beschäftigen und zu fragen, was, den Plänen folgend, unter einer Bildungs- und Erziehungspartnerschaft zu verstehen ist und wer wie genau in die Zusammenarbeit einbezogen wird.[41]

In der empirischen Analyse für die vorliegende Publikation wurde der Fokus auf die Kinder als (unmittelbar) Beteiligte gelegt und der Frage nachgegangen, wie

---

40   Auf der Basis der Analyse der Landesgesetzgebung im Bereich Schule kann nichts über die reale Verbreitung und Art und Weise der Ausgestaltung dieser Gespräche ausgesagt werden. Forschungsergebnisse und Studien, die hierzu Auskunft geben, konnten nicht gefunden werden.

41   Es fällt auf, dass die Zahl der wissenschaftlichen Publikationen zu den Bildungs- und Erziehungsplänen übersichtlich ist, obwohl von ihrer flächendeckenden Implementierung einschneidende Veränderungen für das frühpädagogische Feld, aber auch für die Schulen ausgehen (dürften). Hierzu gibt es empirisch nur wenige Erkenntnisse (Betz und Eunicke 2017).

sie in der Zusammenarbeit (als Bildungs- und Erziehungspartnerschaft) gedacht bzw. konzeptualisiert werden. Zunächst aber werden zwei übergreifende, zentrale Auffälligkeiten – und Irritationen – näher betrachtet, die ebenfalls Ergebnis der Inhaltsanalyse sind.

Erste Irritation: Die Voraussetzung für eine Partnerschaft – ist eine Partnerschaft!
Alle Kapitel zur Zusammenarbeit sowie die einleitenden Kapitel der Pläne wurden nach Sequenzen, d. h. Textstellen durchsucht, in denen Bildungs- und Erziehungspartnerschaft definiert[42] wird. Auffällig war dabei, dass lediglich in sechs Plänen (Baden-Württemberg, Bayern, Hessen, Mecklenburg-Vorpommern, Nordrhein-Westfalen, Thüringen) Definitionen von Bildungs- und Erziehungspartnerschaft zu finden sind, während die anderen zehn Pläne keine engere Definition vornehmen. So kann als erstes Ergebnis der Analyse festgehalten werden, dass nicht eindeutig geklärt werden kann, was unter dem Label »Partnerschaft« genau zu verstehen ist. Die Definitionen in den Plänen werden im Folgenden zusammenfassend vorgestellt.

Eine *erste* Definition findet sich in der Bildungskonzeption von Mecklenburg-Vorpommern (Ministerium für Bildung, Wissenschaft und Kultur Mecklenburg-Vorpommern 2011: 3): »Eine Partnerschaft bedeutet [...] eine Abkehr von einer einseitigen Helferbeziehung (z. B. »Elternarbeit«) bzw. von einer Belehrungspädagogik, die Demütigung nach sich zieht.« Eine Bildungs- und Erziehungspartnerschaft wird also in Abgrenzung zu etwas Vergangenem, zur vergangenen »Elternarbeit« (ebd.) bestimmt und als neue Pädagogik und positive Beziehungsgestaltung eingeführt.

Hieran anschließend lässt sich eine *zweite* Definition ausmachen, die sich auf das Ideal einer Machtteilung zwischen Familien und Bildungsinstitutionen und Gleichberechtigung bezieht. So heißt es im Hessischen Bildungs- und Erziehungsplan (Hessisches Ministerium für Soziales und Integration und Hessisches Kultusministerium 2015: 32) zu »Partnerschaft«: »Sie bedeutet, sich auf gleicher Augenhöhe respektvoll zu begegnen.« Ähnlich wird Zusammenarbeit im Thüringer Bildungsplan (Thüringer Ministerium für Bildung, Wissenschaft und Kultur 2010: 42) definiert: »Der Begriff ›Partnerschaft‹ meint, dass die Familie und die Institutionen kindlicher Bildung gleichberechtigt sind [...].« Hieran anschließend wird eine *dritte* Definition angeführt: »Vertrauen und Respekt sind einerseits Voraussetzungen und andererseits Ergebnisse von Zusammenarbeit« (ebd.). Im Thüringer Bildungsplan werden somit die Ausgangsbedingungen und die Ziele der Zusammenarbeit gleichgesetzt. Diese Beobachtung ist im gesamten Kapitel zur Zusammenarbeit erkennbar und wird auch aus dem folgenden Zitat im Abschnitt »partnerschaftliche Elternarbeit« deutlich: »Die Erziehungspartnerschaft zwischen Eltern und Professionellen [setzt] eine gelungene Zusammenarbeit voraus« (ebd.: 162). Indem Partnerschaft und Zusammenarbeit an anderer Stelle synonym verwendet werden, wird hier dasselbe durch dasselbe erklärt; damit wird ein Zirkelschluss formuliert. Was genau eine Bildungs- und Erziehungspartnerschaft ist, bleibt unklar bzw. sogar widersprüchlich.

---

42 Mit dem Code »Definition Bildungs- und Erziehungspartnerschaft« wurden Sequenzen codiert, mit denen eine Begriffsbestimmung eingeführt wurde. Signalworte waren z. B. »... wird beschrieben als ...«, »... bedeutet ...«, »... meint ...«, »... wird definiert als ...«.

Eine *vierte* Definition bezieht sich darauf, wie das Kind die Zusammenarbeit aufnimmt bzw. rezipiert. In den Bildungsgrundsätzen für Kinder von 0 bis 10 Jahren (Ministerium für Familie, Kinder, Jugend, Kultur und Sport des Landes Nordrhein-Westfalen und Ministerium für Schule und Weiterbildung des Landes Nordrhein-Westfalen 2016: 62) etwa wird dargelegt: »Bildungs- und Erziehungspartnerschaft bedeutet auch, dass das Kind die Zusammenarbeit zwischen seinen Eltern und der Kindertagespflege, der Kindertageseinrichtung, dem Ganztagsangebot oder der Schule als positiv und vertrauensvoll erlebt«. In dieser Definition bzw. bei dieser Idealvorstellung wird impliziert, dass das Kind von der Partnerschaft profitiert. Damit werden Kinder als zumeist nicht unmittelbar beteiligte Dritte (Kayser und Eunicke 2016) mit in die Darstellung dessen integriert, was mit Partnerschaft bezeichnet wird. Der Universalität dieser Aussage widersprechen allerdings sowohl theoretische Überlegungen (vgl. Abschn. 2.3.2) als auch empirische Befunde (vgl. Kap. 5 und 6).

Diese Annahmen über Kinder führen zum zweiten Punkt unserer Analyse, nämlich der Frage, wie Kinder konzeptualisiert werden, wenn es konkret um die Zusammenarbeit zwischen den Akteuren geht.

Zweite Irritation: *Alle* sind Partner in der Bildungs- und Erziehungspartnerschaft – wirklich *alle*?

In allen 16 Plänen der Bundesländer werden Kinder als Dreh- und Angelpunkt der pädagogischen Bemühungen angesehen (Betz und Eunicke 2017). So wird etwa im Bayerischen Bildungs- und Erziehungsplan festgehalten, dass Kindern als »Experten in eigener Sache« »ernsthaft Einflussnahme auf Inhalte und Abläufe zugestanden [wird]« (Bayerisches Staatsministerium für Arbeit und Sozialordnung, Familie und Frauen 2012: 389). Im Thüringer Bildungsplan wird sogar eine gleichberechtigte Möglichkeit der Teilhabe von Kindern und Erwachsenen eingefordert: »Partizipation erfordert einen gleichberechtigten Umgang, keine Dominanz der Erwachsenen« (Thüringer Ministerium für Bildung, Wissenschaft und Kultur 2010: 30), wobei versichert wird, dass es »wirklich gewollt« (ebd.: 29) ist, dass Kinder mitentscheiden. Vielfach wird die Einbeziehung und Mitbestimmung auch auf Grundlage der UN-Kinderrechtskonvention und des SGB VIII bestimmt. Im baden-württembergischen Plan ist in diesem Zusammenhang z. B. die Rede davon, dass dieser »dezidiert die Kinderperspektive« einnehme (Ministerium für Kultus, Jugend und Sport Baden-Württemberg 2011: 6; vgl. auch Ministerium für Arbeit und Soziales des Landes Sachsen-Anhalt 2014: 12).

Ebenfalls wird in der Ausgestaltung der pädagogischen Praxis Kindern ein Recht auf Beteiligung zugesprochen. So wird im Berliner Bildungsprogramm erklärt: »Bildungsprozesse sind [...] so zu gestalten, dass alle Kinder bei unterschiedlichen Voraussetzungen gleiche Bildungschancen und ein Recht auf aktive Beteiligung an allen Entscheidungen haben, die sie betreffen« (Senatsverwaltung für Bildung, Jugend und Wissenschaft 2014: 18; vgl. auch Sächsisches Staatsministerium für Kultus 2011: 12; Thüringer Ministerium für Bildung, Wissenschaft und Kultur 2010: 29; Ministerium für Familie, Kinder, Jugend, Kultur und Sport des Landes Nordrhein-Westfalen und Ministerium für Schule und Weiterbildung des Landes Nordrhein-Westfalen 2016: 13). Diese (Ideal-)Vorstellungen von Kindern als Akteuren (vgl. Abschn. 2.3.2) lassen sich auch in den weiteren Plänen auffinden und können als konzeptionelle Grundlage der Pläne gelten (Betz und Eunicke 2017). Dabei wird in Bezug auf Partnerschaft festgehalten: »In Bildungseinrichtungen sind alle Personen Partner: die Kinder, Eltern, Pädagogen, Träger und weitere Beteiligte« (Bayerisches Staatsministerium für Arbeit und Sozialordnung, Familie und Frauen 2012: 22).

Die Untersuchung der jeweiligen Kapitel zur Zusammenarbeit zeigt jedoch, dass dieser erste Eindruck einer genaueren Betrachtung nicht standhält: Kinder haben hier kaum Eingang gefunden. Vielmehr offenbart die empirische Analyse, dass Kinder zwar in den allgemeinen Kapiteln der Pläne als Subjekte und Akteure gehandelt werden, sich dies jedoch in den thematisch einschlägigen Kapiteln im Kontext von Zusammenarbeit nicht wiederfindet oder gar konkretisiert wird.

Die in den 16 Plänen genauer analysierten Kapitel zur Zusammenarbeit weisen zwar viele Ähnlichkeiten auf; dennoch lassen sich drei Kategorien unterscheiden, die Aufschluss über die jeweils dominanten Konzeptualisierungen von Kindern in der Zusammenarbeit geben und im Weiteren ausdifferenziert werden: *Erstens* werden Kinder als Objekte des Handelns Erwachsener gesehen; *zweitens* werden Kinder – beinahe – als Beteiligte konzipiert und *drittens* können Kinder als Ignorierte gelten.

- Die erste Kategorie *Kinder als Objekte des Handelns Erwachsener* (Betz und Eunicke 2017) ist typisch für zehn von 16 Plänen (Baden-Württemberg, Bayern, Berlin, Bremen, Hamburg, Hessen, Nordrhein-Westfalen, Saarland, Sachsen-Anhalt, Thüringen). Kinder stehen hier im Zentrum der skizzierten Interaktionen von u. a. Eltern und Fachkräften, wobei sie selbst passiv konzeptualisiert werden

– so wird in der Zusammenarbeit ›über‹ sie gesprochen und ›zu ihrem Wohl‹ stellvertretend gehandelt. Kinder bringen, wenn es um die Darstellungen der Zusammenarbeit und Partnerschaft geht, nicht selbst ihre Perspektive(n) ein. In den thematisch einschlägigen Kapiteln sind Kinder somit als Objekte des Handelns Erwachsener anzusehen, beispielsweise indem der Effekt der Bildungs- und Erziehungspartnerschaft an den Kindern ablesbar wird: in ihren »Lernfortschritte(n)«, ihrer »Lernmotivation« und ihrem »Bildungserfolg« (Thüringer Ministerium für Bildung, Wissenschaft und Kultur 2010: 42).[43]

- Die zweite Konzeptualisierung *Kinder – beinahe – als Beteiligte* ist durch eine Ambivalenz gekennzeichnet (Betz und Eunicke 2017). Zwar werden Kinder, zumindest zu Beginn der Kapitel oder vereinzelt in diesen selbst, als Akteure und Personen mit eigener Perspektive benannt; jedoch erfolgt diese Darstellung mit großer Zurückhaltung bzw. wird nicht im jeweils inhaltlichen Gesamtzusammenhang der Kapitel und der Konkretisierung schlüssig fortgeführt. Diese Kategorie[44] ist in drei Plänen (Mecklenburg-Vorpommern, Rheinland-Pfalz, Sachsen) in den Kapiteln zur Zusammenarbeit dominant.
So beginnt z. B. das Kapitel zur Zusammenarbeit in der Bildungskonzeption von Mecklenburg-Vorpommern damit, dass »Kinder als Akteure ihrer Bildung und Erziehung [...] das Recht auf Beteiligung an Entscheidungen [haben], die sie betreffen« (Ministerium für Bildung, Wissenschaft und Kultur Mecklenburg- Vorpommern 2011: 263). Das zentrale Ziel der Bildungs- und Erziehungspartnerschaft ist es, Kinder in »alle das Zusammenleben betreffende[n] Ereignisse und Entscheidungsprozesse einzubinden« (ebd.). Der eingangs formulierte Partizipationsgedanke wird jedoch auf den fünf folgenden Seiten nicht mehr aufgegriffen; vielmehr steht die Elternbeteiligung zum »Wohle des Kindes« (ebd.: 262) im Fokus. Bei der Vorstellung vielfältiger Formen der Partnerschaft geht es dementsprechend z. B. um Elternabende, »Angebote von Eltern für Eltern« oder »Elternbriefkästen« (ebd.: 265). Wurden Kinder zunächst als Akteure unter der Überschrift »Wahrung der Kinderrechte« (ebd.: 263) vorgestellt, wird dies nicht konsequent bis zum Ende des Kapitels durchdekliniert.
- Bei *Kindern als Ignorierte*, der dritten dominanten Konzeptualisierung, konnten (fast) keine Sequenzen codiert werden, in denen es um Kinder geht (Brandenburg, Niedersachsen, Sachsen-Anhalt). Vielmehr steht die angenommene Elternperspektive oder aber – häufiger noch – die Perspektive der Institution im Vordergrund. So zeigt sich diese Konzeptualisierung etwa im brandenburgischen Orientierungsplan, wenn das »partnerschaftliche Zusammenarbeiten« u. a. in

---

43   Die Art und Weise der Konzeptualisierung von Kindern als Objekte des Handelns Erwachsener lässt sich noch einmal in Unterkategorien aufteilen. Die hier gewählten Beispiele wurden zum Überbegriff *Kinder als Bildungsoutcomes* zusammengefasst. Davon zu unterscheiden ist die Unterkategorie *Kinder als Objekte der Sorge*; hierbei geht es weniger um ihren zukünftigen Bildungserfolg als um ihr aktuelles Wohlergehen. Gemeinsam ist allerdings beiden Ausprägungen, dass Kinder nicht als Personen mit eigener Perspektive konzipiert werden oder als aktiv Handelnde (zu Details Betz und Eunicke 2017: 6 f.).

44   Zu weiteren Details innerhalb dieser Kategorie »Kinder – beinahe – als Beteiligte« Betz und Eunicke (2017: 7 f.).

Form einer »Verantwortungsgemeinschaft« ausbuchstabiert wird. Hier wird verhandelt, welche Erwachsenengruppe (z. B. Eltern, Lehrkräfte oder Horterzieherinnen und -erzieher) unter anderem für die Bewältigung der neuen Schulwege, das Verhalten des Kindes sowie die Erledigung der Hausaufgaben zuständig ist. Kinder werden in dieser Aushandlung einer »Verantwortungsgemeinschaft« nicht mitgedacht bzw. einbezogen (vgl. Ministerium für Bildung, Jugend und Sport des Landes Brandenburg 2009: 34).

Insgesamt wird durch die Analyse deutlich, dass die Leitvorstellung, »Kinder als Experten in eigener Sache« zu sehen, nicht konsequent als Querschnittsthema in die Pläne eingeflossen ist. Vielmehr wird Kindern zumeist keine eigene Perspektive auf die bzw. keine Beteiligung an der Zusammenarbeit zugedacht, die mit der Adressierung und Einbindung von Erwachsenen vergleichbar wäre. Damit nutzen die Bildungs- und Erziehungspläne die verbreitete Rede vom Expertentum und der Beteiligung von Kindern eher als Worthülse, die sich bei genauerer Betrachtung im Kontext Zusammenarbeit und Partnerschaft als widersprüchlich und nicht schlüssig durchdacht erweist.

4.3 Befunde zum Konstrukt Bildungs- und Erziehungspartnerschaft in praxisbezogenen Fachzeitschriften

Es gibt eine Vielzahl praxisorientierter Fachzeitschriften sowohl für pädagogische Fach- als auch für Lehrkräfte; sie beziehen sich unmittelbar auf die pädagogische Praxis und liefern Orientierungs- und Reflexionswissen. In den Jahren 2005 bis 2015 wurden in insgesamt 16 deutschlandweit verbreiteten Fachzeitschriften 115 Artikel zum Thema Bildungs- und Erziehungspartnerschaft publiziert (zur genauen

Beschreibung des Samplings der folgenden Inhaltsanalyse s. o.). Bereits die Zuordnung der Artikel entweder zum Bereich Kindertageseinrichtung oder zur Grundschule gibt einen ersten Hinweis auf ein Ergebnis der Analyse: Die Intensität der Debatte um Bildungs- und Erziehungspartnerschaft ist abhängig von der betrachteten Institution. Während in den sechs untersuchten Grundschul-Fachzeitschriften lediglich 30 Artikel gefunden wurden, die sich mit diesem Thema beschäftigen, sind es im Kontext der Kindertageseinrichtungen 85 Artikel aus insgesamt zehn Zeitschriften.

Ein näherer Blick auf die Erscheinungszeitpunkte verdeutlicht zudem, dass die Debatte in den Zeitschriften für Kindertageseinrichtungen im Vergleich weitaus älter ist als die in den Grundschul-Fachzeitschriften. In Letzteren lassen sich bis zum Jahr 2012 nur vereinzelt Artikel finden, die sich mit Bildungs- und Erziehungspartnerschaft beschäftigen; die Zahl der Veröffentlichungen steigt erst in den Jahren 2013/2014 rapide an. Anders ist dies in den untersuchten Fachzeitschriften für Kindertageseinrichtungen, in denen allein in den Jahren 2006/2007 24 Artikel zur Bildungs- und Erziehungspartnerschaft veröffentlicht wurden. Die Debatte ist weiterhin aktuell: In den Jahren 2014/2015 wurden sogar 30 entsprechende Artikel zu Kindertageseinrichtungen publiziert.

Neben der Intensität der Debatte unterscheiden sich die Fachbeiträge auch durch die Zahl der Autorinnen und Autoren: Während es für den Bereich der Kindertageseinrichtungen eine Vielzahl ist, wurden in der Debatte im Kontext der praxisnahen Grundschul-Fachzeitschriften acht von 30 einschlägigen Beiträgen von einem Autor, von Werner Sacher[45], verfasst.

Schließlich sind auch inhaltliche Unterschiede zwischen den Artikeln aus dem Kontext Kindertageseinrichtungen und Grundschulen auffällig: Während die Themen in den Artikeln zu Kindertageseinrichtungen eher homogen sind und insbesondere die Umsetzung von Bildungs- und Erziehungspartnerschaft in den Blick nehmen, sind diejenigen der Grundschul-Fachzeitschriftenartikel deutlich heterogener. So geht es hier beispielsweise speziell um den Übergang von der Kindertageseinrichtung zur Grundschule und um Bildungs- und Erziehungspartnerschaften zwischen Eltern, Schule und der Kinder- und Jugendhilfe. Sacher schreibt in der Zeitschrift *schulmanagement* auch über eine Bildungspartnerschaft mit Schülerinnen und Schülern (Sacher 2014b). Je nach betrachteter Institution sind zudem bestimmte Themenbereiche unterschiedlich stark vertreten: Während etwa das Wohl des Kindes als wiederkehrendes Thema prominent in den Zeitschriften zu Kindertageseinrichtungen auftaucht, findet es sich nur marginal in den auf die Grundschule bezogenen Artikeln.

Insgesamt ist festzuhalten, dass auch in den Fachartikeln die Bildungs- und Erziehungspartnerschaft meist positiv dargestellt wird und mögliche Probleme oder Widersprüchlichkeiten kaum thematisiert werden (Betz 2015; Betz 2016a; 2016b; Cloos und Karner 2010). Eine weitere Frage bei der Inhaltsanalyse drehte sich daher darum, *wie* das Thema Bildungs- und Erziehungspartnerschaft für die ein-

---

45 Exemplarisch hierzu der Artikel »Elternarbeit als Erziehungs- und Bildungspartnerschaft. Teil 1: Grundlagen und Maßnahmen« (Sacher 2013a) aus der Serie »Elternarbeit« in der Zeitschrift *schulmanagement*.

zelnen Akteursgruppen (Kinder, Väter und Mütter, pädagogische Fach- und Lehrkräfte) in den Fachbeiträgen verhandelt wird.

Versprechen für Kinder: Ideale Entwicklungs- und Bildungsbedingungen und -erfolge

Ein prominentes Versprechen für Kinder ist in den Fachartikeln zu Kindertageseinrichtungen eine ›gute‹ Entwicklung als Ertrag der Zusammenarbeit von Eltern und pädagogischen Fachkräften. So stellt etwa Reichert-Garschhammer (2009: 16) in der Zeitschrift *Kinderzeit* fest: »Bei einer partnerschaftlichen Kooperation all seiner Bildungsorte findet das Kind ideale Entwicklungsbedingungen vor.« Die Auffassung, dass eine Bildungs- und Erziehungspartnerschaft automatisch ›gut‹ für Kinder ist, findet sich in der Mehrzahl der untersuchten Fachzeitschriftenbeiträge (vergleichbar hierzu: die Ergebnisse der Analyse der Bildungs- und Erziehungspläne in Abschn. 4.2; zur Kritik vgl. Kap. 6).

In den Grundschul-Fachzeitschriften dominiert nicht ein Entwicklungs-, sondern ein Bildungsversprechen für Kinder. Das am häufigsten genannte Argument für eine Bildungs- und Erziehungspartnerschaft ist hier, dass der Schulerfolg von Kindern auf diese Weise abgesichert wird, wobei die Eltern in die Verantwortung genommen werden: »In einer Erziehungspartnerschaft fühlen sich Eltern kompetent und wissen genau, wofür sie sorgen müssen, damit Schule gelingen kann« (von der Gathen 2008: 9). Das hier im Mittelpunkt stehende ›Gelingen‹ von Schule verweist auf eine funktionalistische Sicht auf Kinder. Das Bildungsversprechen wird in den Artikeln auch mit Verweis auf wissenschaftliche Befunde untermauert, etwa von Peters (2014: 4) in der Zeitschrift *Die Grundschulzeitschrift*: »Aus der Forschung weiß man: An Schulen, die Eltern in besonderer Weise als Bildungspartner wahrnehmen, erbringen die Schüler(innen) bessere Leistungen« (vgl. zu dieser Feststellung allerdings die Befunde in Kap. 5). Eine weitere wissenschaftliche Begründung findet sich z. B. im *Grundschulmagazin*. Darmstadt, Plän und Stapelmann (2006: 20) begründen die Notwendigkeit einer Erziehungspartnerschaft zwischen Eltern, Kindertageseinrichtung und Grundschule mit u. a. neurophysiologischen Forschungsergebnissen, welche, so die Autor/innen, besagen, dass Lernhilfen für Kinder früh eingesetzt werden sollten. Sie folgern daraus: »Für den Schulerfolg und damit für den ganzen erfolgreichen Lebensweg eines Kindes ist eine kontinuierliche Förderung von Anfang an ganz entscheidend«, daher sei eine Erziehungspartnerschaft als Kooperationsnetzwerk bedeutsam (ebd.).

Die Analyse zeigt, dass in den spezifisch auf die Praxis bezogenen Fachartikeln das Ideal der Bildungs- und Erziehungspartnerschaft weitgehend unhinterfragt bleibt (Betz 2015). Dabei stellt sich die Frage, inwiefern die referierte empirische Basis in den Praxiszeitschriften für die genannten Entwicklungsversprechen in Kindertageseinrichtungen und die Bildungsversprechen in der Grundschule wirklich belastbar ist und die Schlussfolgerungen damit überhaupt berechtigt sind (vgl. dazu den internationalen Forschungsstand in Kap. 5 und Kap. 6).

Versprechen für Eltern: Anerkennung als Expertinnen und Experten

Das Versprechen an Eltern, als »Experten für alle Belange ihres Kindes« (u. a. in *Meine Kita*: Lindner 2014: 4) in Kindertageseinrichtungen anerkannt zu werden, wird in den Artikeln zum Themenbereich Bildungs- und Erziehungspartnerschaft am häufigsten genannt. Dazu gehören etwa die Anerkennung der elterlichen Erziehungskompetenz und die Wertschätzung von Eltern und ihren Erfahrungen (u. a. in *Kinderzeit*: Reichert-Garschhammer 2009). Allerdings steht dies deutlich im Widerspruch zu anderen Darstellungen. Denn ähnlich oft wird mit dem Argument für eine Bildungs- und Erziehungspartnerschaft geworben, dass Eltern mit dieser Form der Zusammenarbeit zunächst Erziehungskompetenzen zu erlernen hätten und erlernen würden (u. a. in *Zeitschrift für Tagesmütter und -väter*: Maywald 2014 und *Kinderzeit*: Textor 2006). Pädagogischen Fachkräften wird in diesem Zusammenhang aufgetragen, Eltern bei der Erziehung ihrer Kinder zu unterstützen, denn es gebe in Kindertageseinrichtungen, so Textor, etwa »überforderte, erziehungsschwache Eltern, die immer weniger Zeit für ihre Kinder aufbringen« (Textor, o. J., zit. nach Fröhlich-Gildhoff, Kraus und Rönnau 2006: 6).

Es finden sich im Kontext der Bildungs- und Erziehungspartnerschaft damit vielfach Zuschreibungen wie »zunehmende mangelnde Erziehungskompetenzen von Eltern« (Greine 2010: 10) oder dass »Eltern [...] in der heutigen Zeit mehr Unterstützung als früher« brauchen (Böhme und Böhme 2006: 11). So wird gefordert, dass Kindertageseinrichtungen zu Bildungsorten für alle und damit auch für Eltern werden. Textor (2006: 20 f.) stellt in diesem Zusammenhang fest: »Da manche Eltern nicht mehr wissen, wie man solche Medien [Bücher, CDs] entwicklungsgemäß verwendet oder wie man durch Spielen die Entwicklung des Kindes fördert, sind ergänzende Angebote wie Hospitationen [...], gemeinsame Spielnachmittage oder Elternabende beispielsweise zum Thema ›Wie nutze ich Bilderbücher zur Sprachförderung sinnvoll?‹ wichtig.«

Dieser in der Literatur deutlich aufscheinende Gegensatz zwischen der Anerkennung von Expertise einerseits und gleichzeitig einer institutionellen Defizitperspektive auf (bestimmte) Eltern andererseits wird nicht kritisch zum Thema gemacht; die Ambivalenzen in der Partnerschaft sind nicht Gegenstand der praxisbezogenen Artikel (vgl. Betz 2016b). Vielmehr wird das Konstrukt Bildungs- und Erziehungspartnerschaft so dargestellt, dass es quasi automatisch und unhinterfragt von allen Beteiligten positiv zu sehen ist; negative Begleiterscheinungen werden gänzlich ausgeblendet. Zeitgleich bleibt damit in den Artikeln aber unerwähnt, dass beispielsweise über die (Unterstützungs-)Angebote sowie allein durch das Reden über ›überforderte‹ und ›erziehungsschwache‹ Eltern das Familienleben reguliert und in Teilen abklassifiziert wird (hierzu Betz 2015: 32).

Versprechen für Fach- und Lehrkräfte: Entlastung durch Bildungs- und Erziehungspartnerschaft

Das am häufigsten aufzufindende Argument für eine Bildungs- und Erziehungspartnerschaft in den Fachzeitschriften zur Kindertagesbetreuung ist, dass Fachkräfte (und Eltern) durch die Zusammenarbeit entlastet würden. Fachkräfte, so etwa ein Artikel in der Zeitschrift *Kleinstkinder*, müssen Wissen über ein Kind nicht erst mühevoll sammeln und auswerten, sondern können nun auf Erfahrungswerte der Eltern zurückgreifen und dadurch entlastet werden: »Erzieherinnen wissen durch den Austausch [mit den Eltern], an welchen Interessen und angebahnten Entwicklungen der Jüngsten sie ansetzen können« (Kobelt Neuhaus 2014: 12 f.).

Zeitgleich werden – und hierin wird erneut eine Ambivalenz deutlich – aber in erster Linie Fachkräfte für ein Gelingen oder Scheitern der Bildungs- und Erziehungspartnerschaft verantwortlich gemacht. In der überwiegenden Mehrheit der Artikel wird ihnen die Verantwortung für diese zugewiesen. Sie sollen etwa eine Partnerschaft immer wieder anstoßen und kontinuierlich aufrechterhalten. Ihre Hauptaufgabe liegt darin, dass sie ihre sogenannte innere Haltung ändern: So sollen Fachkräfte ihre persönlichen pädagogischen Ansichten reflektieren und den Eltern respektvoll und wertschätzend auf Augenhöhe begegnen (u. a. in *Meine Kita*: Roth 2015). Mit dem Begriff Partnerschaft wird dabei »zentral die Beziehung zwischen Erzieherinnen und Eltern angesprochen« (Schmidt 2009: 8) und damit ein Schwerpunkt eher auf die »innere Haltung der Praktikerinnen« als auf »die konkrete Form der Kooperation« (ebd.) gelegt.

Während in den Zeitschriften für Kindertageseinrichtungen besonders die pädagogischen Fachkräfte als Verantwortliche für die Umsetzung einer Bildungs- und Erziehungspartnerschaft adressiert werden, findet sich in den Zeitschriften für den Grundschulbereich interessanterweise ein anderes Bild. Hier liegt der Fokus entweder darauf, Eltern einzubeziehen, oder auf strukturellen Bedingungen. Lehrkräfte an sich werden weit weniger für ein (Nicht-)Gelingen einer Zusammenarbeit verantwortlich gemacht. So wird eine Bildungs- und Erziehungspartnerschaft in einem Artikel von Knapp (2014) in *Die Grundschulzeitschrift* folgendermaßen verhandelt: »Lehrkräfte brauchen nicht länger Einzelkämpfer zu sein« (ebd.: 11), auch da die Etablierung einer Bildungs- und Erziehungspartnerschaft einer Unterstützung bedarf, z. B. »der Absicherung durch die Schulleitung« (ebd.).

Weiterhin erfolgt die Beschäftigung mit der Bildungs- und Erziehungspartnerschaft in den Grundschul-Fachzeitschriften vielfach unter dem Thema ›Einbezug und Motivation von Eltern‹, was sich bereits an den Überschriften der Artikel zeigen lässt: In der Zeitschrift *Grundschule* findet sich der Titel »Verbündete statt Gegner« mit dem folgenden Eingangstext: »Eltern und Lehrer sind nicht immer einer Meinung« (Fitzner und Kowalczyk 2014: 6). Auch die Überschrift »Die Eltern: wichtige Partner – schwierige Partner?« (Speck-Hamdan 2007) in derselben Zeitschrift ist ein Verweis darauf, dass die Implementierung einer Bildungs- und Erziehungspartnerschaft in der fachlichen Debatte mit einer auch problematischen Elternschaft in Verbindung gebracht wird. Darüber hinaus finden sich im Kontext Schule Thematisierungen von sogenannten »schwer erreichbaren Eltern« (z. B. Sacher 2013b). Die Verantwortung für das Gelingen oder Nicht-Gelingen einer Bildungs- und Erziehungspartnerschaft wird in den analysierten Grundschul-Fachzeitschriften demnach nicht primär den Lehrkräften zugeschrieben.

Die in den Artikeln zu Kindertageseinrichtungen deutlich werdende starke Fokussierung auf eine (veränderbare) innere Haltung der pädagogischen Fachkräfte berücksichtigt dabei nur in Teilen, dass pädagogisches Denken und Handeln eng mit der eigenen, habituell geprägten Biografie verwoben ist (Bischoff 2016) und alles andere als leicht veränderbar ist. Wenn Fachkräfte vordringlich mit ihrer persönlichen Haltung für das Gelingen und Scheitern der Partnerschaft verantwortlich gemacht werden, muss dies als individualisierend gedeutet werden. Dies ist aus mehreren Gründen problematisch: Zum einen sind die fachlichen und politischen Vorgaben zur Umsetzung einer Bildungs- und Erziehungspartnerschaft selbst bisweilen vage und inkonsistent, z. B. mit Blick auf den Einbezug von Kindern in die Zusammenarbeit – wie dies am Beispiel der Analyse der Bildungs- und Erziehungspläne herausgearbeitet werden konnte (vgl. Abschn. 4.2). Zum anderen sind dem Konzept ›Partnerschaft‹ selbst Widersprüche inhärent (Betz 2016a; 2016b; Cloos und Karner 2010), die nicht zum Thema gemacht werden – auch nicht in Bezug auf die notwendigen Rahmenbedingungen für pädagogisches Handeln (Betz 2015). Schließlich besteht auch die Gefahr, dass hier – wie andernorts in der Debatte um frühe Bildung, Betreuung und Erziehung (vgl. auch Betz 2013b) – den Fachkräften schnell ein Professionalisierungsdefizit unterstellt wird, wenn diese den fachlichen und politischen Vorgaben nicht in der erwünschten Weise folgen bzw. wenn die erhofften und quasi bereits versprochenen Effekte (vgl. das Versprechen idealer Entwicklungs- und Bildungsbedingungen und -erfolge für Kinder) nicht erreicht werden.

5 Internationale und nationale Befunde aus wissenschaftlichen Studien zur Zusammenarbeit

In Kapitel 4 wurde herausgearbeitet, wie die Zusammenarbeit zwischen Kindertageseinrichtung bzw. Grundschule und Familie gegenwärtig in Deutschland verhandelt wird und welche Annahmen dazu in den rechtlichen sowie bildungs- und sozialpolitischen Grundlagen der Bundesländer sowie, am Beispiel von praxisorientierten Fachzeitschriften, in der Fachpraxis vertreten werden. Darauf aufbauend wird nun insgesamt die fachliche Debatte insofern genauer in den Blick genommen als die empirische Belastbarkeit ihrer Annahmen, Aussagen und Versprechen (Betz 2015) geprüft wird.

Westphal und Kämpfe (2012) stellen in einem Überblick zu deutschsprachigen Forschungsergebnissen zu Elternarbeit in *Kindertageseinrichtungen* fest, dass »offenbar Uneinigkeit in Bezug auf erwünschte Inhalte, Formen und Erwartungen zwischen Fachpersonal und Eltern herrscht, aber auch innerhalb der Eltern- und der Kindergruppen entlang sozialer und kultureller Divergenzen« (ebd.: 252) besteht. Ebenso konstatiert Sacher (2012) für den Kontext *Schule* eine »unbefriedigende Befundlage« (ebd.: 232) und ein »verwirrendes Bild« (ebd.) in der Forschung, insbesondere zu Bildungs- und Erziehungspartnerschaften. Noch komplizierter wird es, wenn auch die Kinder beziehungsweise die Schülerinnen und Schüler und nicht nur die erwachsenen Akteure in Kindertageseinrichtungen und Grundschulen mit in den Blick genommen werden (vgl. Kap. 6). Das spricht für ein deutlich komplexeres und heterogeneres Bild, was Zusammenarbeit ist und wie sie sein soll, als es die aktuelle praxisbezogene Debatte suggeriert (vgl. Kap. 4). Daher lohnt es sich, genau hinzusehen, wie die Perspektiven der beteiligten Akteure tatsächlich aussehen und wie diese vor dem Hintergrund der eigenen Position im Gefüge gesellschaftlicher (Bildungs-)Ungleichheitsverhältnisse mit den an sie herangetragenen Aufgaben, Zielvorgaben und Erwartungen umgehen und umgehen wollen. Die Fragen, die sich stellen, lauten: Was ist hierzu empirisch belegt? Wo bestehen Forschungslücken?

Da es bezogen auf Deutschland wenige nationale Befunde zu Elternbeteiligung, Zusammenarbeit und Bildungs- und Erziehungspartnerschaft in Kindertageseinrichtungen und Grundschulen bzw. im Elementar- und Primarbereich gibt[46] und dies im Besonderen die tatsächlichen Wirkungen von Zusammenarbeit auf der Mikroebene des Handelns betrifft (Betz 2015: 24), wird der Blick auf einschlägige Beiträge aus anderen Ländern zu diesem Thema ausgeweitet. Der Stand der gegenwärtigen, im Schwerpunkt sozial- und erziehungswissenschaftlichen sowie psychologischen nationalen und internationalen Forschung wird in diesem Kapitel aufgearbeitet und systematisiert.

Es geht darum, die aktuellen Befunde darzulegen und sie auf ihre (impliziten) Annahmen und ihre Tragweite hin zu befragen, sowie darum, Forschungslücken zu benennen. Übergeordnetes Ziel ist es, die Mechanismen zu identifizieren, durch die Bildungsungleichheit an der Schnittstelle von Bildungsinstitution und Familie hergestellt, reproduziert oder verringert wird bzw. werden kann. Besonderes Augenmerk wird dabei u. a. auf diejenigen Studien gelegt, die Positionierungen, Handlungsorientierungen, Überzeugungen und das Handeln der beteiligten Akteure, der Mütter, Väter sowie der pädagogischen Fach- und Lehrkräfte, auf der Mikroebene empirisch in den Blick nehmen.[47] Damit sind Interaktionssituationen sowie die Denk- und Handlungsmuster der zentralen Akteure von besonderer Bedeutung, können doch in den Sichtweisen der Akteure, ihren Erzählungen und alltäglichen Interaktionen typische und subtile Erfahrungen sozialer Differenz in Bildungskontexten anschaulich werden (vgl. Kap. 3).

5.1 Die Recherche: Vorgehen und Darstellung der Befunde

5.1.1 Vorgehen bei der Recherche

Die systematische Recherche nationaler und internationaler Befunde zum Thema Elternbeteiligung, Zusammenarbeit und Bildungs- und Erziehungspartnerschaft erfolgte in insgesamt fünf Schritten. In **Schritt 1** wurden fünf relevante Suchkriterien festgelegt, die entlang der Leitfragen (vgl. Kap. 1) bestimmt wurden (vgl. Abb. 2): (1) Aktualität der Studien (2000–2016), (2) Elementar- und Primarbereich bzw. Kindertageseinrichtungen und Grundschulen, (3) ausschließlich empirische Forschung[48], (4) Interesse an Zusammenarbeit und Partnerschaft zwischen Kindern, Eltern, pädagogischen Fach- und Lehrkräften sowie (5) (Bildungs-)Ungleichheit.

Ausgangspunkt der Recherche in **Schritt 2** waren inhaltliche Stichwörter, die sich aus dem spezifischen Interesse des empirischen Reviews ableiteten. Die Suchbegriffe waren zunächst: *Bildungs- und Erziehungspartnerschaft* bzw. *Partnerschaft*, *Eltern*, *Fachkräfte* bzw. *Erzieher/innen*, *Lehrkräfte* bzw. *Lehrer/innen*, *Interaktion*, *Früh-*

---

46 Kindertageseinrichtungen und Grundschulen sind spezifische Institutionen und im *nationalen* deutschen Kontext zum einen dem Kinder- und Jugendhilfesystem sowie zum anderen dem Bildungssystem zugeordnet. Für den *internationalen* Kontext wird im Folgenden der Oberbegriff *Elementar- und Primarbereich* verwendet. Wie in diesem Kapitel mit den international auf verschiedene Weise verwendeten Begriffen und unterschiedlich aufgebauten Bildungs- und Betreuungssystemen der Länder sprachlich umgegangen wird, wird in den Lesehinweisen erläutert.
47 Die Rolle und Position der Kinder wird in Kapitel 6 empirisch beleuchtet.
48 Programmatische Texte zum Thema wurden dementsprechend ausgeschlossen (siehe dazu Betz 2015).

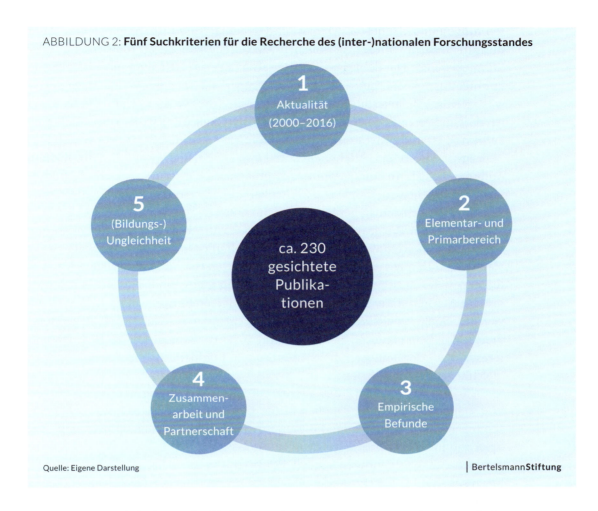

ABBILDUNG 2: **Fünf Suchkriterien für die Recherche des (inter-)nationalen Forschungsstandes**

Quelle: Eigene Darstellung | BertelsmannStiftung

pädagogik, Grundschule, Ungleichheit.[49] Mit diesen Stichworten wurden zentrale internationale und nationale Datenbanken[50] für erziehungs- und sozialwissenschaftliche Fachliteratur durchsucht. Gleich zu Beginn der Recherche zeigte die Stichwortsuche für einige Wortkombinationen sehr gute Trefferquoten zu Forschungsansätzen und Befunden über Elternbeteiligung, Zusammenarbeit und Partnerschaft von Familien mit Fach-/Lehrkräften.[51] Beispielsweise konnten mit der Kombination *Parents, Teacher, Interactions* in der Datenbank des Education Resources Information Center (ERIC) über 2.800 Treffer erzielt werden. Die Suchbegriffe

---

49 In der englischen Übersetzung: *Partnership, Parents, Teacher, Interaction, Primary, Elementary, Inequality* und *Equity*.

50 Wie z. B. ERIC – Education Resources Information Center. Online unter: https://eric.ed.gov/ – abgerufen am 02.01.2017, International Bibliography of Social Sciences (IBSS) oder Fachinformationssystem (FIS) Bildung.

51 In einer quantitativen Analyse zu englischsprachigen Neuveröffentlichungen zu *Parent-School Relationships* in den Jahren 1966 bis 2005 zeigen Castelli und Pepe (2008), dass es sich um ein seit der Jahrtausendwende stark angewachsenes Forschungsfeld handelt: Im Zeitraum 1991 bis 2005 wurden 78 Prozent aller Neuveröffentlichungen zum Thema publiziert. Zudem beobachten die Autoren in den 1990er-Jahren einen starken Anstieg der Publikationen zum Konzept des *Parent(al) Involvement* (PI) sowie vorwiegend psychologisch interessierter Forschung.

wurden unterschiedlich kombiniert und den Ergebnissen konnten weitere Anregungen für Stichwörter entnommen werden (z. B. *Parent-School Relationship, Parental Involvement*). Die Liste relevanter, besonders einschlägiger Suchbegriffe wurde so entlang der Suchergebnisse sukzessive angepasst, spezifiziert und erweitert.

Die einschlägigen Publikationen wurden in **Schritt 3** gesammelt und nach der Art der Studien (z. B. qualitativ oder quantitativ), Themen (z. B. Sicht der Fach- bzw. Lehrkraft, Parental-Involvement-Forschung) und Institutionenbezug (Elementar- oder Primarbereich) sortiert. Viele Studien waren bei den jeweiligen Zeitschriften online erhältlich. In den Onlinezeitschriftenportalen ergaben sich weitere Recherchemöglichkeiten für vergleichbare Artikel[52], ebenso in den Literaturverzeichnissen besonders einschlägiger Veröffentlichungen.

Von den über 230 gesichteten Publikationen wurden in **Schritt 4** diejenigen aussortiert, die *keine* empirischen Befunde enthielten oder sich auf den zweiten Blick als thematisch nicht einschlägig herausstellten; das betraf beispielsweise Studien, die keinen Bezug zu Grundschule oder Kindertageseinrichtung aufwiesen. Gleiches galt für Studien zum Sekundarschulbereich oder sehr spezifische Arbeiten, die sich mit einem speziellen Thema (wie musischem Lernen) und der Rolle der Lehrkraft-Eltern-Interaktion in diesem Kontext auseinandersetzen.[53] Als besonders interessant wurden indessen diejenigen Studien markiert, die einen expliziten Ungleichheitsbezug aufweisen.

In **Schritt 5** wurden die Publikationen eingehender gesichtet, in Teilen exzerpiert und weiter systematisiert. Deutlich wurde, dass es sich bei der internationalen Forschung an der Schnittstelle von Bildungsinstitution und Familie um ein vielgestaltiges und interdisziplinäres Feld mit verschiedenen Definitionen, Themenschwerpunkten und Ausrichtungen handelt. Es kristallisierte sich heraus, welche Themen hier als relevant beforscht werden: Ein prominentes Thema ist die *Elternbeteiligung*, im Englischen *Parent(al) Involvement* (PI)[54] oder auch *Family Involvement*. Aufgrund ihrer großen Zahl und den entsprechenden Suchtreffern wurden auch Publikationen zu PI in das Sample aufgenommen, selbst wenn hier teils die häusliche Bildungsbeteiligung von Eltern – ohne direkte Verbindung zu ECEC-Einrichtungen[55] oder Schule – im Mittelpunkt steht (vgl. auch Abschn. 5.1.2 und 5.4).

Die Publikationen, die vornehmlich die Bildungsbeteiligung von Eltern zu Hause fokussieren, können mitunter zeigen, welche Formen der Bildungsbeteiligung vonseiten der Bildungsinstitutionen von Familien *erwartet* werden und welche Voraussetzungen für gelingende Zusammenarbeit als wichtig erachtet werden. Damit sind sie für den Forschungsstand bedeutsam. Exemplarisch sprechen Goff, Evangelou und Sylva (2012) von *Family Involvement* als Kernelement eines komple-

---

52 Zum Beispiel Taylor und Francis Online (online unter www.tandfonline.com – abgerufen am 05.01.2017).
53 Zum Beispiel Creech (2010).
54 Im Folgenden wird *Parent(al) Involvement* mit PI abgekürzt.
55 Im vorliegenden Review werden alle Einrichtungen, die dem offiziellen Schulsystem vorangehen – unabhängig davon, ob sie nun länderspezifisch eher schulisch-formal oder eher betreuend-sozialpädagogisch ausgerichtet sind, wie sie jeweils finanziert werden oder ab welchem Alter sie besucht werden –, unter dem Begriff *ECEC-Einrichtungen* (Early Childhood Education and Care) zusammengefasst.

mentären Lernsystems, in dem Familien auf der einen Seite und Bildungsinstitutionen auf der anderen Seite in einem Tandem zusammenarbeiten, um das Lernen und die Entwicklung von Kindern von der Geburt bis ins junge Erwachsenenalter hinein zu unterstützen (ebd.: 161). Ebenfalls prominent, wenngleich nicht ganz so zahlreich vertreten, sind Publikationen spezifisch zu Partnerschaften zwischen Bildungsinstitutionen und Familien (vgl. Abschn. 5.1.3 und 5.5).

Die folgenden Darstellungen der Studien und ihrer Befunde sowie ihre Systematisierung und Aufbereitung dienen dem Ziel, einen *analytischen Blick* auf das internationale Forschungsfeld an der Schnittstelle von Familie und Kindertageseinrichtung/Grundschule zu richten. Dabei ist leitend, wie sich das Forschungsfeld konstituiert und wie Zusammenarbeit – im weitesten Sinne – von unterschiedlichen Forscherinnen und Forschern aus verschiedenen Disziplinen verstanden und beforscht wird. So kann ein Spektrum dessen beschrieben werden, was auf nationaler und internationaler Ebene unter Elternbeteiligung, Zusammenarbeit und Bildungs- und Erziehungspartnerschaften gefasst wird. Dabei wurde schnell deutlich, dass *Zusammenarbeit* auf sehr unterschiedliche Art und Weise zum Thema wird.

Insgesamt wurden für die weitere Analyse 134 Publikationen zugrunde gelegt, welche die fünf Suchkriterien erfüllen.[56] Für den Primarbereich sind es insgesamt 57 (davon internationaler Raum: 32) einschlägige Artikel, für den Elementarbereich 67 Artikel (davon internationaler Raum: 43). Hinzu kommen insgesamt zehn Metaanalysen und Literaturreviews aus dem internationalen Forschungsstand zum Thema Zusammenarbeit mit Eltern.[57] Ebenfalls fanden Publikationen zur Familien- und Elternbildung Eingang.

Auch wenn die Forschung zur Familien- und Elternbildung nicht notwendig institutionengebunden ist, d.h. im Rahmen der täglichen Arbeit in ECEC-Einrichtungen erfolgt, wurde sie im Review berücksichtigt. Denn *erstens* bezieht die Zusammenarbeit von Fachkräften und Familien die Familienbildung mit ein, wie dies in § 22a Abs. 2 S. 1 Nr. 2 SGB VIII festgehalten wird: Die Träger der öffentlichen Jugendhilfe sollen sicherstellen, dass die Fachkräfte in ihren Einrichtungen zusammenarbeiten – und dies nicht nur mit den Erziehungsberechtigten (und Tagespflegepersonen), sondern auch »mit anderen kinder- und familienbezogenen Institutionen und Initiativen im Gemeinwesen, insbesondere solchen der Familienbildung und -beratung« (§ 22a Abs. 2 S. 1 Nr. 2 SGB VIII). *Zweitens* handelt es sich im Rahmen der rechtlichen Vorgaben oftmals um Programme, die in ECEC-Einrichtungen und mit deren Genehmigung bzw. auf deren Wunsch vor Ort angeboten werden; die Einrichtungen sind somit Ausgangspunkt für weitergehende und gezielte Angebote für Familien (Pietsch, Ziesemer und Fröhlich-Gildhoff 2010). Nicht selten sind damit *drittens* auch die frühpädagogischen Fachkräfte, z.B. durch spezielle Schulungen oder Multiplikatorinnen/Multiplikatoren, involviert (wie etwa im Bundesprogramm »Elternchance II – Familien früh für Bildung gewinnen«, vgl. Abschn. 5.2.1). *Viertens*

56　Es wurden auch Studien zur Zusammenarbeit ohne Ungleichheitsbezug einbezogen, aber nicht umgekehrt.

57　Die Literaturreviews und Metaanalysen (z.B. Henderson und Mapp 2002; Jeynes 2005; 2011) beziehen sich häufig auf den Elementar- und den Primarbereich sowie z.T. auch auf weiterführende Schulformen.

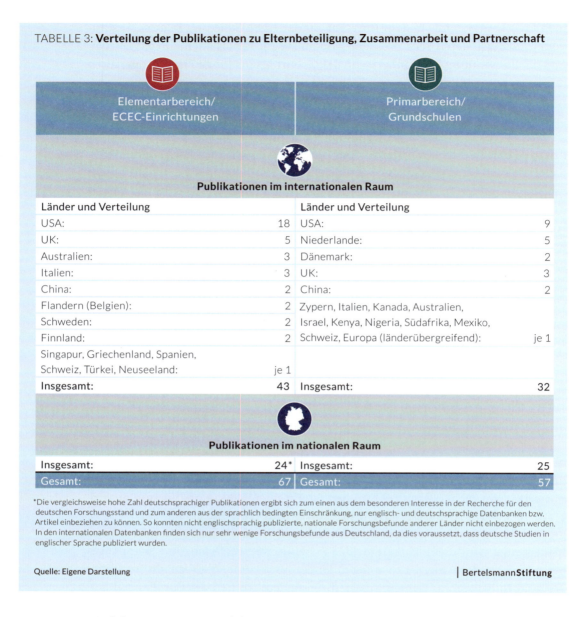

TABELLE 3: **Verteilung der Publikationen zu Elternbeteiligung, Zusammenarbeit und Partnerschaft**

Elementarbereich/ ECEC-Einrichtungen		Primarbereich/ Grundschulen	
Publikationen im internationalen Raum			
Länder und Verteilung		Länder und Verteilung	
USA:	18	USA:	9
UK:	5	Niederlande:	5
Australien:	3	Dänemark:	2
Italien:	3	UK:	3
China:	2	China:	2
Flandern (Belgien):	2	Zypern, Italien, Kanada, Australien, Israel, Kenya, Nigeria, Südafrika, Mexiko, Schweiz, Europa (länderübergreifend):	je 1
Schweden:	2		
Finnland:	2		
Singapur, Griechenland, Spanien, Schweiz, Türkei, Neuseeland:	je 1		
Insgesamt:	43	Insgesamt:	32
Publikationen im nationalen Raum			
Insgesamt:	24*	Insgesamt:	25
Gesamt:	67	Gesamt:	57

*Die vergleichsweise hohe Zahl deutschsprachiger Publikationen ergibt sich zum einen aus dem besonderen Interesse in der Recherche für den deutschen Forschungsstand und zum anderen aus der sprachlich bedingten Einschränkung, nur englisch- und deutschsprachige Datenbanken bzw. Artikel einbeziehen zu können. So konnten nicht englischsprachig publizierte, nationale Forschungsbefunde anderer Länder nicht einbezogen werden. In den internationalen Datenbanken finden sich nur sehr wenige Forschungsbefunde aus Deutschland, da dies voraussetzt, dass deutsche Studien in englischer Sprache publiziert wurden.

Quelle: Eigene Darstellung | BertelsmannStiftung

sind die Programme und ihre Evaluationen aus ungleichheitsinteressierter Perspektive relevant, da sie sich häufig nicht an alle Eltern einer Einrichtung, sondern an spezifische Eltern richten. Von diesen wird angenommen, dass sie benachteiligt sind und/oder Unterstützung für die Bildung und Erziehung oder die frühe Förderung ihrer Kinder benötigen. Befunde in diesem Bereich versprechen daher Aufschluss darüber, inwiefern eine in dieser Form intensivierte Zusammenarbeit von Fachkräften und Familien Effekte hat, z. B. auf den Bildungserfolg von Kindern. Entsprechende Studien – welche die Zusammenarbeit mit Eltern, die Elternbildung und damit zusammenhängend vornehmlich den Bildungserfolg von Kindern thematisieren – werden daher in Abschnitt 5.2.1 für den Elementarbereich und in Abschnitt 5.3.1 für den Primarbereich exemplarisch vorgestellt.

Die Tabelle 3 zeigt die Verteilung der empirisch ausgerichteten Publikationen national und international sowie getrennt nach Elementar- und Primarbereich, die

TABELLE 4: **Thematischer Überblick der Publikationen im Elementar- und Primarbereich**

Forschungsbereiche thematisch	Elementarbereich/ ECEC-Einrichtungen	Primarbereich/ Grundschulen
Parental Involvement-Forschung	➡ überwiegend Wirkungs- und Zusammenhangsforschung, meist quantitative Studien (z. T. mit qualitativen Anteilen) Erforschung von Bildungsungleichheiten: z. T. werden soziale Differenzen und entsprechende Zusammenhänge sichtbar gemacht	➡ überwiegend Wirkungs- und Zusammenhangsforschung, meist quantitative Studien (z. T. mit qualitativen Anteilen) Erforschung von Bildungsungleichheiten: z. T. werden soziale Differenzen und entsprechende Zusammenhänge sichtbar gemacht
Evaluation von Eltern- und Familienbildungsprogrammen	➡ Interventions- und Evaluationsstudien Erforschung von Bildungsungleichheiten: häufig darauf ausgerichtet, Benachteiligungen auszugleichen; z. T. werden soziale Differenzen sichtbar gemacht	➡ Interventions- und Evaluationsstudien Erforschung von Bildungsungleichheiten: häufig darauf ausgerichtet, Benachteiligungen auszugleichen; z. T. werden soziale Differenzen sichtbar gemacht
Sichtweisen von Eltern: Überzeugungen, Erwartungen und Zufriedenheit	➡ überwiegend Befragungen und Interviewstudien (qualitativ und quantitativ) Erforschung von Bildungsungleichheiten: z. T. werden soziale Differenzen sichtbar gemacht und/oder sozial heterogene Sichtweisen erfragt	➡ überwiegend Befragungen und Interviewstudien (qualitativ und quantitativ) Erforschung von Bildungsungleichheiten: häufig werden soziale Differenzen sichtbar gemacht und/oder sozial heterogene Sichtweisen erfragt
(Kollektive) Strategien des Umgangs mit Bildungsinstitutionen von Eltern	–	➡ überwiegend qualitative und ethnografische Forschungen, Fallanalysen Erforschung von Bildungsungleichheiten: häufig werden soziale Differenzen untersucht und Reproduktionsmechanismen sozialer Ungleichheit aufgezeigt
Sichtweisen und Überzeugungen von pädagogischen Fach-/Lehrkräften	➡ überwiegend Befragungen, Einstellungsforschung, Gruppendiskussionen, Interviewstudien (quantitativ und qualitativ) Erforschung von Bildungsungleichheiten: selten, z. T. werden (stereotypisierende) Differenzkonstruktionen sichtbar gemacht	➡ überwiegend Befragungen, Einstellungsforschung, Gruppendiskussionen, Interviewstudien (quantitativ und qualitativ) Erforschung von Bildungsungleichheiten: selten, z. T. werden (stereotypisierende) Differenzkonstruktionen sichtbar gemacht
Herausforderungen und Probleme der Praxis aus Sicht von Fach-/Lehrkräften	➡ Interviewstudien, Beobachtungen (qualitativ) Erforschung von Bildungsungleichheiten: Umgang mit ethnisch oder sozial differenzierten Eltern/Familien	➡ Interviewstudien, Befragungen (quantitativ und qualitativ) Erforschung von Bildungsungleichheiten: z. T. Untersuchung der Reproduktion von Vorurteilen

Forschungsbereiche thematisch	Elementarbereich/ ECEC-Einrichtungen	Primarbereich/ Grundschulen
Sichtweisen Eltern, Fach-/Lehrkräfte im Verhältnis	➜ Befragungen, Interviewstudien, ethnografische Studien (quantitativ und qualitativ) Erforschung von Bildungsungleichheiten: selten, z. T. werden soziale Differenzen sichtbar gemacht	➜ Befragungen, Interviewstudien, ethnografische Studien (quantitativ und qualitativ) Erforschung von Bildungsungleichheiten: z. T. werden soziale Differenzen sichtbar gemacht
Eltern-Fachkraft-/ Eltern-Lehrkraft-Kommunikation	➜ Gruppendiskussionen, Gesprächsanalysen, ethnografische Studien (qualitativ) Erforschung von Bildungsungleichheiten: Kommunikation mit spezifischen Elterngruppen, Herstellung von Differenz im Dialog	➜ Gesprächsanalysen, ethnografische Studien, Interviewstudien (qualitativ) Erforschung von Bildungsungleichheiten: Passungsverhältnisse zwischen Lehrkräften und Eltern; es werden ungleichheitsrelevante Differenzen in der Interaktion sichtbar gemacht

Quelle: Eigene Darstellung | BertelsmannStiftung

in Schritt 5 (s. o.) in die Aufarbeitung des internationalen Forschungsstands eingeflossen sind.

Tabelle 4 gibt eine Übersicht zur Ausrichtung der einzelnen Studien und ihrer Themenfelder; zudem wird dargelegt, inwiefern (Bildungs-)Ungleichheitsforschung im jeweiligen Themenfeld eine Rolle spielt. Einen inhaltlichen Einblick in die interessantesten Studien aus anderen Ländern vermittelt Anhang 3. Dort werden alphabetisch in einer Übersicht 50 empirische Publikationen aus dem internationalen Raum zum Themenfeld Elternbeteiligung, Zusammenarbeit und Partnerschaft in Kurzportraits präsentiert. Diese Publikationen stehen exemplarisch für die vielschichtigen Themenbereiche, die im Buch übergreifend und systematisierend behandelt werden. Sie sind als Anregung dafür gedacht, sich auch in Deutschland vertieft und spezifisch mit einzelnen Forschungsvorhaben, ihren jeweiligen nationalen Kontexten, ihrem Sampling und ihren zentralen Befunden zu beschäftigen.

5.1.2 Einführung: Das Konzept Elternbeteiligung/*Parental Involvement* (PI)

Bei der Suche in den internationalen Datenbanken fiel schnell ins Auge, dass das Konzept PI sehr prominent verwendet wird. Die Suche bei ERIC ergab für diesen Begriff über 5.000 Treffer.[58] Erste inhaltliche Sichtungen bestätigten dies ebenfalls:

---

58   *PI* kombiniert mit *Inequality* ergab 24 Treffer.

PI ist in der internationalen Forschungslandschaft *das* Stichwort schlechthin, wenn es um die Beteiligung von Eltern an der institutionellen Bildung und dem Lernen von Kindern in verschiedenen Lebensbereichen geht. Es ist ebenfalls zentral im Zusammenhang mit dem Kontakt, dem Austausch und der Zusammenarbeit von Eltern und Schulen bzw. ECEC-Einrichtungen. Um die in den nachfolgenden Abschnitten 5.2 bis 5.5 referierten Befunde und Systematisierungen besser verstehen und einordnen zu können, wird im Folgenden zunächst geklärt, in welcher Tradition das Konzept PI steht, wie es definiert wird und wie es im Allgemeinen beforscht wird.

Viele Forschende – z. B. Allen 2011; Graham 2010; Henderson und Mapp 2002 (vgl. Übersicht im Anhang 3); Herrell 2011; Sacher 2014a – betrachten die Befunde der bekannten US-amerikanischen Studie von Coleman et al. (1966) und entsprechenden Folgestudien als einen wichtigen Ausgangspunkt des bis heute anhaltenden wissenschaftlichen sowie öffentlichen und politischen Interesses an der Zusammenarbeit von Bildungsinstitutionen und Familien.

Coleman et al. (1966) untersuchten den Einfluss der Familie auf das schulische Abschneiden von Kindern und Jugendlichen in insgesamt 4.000 *Public Schools*, u. a. entlang von Einkommen, Bildungsniveau, ethnischer Herkunft *(Race)* oder (Lohn-)Arbeitsverhältnissen (ebd.: 8). Die Forschenden konnten die zentrale Bedeutung des familialen Hintergrunds von Schülerinnen und Schülern für deren schulischen Erfolg oder Misserfolg – und damit ungleiche Bildungschancen – feststellen. Dies wurde zum Anlass genommen, sich verstärkt für die Zusammenarbeit mit (sozial unterschiedlich situierten Familien) zu interessieren. Denn wenn sich Familien bzw. Eltern stärker in Bildungsinstitutionen beteiligen, so eine typische Annahme, dann profitieren die Kinder, die diese besuchen.[59]

Seither gibt es eine breite nationale und internationale Forschungstätigkeit in unterschiedlichen Ländern, die sich mit dem Zusammenhang von familialem Hintergrund und dem Erfolg in Bildungsinstitutionen beschäftigt. Im Besonderen wird erforscht, inwiefern Eltern generell, aber auch mit unterschiedlichen sozialen und ethnischen Hintergründen in die schulischen Belange ihrer Kinder *involviert* sind. Dieses Forschungsinteresse wird analog auf den Bereich der vorschulischen Bildung in Kindertageseinrichtungen übertragen: Man geht davon aus, dass die Zusammenarbeit bzw. Elternbeteiligung bereits zu diesem Zeitpunkt Einfluss auf die kindliche Entwicklung bzw. verschiedene Bildungsoutcomes im frühen Kindesalter hat und damit verknüpft auch auf einen erfolgreichen (weiteren) Bildungsweg.

Einen weiteren vielfach zitierten Ankerpunkt im internationalen Forschungsfeld zum Thema Familie, Elternbeteiligung und Zusammenarbeit mit Bildungsinstitutionen sowie Schulerfolg stellen die Studien von Epstein und Mitarbeitenden um die Jahrtausendwende dar (z. B. Epstein 1996; Epstein et al. 2002). Das von ihnen entwickelte Modell *Six Types of Involvement* bezieht sich zwar vornehmlich auf die Beteiligung von Eltern in Schulen, wird aber genauso von der Forschung zur Zu-

---

59 Betz (2015) weist für den nationalen Kontext in Deutschland auf eine Argumentationslücke hin: Die Bedeutsamkeit der familialen Herkunft für die schulischen Erfolge von Kindern reicht für sich genommen nicht aus, um *mehr* Zusammenarbeit empirisch zu begründen (Betz 2015: 24). Diese Argumentationslücke findet sich vielfach auch im internationalen Forschungsstand, wie die Recherche zeigt.

sammenarbeit in ECEC-Einrichtungen[60] als Ausgangspunkt genutzt. Die Gruppe um Epstein hat herausgefunden, dass PI einen positiven Zusammenhang mit verschiedenen Bildungsoutcomes von Kindern in unterschiedlichen Altersstufen und in verschiedenen Bildungsinstitutionen aufweist (z. B. kognitive und akademische Fähigkeiten, soziale Kompetenzen).

Ihr Modell basiert auf der Annahme, dass sich insgesamt drei Sphären überlappen, die den Lernerfolg maßgeblich beeinflussen: die Familie, die Schule und die Gemeinde *(Community)*. Die Sphären müssen im partnerschaftlichen Austausch stehen, um den Schulerfolg und eine erfolgreiche Entwicklung der Schülerinnen und Schüler zu unterstützen.[61] Das Modell von Epstein (1996) und Epstein et al. (2002) differenziert sechs Formen der Beteiligung, die zwischen Eltern, Kindern, Schule und Lehrkräften verwirklicht sein (bzw. werden) sollten:

- Beim ersten Typ *(Parenting)* geht es darum, allen Familien dabei zu helfen, zu Hause förderliche Lernumgebungen zu etablieren.
- Beim zweiten Typ *(Communicating)* sollen Kommunikationswege zwischen Schule und Familie geschaffen werden.
- Beim dritten Typ *(Volunteering)* wird angestrebt, Eltern für die Mithilfe in der Bildungseinrichtung, z. B. im Klassenzimmer oder in Freiwilligenprogrammen, zu mobilisieren.
- Beim vierten Typ *(Learning at Home)* werden den Familien Ideen und Informationen angeboten, wie sie Kinder bei Hausaufgaben oder anderen curriculumsrelevanten Aktivitäten unterstützen können.
- Beim fünften Typ *(Decision Making)* werden Eltern in Entscheidungsprozesse integriert, indem z. B. Elternvertreterinnen und -vertreter gewählt und Organisationsformen für Eltern geschaffen bzw. von diesen genutzt werden.
- Beim sechsten Typ *(Collaborating with the Community)* geht es darum, Ressourcen und Serviceleistungen in Gemeinden zu identifizieren und zu integrieren, um Schulprogramme und das Lernen der Schülerschaft zu verbessern (Epstein et al. 2002: 27 f.).

Dieses Modell hat breite Anerkennung im Forschungsfeld gefunden. Es dient anderen, thematisch ähnlichen Studien als Vorbild für das Verständnis von PI und wird zur Interpretation von Befunden und zur Operationalisierung von Beteiligung herangezogen. Es eignet sich, um PI zu messen. Zudem erlaubt es vor dem Hintergrund der Annahme, dass eine hohe Elternbeteiligung den Schulerfolg von Kindern sicherstellt oder Kompetenzen unterschiedlichster Art fördert, Aussagen über die Form und Güte von Elternbeteiligung zu treffen.[62] Nicht nur quantitative

---

60 *Preschool* und *Prekindergarten* sind ECEC-Einrichtungen, die in der Regel von zwei- bis fünfjährigen Kindern besucht werden. Der einjährige *Kindergarten* (breit genutztes Vorschulangebot für Kinder im Alter von ca. fünf bzw. sechs Jahren) ist dem US-amerikanischen Schulsystem angegliedert (Kamerman und Gatenio 2003) und ist dementsprechend im Vergleich zu Deutschland schulbezogener organisiert.
61 Theory of Overlapping Spheres of Influence (Epstein 2002: 9).
62 Zum Beispiel auch soziale Kompetenzen oder schulische Vorläuferkompetenzen in der Kindertageseinrichtung.

Studien, sondern zugleich ein sehr großer Teil der nationalen und internationalen qualitativen Studien zu PI in anderen Ländern nehmen anknüpfend oder abgrenzend auf das Epstein'sche Modell Bezug. Der empirische Zusammenhang zwischen verschiedenen Formen des PI und einer vorteilhaften Entwicklung von Kindern, allen voran die Entwicklung akademischer Fähigkeiten *(Academic Achievement)*, wurde und wird dementsprechend häufig und in unterschiedlichen (inter-)nationalen Kontexten aufgezeigt (vgl. Abschnitte 5.2, 5.3 sowie 5.4).[63]

5.1.3 Einführung: Das Konzept Partnerschaft/*Partnership*

Neben dem Konzept PI erlangte ein weiteres Konzept in den letzten Jahren (inter-)nationale Aufmerksamkeit in Politik, Fachöffentlichkeit und Wissenschaft: die Bildungs- und Erziehungspartnerschaft. Im Unterschied zur klassischen PI-Forschung steht in den recherchierten Studien, die sich explizit auf ein Konzept von *Partnerschaft* zwischen Bildungsinstitution und Familie beziehen, im Vordergrund, wie die tatsächlichen Interaktionen, Kommunikationssituationen und Beziehungen gestaltet *sind* und sein *sollen*.

International gibt es eine Reihe von Studien, die *Partnerships* zwischen Eltern und Fach- sowie Lehrkräften in den Blick nehmen. Zum Teil werden die Begriffe *PI*, *Parent-Teacher Collaboration* oder *Partnership* durchaus synonym gebraucht. Dies erschwert eine aus wissenschaftlich-analytischer Perspektive notwendige systematische Unterscheidung der Konzepte (vgl. z. B. Denessen et al. 2009; Goff, Evangelou und Sylva 2012). Auch Nawrotzki (2012) stellt vergleichend für England und die USA fest, dass das (politische) Verständnis von *Partnership* weitestgehend an das bereits im Zuge der PI-Forschung von Epstein entwickelte Modell anschließt (vgl. Abschn. 5.1.2). Diese Nähe und in Teilen Gleichsetzung der verschiedenen Konzepte – gerade im politischen Feld – verkompliziert eine sachliche Auseinandersetzung und Abwägung von Möglichkeiten und Risiken verschiedener Konzepte der Regulierung des Verhältnisses von Bildungsinstitution und Familie (vgl. Abschn. 5.5).

Die Recherche internationaler wissenschaftlicher Publikationen hat aber zumindest deutlich gemacht, dass in den verschiedenen Studien oft dann von *Partnerschaft/Partnership* die Rede ist, wenn es um Professionalisierungsfragen von Fachkräften im Elementarbereich geht; ebenso wird der Begriff häufig verwendet, wenn es sich um die *normativ-pädagogische Definition* einer guten Beziehung und einer funktionierenden Kommunikation zwischen Fach- und Lehrkräften auf der einen und Eltern mit unterschiedlichen sozialen Hintergründen auf der anderen Seite handelt (z. B. bei Cheatham und Ostrosky 2009). Chen und Agbenyega (2012, vgl. Übersicht im Anhang 3) sprechen für den chinesischen Kontext dann von erfolgreicher Partnerschaft, wenn sich Fachkräfte und Eltern in Kindertageseinrichtungen als kollektive Einheiten mit geteilter Expertise verstehen (ebd.: 95). Diese Partnerschaft hat, so das Autorenteam, zahlreiche positive Auswirkungen auf Kinder – u. a. schafft sie eine emotional sichere Umwelt und ermöglicht einen vertrauensvollen

---

[63] Allerdings – so zeigen u. a. die Metaanalysen von Fan und Chen (2001) und Jeynes (2005) – gibt es ebenfalls einen breiten Strang der PI-Forschung, der sich weniger für den direkten Kontakt zwischen Eltern und Bildungsinstitution interessiert, wie er im Modell von Epstein thematisiert wird.

Beziehungsaufbau (ebd.: 96). Die US-amerikanischen Forscher/innen Beneke und Cheatham (2015) sehen in Partnerschaften interdependente Beziehungen zwischen Fachkräften und Familien, die auf geteilter Verantwortung, Vertrauen und Ehrlichkeit basieren (ebd.: 234). Auch in der Forschung hat das Konzept somit, so kann als erstes Ergebnis festgehalten werden, häufig programmatischen Charakter.

Weitaus seltener gibt es (vgl. auch Betz 2015) Forschung dazu, inwiefern das Ideal der Bildungs- und Erziehungspartnerschaft kritisch zu sehen ist, oder Studien, die diese Kritik auch empirisch unterfüttern können (u. a. für den US-amerikanischen und britischen Kontext Nawrotzki 2012; für Belgien van Houte et al. 2015; für Australien Blackmore und Hutchison 2010).

5.1.4 Darstellung der Befunde

Die detaillierte Darstellung der Befunde in den folgenden Abschnitten 5.2 bis 5.5 ermöglicht es, die *wissenschaftlich-empirische Basis* der bereits dargelegten aktuellen Debatten (vgl. Kap. 4) um die Bedeutsamkeit der Zusammenarbeit von Bildungsinstitution und Familie näher zu betrachten. Die Befunde bilden das Fundament, auf welches fachpraktische sowie bildungs- und sozialpolitische Modelle und Initiativen, aber auch die rechtlichen Grundlagen der Arbeit in Kindertageseinrichtungen und Schulen aktuell aufbauen bzw. aufbauen können. Demnach ist es besonders wichtig, den internationalen Forschungsstand und die Forschung in unterschiedlichen Ländern in den Blick zu nehmen, die bislang nicht systematisch aufgearbeitet wurden.

Die Darstellung der Befunde erfolgt in zwei Schritten:

1. Dargelegt werden *erstens* die Befunde zu Eltern sowie pädagogischen Fach- und Lehrkräften im Elementar- und Primarbereich. Was sind die zentralen (inter-)nationalen Erkenntnisse zum Themenfeld Zusammenarbeit, Elternbeteiligung und Partnerschaft im Elementar- und Primarbereich im Kontext gesellschaftlicher Ungleichheitsverhältnisse? Was ist eine ›gute‹ Zusammenarbeit aus Sicht der (erwachsenen) beteiligten Akteure?[64] Was ist bekannt zu ihren Sichtweisen, Handlungsorientierungen, Überzeugungen und ihrem Handeln? Wo bestehen Forschungslücken? Diese Fragen werden über eine *deskriptive Darstellung* der jeweiligen Befunde in den Abschnitten 5.2 und 5.3 beantwortet.
2. Bezugnehmend hierauf folgt *zweitens* die konzeptionelle Klärung international prominenter wissenschaftlicher Konzepte zu *Elternbeteiligung/PI* und *Zusammenarbeit/Partnerships*. Wie werden diese Konzepte in den empirischen Studien erforscht? Welche empirisch belastbaren Befunde liegen speziell zu diesen Konzepten im Elementar- und Primarbereich vor? Wie ist die Tragweite der Befunde einzuschätzen? Diese Fragen werden über eine *analytisch-problemorientierte Herangehensweise* in den Abschnitten 5.4 und 5.5 beantwortet.

---

64 Forschungsbefunde zur Sicht von Kindern werden in Kapitel 6 dargelegt.

Exkurs: Lesehinweise zur Darstellung der internationalen Befunde aus verschiedenen nationalen und sprachlichen Kontexten

Bei der inhaltlichen und sprachlichen Darstellung internationaler Befunde zu einem komplexen sozialen Phänomen wie Zusammenarbeit in verschiedenen nationalen (Bildungs-)Kontexten stellen sich einige Herausforderungen. Wie hiermit umgegangen wurde, wird im Folgenden für die Leserinnen und Leser nachvollziehbar gemacht.

Eine erste Herausforderung ist die adäquate sprachliche Übersetzung wissenschaftlicher Konzepte und Begriffe: Während es im deutschsprachigen Kontext üblich ist, Menschen nach dem Differenzierungsmerkmal *Migrationshintergrund* zu unterscheiden oder nach deren *sozialer Herkunft* zu fragen, ist dies für den angloamerikanischen Kontext unüblich. Hier wird vielmehr von *Race* und *Class* gesprochen: In der Ungleichheitsforschung wird beispielsweise zwischen einer *Black Middle Class* und einer *White Middle Class* unterschieden. Bereits die Übersetzung des Begriffes *Race* ins Deutsche (Rasse) zeigt, wie ungewohnt sich dies liest. Zudem wird damit durchaus etwas anderes bezeichnet, als es durch das deutsche Konzept *Migrationshintergrund* oder *ethnische Herkunft* geschieht. Um dem Rechnung zu tragen und nicht unzulässig zu vereinfachen oder gar zu verfälschen, werden die entsprechenden Begriffe im Englischen belassen und im Fließtext mit Kursivschreibung markiert.

Ähnliches gilt für einige Untersuchungsgegenstände, die sich in der Übersetzung als sperrig erweisen: So lassen sich *Literacy and Math Skills* von Kindern problemlos als literalitätsbezogene und mathematische Fähigkeiten ins Deutsche übersetzen. Bei dem Konzept *Academic and Social Development* von Vorschulkindern wird es allerdings schon schwieriger, da der Begriff *akademisch* im Deutschen auf die Universität bzw. Hochschule verweist. Aufgrund dieser Schwierigkeiten werden auch solche Konzepte im Englischen belassen und durch Kursivschreibung markiert.

Eine zweite Herausforderung liegt darin, dass die Bildungs- und Betreuungssysteme verschiedener europäischer und außereuropäischer Länder extrem heterogen sind. Nicht nur das Schuleintrittsalter von Kindern variiert länderspezifisch. Auch sind die jeweiligen Bildungssysteme komplex und pfadabhängig aufgebaut, d. h. sie sind untrennbar mit den historischen und politischen Entwicklungen der jeweiligen nationalen und gesellschaftlichen Kontexte verwoben. Dementsprechend können sie in der Darstellung der Befunde – die sich vornehmlich für die Konstitution des internationalen Forschungsfeldes zu Elternbeteiligung und Zusammenarbeit in gesellschaftlichen Ungleichheitsverhältnissen interessiert – nicht detailliert zum Thema werden. Einen Überblick über die frühkindlichen Bildungs- und Betreuungssysteme einzelner Länder (Finnland, Schweden, Frankreich, Großbritannien, USA und Neuseeland) bieten Pietsch, Ziesemer und Fröhlich-Gildhoff (2010). Gleiches gilt für den vorschulischen Bereich der öffentlichen und privaten Kindertageseinrichtungen. Im vorliegenden Review werden alle Einrichtungen, die dem offiziellen Schulsystem vorangehen – unabhängig davon, ob sie nun länderspezifisch eher schulisch-formal oder eher betreuend-sozialpädagogisch ausgerichtet sind, wie sie jeweils finanziert werden oder ab welchem Alter sie besucht werden –, unter dem Begriff *ECEC-Einrichtungen* (Early Childhood Education and Care) zusammengefasst. Im englischen Sprachkontext ist es zudem üblich, auch bei Fachkräften in Kindertageseinrichtungen von *Teachers* zu sprechen. In diesen Fällen wurde der englische Begriff *Teacher* mit *Fachkräfte* übersetzt. Begriffe, die sich auf die vielfältigen (vor-)schulischen Bildungssysteme unterschiedlicher nationaler Kontexte beziehen, wie z. B. *Primary School* in den USA, werden nicht übersetzt und durch Kursivsetzung entsprechend markiert.

Die Notwendigkeit dieser Zweiteilung ergab sich aus Beobachtungen in der umfangreichen Recherchephase: Betrachtet man nämlich die *Gesamtrecherche* der Publikationen und Studien, zeigt sich, dass die parallel existierenden Begriffe und Konzepte für das Phänomen *Zusammenarbeit* zwischen Bildungsinstitution und Familie sehr vielfältig sind: Beispielsweise wird unter ein und demselben Begriff wie PI in verschiedenen Studien und Länderkontexten sehr Unterschiedliches verstanden. Dass in den einzelnen Publikationen teils recht unterschiedliche Aspekte elterlicher Beteiligung und/oder Zusammenarbeit beleuchtet werden, auch wenn scheinbar über das Gleiche gesprochen wird, zeigt sich erst bei genauerer Analyse der Texte und Betrachtung der Konzepte im Vergleich. Es hat sich herausgestellt, dass die Unterschiede und Gemeinsamkeiten dieser Konzepte nicht ausreichend geklärt sind (Betz 2015: 17). Um dies aufzuzeigen, werden einige der Befunde, die zunächst deskriptiv zusammengetragen werden (Abschn. 5.2 und 5.3), in den Abschnitten 5.4 und 5.5 unter einem anderen Blickwinkel erneut aufgegriffen und auf konzeptionelle Vorannahmen sowie ihre Tragweite hin geprüft. Flankierend wurden weitere einschlägige und eher konzeptionell ausgerichtete Publikationen hinzugezogen, um eine Antwort auf die Frage zu finden, was in der (inter-)nationalen Forschung unter den genannten Konzepten genau verstanden wird.

Die folgende Darstellung umfasst einen großen Teil der einschlägigen Fachliteratur, erhebt aber keinen Anspruch auf Vollständigkeit. Das liegt u. a. daran, dass sich nur äußerst wenige englischsprachige Publikationen zu deutschen Forschungsbefunden in den internationalen Datenbanken finden lassen. Anders verhält es sich in den nationalen deutschsprachigen Datenbanken, in denen einige deutsche Studien recherchiert werden konnten. Dies spricht dafür, dass eine deutlich höhere Anzahl nationalsprachlich zugänglicher Befunde (z. B. in den Sprachen Französisch, Finnisch) zum Thema Zusammenarbeit existiert, als im Review berücksichtigt werden konnte. So erklärt sich auch, dass die Recherche kaum Publikationen aus z. B. Frankreich enthält, allerdings einige aus englischsprachigen Ländern wie Großbritannien, den USA oder Australien. Ebenfalls unterrepräsentiert sind – sieht man von den englischsprachigen Publikationen aus den USA und Australien ab – nichteuropäische Publikationen.

5.2 Eltern und Fachkräfte: Zusammenarbeit im Elementarbereich

Im Folgenden werden Publikationen betrachtet und systematisiert, die sich mit *Parental Involvement* (PI), *Zusammenarbeit* und *Partnerschaft* mit Eltern im Elementarbereich vor dem Hintergrund gesellschaftlicher Ungleichheitsverhältnisse beschäftigen. Hierbei muss zunächst danach gefragt werden, *für wen* und angesichts *welcher Zielvorstellungen* sich Zusammenarbeit eigentlich als gut erweist (Betz 2015: 12). Dementsprechend ist die Darstellung des Forschungsstandes nach den beteiligten erwachsenen Akteuren, Eltern und Fachkräften, gegliedert, für die sich die Forschung jeweils interessiert (vgl. Abb. 6). Wie gestalten sich also die Perspektiven von Müttern, Vätern und pädagogischen Fachkräften? Was sind ihre jeweiligen Orientierungen und was bestimmt ihr Handeln? Welche Ressourcen und Rahmenbedingungen werden hier jeweils relevant?

Für jede der untersuchten Akteursgruppen bzw. -konstellationen (Eltern – Fachkräfte – die Akteure im Verhältnis zueinander) werden im Folgenden Studien betrachtet, die sich explizit mit Zusammenarbeit beschäftigen *und* sich zugleich für Bildungsungleichheit interessieren. Zudem werden Studien genauer vorgestellt, die empirische Anhaltspunkte dafür liefern können, *wie* Zusammenarbeit vor Ort realisiert wird und was sie für die Akteure selbst bedeutet. Hierzu sind vor allem qualitative Zugänge, z. B. Beobachtungen oder Ethnografien von Mikroprozessen auf Ebene des Handelns, nötig; diese sind zumindest im deutschen Forschungskontext jedoch kaum vorhanden (Betz 2015: 26).

Ein erster Überblick über das (inter-)nationale Forschungsfeld im Elementarbereich zeigt, dass eine funktionierende Zusammenarbeit von Fachkräften und Eltern – unabhängig von ihrer jeweiligen Definition – schon vor dem Eintritt der Kinder in die Schulsysteme der jeweiligen Länder als zentral für ihren Schulerfolg und eine gute Entwicklung angesehen wird. Hier sind sich die Studien fast ausnahmslos einig und diese Annahme bildet vielfach den Ausgangspunkt der Argumentation. In diesem Zusammenhang wird oftmals auch dargelegt, dass ein guter Start in den ECEC-Einrichtungen den Erfolg im Bildungssystem sicherstellt – und hierfür die gelingende Zusammenarbeit relevant ist (z. B. Barnard 2004; Cooper et al. 2010: 860; Galindo und Sheldon 2012).

Abbildung 3 gibt einen Überblick über die Gliederung des Forschungsstandes in den folgenden Abschnitten 5.2.1: *Perspektiven und Handeln von Eltern*, 5.2.2: *Pers-*

ABBILDUNG 3: **Strukturierung des internationalen Forschungsstands zur Zusammenarbeit zwischen Eltern und Fachkräften im Elementarbereich**

1 Perspektiven und Handeln von Eltern
- Elternbeteiligung (PI)
- Wirksamkeit von Elternbildungsprogrammen
- Überzeugungen, Erwartungen, Zufriedenheit

3 Verhältnis
- Passung der Sichtweisen
- Kongruente Kommunikation

2 Perspektiven und Handeln von Fachkräften
- Überzeugungen, Erwartungen, Zufriedenheit, Erfahrungen
- Formen von Zusammenarbeit, praktische Herausforderungen in einem Gliederungspunkt aufführen

Kontext Bildungsungleichheitsverhältnisse und Erwartungen an Zusammenarbeit

Quelle: Eigene Darstellung | BertelsmannStiftung

pektiven und Handeln pädagogischer Fachkräfte und 5.2.3: *Verhältnisbestimmungen zwischen Fachkräften und Eltern.*

5.2.1 Perspektiven und Handeln von Eltern

Zunächst geht es um die Handlungsorientierungen, Überzeugungen und das Handeln von *Eltern* mit Kindern in ECEC-Einrichtungen (bzw. mit Kindern im Vorschulalter) im Hinblick auf Beteiligung und Zusammenarbeit. Zusammengefasst lassen sich drei größere Forschungsbereiche identifizieren: Im Forschungsbereich 1 werden quantitative Studien zu Elternbeteiligung (PI) vorgestellt, während der Forschungsbereich 2 exemplarisch Studien zur Wirksamkeit von Elternbildungsprogrammen umfasst. Studien zu den Sichtweisen von Eltern, ihren Überzeugungen, Erwartungen und ihrer Zufriedenheit mit ECEC-Einrichtungen werden im Forschungsbereich 3 zusammengefasst.[65]

Quantitative Forschung zu PI im Elementarbereich (Forschungsbereich 1)
Im Rahmen der hauptsächlich US-amerikanischen, quantitativen PI-Forschung im Elementarbereich wird untersucht, inwiefern PI – also die elterliche Beteiligung an der Bildung der eigenen Kinder – mit unterschiedlichen Outcomes bei Kindern korrespondiert: u. a. *Literacy and Math Skills* (Van Voorhis et al. 2013, vgl. Übersicht im Anhang 3), *Academic and Social Development* (El Nokali, Bachman und Votruba-Drzal 2010), *Cognitive Progress* (Sylva et al. 2004), *Behavioral Outcomes* (Turney und Kao 2009) oder *Socioemotional Functioning* (Benner und Yan 2015). Auch im Zusammenhang mit verschiedenen sozialen Kompetenzen von Kindern oder dem Sozialverhalten im Spiel mit Peers (McWayne et al. 2004) wird PI untersucht.

Mit anderen Worten wird in der recherchierten quantitativen PI-Forschung untersucht, wie sich unterschiedliche Varianten von Elternbeteiligung auf die kindliche Bildung und Entwicklung auswirken. Als PI gelten beispielsweise bildungsbezogene Aktivitäten zu Hause (wie gemeinsames Singen und Lesen), Bildungsaspirationen der Eltern und/oder die Kontakthäufigkeit und Partizipation der Eltern an einrichtungsbezogenen Aktivitäten (wie Elternabenden). Insgesamt wird die elterliche Beteiligung in der PI-Forschung sehr heterogen operationalisiert; die Ergebnisse sind daher nur sehr eingeschränkt vergleichbar (vgl. auch Abschn. 5.3.1 zu PI im Primarbereich). Es zeigt sich, dass die Bildungsoutcomes in den Bereichen Lesen und Mathematik in ECEC-Einrichtungen, Vorschulklassen bzw. im US-ame-

---

[65] Einen vierten zentralen Forschungsbereich zu Handlungsorientierungen, Überzeugungen und zum Handeln von Eltern stellen die klassen- und milieuspezifischen Erziehungsvorstellungen und Betreuungsstrategien von Eltern dar. Diese werden sowohl im US-amerikanischen (z. B. Chin und Phillips 2004; Lareau 2011) als auch im britischen (z. B. Vincent, Braun und Ball 2008; Vincent et al. 2012), norwegischen (z. B. Stefansen und Farstad 2010) und deutschen Kontext (z. B. de Moll und Betz 2014) beforscht. International zeigen sich klassenspezifisch ausdifferenzierte Bildungs- und Betreuungsarrangements, d. h. es geht darum, wie die Kinder betreut werden und welche (bildungsbezogenen) Aktivitäten präferiert werden. Lareau (2011) kann auch klassenspezifisch unterschiedliche Umgangsweisen von Eltern mit Bildungsinstitutionen aufzeigen. Elternbeteiligung, Zusammenarbeit und Partnerschaft spielen in diesem Forschungsbereich allerdings keine herausragende Rolle.

rikanischen *Kindergarten* z. T. positiv mit verschiedenen Faktoren der elterlichen Beteiligung korrelieren (z. B. bei Galindo und Sheldon 2012; Van Voorhis et al. 2013).

In einigen Studien wird nach der Beteiligung *aller* Eltern gefragt und es wird nicht weiter differenziert. So zeigen Galindo und Sheldon (2012, vgl. Übersicht im Anhang 3) für den US-amerikanischen Kontext in Auswertungen eines repräsentativen, längsschnittlichen Samples (Early Childhood Longitudinal Study-Kindergarten *ECLS-K*; N=16.425 Kinder von 864 Schulen), dass die Elternbeteiligung bzw. Zusammenarbeit mit Eltern[66] mit Zugewinnen der Kinder in mathematischen und sprachlichen Fähigkeiten am Ende der Kindergartenzeit korrespondiert.[67]

Einen Kontrast zu den genannten Studien bilden die Befunde von El Nokali, Bachmann und Votruba-Drzal (2010, vgl. Übersicht im Anhang 3). Sie beziehen sich auf längsschnittliche Daten der US-amerikanischen NICHD-Studie[68] (N=1.364) über den Zeitraum von der Geburt eines Kindes bis zur 5. Klassenstufe. Anhand dieser Daten stellen die Forschenden einen positiven Zusammenhang von PI für die soziale Entwicklung von Kindern fest. Für den Schulerfolg *(Academic Achievement)* zeigen sich im Längsschnitt dagegen keine signifikanten Zusammenhänge. Wie bei El Nokali, Bachman und Votruba-Drzal (2010), Galindo und Sheldon (2012) und den anderen genannten Studien, werden hier die *Effekte* von Elternbeteiligung und z. T. auch Zusammenarbeit ganz grundsätzlich beforscht und überwiegend positive Zusammenhänge mit erwünschten Merkmalen – insbesondere diejenigen der kindlichen Entwicklung – festgestellt. Diese Befunde werden von den genannten Studien allerdings nicht notwendigerweise in den Kontext sozialer Ungleichheitsstrukturen gestellt.

Im Gegensatz dazu weisen Studien einen expliziten Ungleichheitsbezug auf, die feststellen, dass ethnische Minderheiten, Eltern (bzw. Mütter) mit geringem schulischem Bildungsniveau oder niedrigem sozioökonomischem Status[69] grundsätzlich weniger beteiligt sind als Eltern mit höherem Bildungsniveau und sozioökonomischem Status. Damit ist zumeist gemeint, dass sie sich zu Hause weniger am kindlichen Lernen beteiligen und/oder in den Kindertageseinrichtungen weniger mit Fachkräften in Kontakt treten oder sich an Aktivitäten dort beteiligen. Die ungleichheitsbezogene Perspektive auf Eltern und Zusammenarbeit wird hier im

---

66 Hier u. a. gemessen an der Häufigkeit der Teilhabe an Aktivitäten in der Einrichtung und an schulrelevanten Aktivitäten zu Hause.
67 Ebenfalls positive Korrelationsbefunde für China zeigen Lau, Li und Rao (2011). Einen positiven Zusammenhang zwischen dem Sozialverhalten von Kindern und der Qualität der Fachkraft-Eltern-Beziehung können Pirchio, Tritrini, Passiatore und Taeschner (2013) für Italien zeigen. Die positiven Korrelationsbefunde von Elternbeteiligung *in den Einrichtungen* und Entwicklungsoutputs der Kinder von Galindo und Sheldon (2012) decken sich allerdings nicht mit den Ergebnissen der Metaanalysen von Desforges und Abouchaar (2003), Fan und Chen (2001) und Jeynes (2005). Hier zeigen sich die stärksten Zusammenhänge, wenn PI als *Bildungsaspirationen* der Eltern definiert wird. Die Inkonsistenzen der Befunde können an dieser Stelle nicht vertiefend diskutiert werden. Sie stehen allerdings beispielhaft für die in Abschnitt 5.3 dargelegten Unklarheiten hinsichtlich der Operationalisierung und Wirksamkeit von PI.
68 Die Studie wird verfasst am National Institute of Child Health and Human Development und auch Study of Early Child Care and Youth Development (SECCYD) genannt. Bekannt geworden ist sie allerdings als NICHD-Studie.
69 Im internationalen Sprachgebrauch ist die Bezeichnung SES *(Socioeconomic Status)* geläufig.

Schwerpunkt auf *Beteiligungsintensitäten* gerichtet, die für unterschiedliche Elterngruppen gemessen und verglichen werden.[70] Dies geschieht vor dem Hintergrund der Annahme und der Befunde, dass eine hohe Beteiligungsintensität (z. B. in der Einrichtung) sinnvoll ist und die aktuellen und zukünftigen Bildungschancen von Kindern im Schulsystem beeinflusst. Für Großbritannien konstatieren Sylva et al. (2004, vgl. Übersicht im Anhang 3) auf Basis der Befunde der EPPE (Effective Provision of Preschool Education)-Studie zum Vorschulbereich, dass die Beteiligung von Eltern an Bildungsaktivitäten mit dem Kind zu Hause *(Parental Involvement in Activities)* die kognitive Entwicklung von Kindern positiv beeinflusst (ebd.: 25 f.); diese Aktivitäten von Eltern zu Hause werden zumeist unter dem Stichwort Home Learning Environment (HLE) zusammengefasst. Es handelt sich beispielsweise um Vorleseaktivitäten oder Spielaktivitäten mit Zahlen und Buchstaben. Ebenso stellen sie heraus, dass es bei der elterlichen Beteiligung in ECEC-Einrichtungen (z. B. verabredete Treffen mit Fachkräften) Differenzen je nach sozioökonomischem Hintergrund gibt (ebd.: 11).

Einige Forschende gehen auch der Frage nach, welche *Faktoren* die spezifischen Elterngruppen bei der Bildungsbeteiligung behindern und welche wiederum förderlich sind. So betrachten Nzinga-Johnson, Baker und Aupperlee (2009) vor allem den Faktor Qualität der Beziehung zwischen Fachkraft (N=431) und Elternteil (N=483) in US-amerikanischen Kindergärten. Die Forscher/innen untersuchen die Zusammenhänge zwischen dieser Beziehungsqualität und PI. Sie interessiert zudem, wie diese Zusammenhänge wiederum durch die Faktoren Ethnizität und sozioökonomischer Status beeinflusst werden. Trotz des Befundes, dass die Qualität der Beziehung den bedeutsamsten Prädiktor für PI darstellt, erweisen sich auch ethnische und sozioökonomische Faktoren als relevant (ebd.: 88) – so konstatieren die Fachkräfte geringeren Kontakt mit *Latino*-Eltern und noch weniger mit afroamerikanischen Elterngruppen im Gegensatz zu ›weißen‹ Elterngruppen.[71]

Einige der Studien werden *ausschließlich* mit benachteiligten Bevölkerungsgruppen durchgeführt. Dass eine höhere Beteiligung von Eltern Ungleichheit entgegenwirken soll, wird in diesen Studien als Ausgangspunkt für die eigene Forschung gesetzt; untersucht werden meist die Beteiligungs*intensitäten* der Gruppen. So stellen Fantuzzo, McWayne und Perry (2004) fest, dass bei US-amerikanischen Vorschulkindern aus Familien mit niedrigem Einkommen *(Head Start Children)* die elterliche Beteiligung an bildungsrelevanten Aktivitäten zu Hause deren Lernmotivation und Aufmerksamkeitsspanne erhöht, Verhaltensauffälligkeiten verrin-

---

70 Gemessen wird die Beteiligungsintensität bei Galindo und Sheldon (2012) beispielsweise als *Family Involvement at School* und *Family Involvement at Home*. Eltern werden per Fragebogen einerseits gefragt, ob sie an verschiedenen Aktivitäten in den ECEC-Einrichtungen teilnehmen (wie Elterngespräche, freiwillige Mitarbeit in Komitees, bei Festen etc.). Andererseits wird nach bildungsbezogenen Aktivitäten zu Hause gefragt, z. B. ob Eltern ihren Kindern zu Hause vorlesen, mit ihnen über Natur oder Wissenschaft sprechen, Lieder singen (Galindo und Sheldon 2012: 93). El Nokali, Bachman und Votruba-Drzal (2010) haben Eltern sowie Fach- bzw. Lehrkräfte per Fragebogen u. a. danach gefragt, wie oft sie die Einrichtung bzw. Schule besuchen oder wie wichtig Bildung in der Familie ist (Galindo und Sheldon 2012: 6).

71 Die Benennung von Elterngruppen als *White Parents* – zur Bezeichnung von Eltern, die nicht *Latino*, *African American*, *Asian* oder *Multiracial* sind (Nzinga-Johnson, Baker und Aupperlee 2009) – ist in US-amerikanischen Forschungskontexten üblich.

gert und den passiven Wortschatz erweitert. Durand (2011, vgl. Übersicht im Anhang 3) untersucht auf der Grundlage des Datensatzes des ECLS-K (s. o.) die Elternbeteiligung von *Latino*-Eltern im US-amerikanischen *Kindergarten*. In ihrer Studie wird ebenfalls vorausgesetzt (nicht selbst erforscht), dass PI positive Wirkungen erzielt. Näher beleuchtet werden Form und Grad der Beteiligung der genannten Elterngruppe; dabei haben, so das Ergebnis, Faktoren wie sozioökonomischer Status und der Bildungsstand der *Latino*-Mütter einen starken Einfluss auf den Grad der jeweiligen Beteiligung.[72]

Im deutschen Kontext untersuchen Jäkel, Wolke und Leyendecker (2012) bei einem Sample von 75 türkischstämmigen Müttern, wie stark die elterliche Bildungsbeteiligung in Form einer familiären Leseumwelt soziokulturelle Entwicklungsrisiken von Kindern kompensieren kann. Sie stellen fest, dass die Qualität des Home Learning Environment (HLE) – unter anderem definiert als Gestaltung der familialen Leseumwelt z. B. durch Auswahl der Leseinhalte – stark vom sozioökonomischen Status bzw. dem Bildungshintergrund der Mütter beeinflusst ist.

Evaluation von Eltern- bzw. Familienbildungsprogrammen (Forschungsbereich 2)
Die länderübergreifende Studie »Frühkindliche Betreuung, Bildung und Erziehung in Europa: ein Mittel zur Verringerung sozialer und kultureller Ungleichheiten« (Exekutivagentur für Bildung, Audiovisuelles und Kultur 2009)[73] unterscheidet drei Familienbildungsmodelle entsprechend den Unterstützungsleistungen für Familien. Es sind (1) familienbasierte Programme in ECEC-Einrichtungen, die auch Eltern verstärkt einbeziehen (z. B. USA: Abecedarian Early Intervention Project), (2) kindbezogene Bildungsangebote in ECEC-Einrichtungen und (3) breit konzipierte vorschulische Programme (z. B. USA: Head Start; für Deutschland: HIPPY) (Pietsch, Ziesemer und Fröhlich-Gildhoff 2010: 11 f.). Während, so Pietsch, Ziesemer und Fröhlich-Gildhoff (2010), die kombinierten Maßnahmen nach Modell 1 als am wirkungsvollsten evaluiert werden, sind in Modell 2 diejenigen Angebote am wirkungsvollsten, die sich gleichzeitig durch eine hohe Qualität auszeichnen (ebd.: 12). Untersuchungen zu Maßnahmen gemäß Modell 3 belegen, dass breit konzipierte Programme eine geringere Wirkung entfalten (ebd.).

Ein Beispiel für eine länderspezifische Evaluationsstudie ist die britische Interventionsstudie von Goff, Evangelou und Sylva (2012). Die Forscher/innen zeigen die Auswirkungen eines Frühinterventionsprogramms (Early Learning Partnership Project – ELPP) für Eltern mit Kindern von ein bis drei Jahren, die dem Risiko der Lernverzögerung ausgesetzt sind. Das Programm zielt durch Kursangebote darauf, die elterliche Beteiligung am Lernen der Kinder zu erhöhen, um erwartete

---

72 Eine weitere Studie zu *Latino*-Eltern im Elementarbereich: McWayne und Melzi 2014. Der Bildungsstand der Mütter erweist sich auch bei Nzinga-Johnson, Baker und Aupperlee (2009) und bei Sylva, Melhuish, Sammons, Siraj-Blatchford und Taggart (2004) sowie Jäkel, Wolke und Leyendecker (2012) als relevanter Faktor.
73 Die Studie erfasst 30 Mitgliedsländer des Eurydice-Netzes (Exekutivagentur für Bildung, Audiovisuelles und Kultur 2009: 7), das Informationen und Analysen zu europäischen Bildungssystemen und politiken sammelt, erstellt und veröffentlicht (online unter: http://eacea.ec.europa.eu/education/Eurydice/index_de.php – abgerufen am 30.01.2017).

Benachteiligungseffekte zu kompensieren. Die Befunde deuten darauf hin, dass »levels of parental involvement« (ebd.: 174) sowie die Qualität der häuslichen Lernumwelt in einem Zeitraum von drei Monaten durch Frühinterventionsprogramme verbessert werden können. Weitere Evaluationsstudien von einzelnen Eltern- und Familienbildungsprogrammen mit meist positiven Befunden liegen auch für andere Länder vor.[74]

In Deutschland wurde jüngst das Bundesprogramm *Elternchance ist Kinderchance* evaluiert. Es hat zum Ziel, »die Familienbildung in ihrer präventiven Funktion bei der Förderung positiv verlaufender Bildungs- und Entwicklungsprozesse von Kindern sowie beim Abbau ungleicher Bildungschancen zu stärken« (Beck, Schwaß und Stemmler 2016: 7; Müller et al. 2015). Ein Befund ist, dass Eltern, die im Programm durch als Elternbegleiter/innen geschulte Fachkräfte betreut wurden, über bessere Kenntnisse darüber verfügen, an wen sie sich bei Fragen zum Thema Bildung wenden können, als nicht begleitete Eltern (Müller et al. 2015: 207). Allerdings sind im Vergleich mit einer Kontrollgruppe keine Auswirkungen der Elternbegleitung auf die Zufriedenheit mit der Zusammenarbeit mit Fachkräften zu verzeichnen (Beck, Schwaß und Stemmler 2016: 103). Auch in Bezug auf die Kenntnisse der Eltern zum deutschen Bildungssystem konnten keine positiven Auswirkungen festgestellt werden (ebd.: 105), obwohl solche Effekte angenommen worden waren. Zusammenfassend lassen sich demnach zwar einige positive Effekte der Elternbegleitung feststellen; jedoch zeigt sich für viele Variablen *kein* Vorteil einer Zusammenarbeit von Eltern mit als Elternbegleiter/innen geschulten Fachkräften gegenüber einer Zusammenarbeit von Eltern mit Fachkräften ohne Zusatzqualifikation (ebd.).[75]

Alles in allem kann festgehalten werden, dass die jeweiligen Maßnahmen (Kursangebote für Eltern, spezielle Betreuung und Bildung der Kinder etc.) der unterschiedlichen Konzepte der Elternbildung und -begleitung höchst vielfältig und damit nur schwerlich vergleichbar sind. Nichtsdestotrotz kommt eine Mehrzahl der einzelnen Programmevaluationen zu positiven Ergebnissen. Langfristige Effekte, die nur in Langzeitstudien geprüft werden können, liegen seltener vor; bei Elternprogrammen zur Prävention von kindlichen Verhaltensproblemen (Lösel und Bender 2017, i. E.) oder Elternprogrammen für Migrantinnen und Migranten (Friedrich und Smolka 2012; s. u.) sind derartige Effekte eher gering. Ähnliches gilt für Elterntrainings von Schulkindern (vgl. Abschn. 5.3.1).

Eine gesondert beforschte Elterngruppe sind gerade in Deutschland Eltern mit Migrationshintergrund, für die es spezifische Elternangebote – auch in ECEC-Einrichtungen – gibt. Diese sind vor dem Hintergrund ungleicher Bildungschancen in Deutschland meist kompensatorisch ausgerichtet. In einer Sichtung von familienbildenden Angeboten für Migrantinnen und Migranten zur Unterstützung frühkindli-

---

74 Für Spanien z. B. Martínez-González und Rodríguez-Ruiz 2007; für die USA z. B. Puma et al. 2010; für die Schweiz z. B. Lanfranchi und Neuhauser 2013; für Deutschland z. B. Bierschock, Dürnberger und Rupp 2009; Fröhlich-Gildhoff, Engel und Rönnau 2005.

75 Dennoch bewerten die Autor/innen auch solche Ergebnisse als positiv, bei denen sich keine Unterschiede zwischen den Gruppen gezeigt haben. Sie interpretieren dies so, dass es den Elternbegleiterinnen und -begleitern gelungen ist, die tendenziell stärkeren Belastungen (z. B. niedrigeres Einkommen und Bildungsstand) der Interventionsgruppe auszugleichen (Beck, Schwaß und Stemmler 2016: 106).

cher Förderung in Deutschland bemerken sowohl Friedrich und Siegert (2013) als auch Friedrich und Smolka (2012) kritisch, dass zwar kurzfristige Effekte auf die kindliche Entwicklung aufzufinden sind, langfristige Effekte jedoch selten nachweisbar sind und zudem kaum untersucht werden (ebd.: 191).[76] Bei ihrer Studie zum Bundesprogramm »Elternchance ist Kinderchance« stellen Beck, Schwaß und Stemmler (2016) bei Eltern mit Migrationshintergrund eine geringere Zufriedenheit mit der Elternbegleitung fest als bei Eltern ohne Migrationshintergrund (ebd.: 103).

Die Sichtweisen von Eltern: Überzeugungen, Erwartungen und Zufriedenheit (Forschungsbereich 3)

Einige Studien beschäftigen sich mit den elterlichen Überzeugungen zu früher Bildung und Betreuung oder auch mit den elterlichen Erwartungen und ihrer Zufriedenheit mit ECEC-Einrichtungen (zur Qualität von Kindertageseinrichtungen in Deutschland z. B. Camehl et al. 2015; zu den Werten und Wünschen von Eltern z. B. für Griechenland Rentzou 2013). In weiteren Studien in diesem Bereich werden die Bildungsaspirationen unterschiedlicher Elterngruppen fokussiert (nach sozioökonomischem Status und Migrationshintergrund z. B. für Deutschland Grgic und Alt 2014; Hartung, Kluwe und Sahrai 2009).

Grundsätzlich zeigt sich in vielen Elternbefragungen national und international eine hohe Elternzufriedenheit mit ECEC-Einrichtungen insgesamt (z. B. Camehl et al. 2015: 1112).[77] Indessen wird – neben den Kosten für einen Kita-Platz – die geringste Zufriedenheit der befragten Eltern hinsichtlich der Faktoren Zusammenarbeit und Mitwirkungsmöglichkeiten von Eltern offenkundig. Eine italienische Elternbefragung (N=2.936) zeichnet ein ähnliches Bild für die grundsätzlich hohe Zufriedenheit von Eltern (Scopelliti und Musatti 2013), lässt gleichzeitig aber auch heterogene Erwartungen der Eltern an die Betreuungsqualität deutlich werden. Eltern haben neben dem Wunsch nach einer guten Bildung und Betreuung für ihr Kind auch den Wunsch nach eigenem sozialem Kontakt mit Fachkräften oder anderen Eltern (ebd.: 1037).

Für Deutschland untersuchen Hachfeld et al. (2016), inwiefern die Zusammenarbeit mit diversen Familien (z. B. Familien nichtdeutscher Muttersprache) in Kindertageseinrichtungen mit bestimmten Einrichtungsspezifika (z. B. Fachkraft-Kind-Schlüssel) zusammenhängt. Die Elternbeteiligung bzw. Zusammenarbeit in der Einrichtung[78] wird durch Selbstberichte von Eltern (N=547) und Fachkräften (N=97)

---

76   Dies gilt einerseits für Programme mit Kommstruktur, also solche, die in ECEC-Einrichtungen angeboten werden (z. B. Mama lernt Deutsch im Kindergarten). Andererseits beziehen sich die Autorinnen auch auf solche Programme mit Gehstruktur, die vornehmlich bei Familien zu Hause stattfinden (z. B. Stadtteilmütter) (Friedrich und Smolka 2012: 186 f.).

77   Die hohe Zufriedenheit der Eltern mit den ECEC-Einrichtungen und der Zusammenarbeit dort zeigt sich auch in kleineren qualitativen Fallstudien (z. B. in Großbritannien Robson 2006). Aus Elternsicht ist eine freundschaftliche, familiäre und gemeinschaftliche Atmosphäre in der Einrichtung besonders bedeutsam (Robson 2006: 459).

78   Die Forscherinnen und Forscher schließen an den internationalen Forschungsstand zu PI an, entscheiden sich aber selbst für die Messung des Konzepts *Family-Preschool-Partnership* (FPP). Sie konzentrieren sich damit auf die Beteiligung von Eltern in der Kindertageseinrichtung, z. B. an Elternabenden oder Festivitäten. Zudem verstehen sie das Konzept nicht als unidirektional von Eltern ausgehend. FPP findet, so die Autorinnen und Autoren, stattdessen an der Schnittstelle der beiden dynamischen Systeme Kindertageseinrichtung und Familie statt.

erfasst. Die Befunde zeigen, dass sowohl Eltern als auch Fachkräfte die Zusammenarbeit, etwa die Teilnahme an einrichtungsspezifischen Aktivitäten, als höchst bedeutsam einstufen; das gilt für Eltern mit nichtdeutscher Muttersprache oder mit niedrigem sozioökonomischem Status sogar in noch höherem Maße als für muttersprachliche Eltern und Eltern mit hohem sozioökonomischem Status. Einrichtungsspezifika wie der Fachkraft-Kind-Schlüssel hatten keinen Einfluss darauf, ob die Elternbeteiligung bzw. Zusammenarbeit von den Befragten als höher oder niedriger eingeschätzt wurde (ebd.: 204).

Die genannten Studien der drei Forschungsbereiche *Quantitative Forschung zu PI im Elementarbereich* (1), *Evaluation von Eltern- bzw. Familienbildungsprogrammen* (2) und *Sichtweisen von Eltern* (3) belegen, dass sich Erwartungen und Wünsche von Eltern sozial ausdifferenzieren und dies auch für die Elternbeteiligung und Zusammenarbeit zutrifft. Allerdings steht in den dargelegten quantitativen Studien, die sich vornehmlich für Wirkungen und Zusammenhänge interessieren, nicht im Vordergrund, *wieso* Eltern mit geringerem Einkommen scheinbar weniger an (vor-)schulischen Belangen ihrer Kinder partizipieren, obwohl sie diese als sehr bedeutsam einschätzen. Um dieser Frage nachzugehen, interviewten Petrie und Holloway (2006, vgl. Übersicht im Anhang 3) *Middle-Class-Mothers* und *Working-Class-Mothers* zu ihrer Sicht auf die eigene elterliche Bildungsbeteiligung im letzten Vorschuljahr US-amerikanischer Preschools (N=16). Empirisch zeigt sich in der Studie, dass gerade die Mütter aus der *Working-Class* häufig nach informellen Kontaktwegen und Austauschmöglichkeiten mit der Bildungsinstitution suchen, beispielsweise bei Veranstaltungen oder indem sie spontan den Klassenraum der Kinder aufsuchen. Auch wird deutlich, dass nahezu alle befragten Mütter ihre Kinder zu Hause lernbezogen fördern. Allerdings sind Mütter der *Working-Class* vergleichsweise weniger bereit, ihre Kinder mit dem Erwerb schulbezogener Fähigkeiten *(Academic Skills)* zu Hause unter Druck zu setzen. Die Autorinnen bemerken abschließend, dass viele quantitative Studien ein eher negatives Bild vom elterlichen Engagement von *Working-Class-Parents* zeichnen. Alternative Strategien der Beteiligung der *Working-Class Mothers* würden in der PI-Literatur häufig außer Acht gelassen (ebd.).

5.2.2 Perspektiven und Handeln pädagogischer Fachkräfte

Die (inter-)nationale Forschung zu den Handlungsorientierungen, Überzeugungen und dem Handeln von Fachkräften bezüglich Zusammenarbeit in ECEC-Einrichtungen lässt sich grob in zwei Forschungsbereiche einteilen: die Sichtweisen, Überzeugungen und Erwartungen von Fachkräften zu Elternbeteiligung und Zusammenarbeit (1) und die Formen, Herausforderungen und Probleme von Zusammenarbeit in der Praxis aus Fachkraftperspektive (2).

Die Sichtweisen von Fachkräften: Überzeugungen, Erwartungen und Zufriedenheit (Forschungsbereich 1)
In diesem Bereich wird erforscht, was frühpädagogische Fachkräfte unter Elternbeteiligung bzw. Zusammenarbeit verstehen und welche Einstellungen sie dazu haben. Dabei wird auf diese Weise zum Teil auch evaluiert, ob die jeweiligen Überzeugungen und Vorstellungen der Fachkräfte fachwissenschaftlichen Modellen und

Erkenntnissen entsprechen oder, aus Sicht der Forscher/innen, dem Ideal einer *Bildungs- und Erziehungspartnerschaft* genügen (für Deutschland Göbel-Reinhardt und Lundbeck 2015), wie es in der Fachliteratur proklamiert wird (kritisch dazu: Betz 2015). Die Forschung zielt häufig auf eine Professionalisierung der pädagogischen Fachkräfte und damit auf die Verbesserung der Praxis, eher selten weist sie einen expliziten Ungleichheitsbezug auf.

Vuorinen et al. (2014, vgl. Übersicht im Anhang 3) untersuchen die Sichtweisen von 30 frühpädagogischen Fachkräften auf Kompetenzen für die Zusammenarbeit von Familie und schwedischer *Preschool*, die vom nationalen Vorschulcurriculum (»The National Agency of Education«) vorgeschrieben werden. Die qualitativen Interviews zeigen, dass die Fachkräfte v. a. soziale Kompetenzen (wie z. B. Kommunikationskompetenz) mit der elterlichen Zusammenarbeit assoziieren. Sie bemühen sich zudem, die curricularen Vorgaben bezüglich des Lernens und der Bildung der Kinder in den Einrichtungen für Eltern sichtbar zu machen (vergleichbar dazu für Deutschland Kesselhut 2015). Gleichzeitig nehmen die Fachkräfte vonseiten der Eltern allerdings Ansprüche wahr, die stärker auf personale Kompetenzen wie soziale und kommunikative Fähigkeiten und Erfahrung der Fachkräfte gerichtet sind. Die von den Fachkräften als bedeutsam erachteten Kompetenzen und die Kompetenzen, die aus ihrer Sicht von Eltern nachgefragt werden, stimmen demnach nicht immer überein.

Für Flandern (Belgien) zeigen van Houte et al. (2015, vgl. Übersicht im Anhang 3) im Rahmen einer Interviewstudie (N=58) eines nationalen Familieninterventionsprogramms auf, dass die in entsprechenden Einrichtungen tätigen Fachkräfte[79] eine große Bereitschaft zur Bildung vertrauensvoller Partnerschaften mit Eltern verbalisieren. Maßnahmen sollen aus ihrer Sicht ›gemeinsam‹ mit den Eltern und in gegenseitigem Einverständnis durchgeführt werden. Die von den Fachkräften berichteten Interaktionen sind allerdings fast ausschließlich von ihnen selbst initiiert und strukturiert; Eltern sind eher passive Rezipienten als Partner in einem reziproken Beziehungsverhältnis, in welchem Entscheidungen gemeinsam getroffen werden können. Wichtige Entscheidungen werden letztlich von den pädagogischen Fachkräften getroffen (ebd.: 122). Die Autorinnen und Autoren resümieren, dass es eine Spannung gibt zwischen einerseits der Zustimmung zu partnerschaftlicher Zusammenarbeit mit Eltern und andererseits der Art und Weise, wie Fachkräfte die Zusammenarbeit umsetzen. Bei den Fachkräften zeigt sich ein instrumentelles Verständnis von ›Partnerschaft‹: Hier geht es weniger darum, Eltern tatsächlich gleichberechtigt einzubeziehen, sondern vielmehr darum, die von Fachkraftseite gewünschten Outcomes professioneller Interventionen zu realisieren (ebd.).

Eine türkische Studie zur Sicht von frühpädagogischen Fachkräften in ECEC-Einrichtungen (N=113) und deren Einstellungen zu PI zeigt ebenfalls, dass Fachkräfte eine tendenziell positive Haltung gegenüber PI und seiner Bedeutung für ihre Ar-

---

[79] Die Fachkräfte sind in *Centers for Childcare and Family Support* (CKG) tätig, die von Familien freiwillig aufgesucht werden können. Die Interventionen der CKG können aber auch gerichtlich angeordnet sein. Die CKG arbeiten mit Familien mit Kindern zwischen null und zwölf Jahren (van Houte et al. 2015: 117).

beit haben (Hakyemez 2015: 107).[80] Gleichzeitig begründen die Fachkräfte ein geringes Maß an PI am häufigsten mit dem fehlenden Willen der Eltern; ein geringes Bildungsniveau oder ein geringes Einkommen werden dabei als ungünstige Faktoren für einen funktionierenden Kontakt wahrgenommen (ebd.: 109). Ebenso sind es im türkischen Kontext v. a. die Entscheidungsprozesse (s. o.), in die Eltern vergleichsweise selten einbezogen werden. Die Fachkräfte vermuten, dass eine gemeinsame Entscheidungsfindung im Kontext diverser familialer Hintergründe der Eltern schwer umsetzbar ist (ebd.: 110). Auch Viernickel et al. (2013) stellen v. a. für westdeutsche Einrichtungen fest, dass Eltern zwar bei der Gestaltung von Festen einbezogen werden, allerdings deutlich seltener in pädagogische und konzeptionelle Weiterentwicklungen der Kindertageseinrichtungen (ebd.: 133).

Die Befunde bezüglich der negativen Wahrnehmung sozioökonomisch benachteiligter Eltern durch die Fachkräfte decken sich auch mit den Befunden zu den Wahrnehmungen von Fach- und Lehrkräften (N=34) in den USA: Bei gleichen Kontaktraten bewerten diese die Zusammenarbeit mit Eltern mit niedrigerem sozioökonomischem Status tendenziell als weniger angenehm (Stormont et al. 2013: 205).

Für Deutschland hat jüngst Vomhof (2016) die Haltungen frühpädagogischer Fachkräfte in Bezug auf die Zusammenarbeit mit Eltern in einer qualitativen Studie untersucht. Die Autorin arbeitet heraus, dass die befragten Fachkräfte der zum Teil curricular vorgeschriebenen Forderung[81] nach einer *Partnerschaft* in der Zusammenarbeit zumindest oberflächlich zustimmen (ebd.: 293). Die Rekonstruktion der *Handlungsorientierungen* in der Zusammenarbeit mit Eltern offenbart jedoch, dass diese in weiten Teilen durch einen defizitorientierten Blick auf Eltern geprägt sind. Durch die Abwertung der Eltern bei gleichzeitiger Betonung der eigenen Expertise konstruieren die Fachkräfte eine hierarchische Ordnung, in der sie selbst die führende Position einnehmen (ebd.: 295; vgl. ebenso Kesselhut 2015).

Viernickel et al. (2013) rekonstruieren in 15 Gruppendiskussionen mit Fachkräften, wie diese im Alltag mit den Aufgaben und Herausforderungen der Zusammenarbeit mit Familien »sehr vielfältiger und unterschiedlicher kultureller und sozialer Herkunft umgehen und welche Einstellungen und Orientierungen damit verbunden sind« (ebd.: 126). Fachkräfte nehmen eine Diskrepanz zwischen dem wahr, was Eltern aus ihrer Sicht eigentlich bräuchten, und dem, was die Fachkräfte selbst im Alltag leisten können; zudem werden u. a. gestiegene Ansprüche vonseiten der Eltern im Hinblick darauf wahrgenommen, was eine Kindertageseinrichtung leisten soll. Während eine partnerschaftliche Zusammenarbeit mit Eltern grundsätzlich nicht hinterfragt wird, zeigen sich Unterschiede darin, was in verschiedenen Einrichtungskontexten von Eltern erwartet wird. Die Autorinnen rekonstruieren drei Umgangsweisen mit dem Aufgabenbereich *Zusammenarbeit mit Familien*: (1) Einige der befragten Fachkräfteteams orientieren sich an individuell

---

80   Positive Einstellungen zu unterschiedlichen Facetten von PI (nach Epstein) zeigen auch Studien zu angehenden Fachkräften, z. B. für die USA Uludag (2006); für US-amerikanische Kindergärten George (2012).

81   Auch in Deutschland wird die Zusammenarbeit mit Familien in allen Bundesländern als Aufgabenfeld von pädagogischen Fachkräften in Kindertageseinrichtungen beschrieben (Viernickel und Schwarz 2009: 38; vgl. dazu auch Abschn. 5.2).

auf die Bedarfe der Familien abgestimmten Angeboten, zeigen ein großes Interesse für die Lebenslagen von Familien und orientieren sich in reflexiver Weise an Bildungsprogrammen.[82] (2) Andere Teams stellen sich stärker auf die Umsetzung von Bildungsprogrammen ein, bei denen sie von den Eltern Unterstützung erwarten. (3) In weiteren Fachkräfteteams werden Bildungsprogramme hingegen grundsätzlich abgelehnt, die Eltern werden von ihnen als anspruchsvoll und fordernd erlebt und die Zusammenarbeit wird dementsprechend als Belastung empfunden. Die Autorinnen schlussfolgern auf Basis ihrer Befunde, dass die Grundbedingung für eine partnerschaftliche Zusammenarbeit zwischen Fachkräften und Eltern vor allem dort gegeben ist, wo Kindertageseinrichtung und Elternhaus nicht als getrennte Sphären wahrgenommen werden (ebd.: 145).

Für diesen vergleichsweise breiten Forschungsbereich fällt auf, dass die Sichtweisen und Überzeugungen der Fachkräfte eher selten im Kontext gesellschaftlicher Ungleichheitsverhältnisse untersucht werden. Die deutsche Studie von Brandes, Friedel und Röseler (2011) in Kindertageseinrichtungen bildet da eine Ausnahme – in ihr wird explizit nach Bildungsbenachteiligung und Kompensationsmöglichkeiten gefragt und dabei auch die Zusammenarbeit mit Eltern als ein Teilbereich betrachtet. Befragt wurden 1.600 frühpädagogische Fachkräfte im Bundesland Sachsen. In Bezug auf die Elternarbeit geben die Fachkräfte zu ca. einem Drittel an, dass sie Eltern aus sozial weniger privilegierten oder sogenannten bildungsfernen Milieus für schwerer erreichbar halten (ebd.: 84). Sie beschreiben zudem, dass diese Eltern kaum an Elternabenden teilnehmen, sich seltener an anderen Aktionen beteiligen oder Hilfe anfordern. Nur wenige Fachkräfte (unter 20 %) sehen ihre Anregungen, die sie diesen Eltern geben, öfter oder sehr oft umgesetzt (ebd.: 85). Ähnlich wie im internationalen Kontext (s. o.) nehmen Fachkräfte viele Eltern der genannten Elterngruppe als mäßig an Zusammenarbeit interessiert wahr (ebd.).

Betz und Bischoff (2017) untersuchen die Perspektiven frühpädagogischer Fachkräfte hinsichtlich ihrer Differenzkonstruktionen[83] und stellen fest, dass v. a. spezifische Elterngruppen problematisiert werden: Konstruktionen von Nationalität, Kultur und Armut der Eltern sind für Fachkräfte austauschbare und mit praktischen Problemen verbundene Differenzkategorien. Ähnliches stellen Menz und Thon (2013) in Gruppendiskussionen mit frühpädagogischen Fachkräften fest: Die Fachkräfte positionieren sich als pädagogische Professionelle mit Deutungshoheit über legitime frühkindliche Bildung, über die Anleitung von Bildungsprozessen bei Kindern *und* Eltern sowie über die Identifizierung von Bildungsdefiziten. Eltern werden dabei grundsätzlich als Lernende adressiert, wobei sich die Adressierung danach unterscheidet, ob Eltern als ›bildungsambitioniert‹, ›mit Migrationshintergrund‹ oder ›bildungsbenachteiligt‹ identifiziert werden. Während ›bildungsambitionierte Eltern‹ aufgefordert sind, ihr Verständnis von Bildung zu erweitern und Vertrauen in die Arbeit der Kindertageseinrichtung zu fassen, sollen ›bildungsbenachteiligte El-

---

82 Mit Bildungsprogrammen sind in dieser Studie die Bildungs- und Erziehungspläne der Bundesländer gemeint.
83 Mit dem Konzept *Differenzkonstruktion* wird untersucht, welche Unterscheidungsmerkmale Fachkräfte anwenden, wenn sie zum Beispiel über Eltern sprechen.

tern‹ oder solche› mit Migrationshintergrund‹ befähigt werden, selbstverantwortlich den institutionellen Erfordernissen zu entsprechen (ebd.: 150 f.).

Formen, Herausforderungen und Probleme von Zusammenarbeit in der Praxis (Forschungsbereich 2)

Der zweite Forschungsbereich umfasst Studien, in denen es vornehmlich um Fachkräfte als relevante Akteure in Kindertageseinrichtungen geht. Dabei werden insbesondere die Formen, Schwierigkeiten und Herausforderungen in der Zusammenarbeit mit Eltern aus Fachkraftperspektive und in der täglichen Praxis untersucht: Welche Kontaktformen gibt es? Welche Probleme werden gesehen und wie wird mit diesen umgegangen?

In der deutschen Studie von Viernickel et al. (2013) wird erforscht, welche Formen von Zusammenarbeit mit Familien für den Alltag in Kindertageseinrichtungen typisch sind und regelmäßig stattfinden. Besonders häufig sind Aushänge sowie Tür-und-Angel-Gespräche, aber ebenso individuelle Eltern- oder Entwicklungsgespräche (ebd.: 127). In anderen Studien werden verschiedene *Förder- und Unterstützungsmethoden*[84] empirisch bestimmt, die Fachkräfte anwenden (z. B. für Schweden Vuorinen 2010). Ein expliziter Bezug zu gesellschaftlichen Ungleichheitsverhältnissen ist in diesen Studien allerdings selten.

Die britische Studie von Cottle und Alexander (2014, vgl. Übersicht im Anhang 3) analysiert die Perspektiven frühpädagogischer Fachkräfte (N=165) im Hinblick auf erfolgreich wahrgenommene Zusammenarbeit mit Eltern und Partnerschaft in verschiedenen ECEC-Einrichtungen. Zusammenfassend wird festgehalten – und dies deckt sich mit den bislang referierten Studien –, dass die Fachkräfte eine Partnerschaft mit Eltern, begründet auf Vertrauen, geteilten Werten und Zielen, als einen fundamentalen Aspekt von Qualität in ihrer Arbeit sehen. Gleichzeitig zeigt sich die hohe Komplexität der Beziehung zwischen Fachkräften und Eltern im Kontext der zum Teil widersprüchlichen politischen Diskurse, die Eltern gleichzeitig als sowohl aktive wie auch als defizitäre Akteure positionieren.[85] Hierin verbergen sich häufig problematische Konnotationen von Arbeiterklasseeltern und Eltern, die ethnischen Minderheiten angehören (vgl. auch Betz und Bischoff 2017).

Hughes und MacNaughton (2002) stellen in einer qualitativen Studie in australischen ECEC-Einrichtungen fest, dass die Kommunikation zwischen Eltern und Fachkräften von den Fachkräften häufig als problematisch und komplex erlebt wird. Die Autor/innen argumentieren, dass Fachkräfte ihre legitimierte, meist entwicklungspsychologisch begründete Expertensicht auf Kinder als Maßstab anlegen.

---

84   Vuorinen (2010) ermittelt in insgesamt 30 qualitativen Interviews verschiedene Ansätze von Fachkräften, mit Eltern umzugehen, nämlich den Teamansatz (1), den reflexiven Ansatz (2), den Expertenansatz (3) und den abgrenzenden Ansatz (4).

85   Die Bedeutung von (national unterschiedlichen) politischen Diskursen und Entwicklungen für die pädagogische Praxis von Fachkräften in Kindertageseinrichtungen kann hier nicht im Detail verfolgt werden. Sowohl die referierte Studie von Vuorinen (2010) als auch die Studie von Cottle und Alexander (2014) nehmen auf diese Kontexte Bezug. Weitere Befunde zu teils dilemmatischen Anforderungen, denen Fachkräfte in ihrer Alltagspraxis und im Umgang mit Eltern begegnen müssen, liefert z. B. die Studie von Bischoff (2016).

Dadurch wird das eher subjektive, anekdotische Wissen der Eltern über das Kind tendenziell abgewertet.

In der ebenfalls australischen ethnografischen Fallstudie von Buchori und Dobinson (2015, vgl. Übersicht im Anhang 3) interessieren sich die Forscher/innen für die Sichtweisen auf und den Umgang von Fachkräften mit kulturellen Differenzen in multikulturellen ECEC-Settings. Die Studie zeigt, dass die sensiblen, diversitätsbezogenen Vorstellungen von Fachkräften auf der einen Seite und ihre tatsächliche Praxis auf der anderen Seite auseinanderdriften. Feststellbar ist eine Spannung zwischen der Rahmung von kultureller Vielfalt als exotisch und spannend (z. B. *Aboriginal Culture*), gleichzeitig aber als hinderlich und der westlich-dominanten Kultur entgegenstehend (ebd.: 77). Obwohl die Fachkräfte die Zusammenarbeit mit kulturell diversen Familien als bedeutsam ansehen, wird sie in der Praxis als kaum umsetzbar eingestuft. Diese Familien werden als desinteressiert wahrgenommen und Sprachbarrieren als unüberwindbar konstruiert (ebd.: 76).

Einen interessanten Befund offenbart die qualitative Studie von Mahmood (2013, vgl. Übersicht im Anhang 3) aus Neuseeland, die sich mit verschiedenen Problematiken in der Zusammenarbeit mit Eltern aus Sicht von Fachkräften (N=14) nach dem ersten Jahr ihrer Ausbildung beschäftigt.[86] Mahmood weist hier ebenfalls auf Schwierigkeiten von Fachkräften bei der Herstellung von persönlichen Beziehungen zu sozioökonomisch gut gestellten Eltern hin. Da diese Eltern selten in der Einrichtung anwesend sind, d. h. ihre Kinder beispielsweise durch Nannys, Au-pairs oder Großeltern bringen und abholen lassen, führt dies aus Sicht der Fachkräfte dazu, dass sie zu diesen Eltern keine direkte Beziehung herstellen können (ebd.: 75). Dieser Befund steht im Gegensatz zu den prominenten Befunden der PI-Forschung, dass vornehmlich Eltern mit niedrigem sozioökonomischem Status weniger beteiligt sind bzw. sich weniger beteiligen.

5.2.3 Verhältnisbestimmungen: Eltern und Fachkräfte

In diesem Forschungsstrang lassen sich Studien zum *Verhältnis* von Eltern und Fachkräften bündeln, die auf das Fachkraft-Eltern-Handeln oder ihre aufeinander bezogenen Perspektiven und Interaktionen eingehen. Dabei geht es häufig um *Passungsverhältnisse* der Perspektiven und daraus resultierende Schwierigkeiten oder um funktionierende bzw. scheiternde Interaktionen. Machtverhältnisse und Asymmetrien in den gegenseitigen Bezugnahmen der Akteure aufeinander geraten hierdurch in den Blick. Insgesamt lassen sich in diesem Themenbereich zwei Forschungsbereiche identifizieren: die Sichtweisen von Eltern und Fachkräften in ihrem relationalen Verhältnis (1) sowie Elterngespräche und die Eltern-Fachkraft-Kommunikation (2).

---

86 Die identifizierten Problematiken aus Sicht der befragten Fachkräfte sind u. a. Schwierigkeiten beim Aufbau von Beziehungen zu Eltern oder Kommunikationsprobleme. Beispielsweise sind die Fachkräfte vielfach bemüht, Eltern in der Kommunikation (z. B. durch aktives Zuhören) konstruktiv zu begegnen. Die Eltern werden dabei z. T. als unhöflich erlebt (Mahmood 2013: 68).

Die Sichtweisen von Eltern und Fachkräften in ihrem relationalen Verhältnis (Forschungsbereich 1)

Bei der Analyse der Sichtweisen von Eltern und Fachkräften in ihrem *relationalen Verhältnis* geht es vielfach um die Passungsverhältnisse oder auch die Kongruenz der Perspektiven der Beteiligten. Decken sich die Wahrnehmungen der Beteiligten oder stehen sie sich entgegen? Welche Formen von gegenseitigem Kontakt führen bei wem zu Zufriedenheit? Wer verfolgt im Vergleich welche Erziehungs- und Bildungsziele? Der Untersuchungsgegenstand verspricht Erkenntnisse darüber, was ›gute‹ Zusammenarbeit für wen bedeutet und in welchen Spannungsverhältnissen die Sichtweisen gegebenenfalls zueinander stehen.

Honig, Joos und Schreiber (2004) haben in Deutschland eine Befragung von mehr als 3.000 Eltern und Fachkräften (N=577) durchgeführt, um Qualitätskriterien für Kindertageseinrichtungen aus unterschiedlichen Perspektiven betrachten zu können. Zum Thema Zusammenarbeit zeigen ihre Befunde u. a., dass Eltern sich häufig nicht genug über die Entwicklung ihres Kindes informiert fühlen, während die Fachkräfte der Auffassung sind, dies regelmäßig zu tun (Schreiber 2004: 52). Die Schulvorbereitung der Kinder durch die Einrichtung sehen die Eltern ebenfalls als eher unzureichend an (ebd.); dies gilt im Besonderen für Eltern mit Migrationshintergrund (Joos und Betz 2004: 82). Auch die Elternmitarbeit in der Einrichtung ist für Eltern mit Migrationshintergrund ein wichtigeres Qualitätskriterium als für Eltern ohne Migrationshintergrund (ebd.).

Minke et al. (2014) gehen davon aus, dass *kongruente* Sichtweisen von Eltern und Fach- bzw. Lehrkräften besser funktionierende Beziehungen ermöglichen, die der sozialen und akademischen Entwicklung des Kindes zugutekommen (für Singapur z. B. auch Tzuo et al. 2015). In einer US-amerikanischen Studie in Kindergärten und *Elementary Schools* untersuchen die Forscherinnen den Zusammenhang einer kongruenten Wahrnehmung der Beziehungsqualität durch Fach- und Lehrkräfte (N=82) sowie Eltern (N=206) mit sozialen und akademischen Outputs von Kindern mit auffälligem Verhalten. Entgegen der Ausgangsannahme gibt es keinen signifikanten Zusammenhang zwischen einer kongruenten Beziehungswahrnehmung und schulrelevanten akademischen Fähigkeiten der Kinder. Das Sozialverhalten von Kindern wird von den Fach- und Lehrkräften aber als besser wahrgenommen, wenn die Qualität und Übereinstimmung der Beziehungswahrnehmung hoch ist (ebd.: 538). Verhaltensprobleme von Kindern werden von den pädagogischen Fachkräften dann als schwerwiegender eingeschätzt, wenn entweder keine Übereinstimmung zwischen ihrer und der Elternsicht vorhanden ist oder aber die Beziehung von beiden Seiten gleichermaßen als eher schlecht bewertet wird.

In einer australischen Studie in fünf ECEC-Einrichtungen untersucht Hadley (2012) die Vorstellungen von Familien (N=58) und Fachkräften (N=22), wie Kinder in den Einrichtungen betreut und erzogen werden sollten. Zudem fragt sie danach, wie Eltern die Sichtweise der Fachkräfte – und umgekehrt – einschätzen. Sie stellt fest, dass die Vorstellungen der beiden Gruppen sich in vielen Bereichen nicht decken. Die gegenseitige Kommunikation wird – ähnlich wie bei Schreiber (2004) – von den Fachkräften als zufriedenstellend, jedoch von den Eltern als nicht ausreichend eingeschätzt. Es zeigt sich zudem, dass Eltern davon ausgehen, dass das, was ihnen wichtig ist von den Fachkräften als weniger bedeutsam eingeschätzt wird.

In Anlehnung an die Annahmen der klassischen PI-Forschung, dass die Kooperation von Eltern und Fachkräften in ECEC-Einrichtungen den späteren Schulerfolg und auch das Sozialverhalten von Kindern beeinflusst, untersuchen Pirchio, Volpe und Taeschner (2011, vgl. Übersicht im Anhang 3) an einem Sample von 100 italienischen Familien und 29 Fachkräften die Sichtweisen auf ihre wechselseitigen Beziehungen. Für die Eltern bedeutet ein häufiger verbaler Informationsaustausch eine qualitativ hochwertige Beziehung. Für die Fachkräfte ist dies ebenso der Fall; hier kommt allerdings noch die Häufigkeit weiterer Kontaktformen hinzu, z. B. eine schriftliche Kommunikation. Aus einer ungleichheitsinteressierten Perspektive ist spannend, dass Eltern mit höheren Bildungsabschlüssen eine geringere Notwendigkeit empfinden, in die Aktivitäten der Einrichtungen involviert zu sein und mit den Fachkräften zu kommunizieren. Ihren Befund kontrastieren die Autorinnen der italienischen Studie mit Befunden aus dem Primarschulbereich, in dem niedrigere Bildungsabschlüsse der Eltern mit einer niedrigeren Beteiligung korrelieren (ebd.).

Brooker (2010b, vgl. Übersicht im Anhang 3) beobachtet in zwei qualitativen Fallstudien in britischen *Child-Care-Centern*, wie Eltern und Fachkräfte ihre Beziehung zueinander jeweils konstruieren. Ein Befund ist, dass die üblichen Praktiken der Einrichtungen (z. B. Hausbesuche oder tägliche Tür-und-Angel-Gespräche) von den Beteiligten unterschiedlich erlebt und als verschieden bedeutsam eingeschätzt werden. Für Fachkräfte ist der Hausbesuch bei der Familie beispielsweise der erste zentrale Schritt für eine gemeinsame Sorgebeziehung im Interesse des Kindes. Eltern lassen ihn hingegen in einer deutlich passiven Position über sich ergehen oder erleben den Besuch gar als Zumutung. Brooker argumentiert im Anschluss daran allerdings nicht dafür, dass die Sichtweisen von Eltern und Fachkräften für eine gelingende Zusammenarbeit stärker zur Übereinstimmung gebracht werden sollten (s. o.). Vielmehr spricht sich die Autorin auf Basis der Befunde und im Anschluss an Vandenbroeck (2009) für die Fruchtbarkeit vielfältiger, möglicherweise auch divergierender Sichtweisen von Eltern und Fachkräften für eine Zusammenarbeit aus (Brooker 2010b: 195).

Zu einem ähnlichen Schluss kommen Vandenbroeck, Roets und Snoeck (2009) in einer belgischen qualitativen Studie, in der sie die grundsätzlich asymmetrischen Beziehungen zwischen Fachkräften und Eltern am Beispiel von drei Müttern mit Migrationshintergrund untersuchen. Die Autor/innen fragen, wie in diesen Beziehungen Wechselseitigkeit hergestellt werden kann. In den Interaktionen mit Fachkräften äußern sich die Mütter v. a. dann als zufrieden, wenn sie reziprokes Verhalten beobachten können; ein Beispiel dafür ist, dass die Fachkraft die Umgangsweise einer Mutter mit ihrem Kind übernimmt, wenn es darum geht, wie das Kind am besten einschläft (ebd.: 207). Dies zeigt, so die Autor/innen, impliziten Respekt für die u. U. divergierenden mütterlichen Praktiken.

Elterngespräche und Eltern-Fachkraft-Kommunikation (Forschungsbereich 2)
Im zweiten Forschungsbereich, der sich mit der Verhältnisbestimmung von Eltern und Fachkräften beschäftigt, werden Elterngespräche, Erziehungsgespräche bzw. Kommunikationssituationen betrachtet: Welche Art von Fragen werden gestellt, wie verlaufen diese Gespräche, welche Rollen werden jeweils eingenommen? In

diesem Bereich wird häufiger auf soziale Ungleichheit Bezug genommen als im Forschungsbereich 1 zu den *Sichtweisen von Eltern und Fachkräften in ihrem relationalen Verhältnis* (s. o.).

In den Studien wird u. a. die These vertreten, dass eine höhere Übereinstimmung in der (positiven) gegenseitigen Wahrnehmung zu ›guten‹ Partnerschaften führt und so die kindlichen Fähigkeiten und das Wohlbefinden von Kindern verbessern kann. Cheatham und Ostrosky (2009, vgl. Übersicht im Anhang 3) sowie Cheatham und Santos (2011) beschäftigen sich mit Kommunikationsstrategien von Fachkräften in Elterngesprächen, indem sie ihre kulturelle und linguistische Sensibilität betrachten. Die Autor/innen analysieren Elterngespräche von Eltern mit meist niedrigem sozioökonomischem Status u. a. aus Head-Start-Programmen. Sie stellen fest, dass die Gesprächsteilnehmerinnen und -teilnehmer zum Teil unterschiedlichen Orientierungen im Gespräch folgen, was zu Kommunikationsbarrieren führen kann, und schlagen Strategien vor, wie Fachkräfte, beispielsweise durch einen sensiblen Umgang mit Gesprächspausen, mit verschiedenen Orientierungen von Elternseite umgehen können. Die Autor/innen gehen davon aus, dass eine positive Kommunikation eine entscheidende Rolle für die Entwicklung von Erziehungs- und Bildungspartnerschaften spielt. Durch eine sensible Gesprächsführung könnten die Kommunikation und die Beziehung der Interaktionsteilnehmerinnen und -teilnehmer verbessert werden (Cheatham und Ostrosky 2009: 37).

In einer finnischen Fall- und Beobachtungsstudie arbeitet Karila (2006, vgl. Übersicht im Anhang 3) anhand von Audioaufnahmen von insgesamt 18 kindbezogenen Erziehungsgesprächen mit Eltern drei Konversationstypen heraus.[87] Diese sind: (1) geteilte Sicht *(Shared Stories)*: Es werden komplementäre Perspektiven auf ein Phänomen vorgebracht, wobei die Fachkraft die Konversation in der Regel dominiert; (2) nebeneinander stehende Sicht *(Bypassing Stories)*: Es werden je eigene Perspektiven zum Phänomen vorgebracht, die unverbunden nebeneinander stehen bleiben; (3) kollidierende Sicht *(Colliding Conversation)*: Es werden je eigene Perspektiven zum Phänomen vorgebracht, und es wird um die Deutungshoheit der ›richtigen‹ Sicht gerungen (ebd.: 14 ff.). Zudem stellt die Autorin fest, dass die Fachkräfte die Gespräche stark dominieren und leiten, indem sie einen großen Teil der Redezeit nutzen sowie verstärkt Themen einbringen. Eltern werden in diesen Gesprächen häufig mit herrschenden und widersprüchlichen gesellschaftlichen Vorstellungen von ›guter‹ Kindheit und speziell Mütter mit Vorstellungen angemessener Mutterschaft konfrontiert und müssen ihr eigenes Handeln rechtfertigen. Im Unterschied zu bereits referierten Studien fordert Karila allerdings keine höhere Kongruenz der Perspektiven im Gespräch. Da die Eltern, mit denen Fachkräfte Partnerschaften bilden sollen, das komplette gesellschaftliche Spektrum unterschiedlicher sozioökonomischer und kultureller Hintergründe abbilden, verlangt die Autorin mehr Raum für geteilte Interpretationen und gemeinsame Entscheidungsfindung. Sie schließt mit der These, dass sich diese gesellschaftlichen Positionen der Eltern auch notwendigerweise in ihrer Positionierung im Rahmen einer solchen Partnerschaft in ECEC-Einrichtungen spiegeln (ebd.: 22 f.).

---

87 Zur Rolle des Kindes in Eltern-Fachkraft-Gesprächen, z. B. dem Umgang mit den Wünschen der Kinder an die ECEC-Einrichtung, vgl. Alasuutari (2014, vgl. Übersicht im Anhang 3).

Ähnlich wie bei Karila stehen die Befunde von Kesselhut (2015) ebenfalls der These entgegen, dass höhere Übereinstimmungen zwischen Fachkräften und Eltern automatisch zu einem gleichberechtigten Verhältnis führen: Die Autorin untersucht im deutschen Kontext Elterngespräche in Kindertageseinrichtungen als Herstellungsorte von Differenz. Sie rekonstruiert dabei »eine Linie zwischen ExpertInnen und Nicht-ExpertInnen, Darstellenden und Zuschauenden, Wissenden und Informationsbedürftigen« (ebd.: 220). Das Ungleichheitsverhältnis zwischen Einrichtung und Familie wird dabei, so die Autorin, von der tendenziell konsensuellen Haltung der Eltern mitgetragen, die sich meist den Zugriffen und Deutungsansprüchen der Fachkräfte unterordnen (ebd.).

Auch Cloos, Schulz und Thomas (2013) stellen in den Analysen mehrerer Elterngespräche im Rahmen eines ethnografischen Forschungsprojekts fest, dass keine Bildungs- und Erziehungspartnerschaften auf Augenhöhe hergestellt werden (ebd.: 263). Stattdessen wird in den Gesprächen über das Kind entlang der Bildungserwartungen der Institutionen gesprochen, die im Zentrum der Elterngespräche stehen (vgl. hierzu auch die Befunde im Primarbereich, Abschn. 5.3.3).

Schweizer (2016) kommt in einer Analyse von Entwicklungsgesprächen zwischen frühpädagogischen Fachkräften und Eltern sowie Gruppendiskussionen von Fachkräften zu dem Schluss, dass verschiedene Modi der Interaktionsorganisation existieren, die den Fachkräften und Eltern in unterschiedlichem Maße Deutungsmacht über die Bildungs- und Entwicklungsprozesse der Kinder verleihen: z. B. die responsiv-verstehende Orientierung an der Expertschaft des Elternteils oder die informierend-beratende Orientierung an der Expertschaft der pädagogischen Fachkraft (ebd.). Die Autorin wirft die bislang nicht erforschte Frage auf, inwiefern die Interaktionsorganisation mit dem soziokulturellen Hintergrund oder dem Bildungsstand der Eltern korrespondiert.

5.3 Eltern und Lehrkräfte: Zusammenarbeit im Primarbereich

Wie im Elementarbereich ist die Familie und ihre Rolle für die schulische Bildung von Kindern gegenwärtig ein zentrales Thema in der Fachöffentlichkeit, der Politik und der Wissenschaft. Die vorliegende Recherche zeigt, dass auch in der Grundschulforschung bzw. der internationalen Primarschulforschung Eltern und ihr Handeln, ihre Sichtweisen, institutionelle Richtlinien, Maßnahmen sowie Programme für Elternbeteiligung und Eltern(zusammen)arbeit verstärkt in den Fokus geraten.

Parallel zum Aufbau des vorangegangenen Abschnittes werden im Folgenden die erwachsenen Akteure der Zusammenarbeit in den Blick genommen. Hierbei werden nationale und internationale Studien zu Elternbeteiligung (PI), Zusammenarbeit und Bildungs- und Erziehungspartnerschaften im Primarbereich vorgestellt. Wie bereits erläutert, existiert in den internationalen Publikationen zum Thema eine Vielzahl von Verständnisweisen davon, wie Zusammenarbeit zwischen Eltern und Lehrkräften bzw. zwischen Familie und Schule definiert *ist* und/oder wie diese gestaltet *sein soll*. Zum Teil werden auch nur Teilaspekte betrachtet, wie z. B. die Elternbeteiligung an der schulischen Bildung der Kinder zu Hause. Die verschiedenen Verständnisweisen verbindet, dass ein bestimmtes *Verhältnis* von

Eltern (private, familiale Räume) und Schule bzw. Lehrkräften (öffentliche, institutionelle Räume) beschrieben und untersucht wird. Dieses Verhältnis wird in seiner Ausformung und in seiner jeweiligen Bedeutung jedoch sehr unterschiedlich konzipiert und analysiert.

Abbildung 4 gibt einen Überblick über die Gliederung in den folgenden Abschnitten 5.3.1: *Perspektiven und Handeln von Eltern*, 5.3.2: *Perspektiven und Handeln von Lehrkräften* und 5.3.3: *Verhältnisbestimmungen: Eltern und Lehrkräfte*.

ABBILDUNG 4: **Strukturierung des internationalen Forschungsstands zur Zusammenarbeit zwischen Eltern und Lehrkräften im Primarbereich**

Quelle: Eigene Darstellung | BertelsmannStiftung

Für jedes der drei Teilkapitel wurden v. a. solche Studien gesichtet, die neben ihrem Forschungsinteresse für PI und Zusammenarbeit *auch* Bildungsungleichheiten in den Blick nehmen.

5.3.1 Perspektiven und Handeln von Eltern

Die Forschung zu *Eltern* und deren Beteiligung sowie zu Formen der Zusammenarbeit mit der Grundschule und den Lehrkräften lässt sich in vier Forschungsstränge unterteilen. Sie sind den Forschungssträngen zu den Perspektiven und dem Handeln von Eltern im Elementarbereich ähnlich. *Erstens* gibt es auch für den Primarbereich zahlreiche quantitative Studien zur Erforschung von PI (Forschungsbereich 1). *Zweitens* existieren einige Evaluationsstudien zu spezifischen Eltern(bildungs)programmen für Eltern mit Kindern im Schulalter (Forschungsbereich 2). *Drittens* werden elterliche Sichtweisen auf Schule untersucht (Forschungsbereich 3) und *viertens* – hier ergab die vorliegende Recherche einen Unterschied zum Elementarbereich – werden Strategien und Handlungsweisen von Eltern in den Blick genommen, wenn sie mit oder in Bezug auf Schule und Lehrkräfte interagieren (Forschungsbereich 4).

Quantitative Forschung zu PI im Primarbereich (Forschungsbereich 1)
In der (inter-)nationalen Forschungslandschaft zu Elternbeteiligung und Zusammenarbeit zwischen Eltern und Schule bzw. Lehrkräften wird im Besonderen das Konzept PI fokussiert, das vornehmlich als positive Einflussgröße auf den Schul- und Bildungserfolg von Kindern betrachtet wird. Beispielhaft hierfür steht die US-amerikanische Metaanalyse von Jeynes (2005, vgl. Übersicht im Anhang 3), in der 41 US-amerikanische Studien zum Zusammenhang von PI und dem Schulerfolg von Kindern in städtischen Primarschulen bis zur 6. Klassenstufe betrachtet werden. Die Befunde zeigen, dass es einen Zusammenhang zwischen PI und dem Bildungserfolg der Kinder gibt. Dies ist sowohl dann der Fall, wenn PI als ein Globalkonzept, d. h. als ein Faktor gemessen wird, als auch dann, wenn PI in einzelne Teilkomponenten zerlegt wird. Betrachtet man die einzelnen gemessenen Komponenten von PI, dann weisen die Bildungsaspiration der Eltern sowie ihr Erziehungsstil (ebd.: 262) einen besonders deutlichen Zusammenhang mit dem Schulerfolg von Kindern auf. Weniger starke Zusammenhänge mit dem Schulerfolg gibt es bei einzelnen funktionalen Tätigkeiten von Eltern, wie z. B. Hausaufgabenkontrolle. Die beschriebenen Zusammenhänge bleiben auch unter Berücksichtigung der Kategorien *Race* und *Gender* stabil.

Barnard (2004, vgl. Übersicht im Anhang 3) untersucht in einer quantitativen US-amerikanischen Langzeitstudie auf Basis von Daten der Chicago Longitudinal Study (CLS) (N=1.165 Kinder) die Effekte von PI in der Primarschule auf den Schulerfolg von Schülerinnen und Schülern (z. B. *High School Dropout*). Es zeigt sich, dass die Berichte der Lehrkräfte zur Höhe der Elternbeteiligung an schulischen Aktivitäten von der Klassenstufe 1 bis 6 signifikant mit allen gemessenen akademischen kognitiven Outcomes der Schülerinnen und Schüler zusammenhängen. Das bedeutet, dass diese einen höheren Schulerfolg aufweisen, wenn ihre Eltern nach Angaben der Grundschullehrkräfte in hohem Maße in schulische Angelegenheiten ihres Kindes involviert waren, also etwa regelmäßig an Elterngesprächen teilnahmen. Die Autorin geht dementsprechend von einem positiven Zusammenhang von PI in den ersten Schuljahren mit dem späteren Schulerfolg aus. Demgegenüber sind die Angaben der Eltern zu häuslichen Bildungsaktivitäten und zu ihrer Beteiligung in der Schule nicht signifikant mit dem Schulerfolg assoziiert, haben also keinen Einfluss auf Schulabbruch, den erfolgreichen Abschluss der *High School* und die Anzahl der absolvierten Schuljahre. Hier vermutet die Autorin unterschiedliche Verständnisweisen von Beteiligung, die zu unterschiedlichen

Bewertungen führen (ebd.: 57). Als zentrales Ergebnis der Studie hält Barnard gleichwohl fest, dass verstärkte Bemühungen, die Eltern zu Beginn der Schullaufbahn in die schulische Bildung ihres Kindes einzubeziehen, langfristig positive Effekte auf den Schulerfolg haben.

Für Deutschland stellt Sacher (2014a) in einer bayerischen Repräsentativbefragung an Grundschulen im Jahr 2004 nur »sehr schwache Zusammenhänge der Atmosphäre«[88] zwischen Grundschule und Elternhaus und Schulleistungen der Schülerinnen und Schüler fest (ebd.: 20). Während es also national und international deutliche Hinweise auf einen positiven Zusammenhang zwischen der Bildungsaspiration von Eltern und dem Schulerfolg gibt, gilt das nicht in gleicher Weise für den Zusammenhang zwischen Elternengagement und -beteiligung in der Schule und dem Schulerfolg.[89]

Zu vergleichbaren Befunden bezüglich des Zusammenhangs von Elternbeteiligung in der (Grund-)Schule und Schulerfolg kommen die deutschen Untersuchungen von Walper, Thönnissen und Alt (2015) sowie Sacher (2012). Auch bei Walper, Thönnissen und Alt (2015) erweist sich ausschließlich die Bildungsorientierung der Eltern als relevant für die schulische Leistungsentwicklung von Kindern (N=469; Kinder zwischen acht und 16 Jahren). Sacher (2012) leitet aus Forschungsergebnissen seiner etwas älteren Studie ab, dass Elternengagement in Schulen kaum den »Bildungserfolg« von Kindern beeinflusst, da dieses lediglich in peripheren Bereichen von Schule (wie bei Schulfesten und Ausflügen) und nicht im »Kerngeschäft« von Schule stattfindet (ebd.: 235).

Die nationalen Befunde zur Zusammenarbeit mit Eltern im Primarbereich decken sich damit nur bedingt mit den bereits genannten internationalen Befunden von Barnard (2004) oder auch Galindo und Sheldon (2012), die zumindest am Ende der US-amerikanischen Kindergartenklasse einen Zusammenhang zwischen PI und mathematischen sowie sprachlichen Zugewinnen bei Kindern feststellen (vgl. Abschn. 5.2.1). Gerade die Studie von Barnard (2004) zeigt allerdings auch, dass es einen signifikanten Unterschied macht, ob Eltern oder aber Lehrkräfte Auskünfte über ihre Zusammenarbeit und Beteiligung geben (s. o.). Anders gesagt: Es kommt auf die *Perspektive* der involvierten Akteure an, ob signifikante Effekte gemessen werden können oder nicht.

Möchte man einzelne Studien und ihre Befunde vergleichen, müssen demnach nicht nur die national und international sehr unterschiedlichen Operationalisierungen von PI oder Zusammenarbeit in Rechnung gestellt werden, sondern ebenso, aus welcher Perspektive diese jeweils erhoben werden. Diese Beobachtung verweist darauf, dass es sich bei PI bzw. Zusammenarbeit um ein hochkomplexes soziales Phänomen handelt, das quantitative – und qualitative – Forschungs-

---

88 Die Atmosphäre zwischen Schule und Elternhaus wird in der bayerischen Untersuchung mit acht Items gemessen. Unter anderem wird die Elternzufriedenheit mit von der Schule erhaltenen Informationen oder die Zufriedenheit mit Gesprächsangeboten erhoben (Sacher 2006: 307 f.).

89 Auch für den Sekundarbereich zeigt eine Schweizer Studie von Neuenschwander et al. (2004) mit Schülerinnen und Schülern der 6. und 8. Klassenstufe (N=1.153) keine empirische Bestätigung für einen Zusammenhang von guter Eltern-Lehrkraft-Zusammenarbeit oder Schulengagement der Eltern und Schülerleistungen (Neuenschwander et al. 2004: 236). Hohe Bildungsaspirationen von Eltern indessen korrelieren positiv mit den Schulleistungen der Kinder (Neuenschwander et al. 2004: 237).

designs vor besondere Herausforderungen stellt. Eine eindeutige vergleichende Interpretation der bislang referierten nationalen und internationalen Befunde ist daher nur eingeschränkt möglich.

Gemeinsam ist den Studien dieses Forschungsbereichs, dass das (variantenreiche) Konzept PI für den Primarbereich immer mit Vorstellungen über ›gute‹ und ›schlechte‹ Elternschaft verwoben ist: Beteiligte, vielseitig involvierte Eltern werden als bildungsförderlich für das Kind angesehen, das auch auf der Ebene seiner sozialen Kompetenzen profitiert, während, wie dies z. B. Clycq, Nouwen und Vandenbroucke (2014: 808) auch für den Sekundarbereich in Flandern (Belgien) kritisieren (vgl. Übersicht im Anhang 3), ein defizitorientierter Blick auf weniger involvierte Eltern gerichtet wird. Diese Kritik ist insofern berechtigt, als der Forschungsstand zeigt, wie uneindeutig die Befunde hierzu sind, um auf dieser Basis solch eindeutige Klassifizierungen vornehmen zu können.

Bildungsungleichheit bzw. gesellschaftliche Ungleichheitsverhältnisse werden – zumindest implizit – in den Publikationen thematisiert, wenn es darum geht, dass eine verstärkte Beteiligung von Eltern an schulischen Aktivitäten und Belangen (negative) Effekte des sozioökonomischen oder ethnischen Hintergrunds auf den Schulerfolg von Kindern verhindern oder eindämmen soll. Ein verstärkter Einbezug von Eltern wird als Mittel gesehen, Bildungsungleichheiten zu minimieren. Aus Sicht von Jeynes (2005) sowie Henderson und Mapp (2002), die insgesamt 51 US-amerikanische Studien zu PI (davon 15 aus der *Elementary School*) zusammengetragen haben, lassen sich durch PI kompensatorische Effekte erzielen.

PI wird dementsprechend in einem Großteil der (inter-)nationalen Primarschulforschung als ein Instrument zur Bekämpfung der Reproduktion sozialer Ungleichheit verstanden. Die Forschung konzentriert sich dementsprechend auf die Messung (und Erhöhung) des PI von sozial benachteiligten Bevölkerungsgruppen.[90] Allerdings: Die Mechanismen sozialer Ungleichheitsproduktion, wie sie beispielsweise in kleineren qualitativen Studien untersucht werden[91] sind, wenn überhaupt, nur am Rande Thema in der PI-Forschung, d. h. sie vermag nicht aufzuklären, *warum* und *wie genau* PI und Schulerfolg zusammenhängen.

Wirksamkeit von Eltern(bildungs)programmen (Forschungsbereich 2)

Vor dem Hintergrund der Bemühungen, Bildungs- und Erziehungspartnerschaften als spezifische Form der Zusammenarbeit zwischen Eltern und Lehrkräften zu etablieren, nehmen Wild und Wieler (2016) den Stand der Elterntrainingsforschung in den Blick und weisen hier v. a. auf Schwierigkeiten in der Messung positiver Effekte der Maßnahmen für den kindlichen Bildungserfolg hin (ebd.: 81 ff.): Die internationale Forschung zeigt, dass die Effektivität der Programme bildungsbezogener Elterntrainings insgesamt eher gering ausfällt; eine direkte Förderung der Eltern-Lehrkraft-Kooperation ist dabei (noch) weniger effektiv als die Förderung spezifischer Elternkompetenzen (wie z. B. die Unterstützung der kindlichen Lese-

---

90 Zur empirischen Tragfähigkeit, *durch* Elternbeteiligung und Zusammenarbeit kompensatorische Effekte zu erzielen, vgl. auch Abschn. 5.4.
91 Siehe z. B. Brown, Souto-Manning und Tropp Laman (2010) sowie Milne und Aurini (2015) oder Posey (2012). Die Studien werden im jeweiligen Forschungsbereich vorgestellt.

kompetenz) (ebd.: 83). Für den deutschen Kontext gibt es aktuell einige Programme, die z. B. auf die Förderung von Lesekompetenzen zielen, u. a. durch den Einbezug der Eltern in den Unterricht (ebd.: 82).[92] Ein Beispiel stellt das Elternbildungsprogramm »familY: Eltern bilden – Kinder stärken«[93] dar. Bei der Evaluation des Programms zeigt sich, was ebenfalls in anderen Evaluationsstudien immer wieder deutlich wird: Die Effektivität ist nur gering (Wieler und Wild 2015). Bislang gibt es, so die Autor/innen (Wild und Wieler 2016: 83), keine Evaluationsstudie von Elternprogrammen, die ein randomisiert-kontrolliertes Studiendesign realisieren konnte, das sämtlichen Standards experimenteller Wirksamkeitsforschung genügt.

Die Sichtweisen von Eltern: Überzeugungen, Erwartungen und Zufriedenheit (Forschungsbereich 3)
In diesem Forschungsbereich liegt das Interesse auf elterlichen Überzeugungen, Erwartungen und Sichtweisen bezüglich Schule, schulischer Bildung der Kinder und Zusammenarbeit mit Lehrkräften. Es wird untersucht, *wie* Eltern die Bildungsinstitution und die Lehrkräfte wahrnehmen und *was* ihre Wünsche und Bedürfnisse, ihre Kritikpunkte und Schwierigkeiten sind. Bildungsungleichheit spielt in diesem Forschungsstrang nicht notwendig bzw. nicht primär eine Rolle. Vielmehr werden grundsätzliche Einstellungen, Meinungen und Überzeugungen von Müttern und Vätern analysiert.

Für Deutschland wurden in den vergangenen Jahren einige große *quantitative* Elternbefragungen durchgeführt, die sich mit den Wünschen, Zielen und Bedarfen von Eltern beschäftigen.[94] Auf Basis der modernisierungstheoretischen Annahme, dass sich Elternschaft in den vergangenen Jahrzehnten stark verändert hat und die Ansprüche an eine ›gute‹ Elternschaft gestiegen sind, werden Eltern nach ihren Überzeugungen und Erwartungen befragt. Es wird dargelegt, dass der Bildungsdruck gerade in gehobenen Milieus und der bürgerlichen Mitte[95] groß ist (z. B. Merkle und Wippermann 2008: 12), sodass enorme Förderanstrengungen von Eltern unternommen und finanzielle Mittel in Nachhilfe und unterstützende Lernmaterialien investiert werden.

Diesen Befund bestätigen ebenfalls die internationale Studie von Ule, Živoder und du Bois-Reymond (2015) und die 2. und 3. JAKO-O Bildungsstudie für Deutschland (Killus und Tillmann 2012; 2014). Die Bildungsaspirationen und entsprechende Bemühungen zahlreicher Eltern sind insgesamt als hoch einzuschätzen (z. B. Killus und Paseka 2014: 131; ähnliche Befunde gibt es in einer qualitativen Studie von Deppe 2013). Merkle und Wippermann (2008) halten für Zuwanderungsmilieus in Deutschland eine ebenfalls hohe Bildungssensibilität fest (für Dänemark Holm 2014).

---

92   Für einen Überblick über ausgewählte bildungsbezogene Elterntrainings in Deutschland, die bereits evaluiert wurden, vgl. Wild und Wieler (2016: 82).
93   Online unter: www.empirische-bildungsforschung-bmbf.de/de/541.php – abgerufen am: 06.01.2017.
94   Zum Beispiel Barz, Cerci und Demir 2013; Killus und Tillmann 2012 2014; z. B. Lewicki und Greiner-Zwarg 2015; Merkle und Wippermann 2008; Sacher 2004; in Bezug auf Ganztagsschulen Arnoldt und Steiner 2015.
95   Die Autor/innen beziehen sich auf das SINUS-Milieumodell Deutschland. Online unter: www.sinus-institut.de/sinus-loesungen/sinus-milieus-deutschland – abgerufen am 04.01.2017.

Auch Walper (2015) beruft sich auf gesellschaftliche Veränderungen, in denen Eltern in der Förderung günstiger Bildungsverläufe unentbehrlich seien (ebd.: 21). Unter dem Aspekt, dass »Bildungschancen [...] in Deutschland so eng an die soziale Herkunft gekoppelt sind wie kaum in einem anderen Land« (ebd.), untersucht die Autorin Bildungsaspirationen von Eltern in einer Befragung der Vodafone Stiftung (N=1.126), die sich an Eltern von Schulkindern aller allgemeinbildenden Schulformen, auch Grundschulen, richtet. Sie weist nach, dass Eltern höherer sozialer Schichten auch höhere Aspirationen haben und dreimal häufiger das (Fach-)Abitur als Bildungsziel für ihr Kind anstreben (ebd.: 23). Zudem zeigen sie vergleichsweise geringere Unsicherheiten in Bildungsfragen (ebd.: 21).

In der 2. JAKO-O Bildungsstudie wird die Zusammenarbeit von Eltern und Schule explizit zum Thema gemacht. Eine gemeinsame Verantwortung von Familie und Schule sehen Eltern beispielsweise für Allgemeinbildung, Teamfähigkeit oder Interessenförderung, während sie sich selbst eher für Tugenden wie Pünktlichkeit oder Höflichkeit in der Verantwortung sehen (Killus 2012: 64 f.). Ein Großteil der Eltern (93 %) gibt an, mit Lehrkräften über auftauchende Probleme sprechen zu können. Allerdings geben nur 68 Prozent der Eltern an, dass Lehrkräfte auch von ihnen etwas über das Kind wissen wollen (ebd.: 58).

Auch in der Folgebefragung der 3. JAKO-O Bildungsstudie gibt ein Großteil der Eltern ein hohes Maß an Engagement für das schulische Lernen ihrer Kinder an. Besonders engagiert zeigen sich jene Eltern, denen häufig geringeres Engagement nachgesagt wird: Eltern mit niedrigem Bildungsabschluss und Eltern mit Migrationshintergrund (Killus und Paseka 2014: 146). Auch an der Beteiligung und Mitwirkung in der Schule äußern Eltern grundsätzlich Interesse. Sie beteiligen sich an Ausflügen, Klassenfahrten oder zeitlich begrenzten Projekten wie der Neugestaltung des Klassenraums. Dies gilt für Eltern verschiedener sozialer und ethnischer Hintergründe gleichermaßen; lediglich bei der Mitarbeit in schulischen Gremien sind Eltern mit niedrigem Bildungsabschluss und Migrationshintergrund unterrepräsentiert (Paseka 2014: 128).

Sacher (2016) fand in einer etwas älteren bayerischen Repräsentativstudie an 574 Schulen im Jahr 2004 heraus, dass Eltern mit Migrationshintergrund sowie Eltern mit niedrigeren Bildungsabschlüssen allgemeine Informationen und Anrufe von Lehrkräften als vergleichsweise weniger nützlich erleben als deutschstämmige Eltern und Eltern mit höheren Bildungsabschlüssen (ebd.: 105). Hertel (2016) stellt fest, dass Eltern aus Familien mit niedrigerem sozioökonomischem Status und Eltern mit Migrationshintergrund (N=2006) Beratungs- und Informationsangebote von Grundschulen im Großraum Frankfurt/Main seltener wahrnehmen, diese Beratung aber gleichzeitig als wichtig einstufen und sich zusätzliche Beratung wünschen (ebd.: 123).[96] Für die Autorin weisen die Befunde darauf hin, dass insbesondere die genannten Elterngruppen durch die Beratungsangebote und die Beratungspraxis an Schulen noch nicht hinreichend erreicht werden (ebd.).

---

96 Dies bestätigt auch die 3. JAKO-O Bildungsstudie: Elterngruppen, die häufig als ›schwer erreichbar‹ gelten, wünschen sich vergleichsweise mehr Mitwirkungsmöglichkeiten als andere Eltern. So würden sich 71 % der Eltern mit einem monatlichen Einkommen unter 1.000 Euro gerne stärker in schulische Belange einbringen, während es bei Eltern mit einem Einkommen von mehr als 3.000 Euro 47 % sind (Paseka 2014: 127).

Kohl et al. (2014) untersuchen in einer Befragung von Müttern mit Kindern in der 4. und in der 7. Klasse, inwiefern sich Mütter für die schulische Bildung ihrer Kinder mitverantwortlich fühlen. Sie stellen an einem Sample mit türkischen (N=178) und deutschen Müttern (N=55) fest, dass die Erfahrungen mit dem deutschen Schulsystem eine zentrale Rolle dafür spielen, wie viel Verantwortung sich die Mütter für die schulische Bildung ihrer Kinder zuschreiben. Bei Müttern, die selbst nicht in Deutschland zur Schule gegangen sind, ist dies in geringerem Maße der Fall als bei Müttern, die das deutsche Schulsystem aus eigener Erfahrung kennen (ebd.: 106). Die Autorinnen konstatieren, dass die Mütter durch die eigene schulische Sozialisation in Deutschland wissen, dass das deutsche Schulsystem ein hohes Maß an Verantwortungsübernahme erfordert, z. B. bei der Kontrolle der Hausaufgaben. In der Gruppe der Mütter mit Erfahrungen im deutschen Schulsystem schreiben sich Mütter mit hohem Bildungsabschluss zudem mehr Verantwortung zu als solche mit niedrigem Bildungsabschluss. Der Wert von Bildung und Schule wird dabei von nahezu allen Müttern der Stichprobe als hoch eingeschätzt (ebd.). Aus Sicht der Autorinnen (ebd.: 107f.) deuten die Befunde darauf hin, dass die Einstellungen der Mütter (z. B. Selbsteinschätzung zur eigenen Verantwortung) auch ihre tatsächliche Beteiligung[97] spiegeln. Für die Fremdeinschätzung durch Lehrkräfte waren neben der Einstellung zur Verantwortung auch der kulturelle Hintergrund und der Bildungsabschluss der Mütter signifikante Prädiktoren (ebd.).

Insgesamt wird deutlich, dass Eltern mit niedrigerem sozioökonomischem Status und/oder mit Migrationshintergrund in den quantitativen Studien häufig von ›anderen‹ Elterngruppen abweichen, indem sie sich ›weniger‹ beteiligen oder ›geringere‹ Bildungsaspirationen aufweisen. Einige nationale und internationale *qualitative Studien* nehmen diese tendenzielle Defizitperspektive der PI-Forschung auf Eltern mit geringem Einkommen/sozioökonomischem Status und Migrationshintergrund zum Ausgangspunkt der eigenen Forschung.[98] Es geht in den Studien dann vielfach um die Perspektiven der Eltern, die explizit in den Kontext gesellschaftlicher Ungleichheitsverhältnisse und deren (Re-)Produktion gestellt werden. Wie die zuvor genannten großen Elternbefragungen geben diese kleineren Studien allesamt – wenngleich mit unterschiedlichen Schwerpunktsetzungen – Aufschluss darüber, als *wie bedeutsam* die schulische Bildung der eigenen Kinder besonders für den sozialen Aufstieg und die Chance auf ein ›gutes‹ bzw. ›besseres‹ Leben von allen Elterngruppen eingeschätzt wird. Wenig oder keine Beteiligung von Eltern an der schulischen Bildung ihrer Kinder ist insofern nicht gleichzusetzen mit fehlendem Interesse. Es scheinen *andere* Faktoren zu sein, die Eltern dazu veranlassen, sich in die Bildungsprozesse ihrer Kinder oder in schulisch-institutionelle Angebote einzubringen – oder dies eben nicht zu tun bzw. sich nicht sichtbar auf die (gesellschaftlich oder institutionell) erwünschte Weise an der Schulbildung ihrer Kinder zu beteiligen.

---

[97] Gemessen wird dies an der Einschätzung des elterlichen schulischen Engagements (z. B. zu Elternabenden gehen, Probleme mit Lehrkräften besprechen) durch Eltern selbst und durch Lehrkräfte (Kohl et al. 2014: 101).

[98] Unter anderem für die USA Lee und Bowen 2006; Smrekar und Cohen-Vogel 2001; für Kenya Spernes 2011; für Dänemark Holm 2014; für England Christie und Szorenyi 2015.

Zu den Studien, die sich diesem Thema widmen, gehört z. B. die britische Fallstudie von Christie und Szorenyi (2015, vgl. Übersicht im Anhang 3); sie zeigt, dass Eltern mit weniger hohem sozioökonomischem Status und/oder Migrationshintergrund annehmen, Lehrkräfte hätten weniger hohe Erwartungen an ihre Kinder hinsichtlich deren schulischer Leistungen. Auch Smrekar und Cohen-Vogel (2001, vgl. Übersicht im Anhang 3) betonen in ihrer US-amerikanischen Studie zu bildungsbezogenen Sichtweisen und Einstellungen von sozioökonomisch prekär situierten Eltern (N=30), dass eine geringe Elternbeteiligung nicht auf mangelndes Interesse der Eltern zurückzuführen ist. Stattdessen sehen sich Eltern mit *Barrieren* konfrontiert, die häufig aus unhinterfragten Erwartungen von schulischer Seite entstehen, welche die Eltern wiederum nicht erfüllen können (ebd.: 88, 91, 92, 97); als typische Barrieren werden von Eltern mit Migrationshintergrund sprachliche Hindernisse genannt. Die befragten Eltern sehen z. B. die Anwesenheit bei Eltern-Lehrkraft-Treffen und die Betreuung ihrer Kinder beim Erledigen der Hausaufgaben als ihre Aufgaben an. Dabei weisen sie jedoch darauf hin, dass ihnen die Hausaufgabenbetreuung aufgrund von fehlenden Englischkenntnissen oder fehlendem eigenem Wissen und Bildung schwerfällt (ebd.: 88). Auch der kontinuierliche Besuch von Eltern-Lehrkraft-Treffen ist für viele der interviewten Eltern schwierig, da sie andere Aufgaben und Arbeiten haben, denen sie nachkommen müssen. Ihnen steht daher oft nicht die Zeit zur Verfügung, diese Termine wahrzunehmen (ebd.: 91). Genannte Gründe sind zudem mangelnde Informationen über die spezifischen Vorgänge in der Schule und im Bildungssystem, die ebenfalls mit sprachlichen Hürden einhergehen.[99]

Azaola (2007, vgl. Übersicht im Anhang 3) weist in einer ethnografischen Studie mit acht Familien für Eltern in sozioökonomisch prekären, ländlichen Gebieten Mexikos ein großes Interesse an schulischer Bildung nach. Bildung wird von den Eltern als Aufstiegsmöglichkeit und -chance gedeutet (zu schulischer und englischsprachiger Ausbildung von Kindern als Aufstiegschance in China: Chao, Xue und Xu 2014). Die Studien von Azaola (2007) und Moskal (2014)[100] zeigen zudem für zwei sehr unterschiedliche Kontexte (Mexiko und Schottland), dass sich die Bildungsaspirationen von Eltern in prekären Lebenslagen und eingewanderten Eltern als ambivalent erweisen: So befürchten Eltern in ländlichen Gebieten Mexikos z. B. die Emigration der eigenen Kinder nach erfolgreicher Schulbildung, während polnische Migrantinnen und Migranten in Schottland ihre eigenen Wünsche nach Migration und Emigration der schulischen Situation ihrer Kinder unterordnen. Diese kleineren qualitativen Studien zu Bildungsaspirationen können im Unterschied zu den großen Elternbefragungen (s. o.) aufzeigen, dass die Elternwünsche und Erwartungen in komplexe situative und soziale Gegebenheiten eingebettet sind. Teilweise weisen sie sogar dilemmatische Strukturen auf.

---

99   Für Schottland Moskal 2014; für die Niederlande Smit et al. 2007; für England Christie und Sorenyi 2015.

100 Es handelt sich ebenfalls um eine qualitative und ethnographisch angelegte Studie an drei schottischen Grundschulen und drei weiterführenden Schulen in verschiedenen sozialen Lagen. Neben Beobachtungen und Gruppendiskussionen wurden 24 Elternteile, 18 Lehrkräfte und 41 Schülerinnen und Schüler interviewt (Moskal 2014).

Einige Studien, die sich auf die klassische PI-Forschung (s. o.) beziehen und Formen der Zusammenarbeit aus der Sicht von Eltern in den Blick nehmen, weisen darauf hin, dass die elterliche Beteiligung in der Praxis sehr heterogen ausfallen kann (für die USA z. B. Lee und Bowen 2006, vgl. Übersicht im Anhang 3). Dementsprechend können neben den Faktoren, die dazu beitragen, dass Eltern sich (scheinbar) nicht an der Bildung ihrer Kinder beteiligen und dennoch hohe Bildungsaspirationen haben, auch unterschiedliche Verständnisse von Bildungsbeteiligung von Eltern gegenüber den Institutionen vorliegen. Damit stellt sich die Frage, wer was unter Elternbeteiligung und Zusammenarbeit versteht und was schließlich als Maßstab für elterliches Engagement in der Schulbildung gesetzt wird.

Anyikwa und Obidike (2012, vgl. Übersicht im Anhang 3) kritisieren diesbezüglich für den nigerianischen Kontext die Rahmungen von Elternbeteiligung als schulzentriert und lediglich aus der Perspektive der schulischen Institution heraus argumentierend (für die USA z. B. Lawson 2003). Ihre Studie zeigt, dass Eltern mit unterschiedlichen sozialen Hintergründen (N=10) verschiedene Strategien der Förderung ihrer Kinder entwickeln: Bildungsaffine und sprachfördernde Spiele gehören so zum Repertoire elterlicher Unterstützung zu Hause – v. a. bei Eltern aus prekären sozialen Positionen. Für die Schule und die Lehrkräfte bleibt dies allerdings vielfach unbemerkt, da diese Form von Elternbeteiligung nicht mit der schulisch-institutionellen Vorstellung von Elternbeteiligung übereinstimmt, bei der auch schulische Präsenz von Eltern gewünscht ist (Anyikwa und Obidike 2012: 63).

Spernes (2011, vgl. Übersicht im Anhang 3) konnte in einer Fallstudie zur Elternsicht in einem ländlichen Gebiet in Kenia belegen, dass Eltern unter Beteiligung auch solche Praktiken fassen, die schulische Aktivitäten erst ermöglichen, z. B. indem den Kindern zu Hause abends Licht zum Lesen bereitgestellt wird. Sie sehen das Zur-Verfügung-Stellen materieller Ausstattung für die Schülerinnen und Schüler als elterliche Verantwortung für die Schulbildung, während sie die Verantwortung für das Erlernen bestimmter Wissensbestände zwischen sich und der Schule klar aufgeteilt sehen: Für (englisches) Lesen und Schreiben ist allein die Schule verantwortlich, während die Eltern den Kindern zu Hause ihre Muttersprache und die eigene Kultur nahebringen (ebd.: 28).

Ebenfalls aus einer ungleichheitssensiblen Perspektive zeigen Kayser und Betz (2015) in einer deutschen Studie anhand qualitativer Interviewdaten mit Eltern von Grundschulkindern unterschiedlicher sozialer und migrationsbedingter Herkunft (N=11), wie deren Beurteilung der Zusammenarbeit mit Lehrkräften mit ihren herkunftsspezifischen Wahrnehmungen zusammenhängt: Eltern aus prekären sozialen Positionen sind besonders abhängig von der Haltung und der Persönlichkeit der Lehrkräfte und orientieren sich verstärkt an einem positiven emotionalen Verhältnis mit ihnen. Das stellt für sie eine gute Zusammenarbeit dar. Demgegenüber nehmen Eltern in höheren sozialen Positionen Lehrkräfte funktionsbezogen wahr und zeigen sich von einem persönlich-emotional positiven Verhältnis zu ihnen weitgehend unabhängig (ebd.: 90). Dies ermöglicht diesen Eltern größere Handlungsspielräume, da sie Lehrkräften und deren Deutungen auch kritisch gegenübertreten können. Die Ergebnisse geben Hinweise darauf, dass durch die ›gute‹ Zusammenarbeit Bildungsungleichheiten unter Umständen sogar verstärkt werden können (ebd.: 91).

Diese qualitativen und ungleichheitssensiblen Studien machen deutlich, dass in das dominante Verständnis von PI in wissenschaftlichen und schulisch-institutionellen Kontexten unterschiedlich praktizierte Formen von Elternbeteiligung nicht notwendigerweise miteinbezogen sind. Die Studien können darüber hinaus zeigen, dass Elternbeteiligung und Zusammenarbeit mit der Schule und den Lehrkräften Eltern aus prekären sozioökonomischen Positionen vor Barrieren stellt. Dabei wird in den Studien aus verschiedenen internationalen Kontexten gut herausgearbeitet, dass Eltern, die nicht oder nur selten in der Schule präsent sind, durchaus großes Interesse an der Bildung ihrer Kinder und außerdem Interesse an Kontakt und Zusammenarbeit mit der Institution Schule haben.

Strategien und Handlungen von Eltern (Forschungsbereich 4)
Ein weiterer empirischer Forschungsstrang widmet sich konkreten Strategien und Handlungsweisen von Eltern. Dabei werden v. a. *kollektive und individuelle elterliche (Umgangs-)Strategien* in den Blick genommen, die Eltern Einfluss in Bildungsinstitutionen wie der Grundschule ermöglichen. So untersuchen etwa Zaoura und Aubrey (2011, vgl. Übersicht im Anhang 3) in Zypern Formen elterlichen Engagements an den *Primary Schools*[101] ihrer Kinder, indem sie Interviews mit Eltern führten (N=16). Es zeigte sich u. a., welche Bedeutungen Elternvereinigungen an Schulen, die sogenannten *Parents Associations (PA)*, für die Eltern und für die Beziehung von Eltern zur Schule haben. Die Forscher/innen kontrastieren die Sichtweisen der Eltern, die in diesen Organisationen aktiv sind, mit denen, die nicht aktiv sind, und arbeiten so Konflikte heraus. Nicht an den Elternvereinigungen teilnehmende Eltern finden, dass dort unwichtige Themen besprochen werden (wie finanzielle Aspekte und Öffentlichkeitsarbeit/Werbung der Schule). Zudem ist das Vertrauen der Eltern, die nicht in der Organisation aktiv sind, in die Lehrkräfte größer als in die Elternvertretung. Die Elternvertretung, meist bestehend aus Eltern der Mittelschicht mit hohen Bildungsabschlüssen, steht aus Sicht der daran nicht partizipierenden Eltern im Verdacht, individualistische und lediglich auf die eigenen Kinder bezogene Interessen durchsetzen zu wollen.

Brown, Souto-Manning und Tropp Laman (2010, vgl. Übersicht im Anhang 3) analysieren u. a. Aktionen von *Parent-Teacher Associations (PTA)*[102] an einer Grundschule in den USA im Hinblick auf rassistische und an der weißen Mittelschicht orientierte Praktiken. Sie zeigen, wie die Differenzkategorien *Race* und *Class* im Schulalltag wirksam werden. So werden Kinder explizit im Rahmen der Schule und durch die PTAs organisiert aufgerufen, sich an Sammelaktionen zur Mittelbeschaffung für Schulen zu beteiligen. Für das Sammeln werden sie mit einem Geschenk und entsprechendem Lob belohnt. Die nötigen Informationen, um sich an den Sammelaktionen zu beteiligen, werden indessen trotz mehrsprachiger Schülerinnen und Schüler an der Schule nur in englischer Sprache an die Familien nach

---

101 *Primary Schools* mit Kindern der Klassenstufen 4 bis 6.
102 Bei PTAs handelt es sich um organisierte Netzwerke aus Eltern und Lehrkräften, die v. a. für den US-amerikanischen und britischen Raum typisch sind. In den USA und in Großbritannien existieren PTAs auch auf nationaler Ebene (z. B. USA online unter www.pta.org – abgerufen am 25.04.2017). Vergleichbare Vereinigungen in Deutschland gibt es nicht.

Hause gesendet. Die Autorinnen (ebd.: 516 ff.) können weiterhin zeigen, dass Schülerinnen und Schüler, die sich aufgrund der Erwerbsarbeitszeiten der Eltern nicht beteiligen können, im Schulkontext als ›schlechte Schülerinnen und Schüler‹ gelabelt werden.

Vincent et al. (2012, vgl. Übersicht im Anhang 3) zeichnen in einer britischen Studie unterschiedliche elterliche Strategien eines ›Risikomanagements‹ in Bezug auf die kindliche Schulbildung zwischen der *White Middle-Class* und der *Black Middle-Class* nach (N=62): Eltern, die der *Black Middle-Class* angehören, achten beispielsweise besonders darauf, ihre Kinder sowohl im Erscheinungsbild als auch in den Verhaltensweisen an Idealtypen eines ›guten Lerners‹, einer ›guten Lernerin‹ auszurichten, und investieren auf diese Weise viel Zeit, um rassistischen Vorurteilen präventiv zu begegnen (zu Strategien der Elternorganisation koreanischer Eltern in den USA: Lim 2012).

Horvat, Weininger und Lareau (2003) zeigen für den US-amerikanischen Kontext in einer qualitativen Studie mit 88 Grundschulkindern und ihren Familien, dass *Middle-Class Parents* kollektiv auf problematische schulische Situationen ihrer Kinder reagieren und so soziales Kapital mobilisieren können, was *Working-Class Parents* nicht gelingt. Posey (2012, vgl. Übersicht im Anhang 3) untersucht in einer ebenfalls US-amerikanischen, ethnographischen Fallstudie die Strategien der Elternbeteiligung von *Middle* und *Upper-Middle-Class Parents,* die in einem unterprivilegierten Stadtteil leben. Sie beobachtete im Zeitraum von zwei Jahren verschiedene Anstrengungen der Elternvernetzung, Schulwerbung und Veranstaltungen für andere Eltern der Mittelschicht. Die Bemühungen der Mittelschichtseltern führten dazu, dass der gesamte Stadtteil mittelschichtsaffin aufgewertet, Kinder aus weniger privilegierten Elternhäusern jedoch aus der Schule verdrängt wurden (ebd.: 20, 26 ff.).

Dass schulbezogene Handlungen und Strategien von Mittelschichts- und privilegierteren Eltern problematische Aspekte beinhalten, wird ebenso in einer Fallstudie von Milne und Aurini (2015, vgl. Übersicht im Anhang 3) deutlich. Die Autorinnen untersuchen ein neues Programm an kanadischen Schulen, das u. a. durch einen erhöhten Einbezug von Eltern mit diversen sozialen Hintergründen Kindern zu mehr Chancengleichheit verhelfen soll. In der Fallstudie wurden 44 Interviews mit Angestellten an der Schule (etwa Lehrkräfte, Schulleiterinnen und -leiter, Sozialarbeiterinnen und -arbeiter) geführt. Die Ergebnisse zeigen jedoch gegenteilige Effekte: Diejenigen Eltern mit höherem sozioökonomischem Status nutzen das Programm und ihre erhöhten Beteiligungsmöglichkeiten, um noch stärkeren Einfluss auf Prozesse und Funktionsabläufe an der Schule zu nehmen. Eltern mit niedrigerem sozioökonomischem Status sind dagegen laut den interviewten Lehr- und Fachkräften an der Schule z. T. nicht damit vertraut, welche Rechte und wie viel Mitsprachemöglichkeiten sie eigentlich haben. Die Lehrkräfte sind dabei nicht in der Lage, Eltern zurückzuhalten, die effektiv ihr Wissen um die schulisch-institutionellen Praktiken zugunsten ihres eigenen Kindes nutzen können. Die Absicht, soziale Ungleichheit zu reduzieren, so die Interpretation der Forscherinnen, wird damit durch die elterliche Beteiligung in der Praxis in ihr Gegenteil verkehrt.

Werden diese überwiegend qualitativen Studien zu Elternbeteiligung in und an Schulen mit explizitem Blick auf Verhältnisse sozialer Ungleichheit genau betrachtet, fällt auf, dass Formen der Beteiligung von Eltern nicht nur vielfältig sind, sondern dass diese an vielen Stellen auch hart von den Eltern erarbeitet werden. Vor allem sozial benachteiligte Eltern oder Eltern, die gesellschaftlichen Minderheiten angehören, haben ungleich mehr Barrieren zu überwinden und müssen präventiv gegen Bildungsbenachteiligung vorgehen. Das Konzept und das schulisch-institutionelle Ideal des PI erweist sich für diese Eltern als schwieriger und aufwändiger zu realisieren, d. h., es ist für sie arbeits- und zeitintensiver, als dies für gut situierte Eltern der Mehrheitsgesellschaft zutrifft.

Zudem können die Forschenden zeigen, dass Elternbeteiligung und -engagement bei Mittelschichtseltern der Mehrheitsgesellschaft eher zu Erfolgen führt, wenn es darum geht, Einfluss an Schulen zu gewinnen. Dies kann sich dann mitunter als Nachteil für Eltern und Schülerinnen und Schüler aus sozioökonomisch prekären Positionen erweisen. Darüber hinaus geben die Studien z. T. deutliche Hinweise darauf, dass das Engagement von Eltern in sozioökonomisch prekären Positionen und Eltern, die unterschiedlichen Minderheiten angehören, eher präventiv, auf die Verhinderung negativer Folgen, und demzufolge nur sekundär auf die schulischen Erfolge ausgerichtet ist (z. B. Vincent et al. 2012).

5.3.2 Perspektiven und Handeln von Lehrkräften

Die recherchierten Publikationen zu den Handlungsorientierungen, Überzeugungen und Handlungsweisen von *Lehrkräften* sowie deren Rolle für die Zusammenarbeit mit Eltern lassen sich in zwei thematische Forschungsbereiche unterscheiden: In einem quantitativ häufig beforschten Strang werden die Sichtweisen, Überzeugungen und Haltungen – die *Attitudes* – von Lehrkräften gegenüber Eltern und der Zusammenarbeit im Primarbereich erforscht (für Israel etwa Dor 2012; für die Niederlande: Denessen et al. 2009, vgl. Übersicht im Anhang 3). Zumeist wird hier die Sicht der Lehrkräfte auf Eltern, die Zusammenarbeit und/oder Interaktion bzw. Kommunikation mit ihnen erhoben. In einem zweiten Bereich geht es um die Sicht von Lehrkräften auf problematische Aspekte bei der Kommunikation und Interaktion mit Eltern.

Die Sichtweisen von Lehrkräften: Überzeugungen, Erwartungen und Zufriedenheit (Forschungsbereich 1)
Die internationalen Befunde zu den Sichtweisen von Lehrkräften auf Elternbeteiligung und Zusammenarbeit und damit die Interaktion mit Eltern machen zwei sich gegenüberstehende Haltungen der Lehrkräfte deutlich: Auf der einen Seite begegnet ein Großteil der Lehrkräfte Eltern und deren Beteiligung in und an Schule mit einer grundsätzlich positiven Haltung (z. B. für Israel: Dor 2012, vgl. Übersicht im Anhang 3; für die Niederlande: Denessen et al. 2009; für China: Ho Sui Chu 2007). Eltern werden als potentielle Ressource betrachtet, die zusammen mit den Lehrkräften die schulische Entwicklung des Kindes und/oder dessen Wohlbefinden in der Schule fördern können (Dor 2012: 927; Denessen et al. 2009: 33). PI wird – wie in der Wissenschaft (vgl. Abschn. 5.4) – aus Lehrkraftperspektive als Möglichkeit verstanden, positiven Einfluss auf den Schulerfolg von Kindern zu nehmen.

Während die genannten Studien keinen expliziten Ungleichheitsbezug aufweisen, interessiert sich Ho Sui Chu (2007, vgl. Übersicht im Anhang 3) in einer quantitativen chinesischen Studie für das Vertrauen[103] von Lehrkräften (N=2.879) in Eltern und Schülerinnen und Schüler unterschiedlicher Herkunft. Ein Großteil der Lehrkräfte hat eine generell positive Einstellung gegenüber Eltern. Unter Berücksichtigung der Ungleichheitsdimensionen Bildungsgrad, sozioökonomischer Status und Geschlecht der Eltern wird auf der anderen Seite aber offenkundig, dass das Vertrauen der Lehrkräfte in Schülerinnen und Schüler höher ausfällt, wenn die Familien der gehobenen Mittelschicht angehören. Außerdem beleuchtet die Studie die Bedeutung von konkret sichtbarer Elternbeteiligung: Sie zeigt auf, dass bei sichtbar höherer Beteiligung der Eltern (z. B. am Lernen zu Hause, aber ebenso im Rahmen gemeinschaftlicher Zusammenarbeit) auch das Vertrauen von Lehrkräften in die Schülerinnen und Schüler höher ausfällt (ebd.: 13).

Darüber hinaus belegen Studien eine Defizitorientierung in den Sichtweisen von Lehrkräften auf Familien respektive Eltern: So konnte in verschiedenen Kontexten in meist qualitativen Studien gezeigt werden, dass Lehrkräfte häufig Zusammenhänge zwischen Bildungs(miss)erfolg und familialen Unterstützungsweisen bzw. elterlicher Beteiligung an der Bildung der Kinder annehmen. Dies gilt im Besonderen für Eltern und Familien aus prekären sozialen Verhältnissen.[104]

Für Deutschland halten Gläser et al. (2008) fest, dass ein großer Teil der Probleme und Folgen von Armut in Grundschulen aus Sicht der Lehrkräfte wie selbstverständlich dem Elternhaus angelastet wird. So sind viele Lehrkräfte beispielsweise der Ansicht, dass es Eltern am Willen fehle, ihre Kinder zu unterstützen, und nicht an Möglichkeiten (ebd.: 93).

Kohl, Jäkel und Leyendecker (2015) untersuchen die Zusammenhänge zwischen familialer Belastung, elterlicher Beteiligung an Schule und der Beurteilung kindlicher Verhaltensprobleme durch Lehrkräfte; hier fokussieren die Forscherinnen jedoch nicht nur auf den Primarschulbereich, sondern nehmen auch höhere Schulstufen und -formen und damit auch Jugendliche in den Blick. Sie vergleichen dazu türkischstämmige und deutsche Kinder und Familien (N=202) und zeigen, dass deren Klassenlehrkräfte solche Kinder als problematischer wahrnehmen, deren Eltern sich (z. B. bedingt durch ihre hohe familiäre Belastung) weniger am schulischen Alltag beteiligen – und zwar unabhängig vom Migrationshintergrund (ebd.: 202).

Die Studien in diesem Forschungsbereich, die sich explizit für soziale Ungleichheit und deren Entstehung interessieren, weisen insgesamt darauf hin, dass die Wahrnehmung und die Beurteilung der Eltern und Familien durch die Lehrkräfte von der familialen Herkunft und sozialen Position bzw. prekären Lebenssituation ab-

---

103 Die *Trust*-Forschung (Vertrauensforschung) bildet einen Forschungszweig mit einerseits (sozial-)psychologischer Perspektive mit Bezug zu Erikson (1950). Andererseits wird *Trust* bzw. Vertrauen aus (organisations-)soziologischer Perspektive erschlossen, v. a. mit Rückbindung an Putnam (2000).

104 Zum Beispiel für Flandern (Belgien): Clycq, Nouwen und Vandenbroucke 2014 (vgl. Übersicht in Anhang 3); für Südafrika: Felix, Dornbrack und Scheckle 2008 (vgl. Übersicht im Anhang 3); für Deutschland: Gläser, Miller und Toppe 2008; im Kontext der Debatten um Ganztagsschulen: Fritzsche und Rabenstein 2009; ähnlich auch im Bereich Grundschule die qualitative Studie zum Handeln von Lehrkräften in der Interaktion mit Grundschüler/innen: Huxel 2012, oder die quantitative Studie von Kohl, Jäkel und Leyendecker 2015.

hängt sowie vom Grad der elterlichen Präsenz an der Schule. Diese Studien machen damit darauf aufmerksam, dass weder der Kontakt und die Zusammenarbeit von Lehrkräften mit Eltern noch die schulische Leistungsbeurteilung durch Lehrkräfte in einem kontextfreien Raum geschehen. Vielmehr spielen die Zugehörigkeit zu einer sozialen Klasse, der Bildungsstatus und die Herkunft von Eltern und Schülerinnen und Schülern in der Lehrkraft-Eltern-Zusammenarbeit, im Kontakt mit Eltern sowie bei der schulischen Leistungsbewertung von Kindern eine bedeutende Rolle.

Herausforderungen und Probleme von Zusammenarbeit in der Praxis (Forschungsbereich 2)

Innerhalb dieses Forschungsstrangs zu *problembehafteten* Aspekten der Zusammenarbeit oder Interaktion mit Eltern werden Lehrkräfte gezielt nach schwierigen bzw. herausfordernden Handlungssituationen mit Eltern befragt (z. B. eine italienische quantitative Studie zu kontraproduktivem Verhalten von Eltern aus Lehrkraftsicht: Pepe und Addimando 2014). In ähnlicher Weise werden arbeitsorganisatorische Schwierigkeiten und Herausforderungen für Lehrkräfte analysiert, die sich aus der Zusammenarbeit mit Eltern ergeben (z. B. Niederlande: Prakke, van Peet und van der Wolf 2007, vgl. Übersicht im Anhang 3). Probleme, Schwierigkeiten und Herausforderungen in der Zusammenarbeit zwischen Eltern und Lehrkräften werden v. a. in Studien analysiert, die sich mit den *wechselseitigen Perspektiven* der beteiligten Akteure beschäftigen (vgl. Abschn. 5.3.3).

Dass die bildungspolitischen, fachlichen und rechtlichen Aufforderungen und Vorgaben zur Zusammenarbeit von Schule und Familie (vgl. Kap. 4), die an Lehrkräfte gerichtet werden, auch Auswirkungen auf deren Arbeitsalltag haben, zeigen Studien in verschiedenen Settings und mit unterschiedlichen Fragestellungen: Von der Erforschung von Stressfaktoren und empfinden bei Lehrkräften (z. B. für die Niederlande: Prakke, van Peet und van der Wolf 2007) bis hin zu Fragen nach arbeitsorganisatorischen Schwierigkeiten bei der Zusammenarbeit mit Eltern werden die jeweiligen Belastungen bei Lehrkräften in den Blick genommen. Diese Studien richten ihren Fokus allerdings nur selten auf Aspekte sozialer Ungleichheit.

Die Überzeugungen, Haltungen und Sichtweisen von Lehrkräften werden insgesamt häufig erforscht, während die *Handlungsebene* weitaus seltener betrachtet wird, wie z. B. von Egger, Lehmann und Straumann (2015). Belastungsfaktoren wie Stress und Arbeitsaufwand im Zusammenhang mit den Anforderungen von Zusammenarbeit werden vornehmlich bei der Forschung zu Lehrkräften thematisiert. Bei Studien dagegen, die sich mit Eltern oder mit den Fachkräften in Kindertageseinrichtungen beschäftigen, wird Zusammenarbeit deutlich seltener als eine Form der *Arbeit* attribuiert und untersucht, die immer auch negative Begleiterscheinungen mit sich bringen kann.

In der qualitativen Studie an Grundschulen in der Schweiz von Egger, Lehmann und Straumann (2015, vgl. Übersicht im Anhang 3) wird deutlich, dass Lehrkräfte die Zusammenarbeit von Grundschule und Elternhaus als anspruchsvolle Aufgabe wahrnehmen, bei der unterschiedliche Interessen und Aufgaben zusammengebracht werden müssen. Die Forscher/innen nehmen die Logiken und Muster in den Fokus, nach denen Lehrkräfte in der Interaktion mit Eltern handeln, und können in insgesamt 39 Interviews unterschiedliche Praxismuster rekonstruieren, die für die Zusammenarbeit mit Eltern zentral sind. Es gibt etwa Lehrkräfte, die kaum Kontakt mit Eltern haben und Schule und Familie als getrennte und nicht notwendig zu verbindende Lebenswelten verstehen. In anderen Praxismustern werden Schule und Familie als sich überlappende Sozialisationsumwelten konzipiert. Damit wird offenkundig, dass nicht nur bei Eltern (vgl. Abschn. 5.3.1), sondern ebenso bei Lehrkräften äußerst heterogene Vorstellungen davon existieren, wie Zusammenarbeit funktionieren kann und soll.

5.3.3 Verhältnisbestimmungen: Eltern und Lehrkräfte

Neben Studien, die entweder nur Eltern oder nur Lehrkräfte und deren jeweilige Überzeugungen und Handlungsweisen in den Blick nehmen, ergab die Recherche auch für den Primarbereich eine Reihe von Studien, welche die Sichtweisen in ein *Verhältnis zueinander* setzen. Dabei richten viele Forschende den Fokus auf die jeweiligen Definitionen und Verständnisse von Elternbeteiligung und Zusammenarbeit, die Eltern und Lehrkräfte haben. Zudem wird danach gefragt, welche der beteiligten Akteursgruppen am meisten unternimmt, damit Eltern sich beteiligen (Forschungsbereich 1 in diesem Kapitel). In einem zweiten Forschungsbereich zur Verhältnisbestimmung von Eltern und Lehrkräften wird das Interesse auf Prozesse und konkrete Situationen gerichtet, in denen Eltern und Lehrkräfte kommunizieren und interagieren.

Sichtweisen von Eltern und Lehrkräften in ihrem relationalen Verhältnis (Forschungsbereich 1)

Was PI ist und wie Beteiligung von Eltern und Lehrkräften gestaltet *sein soll*, ist in der Forschung keineswegs geklärt (Dieser Aspekt wird in Abschn. 5.4 noch einmal explizit diskutiert). Weder die Wissenschaftlerinnen und Wissenschaftler noch die Eltern und Lehrkräfte selbst haben ein einheitliches Verständnis davon, wie Elternbeteiligung an und in Grundschulen aussieht bzw. aussehen kann und soll. Die Heterogenität der Perspektiven von Eltern und Lehrkräften bestätigt sich in den Studien, die die Sichtweisen *vergleichen* oder anderweitig in Beziehung zueinander setzen.

Bakker, Denessen und Brus-Laeven (2007, vgl. Übersicht im Anhang 3) untersuchen in einer quantitativen Studie (Klassenstufen 1–6) in den Niederlanden die unterschiedlichen Wahrnehmungen und Bewertungen von PI aus Elternperspektive (N=218) und Lehrkraftperspektive (n=60) (ähnlich dazu in Deutschland: Jäger-Flor und Jäger 2010). Sie stellen fest, dass Lehrkräfte ein verallgemeinertes Verständnis von PI haben. Diese setzen einen Idealtypus von Kooperation mit Eltern als Maßstab für ihre Bewertung von Elternbeteiligung an. Zwar liegt das Haupterkenntnisinteresse dieser Studie nicht auf Mechanismen der (Re-)Produktion sozialer Ungleichheit, dennoch ist das Ergebnis relevant, dass Lehrkräfte aus den beobachteten Leistungen der Schülerinnen und Schüler auf den Grad der Beteiligung der Eltern zu Hause schlussfolgern. Die Berichte über diese häusliche elterliche Beteiligung unterscheiden sich dementsprechend stark, je nachdem, ob man Eltern oder Lehrkräfte fragt: Eltern mit hohen Bildungsabschlüssen werden von Lehrkräften als involvierter wahrgenommen als Eltern mit niedrigen Bildungsabschlüssen, während die Selbstbeschreibungen der eigenen Beteiligung der befragten Eltern kaum Unterschiede aufweisen (Bakker et al. 2007: 185 ff.).

Lee und Bowen (2006) betrachten in ihrer US-amerikanischen quantitativen Studie (N=415) den Einfluss von PI auf den Schulerfolg von Kindern in der Grundschule. Sie können zeigen, dass die Art des PI in Abhängigkeit von soziodemografischen Merkmalen variiert. Eltern aus der Mittelschicht engagieren sich demnach stärker *in* der Schule des Kindes, z. B. durch die Beteiligung an Schulfesten und den Besuch von Elternsprechtagen. Demgegenüber fokussieren Eltern in sozial benachteiligten Verhältnissen ihr Engagement auf den häuslichen Rahmen, z. B. indem sie ihrem Kind bei den Hausaufgaben helfen. Im Ausmaß ihres häuslichen Engagements unterscheiden sie sich allerdings nicht von Eltern der Mittelschicht. Interessant ist, dass die Art schulbezogenen Engagements von Mittelschichteltern einen stärker positiven Effekt auf die Schulleistungen des Kindes hat, als die häusliche Unterstützung, wie sie ebenso von Eltern in prekären Verhältnissen ausgeübt wird. Die Autorinnen interpretieren diese Ergebnisse so, dass Lehrkräfte unabhängig von den Gründen, warum Eltern in der Schule nicht präsent sind, ihre fehlende Anwesenheit als mangelndes Interesse interpretieren könnten. Dies kann sich als nachteilig für die Kinder erweisen (ebd.: 210).

In einer US-amerikanischen zweijährigen Fallstudie an einer *Elementary School* in einer durch Armut geprägten städtischen Gemeinde zeigt Lawson (2003, vgl. Übersicht im Anhang 3), dass Lehrkräfte ihre Erwartungen und Definitionen von Elternbeteiligung und Zusammenarbeit vornehmlich an den Bedarfen des (fachlichen) Unterrichts und der Schule orientieren – alternative elterliche Anstrengungen, ihren Kindern eine bildungsbezogene Zukunft zu ermöglichen, werden daher von den Lehrkräften nicht wahrgenommen. Einige Eltern, die sich und den Stadtteil von sozialer Exklusion bedroht sehen und sich selbst als nicht-involviert in die Schule beschreiben (ebd.: 85), berichten von verschiedenen Bemühungen (z. B. dass die Kinder regelmäßig die Schule besuchen und entsprechend ausgestattet sind), ihren Kindern eine sichere und bildungsbezogene Lebenswelt in einer als gefährlich eingeschätzten Umgebung zu ermöglichen. Diese Eltern erleben, dass sie von Lehrkräften – z. B. in Gesprächen zu schulischen Problemen des Kindes – mit defizitärem Blick betrachtet und nicht verstanden werden (ebd.: 98). Auch Eltern, die stärker involviert sind, berichten von Konflikten mit Lehrkräften und sind sich unsicher darüber, ob die Schule nicht eher gegen sie statt für sie arbeitet (eine Fallstudie mit ähnlichen Befunden an einer US-amerikanischen Grundschule: Wilson 2011).

In einer ebenfalls qualitativen Fallstudie an einer Grundschule in Australien mit einer durch kulturelle und sozioökonomische Diversität geprägten Schülerschaft stellen Blackmore und Hutchison (2010) fest, dass vor allem Eltern der Mittelschicht, die über entsprechende Ressourcen und flexible Arbeitszeiten verfügen, an angebotenen Elternprogrammen partizipieren und damit *sichtbar* im Schulleben involviert sind (ebd.: 511). Viele Eltern beteiligen sich jedoch ebenso in Settings, die weniger stark von institutionellen Anforderungen geformt sind (wie beispielsweise die gemeinsame Organisation der Schulgartengestaltung). Aus Elternperspektive bieten sich bei solchen Kontaktformen Möglichkeiten für weniger hierarchisch strukturierte Interaktionen mit den Lehrkräften (ebd.: 512). Lehrkräfte und Schulleitung berichten zudem darüber, dass staatliche Programme und Auflagen zu PI auch dazu führen, dass freiwillige elterliche Arbeit an Stellen zum Einsatz kommt, wo der Schule finanzielle Ressourcen fehlen. Hier deutet sich insofern auch ein ökonomischer Aspekt des Konzeptes PI an: Elterliches Engagement im direkten schulischen Umfeld wird als Ausgleich fehlender finanzieller Ressourcen und als Arbeitsentlastung genutzt.[105]

Elterngespräche, Eltern-Lehrkraft-Kommunikation und Interaktion (Forschungsbereich 2)

Einige (inter-)nationale Studien richten den Blick auf *konkrete Prozesse* der Zusammenarbeit von Eltern und Lehrkräften; es geht um Interaktionssituationen, in denen Eltern und Lehrkräfte beteiligt sind. Die Wissenschaftlerinnen und Wissenschaftler interessieren sich etwa dafür, auf welche Art und Weise in Elterngesprächen Deutungen von den jeweiligen Akteurinnen und Akteuren produziert werden und welche Deutungen und Themensetzungen – z. B. die schulische Entwicklung des Kindes – dominant sind (z. B. für die Niederlande: Wissink und de Haan 2013; für Deutschland: Bennewitz und Wegner 2015). Zudem wird untersucht, wie in Kontaktsituationen und Veranstaltungen, etwa auf Elternabenden, Praktiken elterlicher Beteiligung ermöglicht oder begrenzt werden (in Bezug auf den Übergang von der Elementar- zur Primarstufe z. B. für Deutschland: Binz et al. 2012). Ebenso wird erforscht und evaluiert, *wie* Projekte zur Elternbeteiligung verlaufen (z. B. für Dänemark und Schweden zur Kommunikation von Eltern und Lehrkräften in *Local School Boards*[106]: Kristoffersson 2009). An vielen Stellen dieser Forschungsarbeiten werden Aspekte der (Re-)Produktion sozialer Ungleichheit explizit thematisiert und analysiert.

Knapp (2016) untersucht mit einer gesprächsanalytischen Herangehensweise Aushandlungen von Verantwortung in Eltern-Lehrkraft-Gesprächen in der 1. Klasse einer Grundschule. Ein Gespräch findet vor dem Hintergrund bereits eingeleiteter Fördermaßnahmen statt, die beim betreffenden Schüler noch nicht zu einer Leistungsverbesserung geführt haben. Im Gesprächsverlauf kann die Lehrkraft das von den Eltern eingebrachte Wissen über das Kind strategisch für ihre Argumentation[107] nutzen. So erlangt sie im Gespräch die Deutungshoheit über die Ursachen schulischer Defizite des Schülers und die entsprechenden Fördermöglichkeiten. Die Autorin interpretiert dies als asymmetrische Interaktionskonstellation (ebd.: 114) und plädiert für eine verstärkte Beobachtung von Machtverhältnissen in Eltern-Lehrkraft-Gesprächen (zur Aushandlung von Verantwortung zwischen Familie und Schule siehe auch Bennewitz und Wegner 2015).

Die Art und Weise, *wie* in Gesprächssituationen Schulerfolg und die schulische Entwicklung des Kindes zwischen Lehrkräften und Eltern besprochen werden,

---

105 Im Anschluss daran lässt sich die bislang im Forschungsfeld nicht thematisierte Frage aufwerfen, inwiefern die mit der Zusammenarbeit zwischen Schule und Familie verbundenen Vorstellungen von ›guter‹ und ›schlechter‹ Elternschaft oder auch ›interessierten‹ und ›desinteressierten‹ Eltern solche ökonomischen, ressourcenbezogenen Aspekte von Zusammenarbeit verdecken, die insbesondere der Institution Schule nutzen (dazu kritisch bereits: Betz 2015).
106 Schulaufsichtsräte
107 Diese zielt in diesem Fall auf physiologische Ursachen für die Schwierigkeiten des Schülers, die externe Beratung von z. B. Ärzten erfordert.

zeigt laut Wissink und de Haan (2013, vgl. Übersicht im Anhang 3) außerdem unterschiedliche, in Abhängigkeit zur ethnischen Herkunft der Familien stehende Zuschreibungen, die von Lehrkräften gegenüber Eltern vorgenommen werden. Diese spielen für die Produktion sozialer Ungleichheit eine Rolle. In ihrer Untersuchung von Eltern-Lehrkraft-Gesprächen zu weiterführenden Schulempfehlungen von Kindern (N=54) wird deutlich, dass Lehrkräfte Schülerinnen und Schüler mit geringen schulischen Leistungen aus ethnischen Minderheiten signifikant häufiger als ›bemüht‹ darstellen, jedoch keine schulischen Erfolge für das Kind annehmen. Hingegen werden bei Kindern der Mehrheitsgesellschaft *(Majority Children)* eher psychologische oder motivationale Gründe für schlechte Schulleistungen geäußert. Zudem stellen die Autor/innen fest, dass Lehrkräfte die Gesprächsverläufe mit Eltern der Mehrheitsgesellschaft koproduktiver gestalten, d. h. eher zu einer gemeinsamen Einschätzung bezüglich der Schulleistungen des Kindes kommen als mit Eltern ethnischer Minderheiten. Bei Letzteren dominieren die Lehrkräfte die Themen und den Gesprächsverlauf stärker (ebd.: 70 ff.).

Auch die Studien, die sich primär mit der Perspektive von Eltern beschäftigen, bestätigen, dass die befragten Eltern Lehrkräfte als mit Dominanz und Deutungshoheit ausgestattet erleben. Smrekar und Cohen-Vogel (2001) schlussfolgern aus ihren Ergebnissen aus Elterninterviews (N=30) und Gesprächen mit dem Schulpersonal[108] im US-amerikanischen Kontext, dass das Zustandekommen von Kommunikationssituationen sowie zeitliche Rahmen- und Themensetzungen in Gesprächen und Treffen zwischen Lehrkräften und Eltern mit sozioökonomisch prekärem Hintergrund stark festgelegt und standardisiert sind. Kommunikation geht daher tendenziell von der Schule und weniger von den Eltern aus (ebd.: 92).

Christie und Szorenyi (2015) halten für die Initiierung der Kommunikation zwischen Lehrkräften und Eltern im britischen Kontext fest, dass Lehrkräfte kaum die Initiative ergreifen und Kommunikationssituationen in vielen Fällen von Elternseite (mit Migrationshintergrund) herbeigeführt werden müssen, wenn es um Informationen über den Lern- und Entwicklungsstand des Kindes geht (ebd.: 149). Beide Studien, die amerikanische wie die britische, kommen zu dem Schluss, dass die Eltern die Initiierung von Kommunikationssituationen von Seiten der Lehrkräfte insbesondere als problemzentriert erleben: Eltern werden dann kontaktiert, wenn geringe oder ungenügende Leistungen oder ›schlechte‹ Verhaltensweisen des Kindes besprochen werden sollen (ebd.: 149; Smrekar und Cohen-Vogel 2001: 93).

5.4 Das Konzept *Parental Involvement* (PI): Unklarheiten, Widersprüche und Forschungslücken

In den beiden vorangegangenen Abschnitten stand insbesondere die Darstellung und Systematisierung der Studienergebnisse im Vordergrund. Im Folgenden wird nun auf einer stärker konzeptuellen Ebene die Frage verfolgt, was in der (inter)nationalen Forschung unter Elternbeteiligung, Zusammenarbeit und im Speziellen

---

108 Zur Anzahl der befragten Personen, die dem Schulpersonal zuzurechnen sind, wird keine Angabe gemacht (Smrekar und Cohen-Vogel 2001: 85). Das Hauptinteresse der Studie bezieht sich auf die interviewten Eltern.

dem prominent vertretenen Konzept des *Parental Involvement* (PI) verstanden wird und an welchen Interessen und Prämissen sich die entsprechende Forschung in der Regel orientiert.

Unabhängig davon, ob sich die internationale PI-Forschung direkt oder indirekt auf das Epstein'sche Modell bezieht (vgl. Abschn. 5.1.2), herrscht weitgehend Einigkeit darüber, dass PI in ECEC-Einrichtungen und in Schulen positiv wirkt und ein hohes Potenzial zur Verbesserung von Bildungschancen in verschiedenen gesellschaftlichen Kontexten in sich birgt; dies zeigt die Recherche der (inter-)nationalen Publikationen zu den Eltern, Fach- und Lehrkräften (vgl. Abschn. 5.2 und 5.3). Auch darüber, dass Eltern, Fach- und Lehrkräfte dasselbe Ziel verfolgen (sollten), dass PI zur Reduktion von Bildungsungleichheiten beiträgt und dass die Kinder immer im Mittelpunkt der Forschung stehen, sind sich viele Forschende einig. Sieht man sich diese in der Forschungscommunity häufig *geteilten Annahmen* genauer an, wird jedoch offenkundig, dass sie den tatsächlichen, in den Abschnitten 5.2 und 5.3 referierten Befunden zu PI, aufgrund ihrer Vielfältigkeit und Komplexität, oft entgegenstehen (s. u. blinde Flecke des Forschungsfeldes).

Die Eindeutigkeit dieser Annahmen überrascht daher, denn die Studien selbst sind nicht nur in sehr unterschiedliche nationale, kulturelle und politische Kontexte eingebettet, sondern ebenfalls in der Konstruktion des Forschungsgegenstands von PI und in ihrem jeweiligen methodischen Vorgehen äußerst vielfältig. Diese Vielfalt und die methodischen Herausforderungen werden in einzelnen Studien (besonders in den Meta-Analysen) problembewusst und ausführlich diskutiert (z. B. bei Fan und Chen 2001[109]; Jeynes 2005[110]). Diese Einsicht hat aber – so das Ergebnis der Recherche – keinen nennenswerten Einfluss auf die häufig geteilte Annahme, dass PI dennoch grundsätzlich positiv wirkt.

Die empirischen Befunde sind also meist alles andere als eindeutig – sie werfen vielmehr eine Reihe spannender Fragen auf, die jedoch selten aufgegriffen und wiederum zum Gegenstand neuer Forschung werden. Dies ist problematisch, weil auf diese Weise unterschiedliche Auffassungen seitens der Forscherinnen und Forscher zu PI sowie teils divergierende Befunde zur Wirksamkeit von PI zu wenig Beachtung finden. Dadurch wird es schwieriger, die vielfältigen Effekte von PI systematisch aufzuarbeiten. Zudem können aufgrund der derzeitigen Datenlage, die sich auf den (inter-)nationalen Forschungsstand bezieht, präzisere Anhaltspunkte für politisches und pädagogisches Handeln kaum bereitgestellt werden.

Dementsprechend ist es wichtig, die Studien zu PI sowie deren Befunde und methodische Diskussionen, die in den vorangegangenen Abschnitten im Überblick vorgestellt wurden, abschließend auf ihre Argumentationen und die häufig geteilten Annahmen hin zu untersuchen und dabei blinde Flecke herauszuarbeiten. Es konnten insgesamt sieben in verschiedenen Studien vertretene explizite

---

109 Die Meta-Analyse umfasst 25 Studien, die den Zusammenhang von PI und Schulerfolg (*Students' Academic Achievement*) untersuchen (Fan und Chen 2001: 6). Eine Einschränkung auf eine bestimmte Schulstufe liegt nicht vor.

110 Die US-amerikanische Meta-Analyse von Jeynes (2005) umfasst 41 Studien, die die Wirksamkeit von PI-Programmen (und hier den Zusammenhang von PI und Schulerfolg, *Academic Achievement*, von Kindern der Klassenstufen 1 (inkl. US-amerikanische Kindergartenklasse) bis 6 untersuchen.

und implizite Annahmen identifiziert werden, die sich als *blinde Flecke des Forschungsfeldes* dekonstruieren lassen (vgl. auch Betz 2015) und die in den Argumentationen in den wissenschaftlichen Publikationen wiederholt auftreten. Sie sind als stillschweigende Übereinkünfte mit scheinbarem Gültigkeitsanspruch zu verstehen, die in den (inter-)nationalen Debatten zur Zusammenarbeit nur an wenigen Stellen explizit diskutiert werden, z. B. auf methodischer Ebene in quantitativen Designs oder in kleineren qualitativen Studien.

Blinder Fleck 1: Das breit geteilte Postulat, dass sich PI grundsätzlich positiv auf den Schul- und Bildungserfolg von Kindern auswirkt, lässt die heterogenen methodischen Zugänge und Befunde in den Hintergrund treten.
In der Forschungscommunity herrscht über die positive Wirkung von PI weitestgehend Einigkeit (vgl. Abschn. 5.2.1 und 5.3.1). So gilt es etwa in der einschlägigen Literatur als empirisch unbestritten, *dass* sich relevante Zusammenhänge zwischen PI und dem Schulerfolg und verschiedenen schulrelevanten Kompetenzen von Kindern nachweisen lassen. Das wird vor allem in den verschiedenen Meta-Analysen und Literaturreviews deutlich.[111] Der Konsens der allgemeinen Diskussion zeigt sich beispielsweise in folgendem Zitat:

»*The evidence is consistent, positive, and convincing: families have major influence on their children's achievement in school and through life. [...]. When schools, families, and community groups work together to support learning, children tend to do better in school, stay in school longer, and like school more*« (Henderson und Mapp 2002: 7).

Dieser *Common Sense* verdeckt allerdings die heterogenen Vorstellungen und Definitionen in den Studien davon, was PI eigentlich *ist*, d. h., aus welchen Komponenten es sich zusammensetzt und wie es abgebildet werden kann und soll. Der Forschungsgegenstand (Elternbeteiligung und/oder Zusammenarbeit) wird also höchst unterschiedlich definiert, während zugleich der Effekt einheitlich positiv und zudem vergleichbar sein soll.[112]

Fan und Chen (2001, vgl. Übersicht im Anhang 3), Jeynes (2005; 2011) und Wilder (2014) zeigen beispielsweise, dass sich die stärksten positiven Zusammenhänge für das PI-Konzept dann zeigen, wenn es als *Bildungsaspirationen* von Eltern definiert ist (z. B. Wilder 2014: 392). In der metaanalytischen Betrachtung zahlreicher Studien gibt es dagegen keine Zusammenhänge, wenn PI als elterliche Unterstützung bei Hausaufgaben definiert wird oder die Teilnahme von Eltern an schulischen Aktivitäten erfasst wird (ebd.: 395). Ungeachtet dessen werden die Meta-Analysen, die vornehmlich positive Befunde für Bildungsaspirationen der Eltern belegen, von anderen Studien auch als Beleg für die positive Wirksamkeit von Zusammenarbeit, Bildungs- und Erziehungspartnerschaften oder die hohe Bedeutsamkeit der Kooperation zwischen Bildungsinstitution und Familie herangezogen.[113]

---

111 Metaanalysen: Fan und Chen 2001; Jeynes 2005; Wilder 2014; Literaturreviews: Desforges und Abouchaar 2003; Henderson und Mapp 2002.
112 Zur kritischen Diskussion u. a. Barton et al. 2004; Lawson 2003; Theodorou 2007.
113 Zum Beispiel Denessen et al. 2009; Pepe und Addimando 2014; Zaoura und Aubrey 2011.

5 Internationale und nationale Befunde aus wissenschaftlichen Studien zur Zusammenarbeit

Die variantenreichen Definitionen von PI spiegeln sich darüber hinaus auf methodischer Ebene: So zeigt u. a. die viel zitierte Meta-Analyse von Fan und Chen (2001), dass die einzelnen Studien so stark in ihrer Operationalisierung von PI variieren (z. B. ob die Elternbeteiligung zu Hause, in der Einrichtung oder beides erfasst wird), dass sich auch inkonsistente Befunde hinsichtlich ihrer Wirkung ergeben. Zudem existieren verschiedene Indikatoren für den Schulerfolg von Kindern: Diese reichen von globalen Indikatoren wie dem Notendurchschnitt bis hin zu spezifischen Indikatoren wie Ergebnisse in standardisierten Testverfahren zur Leistungsmessung in einzelnen Teilgebieten (vor allem Mathematik und Lesekompetenzen) (ebd.: 4).

Ein weiteres methodisches Problem stellt die Messung von Elternbeteiligung durch Selbstauskünfte dar, wie Betz (2015) für den deutschsprachigen Kontext sowie Henderson und Mapp (2002) in einem umfangreichen englischsprachigen Literatur-Review zum Thema festhalten. Die Auskünfte zur Elternbeteiligung, zum Teil auch zu den Kompetenzen der Kinder, werden von Fach- und Lehrkräften sowie manchmal ebenso von Eltern eingeholt. Kinder selbst werden nie befragt, höchstens getestet (vgl. Kap. 7). Diese Selbstauskünfte werden in vielen Studien nicht von dritter Seite auf ihre Verlässlichkeit hin geprüft. Die vorliegende Recherche zeigt, dass in Studien, die Lehrkräfte *und* Eltern gleichermaßen nach der Elternbeteiligung fragen, keine übereinstimmenden Angaben vorliegen, wie häufig oder in welcher Form Eltern tatsächlich beteiligt *sind*: Die Befunde variieren vielmehr danach, *wer* Auskunft gibt (z. B. Barnard 2004).[114]

Auch Galindo und Sheldon (2012) geben zu bedenken, dass Auskünfte von ECEC-Einrichtungsleitungen möglicherweise stärker wiedergeben, wie der Kontakt zwischen Fachkraft und Eltern gestaltet sein *soll*, als dass sie tatsächliche Angaben dazu machen, wie der Kontakt in der Praxis *ist* (ebd.: 100). Nzinga-Johnson, Baker und Aupperlee (2009) halten fest, dass die ausschließliche Erfassung von PI durch Selbstauskünfte von Fach- bzw. Lehrkräften um zusätzliche Beobachtungs- und Längsschnittdaten erweitert werden sollte (ebd.: 89).

Blinder Fleck 2: Die gemessenen positiven Zusammenhänge von PI und dem Schulerfolg bzw. den Entwicklungsoutcomes von Kindern werden in der Diskussion als *kausale* Zusammenhänge interpretiert. Es rückt in den Hintergrund, dass eindeutige positive Wirkungen von PI auf den Schulerfolg und die Entwicklungsoutcomes kaum empirisch belegt sind.

Einige der recherchierten (inter-)nationalen Studien (vgl. Abschn. 5.2 und 5.3) können positive Befunde zum Zusammenhang von PI und dem Schul- und Bildungserfolg von Kindern nachweisen. Trotzdem muss bei genauerer Betrachtung der Datenlage offenbleiben, inwiefern es *tatsächlich* die Elternbeteiligung unabhängig von anderen relevanten Faktoren – wie z. B. soziale Herkunft oder Migrationshintergrund – und unabhängig davon, ob sie als Bildungsbeteiligung zu Hause oder als Teilnahme an Aktivitäten in Bildungseinrichtungen untersucht wird, ist, die in einer kausalen Wirkrichtung positive Effekte auf den Schulerfolg der Kinder hat. Es ist durch Korrelationsstudien nicht nachweisbar, dass eine hohe Beteiligung allein zu größerem Erfolg führt und dass entsprechende Eltern- oder Familienbildungsprogramme, gerade für sozial benachteiligte Familien, erfolgreich sind. So ist es z. B. ebenso möglich, dass sich gesellschaftlich besser situierte Eltern stärker involvieren, deren Kinder ohnehin überdurchschnittliche Leistungen erzielen (vgl. auch Sacher 2014a: 17). Was fehlt, sind u. a. Langzeitstudien, die solche positiven Wirkungen auf den Bildungsverlauf belegen könnten (Henderson und Mapp 2002: 18). Sacher (2014a) fordert vor diesem Hintergrund experimentelle Designs, um Kausalzusammenhänge aufzudecken; von diesen gibt es auch international nur sehr wenige (ebd.: 18).

Zugleich liegt eine Reihe von einzelnen länder- und programmspezifischen Evaluations- und Interventionsstudien vor. Diese setzen sich mit der Wirksamkeit spezifischer Elternprogramme auseinander, die u. a. darauf zielen, die Erziehungskompetenz von Eltern zu verbessern und damit auch die Elternbeteiligung an der Bildung von Kindern zu erhöhen; hier soll ebenfalls u. a. der Bildungserfolg von Kindern gesichert werden. Geringe Langzeiteffekte von Elternbildungsprogrammen sind in den Bereichen Sozialverhalten und soziale Auffälligkeit im Lebenslauf

---

114 Während z. B. in der von Barnard (2004) vorgestellten Langzeitstudie Aussagen von Primarschullehrkräften zum PI von Eltern signifikante Zusammenhänge mit dem späteren Schulerfolg aufweisen, gilt dies *nicht* für die Selbstauskünfte der Eltern zu ihrer Beteiligung zu Hause oder an schulischen Aktivitäten.

von Kindern nachweisbar (Lösel und Bender 2017, i. E.). Andere Forscherinnen und Forscher können zeigen, dass sich in solchen Programmen positive Effekte auf die Outcomes von Schülerinnen und Schülern unterschiedlichen Alters sowie verschiedener familiärer Hintergründe nachweisen lassen (Henderson und Mapp 2002; vgl. Abschn. 5.2.1). So geht Jeynes (2005) darauf ein, dass Schulprogramme zur Elternbeteiligung die Schulleistungen von Kindern in städtischen Primarschulen der USA positiv beeinflussen. Dennoch muss die Aussagekraft solcher Interventionsstudien in aller Regel auf die jeweiligen Programme und ihre Kontexte begrenzt bleiben. Zudem müssen hier die jeweiligen Operationalisierungen genau in den Blick genommen werden, um abschätzen zu können, wozu genau belastbare Aussagen möglich sind und wozu weniger.

Resümierend lässt sich zum Zusammenhang von PI und (schulischen) Fähigkeiten und Resultaten von Kindern festhalten: Es gibt bislang wenige empirisch-konsistente Anhaltspunkte dafür, dass sich durch Elternbeteiligung in ECEC-Einrichtungen und in Grundschulen ein erfolgreicher Bildungsverlauf von Kindern vorhersagen lässt und dass Elternbeteiligung die zentrale Determinante für den Schulerfolg ist – unabhängig von anderen Variablen wie der sozialen Herkunft der Kinder. Für belastbare Schlussfolgerungen bedarf es intensiverer Forschung. Diese Forschung allerdings müsste Prozesse und Entwicklungen in den Blick nehmen und zugleich die Komplexität des Phänomens Elternbeteiligung wie auch seine Verwobenheit mit gesellschaftlichen Ungleichheitsverhältnissen in Rechnung stellen.

Blinder Fleck 3: Die PI-Forschung ist gegenüber Eltern und ihrem Denken und Handeln neutral, nicht wertend und bestimmt objektiv den Beitrag der Eltern zur Zusammenarbeit. Diese – meist implizit vertretene – Annahme verdeckt, dass im Kontext von PI meist solche Eltern adressiert werden, die benachteiligten gesellschaftlichen Gruppen angehören.

Lightfoot (2004, vgl. Übersicht im Anhang 3) diskutiert aus diskursanalytischer und machtkritischer Perspektive, dass das oft nicht explizit definierte Konzept PI bereits auf sprachlicher Ebene meist solche Eltern adressiert, die einer (ethnischen) Minderheit angehören, in städtischen Ballungsgebieten leben, über ein geringes Einkommen verfügen oder deren Kinder als so genannte ›Risikokinder‹ eingeordnet werden (zum Konzept: Betz und Bischoff 2013). Damit werden diese Elterngruppen und ihre Kinder – u. a. durch eine entsprechende Metaphorik – zum Schlüsselproblem des Bildungssystems deklariert: Während Eltern aus der Mittelschicht als *Full/Having* (z. B. reich an Ressourcen) beschrieben werden, gelten Eltern aus Minderheiten oder mit niedrigem Einkommen als *Empty/Lacking* (z. B. mit fehlenden Ressourcen). Dies zeigt Lightfoot (2004) empirisch an der Analyse von Elternprogrammen in den USA auf; zu ähnlichen Befunden kommen Betz, de Moll und Bischoff (2013) sowie Bischoff und Betz (2015) für politische Debatten in Deutschland und Gillies (2005, 2008) für familienpolitische Debatten in Großbritannien.

Die darin zum Ausdruck kommende sozial differenzierende und zugleich abwertende Sprache – die nicht zuletzt aus der impliziten Messung des elterlichen Handelns an den Zielen und Bedarfen der Bildungseinrichtungen resultiert, denen Eltern unterschiedlich leicht entsprechen (vgl. Blinder Fleck 5) – hat Konsequenzen: Auch in gut gemeinter, unterstützender und häufig kompensatorischer Absicht wird es schwierig, Eltern jenseits dieser Kategorien zu denken und die gängigen Wahrnehmungsmuster zu durchbrechen, wie z. B. den defizitären Blick auf spezifische Elterngruppen. Diese Feststellung gilt nicht nur für die früh- und grundschulpädagogische Praxis, in der dieses Problem erkannt wurde und bearbeitet wird[115], sondern auch für die Forschung zum Themenfeld Elternbeteiligung.

Blinder Fleck 4: Die Annahme, dass ein höheres PI die Bildungsbenachteiligung von Kindern mit spezifischen familialen Hintergründen reduzieren kann, wird in der Forschung breit geteilt. Vor dem Hintergrund der wenigen Studien, die überhaupt empirisch *kompensatorische* Effekte erforschen, handelt es sich hierbei aber vielmehr um eine offene Forschungsfrage.

Dass eine stärkere Elternbeteiligung bei sozial benachteiligten Familien eine Verbesserung der Schulleistungen ihrer Kinder mit sich bringen kann, ist eine plausible Annahme. Ob es allerdings tatsächlich die in verschiedenen Studien unterschiedlich definierte (vgl. Blinder Fleck 1) Elternbeteiligung bzw. Zusammenarbeit ist, die dazu beitragen kann, Kindern aus sozioökonomisch benachteiligten oder marginalisierten Familien in stärkerem Maße als bislang schulische Erfolge zu ermöglichen (vgl. Abschn. 2.2), ist eine empirisch offene Frage. Langzeiteffekte z. B. kompensatorischer Familienbildungsprogramme werden häufig nicht erfasst und können daher selten nachgewiesen werden (z. B. Friedrich und Smolka 2012).

Ein großer Teil der Forschung untersucht zudem gar nicht die (kompensatorische) Wirkung von PI *selbst,* sondern z. B. Formen, Intensität und Häufigkeit der Beteiligung von sozial benachteiligten Bevölkerungsgruppen. Inwiefern Eltern in die schulischen Belange ihrer Kinder involviert sind, unterscheidet sich dabei signifikant entlang der zentralen Differenzlinien *Race* und *Class*[116] in Bezug auf die Bildungsabschlüsse von Müttern sowie bei Ein-Eltern-Haushalten:

»*Examining the nature and impact of these forms of parental involvement has consistently revealed that the degree of parental involvement is [:] strongly related to family social class: the higher the class the more the involvement*« (Desforges und Abouchaar 2003: 85).

Aufgrund dieser Ausrichtung der Forschung wird daher die kompensatorische Wirkung – z. B. mit Verweisen auf korrelativ angelegte Studien oder auf die genannten Meta-Analysen – in der Literatur eher als *erwiesen vorausgesetzt,* aber nicht selbst empirisch untersucht. Hier besteht klarer Forschungsbedarf.

---

115 Auf diese Problematik wird mit unterschiedlichen Aus- und Fortbildungskonzepten reagiert. Exemplarisch für Kindertageseinrichtungen der Wegweiser »Inklusion – Kulturelle Heterogenität in Kindertageseinrichtungen« (Deutsches Jugendinstitut e. V. und Weiterbildungsinitiative Frühpädagogische Fachkräfte 2013) oder der Wegweiser »Inklusion – Kinder und Familien in Armutslagen« (Deutsches Jugendinstitut e. V. und Weiterbildungsinitiative Frühpädagogische Fachkräfte 2014).

116 Im deutschsprachigen Kontext sind die Kategorien *Migrationshintergrund* und *soziale Herkunft bzw. Schicht* üblicher.

Blinder Fleck 5: Es ist vielfach stillschweigender Konsens in der Forschung, dass Eltern, Fach- und Lehrkräfte in ihrem Handeln dasselbe Ziel verfolgen: die (schulische) Kompetenzentwicklung bzw. der Bildungserfolg des Kindes. Diese Grundannahme verdeckt, dass PI vornehmlich an den Zielen und Bedarfen der Bildungsinstitutionen orientiert ist und die Ziele und Bedarfe von Eltern dem untergeordnet werden.

Implizit wird in vielen Studien zu PI davon ausgegangen, dass Eltern und die Vertreterinnen/Vertreter von Bildungsinstitutionen gleichermaßen ›das Beste‹ für Kinder wollen, d. h. die bestmögliche Entwicklung unterschiedlicher Kompetenzen bei gleichzeitig unauffälligem Verhalten der Kinder[117], da Verhaltensauffälligkeiten als negativ für den Schulerfolg eingeschätzt werden (exemplarisch: Kohl, Jäkel und Leyendecker 2015). Schaut man genauer hin, sind es allerdings v. a. institutionenspezifische Ziele und Bedarfe, die sich in PI-Konzepten widerspiegeln. Lawson (2003), Barton et al. (2004) sowie Alameda-Lawson und Lawson (2016) kritisieren die Schulzentriertheit des PI-Konzepts:

»*In short, the language of parent involvement is used when schools are the unit of analysis and children's academic achievement is the primary focus. Here, the guiding question of parent involvement is simple: ›How can parents help the school and its teachers‹ (Lawson und Briar-Lawson 1997, p. 9)*« (Lawson 2003: 79).

---

117 Mehrere Studien wählen *auffälliges Verhalten* bzw. *Problemverhalten* von Kindern als relevante Outcomevariable, die auf ihre Korrelationen mit Zusammenarbeit/PI untersucht wird (z. B. Kim et al. 2012; Kohl, Jäkel und Leyendecker 2015; Minke et al. 2014; Turney und Kao 2009). Als problematisch gelten u. a. Hyperaktivität, Probleme im Umgang mit Gleichaltrigen, Aggressivität, Aufmerksamkeitsprobleme.

In dieser Logik ist der primäre Rahmen eines Großteils der PI-Forschung die Analyse eines Kontinuums *schulzentrierter Elternaktivitäten*, die *von* schulischer Seite *für* die Eltern strukturiert und definiert werden (ebd.: 79) und im Stil einer To-do-Liste von ›guten‹ Eltern abgearbeitet werden sollen (Barton et al. 2004: 3). Zu Hause sollen Eltern im Sinne förderlicher Lernumgebungen schulrelevante Bildungsgelegenheiten gestalten und Hausaufgaben begleiten. In der Schule sollen sie als Hilfslehrkräfte fungieren, sich in PTAs organisieren[118] oder sich in schulischen Gremien bzw. in die Schulentwicklung einbringen (vgl. z. B. den fünften Typ im Modell von Epstein zu Formen der Elternbeteiligung in Abschn. 5.1.2). Elterliche Prioritäten, Vorstellungen, Bedarfe und Möglichkeiten werden dagegen kaum in Rechnung gestellt (Lawson 2003: 79 f.). Das Erkenntnisinteresse in den Studien geht selten über die Feststellung hinaus, was Eltern (für die schulische Entwicklung des Kindes) *tun* oder *nicht tun*. Dadurch allerdings bleiben komplexere Zusammenhänge unberücksichtigt, z. B. die Frage, welche Orientierungen für Mütter und Väter in welchen Kontexten und Konstellationen handlungsleitend sind (Barton et al. 2004: 4).

Auch Anyikwa und Obidike (2012) kritisieren, für den nigerianischen Kontext, die tendenzielle Schulzentriertheit des klassischen PI-Konzepts, bei dem Elternbeteiligung grundsätzlich von den Bedarfen der Schule aus gedacht wird (vgl. für Deutschland auch die Kritik in Betz 2015: 21, u. a. für den Kontext der ECEC-Einrichtungen). Sie schlussfolgern, dass elterliche Aktivitäten, die nicht in die im sechsstufigen Modell nach Epstein (vgl. Abschn. 5.1.2) erfassten typischen Aktivitäten passen, für die Schule unsichtbar bleiben.

Blinder Fleck 6: In der wissenschaftlichen Debatte wird suggeriert, dass alle Eltern – unabhängig von ihren Lebenssituationen – grundsätzlich in der Lage sind, mit entsprechender Unterstützung die Merkmale ›guter‹ Beteiligung und Zusammenarbeit zu erfüllen. Damit besteht die Gefahr, strukturelle Ungleichheiten in den Beteiligungsmöglichkeiten von Eltern auszublenden und aus Institutionenperspektive formulierte Ansprüche für alle Eltern gleichermaßen festzusetzen.

Die in PI-Modellen häufig definierten Beteiligungsformen, vor allem diejenigen, bei denen es um die aktive Beteiligung von Eltern innerhalb der Bildungsinstitutionen geht (z. B. bei Epstein 2002), entsprechen oft der Praxis von Familien der Mittelklasse (Theodorou 2007: 90).[119] Dieser soziale Bias wird in den Forderungen, PI zu intensivieren, selten in Rechnung gestellt. Dies gilt ebenso für den Aspekt, dass eingeschränkte soziale und ökonomische Ressourcen von weniger privilegierten Eltern erwünschte Formen der Elternbeteiligung in den Einrichtungen unmöglich machen oder zumindest erschweren (vgl. dazu z. B. die Studien von Brown et al. 2010). In einer universalistischen Vorstellung von ›gutem‹ PI für *alle* Eltern bleibt also unberücksichtigt, dass die Möglichkeiten einer Zusammenarbeit mit pädago-

---

118 Kollektive Organisationsformen wie die Parent-Teacher Associations (PTA), die es z. B. in den USA gibt, existieren in Deutschland nicht. Die Recherche zeigt, dass über kollektive Formen der Elternbeteiligung in Bildungsinstitutionen in Deutschland empirisch sehr wenig bekannt ist (zu diesem Defizit vgl. auch Betz 2015: 36).

119 Die Autor/innen, die einen kritischen Blick auf das Konzept PI richten, führen in diesem Zusammenhang u. a. die international sehr bekannten Befunde von Lareau (2011) an.

gischen Fachkräften, Lehrkräften und Bildungsinstitutionen je nach ethnischer und sozioökonomischer Herkunft ungleich verteilt sind.

Lawson (2003) argumentiert, dass das, was häufig als grundlegendste Form von PI verhandelt wird, z. B. Kindern den täglichen Schulbesuch und einen sicheren Schulweg zu ermöglichen, aus der Sicht von Eltern in Armutsverhältnissen (in den USA) nicht selbstverständlich ist. Diese Eltern verwenden beispielsweise sehr viel Zeit und Engagement darauf, sicherzustellen, dass ihre Kinder täglich zur Schule gehen können und in einer tendenziell als gefährlich wahrgenommenen Lebensumgebung sicher sind (ebd.: 125). Zu vergleichbaren Befunden kommen Andresen und Galic (2015) in ihrer Studie für Deutschland.

Nach diesem Befund müsste PI auch als eine Frage des ökonomischen, kulturellen und sozialen Kapitals von gesellschaftlich unterschiedlich positionierten Elterngruppen diskutiert werden. Dies geschieht bislang selten. Die zentrale Frage ist daher: Bestehen für alle Eltern *realistische* Möglichkeiten, sich zu beteiligen, eigene Interessen einzubringen und diese auch durchzusetzen? Studien aus Großbritannien und Deutschland zeigen, dass diese Möglichkeiten ungleich sozial verteilt sind und dass sich im Handeln von Eltern Klassenstrategien abzeichnen.[120] Eltern der Mittelklasse können z. B. in problematischen Situationen häufiger andere Eltern mobilisieren, um ihre Interessen zu vertreten (z. B. Horvat, Weiniger und Lareau 2003; Posey 2012), als Eltern der Arbeiterklasse. Machtverhältnisse und Handlungswirksamkeit spielen also in das Konzept und die Bewertung von PI hinein, so dass dieses nicht losgelöst von sozialen Ungleichheitsstrukturen in den jeweiligen Ländern und Gesellschaften zu denken ist bzw. nicht unabhängig davon erforscht werden kann. Diese Einsicht gerät in den gängigen PI-Modellen und der darauf basierenden Forschung häufig nicht in den Blick und ist (demnach) auch in der fachöffentlichen Debatte in Deutschland kaum auffindbar.

Blinder Fleck 7: Kinder stehen bei PI und der Zusammenarbeit von Familien und Bildungsinstitutionen nicht so sehr im Fokus wie Erwachsene. Die Forschung ist stark auf gesellschaftliche (Erwachsenen-)Interessen ausgerichtet, bei denen Kinder und ihre Belange allenfalls nachrangig mit gedacht werden.

In den aktuellen Debatten um Konzepte der Elternbeteiligung und Zusammenarbeit (vgl. Kap. 4) besteht Konsens darüber, dass bei der Zusammenarbeit von Eltern, Kindertageseinrichtungen und Grundschulen das Kind und sein Wohlergehen im Mittelpunkt des gemeinsamen Handelns stehen. In den darauf bezogenen Analysen ist irritierend, dass Kindern trotz der Programmatik *keine zentrale Rolle* in der Zusammenarbeit und Beteiligung zwischen Bildungsinstitution und Familie zugedacht wird. Vergleichbar zu dieser fachlichen Debatte, geht es auch in der PI-Forschung vornehmlich darum, das Wohl des Kindes sicherzustellen. So schreibt Epstein (2002), dass es die Kinder sind, die im Zentrum des Modells der partnerschaftlichen Zusammenarbeit von Schule, Familie und Gemeinschaft stehen sollen und stehen müssen:

---

120 Zum Beispiel Betz et al. 2017, i. E.; Betz und Kayser 2016; Bischoff et al. 2017; de Moll und Betz 2014; Kayser und Betz 2015; Vincent et al. 2012.

»*The inarguable fact is that students are the main actors in their education, development, and success in school. School, family, and community partnerships cannot simply produce successful students. [...]. The assumption is that if children feel cared for and are encouraged to work hard in the role of student, they are more likely to do their best to learn to read, write, calculate, and learn other skills and talents and to remain in school*« (ebd.: 21).

Betrachtet man das Zitat eingehender, werden Kinder vornehmlich in der Bildungsinstitution als Schülerinnen und Schüler *(Students)* gedacht. Auch hier stehen demnach in erster Linie die Institutionen im Vordergrund (vgl. auch Blinder Fleck 5), die erfolgreiche Schülerinnen und Schüler produzieren (sollen), die wiederum erfolgreich schulbezogen agieren. Dieser konsequente, meist unreflektierte Institutionenbezug geht in den gesichteten Studien vielfach damit einher, dass Kinder oder auch Schülerinnen und Schüler nicht als Akteure in Erscheinung treten, sondern lediglich auf ihre bildungsrelevanten Outcomes reduziert werden.

Diese Reduzierung von Kindern auf ihre Outcomes wird z. B. bereits in den Einleitungssätzen einiger PI-Studien augenscheinlich. So beginnt Durand (2011) ihren Forschungsbeitrag zu PI in US-amerikanischen Kindergärten mit folgender Aussage: »Parental Involvement in children's schooling is an important component of children's early school success« (ebd.: 469). Wilder (2014) leitet seine Meta-Synthese zum Thema PI wie folgt ein: »Positive impacts of parental involvement on student academic outcomes have not only been recognized by school administrators and teachers, but also by policy makers who have interwoven different aspects of parental involvement in new educational initiatives and reforms« (ebd.: 377). Diese

Beispiele stehen exemplarisch für einen Großteil der gesichteten Studien. Die PI-Forschung offenbart sich als eine rein erwachsenen- und outcomezentrierte Forschung, bei der nicht das Kind als Kind, sondern seine (späteren) *Bildungs- und Entwicklungserfolge in Bildungsinstitutionen* von Interesse sind.

Der Fokus auf den zukünftigen Outcome geht in einzelnen Studien so weit, dass das Kind als Akteur und Subjekt zum Teil sprachlich gar nicht mehr vorhanden ist – es tritt vollständig hinter die gewünschten Outcomes von PI und Zusammenarbeit zurück. Kinder sind somit Objekte an der Schnittstelle von Bildungsinstitution und Elternhaus, hier ganz im Sinne der institutionenrelevanten Zielvorstellungen, für die Eltern als Zulieferer dienen sollen (vgl. Zitat oben Epstein 2002).

5.5 Das Konzept *Partnership*: Unklarheiten, Widersprüche und Forschungslücken

Nachdem in Kapitel 4 bereits die rechtlichen sowie bildungs- und sozialpolitischen Rahmenbedingungen der Arbeit in Kindertageseinrichtungen und Grundschulen sowie der praxisbezogene Fachdiskurs zu *Bildungs- und Erziehungspartnerschaften*[121] genauer empirisch betrachtet wurden, wird im Folgenden der Frage nachgegangen, welche Rolle das Konzept Partnerschaft/*Partnership* in der (inter-)nationalen Forschung einnimmt und wie es in empirischen Untersuchungen analysiert wird, die der Mikroebene zuzuordnen sind. Vergleichbar zu *Parental Involvement* (PI) gibt es auch hinsichtlich des Partnerschafts-Konzepts einige explizite und implizite Annahmen in den recherchierten Publikationen, bei denen es sich lohnt, genauer hinzusehen. Betrachtet man die entsprechenden Publikationen systematisch, so lassen sich für das Konzept *Bildungs- und Erziehungspartnerschaft* zwischen Bildungsinstitution und Familie in der (inter-)nationalen Forschung vier blinde Flecke identifizieren, wie Betz (2015) sie bereits für die deutsche Fachdebatte aufgezeigt hat.

Blinder Fleck 1: Die Annahme, dass sich mit dem Konzept *Partnerschaft* ein ressourcen- und stärkenorientierter Blick auf Eltern etablieren lässt, wird in der Forschung breit vertreten. Die ›Partnerschaftsrhetorik‹ verdeckt jedoch, dass zugleich ein defizitärer Blick produziert und kultiviert wird.
Blackmore und Hutchison (2010) beobachten in ihrer Studie beispielsweise, dass sich die konzeptionelle Rahmung von *Elternbeteiligung* in politischen Diskursen im australischen Victoria in den letzten Jahrzehnten Richtung *Partizipation* und *Partnerschaft* verschoben hat. Politisch werden Eltern gegenwärtig als aktive Konsumenten mit Wahlfreiheit positioniert (ebd.: 503) und damit als aktive und selbst verantwortliche Akteure aufgewertet aufgewertet, die sich auf unterschiedliche Art und Weise an schulischen Belangen ihrer Kinder beteiligen (können). Gleichzeitig wird jedoch ein klar *defizitorientierter Blick* auf spezifische Elterngruppen eingenommen (*Working-Class Parents* und Migrantinnen/Migranten), die ihrer so genannten Elternverantwortung nicht nachkommen, also ihre Kinder nicht an-

---

[121] Im Englischen beispielsweise »Family-professional partnerships« (Beneke und Cheatham 2015).

gemessen beim Lernen unterstützen oder sich scheinbar nicht für sie interessieren (ebd.: 507). Ein solcher Blick steht dem politisch starkgemachten Partnerschaftsideal klar entgegen. Damit entlarvt diese Forschung das Ideal der Partnerschaft als eine rhetorische Figur, die durch eine programmatische, ressourcen- und stärkenbetonende Sprache verdeckt, dass gleichzeitig auch eine Defizitperspektive auf bestimmte Eltern kultiviert wird. In der überwiegenden Mehrheit der Forschungsliteratur wird das Ideal allerdings nicht grundlegend problematisiert (zur Partnerschaftsrhetorik in der Fachdebatte: Betz 2015).

Van Houte et al. (2015) zeigen für Familienunterstützungsprogramme in Flandern (Belgien), dass trotz der Rhetorik einer partnerschaftlichen Beziehung die Defizitperspektive auf teilnehmende Eltern auch bei den pädagogischen Fach- und Lehrkräften in verschiedensten Interaktionsformen bereits von Beginn an angelegt ist:

»*Referring to equality in a context of inequality is, however, rather paradoxical and results into an instrumental understanding of partnership, stressing the importance of parental involvement for the realization of the desired outcomes of professional interventions*" (ebd.: 122).

Vergleichbare Argumentationen gibt es auch im wissenschaftlichen Diskurs in Deutschland.[122] Dies lässt sich exemplarisch in der qualitativen Interviewstudie von Göbel-Reinhardt und Lundbeck (2015) aufzeigen, die sich explizit mit einer erfolgreichen Umsetzung von Bildungs- und Erziehungspartnerschaften in Kindertageseinrichtungen beschäftigt. Die Autorinnen schlussfolgern in ihrer Studie, dass »Eltern immer weniger Kompetenzen und Fertigkeiten besitzen, ihr Leben zu gestalten, und immer mehr auf Hilfestellung und Unterstützungen angewiesen sind« (ebd.: 209). Diese Defizite sollen durch die pädagogischen Fachkräfte ausgeglichen werden. Gleichzeitig sollen Eltern aktiv in den Alltag in Kindertageseinrichtungen einbezogen werden und Mitbestimmungsrechte erhalten (ebd.: 210). Während hier einerseits am Konzept der Partnerschaft festgehalten wird, werden andererseits zugleich die Defizite der Eltern herausgestellt (kritisch zu dieser weit verbreiteten Ambivalenz: Betz 2016b).

Die Idee der Partnerschaft ist also, trotz anderslautender und in der Forschung aufzufindender programmatischer Aussagen, in den skizzierten Beispielen mit einer nicht selten defizitären Sicht auf Eltern, häufig aus sozial benachteiligten Bevölkerungsgruppen, verwoben. Offen bleibt, wie auf der Basis der benannten Defizite der Eltern eine partnerschaftliche, nicht-hierarchische Beziehung in der pädagogischen Praxis überhaupt etabliert werden kann bzw. soll. Dieses schwer auflösbare Dilemma wird in seiner augenscheinlichen Widersprüchlichkeit in den Studien nicht weiter aufgegriffen.

---

122   Siehe dazu auch die Kritik von Blackmore und Hutchison (2010) für den politischen Diskurs in Australien oder von van Houte et al. (2015) für Familienprogramme in Flandern (Belgien).

Blinder Fleck 2: Das Postulat, dass eine gute Partnerschaft eine Partnerschaft unter Gleichen ist und sich damit unabhängig von den sozialen Lebensrealitäten der Eltern auf Augenhöhe realisieren lässt, verdeckt strukturelle Ungleichheiten, die in der Beziehung zwischen Eltern und pädagogischen Fach- und Lehrkräften angelegt sind.

Theodorou (2007), Nawrotzki (2012) sowie Cloos und Karner (2010) und Betz (2015) kommen zu dem Schluss, dass die Postulierung von Gleichheit zwischen Eltern und Fach- bzw. Lehrkräften als Experten bereits auf konzeptioneller Ebene schwierig ist: Die Forderung nach einer gleichrangigen Position aller Beteiligten birgt beispielsweise die Gefahr, den professionellen Status der pädagogischen Fachkraft bzw. der Lehrkraft in Frage zu stellen und so Spannungen zu erzeugen (Theodorou 2007: 94). Es scheint schwer vereinbar, dass Fach- und Lehrkräfte professionelle Experten für die kindliche Bildung und Erziehung sind und die Eltern – unabhängig von ihrer sozialen und individuellen Situation – gleichermaßen als Experten für ihr Kind anerkennen. Zudem finden sich keine Belege für eine Partnerschaft *auf Augenhöhe* im Sinne einer nicht-hierarchisch strukturierten Beziehungsgestaltung (u. a. Kesselhut 2015).

Vielmehr zeigen viele Studien, die sich für das *Wie* der Zusammenarbeit und die dahinter liegenden Prozesse und Mechanismen interessieren,[123] dass von einem solchen partnerschaftlichen, nicht-hierarchischen Verhältnis zwischen Familie bzw. Eltern und pädagogischen Fach- und Lehrkräften kaum die Rede sein kann. Dies gilt im Besonderen für solche Eltern, die ethnischen Minderheiten angehören oder über einen niedrigen sozioökonomischen Status verfügen. Sie kommen in Kontaktsituationen z. B. nicht in gleicher Weise zu Wort wie Eltern in privilegierten gesellschaftlichen Positionen (z. B. Smrekar und Cohen-Vogel 2001; Wissink und de Haan 2013).

---

123 Zum Beispiel Edwards und Gillies 2011; Karila 2006; Lawson 2003; Menz und Thon 2013; van Houte et al. 2015.

Lawson (2003) gibt auf Basis seiner qualitativ-empirischen Befunde in Schulen in marginalisierten Stadtteilen der USA zu bedenken, dass der Begriff der *Partnerschaft* eine Form der Gleichheit der interagierenden Parteien bzw. Gruppen, mit gleichem Zugang zu Ressourcen und gleichen Handlungsmöglichkeiten, impliziert, ohne dass diese tatsächlich gegeben ist. Er sieht den Begriff der Partnerschaft sogar grundsätzlich als unangemessen für diejenigen Eltern an, die in kulturell diversen und einkommensschwachen Gemeinden leben. Aus seiner Sicht verdeckt das Konzept die fundamentalen gesellschaftlichen Ungleichheitsverhältnisse, welche die Beziehung von Eltern in prekären Lebenslagen zu Bildungsinstitutionen prägen (ebd.: 126).

Blinder Fleck 3: Die Qualität der (verbalen) Interaktion zwischen Fach- bzw. Lehrkräften und Eltern wird häufig daran festgemacht, ob Kommunikationssituationen partnerschaftlich und konsensorientiert verlaufen. Für die Gültigkeit dieser Annahme fehlen empirische Belege. Zudem wird nicht thematisiert, dass konsensorientierte Kommunikation auch Ungleichheiten verdecken oder deren Bearbeitung erschweren kann.

Einige Studien aus verschiedenen Ländern im Elementarbereich (z. B. Cheatham und Ostrosky 2009) und im Primarbereich (z. B. Wissink und de Haan 2013) gehen davon aus, dass eine partnerschaftliche, kongruente, d. h. konsensorientierte Kommunikation zwischen den beteiligten (erwachsenen) Akteuren zur Verminderung von Unzufriedenheit und zum Abbau von Bildungsungleichheit bei Kindern führen *kann*. Wenn Eltern und Bildungsinstitution sich *einig* sind bzw. eine positiv besetzte Kommunikationsbeziehung zueinander haben, führt dies zu mehr Wohlbefinden bei allen (Hughes und MacNaughton 2002), zu einer effektiven kultursensiblen Zusammenarbeit (Cheatham und Santos 2011), zu einem besseren Sozialverhalten des Kindes (Kim et al. 2012) und zu größerem Schulerfolg bei benachteiligten Kindern (z. B. Wissink und de Haan 2013: 74). Diese Aussagen sind die *Ausgangsannahmen der Studien*. Das eigene Erkenntnisinteresse schließt erst daran an, etwa indem Cheatham und Santos (2011) Eltern-Fachkraft-Gespräche untersuchen und feststellen, dass es kulturell unterschiedliche Kommunikationsmuster gibt, die Fachkräfte berücksichtigen sollen (vgl. Abschn. 5.2.3). Eine partnerschaftliche, konsensorientierte Kommunikation wird dabei per se als gut vorausgesetzt; es wird nicht untersucht, ob dies der Fall ist bzw. für wen sie sich als gut erweist.

Für die (partnerschaftliche) Zusammenarbeit im Alltag von Kindertageseinrichtungen oder Grundschulen, die sich z. B. auf Tür-und-Angel-Gespräche oder Elterngespräche bezieht, liegt aktuell sehr wenig Empirie vor (Betz 2015: 24); dementsprechend gibt es auch kaum Grundlagenforschung (z. B. Frindte 2016; Knapp 2016; Menz und Thon 2013) und/oder Forschung mit Ungleichheitsbezug. Daher gerät in den genannten internationalen Studien aus dem Blickfeld, dass es auch negative Effekte von (verstärkter) Zusammenarbeit geben kann und es durchaus angebracht sein kann, »die Wohlfühlzone zu verlassen« (Betz 2015: 10). Kayser und Betz (2015) sowie Betz und Kayser (2016) zeigen in diesem Zusammenhang für die Grundschule, dass auch eine ›gute‹ Zusammenarbeit, bei der sich alle Beteiligten sicher und wohl fühlen, Bildungsungleichheiten nicht abbauen, sondern eher reproduzieren kann. Darüber hinaus wird deutlich, dass sich das Verständnis eines guten Verhältnisses auf Seite der Eltern je nach sozialem Hintergrund unterscheidet und dass sich in diesem Verständnis ein implizites Wissen um gesellschaftliche Machtverhältnisse und eigene Handlungsmöglichkeiten spiegelt (Betz und Kayser 2016; Kayser und Betz 2015; vgl. ausführlich Abschn. 5.3.1).

Diese der programmatischen Debatte tendenziell entgegenstehenden Befunde stellen nicht in Abrede, dass die Kommunikation zwischen Familien und Bildungsinstitutionen, in der beide Seiten gehört werden, fundamental für ein gegenseitiges Verständnis und einen zufriedenstellenden Kontakt ist. Durch die Annahme von kongruenter Kommunikation als per se ›guter‹ Kommunikation werden allerdings die genannten negativen Effekte und Machtverhältnisse verdeckt. Ohne Dissens oder Irritationen kann das, was stillschweigend vorausgesetzt wird, weder von Eltern noch von Fach- oder Lehrkräften in Frage gestellt und gemeinsam bearbeitet werden (Vandenbroeck 2009).

Blinder Fleck 4: Parallel zur PI-Forschung wird die Annahme vertreten, dass die Kinder in der partnerschaftlichen Zusammenarbeit zwischen Bildungsinstitution und Familie im Fokus stehen. Gleichzeitig werden Kinder als mögliche Partnerinnen und Partner nirgends erforscht oder deren Position näher beleuchtet.
Analog zur PI-Forschung (vgl. Abschn. 5.4) – und ebenfalls analog zur Konzeption von Kindern in den bildungs- und sozialpolitischen, rechtlichen sowie fachlichen Grundlagen der Bildungs- und Erziehungspartnerschaft in Kindertageseinrichtungen und Grundschulen (vgl. Kap. 4) – werden auch in der Forschung, die mit dem

Partnerschaftskonzept arbeitet, die *Kinder* vornehmlich ausgeblendet, d. h. *nicht als mögliche Partnerinnen und Partner* in der Gestaltung der Schnittstelle von Bildungsinstitution und Familie berücksichtigt. Funktionierende Partnerschaften zwischen erwachsenen Akteuren (*Strong Teacher-Parent Partnerships*: Denessen et al. 2009: 29) werden beispielsweise mit dem Wohlbefinden von Kindern in der Schule und ihrem Schulerfolg in Verbindung gebracht. Kinder werden aber selbst dann nicht als mögliche Partner und gleichsam kompetente Akteure mitgedacht, wenn in einigen Studien einführend darauf hingewiesen wird, »dass im Mittelpunkt der [...] Untersuchung konsequent das Kind steht« (Göbel-Reinhardt und Lundbeck 2015: 25). Das Kind im Zentrum meint hier das »Wohlbefinden und die förderliche Entwicklung des Kindes« (ebd.), das von wissenden *Erwachsenen* verhandelt und bestimmt wird.

Dementsprechend gibt es kaum Empirie dazu, welche Rolle und Position den Kindern als eigenständigen Akteuren im partnerschaftlichen Verhältnis zwischen Fach- bzw. Lehrkräften und Eltern eigentlich zukommt (vgl. zur Forschung über und mit Kindern: Kap. 6). Durch die Blindheit des Forschungsfeldes für die Kinderperspektive(n) kann die Gleichheitsrhetorik im Partnerschaftskonzept – neben der kaum beachteten strukturellen Asymmetrie der Eltern-Fachkraft/Lehrkraft-Beziehung (vgl. Blinder Fleck 2) – zusätzlich entlarvt werden. Ähnlich wie in der PI-Forschung werden die Kinder auch hier insbesondere in ihrer Position als Outcomes relevant.

6 Perspektiven und Positionen von Kindern: Zusammenarbeit im Elementar- und Primarbereich

Die Befunde der Analysen von Artikeln in deutschen praxisorientierten Fachzeitschriften sowie zu den rechtlichen wie auch bildungs- und sozialpolitischen Rahmenbedingungen der Zusammenarbeit in Kapitel 4 haben eindrücklich gezeigt, was sich ebenfalls im internationalen Forschungsstand widerspiegelt: Die Kinder selbst spielen in der aktuellen Diskussion um Zusammenarbeit und Bildungs- und Erziehungspartnerschaft weder konzeptuell und theoretisch noch empirisch eine bedeutende Rolle. Dies trifft auf die zentralen Konzepte in der Forschung wie *Parental Involvement* (PI) (Abschn. 5.4) und *Partnerschaften* (Abschn. 5.5) zu, in denen es fast ausnahmslos um die erwachsenen Akteure und ihre Zusammenarbeit geht.

Speziell in der PI-Forschung sind Kinder in erster Linie als Ergebnis von Beteiligung, als bildungsrelevante Outcomes bedeutsam: Sie werden damit auf ihre Rolle als *Resultate* der Zusammenarbeit im Sinne von Bildungserfolgen reduziert. Werden Kinder in der Forschung zur Zusammenarbeit in den Blick genommen, dann interessieren, wie in den vorangehenden Kapiteln dargestellt, vor allem ihr Schulerfolg und ihre akademischen Kompetenzen, die wiederum als Ergebnis der von Erwachsenen gestalteten Zusammenarbeit gesehen werden (zu den Schwierigkeiten dieser Annahme vgl. Abschn. 2.3.2).

Kinder und ihre Perspektive finden in der bildungspolitischen und fachpraktischen Debatte um Zusammenarbeit keine Berücksichtigung
Obwohl die Kinder Dreh- und Angelpunkt aller Bemühungen um Zusammenarbeit sind (Betz und Eunicke 2017) und alle Beteiligten ›das Beste‹ für Kinder wollen (Betz 2015), ist weder etwas über die Sichtweisen dieser zentralen Gruppe im Kontext der Zusammenarbeit noch über ihren spezifischen Beitrag zur Kommunikation und Beziehungsgestaltung zwischen Familie und Institution bekannt. Anders als bei den beteiligten Erwachsenen werden Kinder nicht als Subjekte mit Handlungsfähigkeit, eigenen Meinungen und Erfahrungen, sondern zum größten Teil als Objekte der Zusammenarbeit von Bildungsinstitution und Elternhaus betrach-

tet (für die Bildungs- und Erziehungspläne der Länder: Betz und Eunicke 2017; zur Ausblendung von Kindern in der internationalen Forschung zu PI und Partnerschaften: vgl. Kap. 5). Wenn Kinder in der Debatte thematisiert werden, dann eher in Form einer Instrumentalisierung der Kinder als Zugang zu ihren Eltern und um vorbeugend Akzeptanz für die Zusammenarbeit zu schaffen, damit Kinder diese nicht blockieren oder verhindern (exemplarisch: Sacher, 2014a: 173 f.; kritisch dazu: Betz 2015; 2016c).

Die Bedeutung einer verstärkten Zusammenarbeit müsste aber, insbesondere vor dem Hintergrund einer kinderrechtlichen Argumentation (vgl. Liebel 2013), ebenfalls aus der Perspektive der Kinder empirisch beleuchtet und gegebenenfalls problematisiert werden: Welche Vor- und Nachteile ergeben sich für Kinder im Kontext der aktuellen Entwicklungen, und auch dann, wenn man nicht lediglich ihre schulischen Kompetenzen und ihren Schulerfolg als relevante Größe setzt?

Eine Auseinandersetzung mit den Perspektiven von Kindern und ihren Positionen in der Zusammenarbeit verspricht wichtige neue Impulse für die Debatte – und dies weit über die Forschung hinaus. Denn sie ermöglicht ein besseres Verständnis des Geschehens rund um die Schnittstelle von Elternhaus und Bildungsinstitution (Betz 2015; 2016c; Kayser und Eunicke 2016) und die Überwindung der bisherigen systematischen Ausblendung einer ganzen, unmittelbar von Zusammenarbeit betroffenen Akteursgruppe.

Der Blick auf die Kinder ist auch deshalb geboten, um nicht hinter dem eigenen Anspruch zurückzubleiben, Kinder einzubeziehen und ihre grundlegende Stellung als *Experten in eigener Sache* und als Personen mit eigenen Rechten sowohl in schulischen als auch einrichtungsbezogenen Belangen anzuerkennen. Dieser Anspruch ist nicht nur in den Bildungs- und Erziehungsplänen der meisten Bundesländer und insbesondere in den Schulgesetzen formuliert (vgl. Abschn. 4.1 und 4.2), sondern auch in der vor allem praxisbezogenen Fachliteratur im Kontext von Partizipation aufzufinden (Bertelsmann Stiftung 2010; Örter und Höfling 2001). Ebenso wird er in der internationalen Forschung vorgebracht (kritisch dazu vgl. Abschn. 5.4).

Die genannten Ausblendungen gelten auch für die Debatte rund um die Umsetzung von Kinderrechten in Bildungsinstitutionen (Knauer und Sturzenhecker 2016; Krappmann und Petry 2016). Während hier die Subjektstellung von Kindern und ihre Position als Rechtsträger zwar starkgemacht und eingefordert werden (u. a. Knauer, Hansen und Sturzenhecker 2016; Krappmann und Petry 2016; Hofmann 2016), geht es in Bezug auf die Zusammenarbeit und »Partnersuche« (Krappmann 2016: 52) für die Umsetzung der Kinderrechte dann wiederum vordringlich um erwachsene Partner: um Eltern, pädagogische Fachkräfte und Lehrkräfte. Zwar thematisieren die entsprechenden Publikationen die Zusammenarbeit mit Eltern teilweise und fordern eine Beteiligung von Eltern am Alltag der Einrichtung (ebd.; Bartosch et al. 2015; Knauer, Hansen und Sturzenhecker 2016; Wenzel 2016). Allerdings wird die Beteiligung von Kindern eher als ein *Thema* in der Kommunikation zwischen Institutionenvertreterinnen/-vertretern und Eltern dargestellt (etwa weil partizipative Ansprüche auch zu Hause gestellt werden), während die Beteiligung von Kindern *an* der Zusammenarbeit selbst nicht thematisiert wird (exemplarisch Bartosch et al. 2015: 64 f.).

Der Fokus in der kinderrechtsbezogenen Debatte liegt deutlich auf der Partizipation von Kindern *im Alltag der Bildungsinstitutionen* und wie diese ermöglicht und abgesichert werden kann (Knauer und Sturzenhecker 2016; Krappmann und Petry 2016). Eine Konkretisierung, welche Positionen und Perspektiven den Kindern in der Ausgestaltung des Verhältnisses von Elternhaus und Bildungsinstitution zukommen und wie dabei Kinderrechte im Spannungsfeld von Schutz, Förderung und Beteiligung (vgl. UN-KRK) zu verwirklichen wären, fehlt daher auch hier.

In der nationalen und internationalen Forschung zu Zusammenarbeit werden die Positionen und die Perspektiven von Kindern ebenfalls vernachlässigt
Wie in der fachlichen Debatte um Zusammenarbeit und Bildungs- und Erziehungspartnerschaften ist auch der nationale und internationale Forschungsstand zu Kindern in diesem Kontext überschaubar. Obwohl bereits 1997 die erste Auseinandersetzung mit der Frage »Where are the children in home-school relations?« (Edwards und David 1997) stattfand und explizit dazu aufgerufen wurde, diese Forschungslücke zu schließen (ebd.), existieren bis heute nur wenige Studien, die sich mit den Sichtweisen, Erfahrungen und besonderen Positionen von Kindern im Verhältnis von Familie und Bildungsinstitution im Kontext von Zusammenarbeit beschäftigen und dafür Kinder selbst befragen, interviewen oder beobachten.[124] Eine Sichtung der nationalen und internationalen Publikationen zum Thema Zusammenarbeit in den einschlägigen internationalen Datenbanken (für einen Überblick vgl. Abschn. 5.1) macht deutlich, dass sich zwar die Schlagworte *Kind, Kinder* oder *Schülerinnen* und *Schüler* in vielen der Publikationen zur Zusammenarbeit von Familie und Bildungsinstitution finden lassen. Jedoch interessieren sich die zugrundeliegenden Studien primär für den Schulerfolg der Kinder als Outcome-Variable und nicht für Kinder als relevante Akteursgruppe mit eigenen Perspektiven und Einflüssen auf das Verhältnis von Institution und Familie (hierzu auch Abschn. 5.4).

Vorgehensweise bei der Analyse
Für die vorliegende Analyse wurden im Unterschied zu diesem dominanten Blick der Forschung auf Zusammenarbeit und Partnerschaft nur diejenigen Publikationen berücksichtigt, die einen anderen Blick auf Kinder einnehmen. Im Folgenden liegt daher der Fokus auf *empirischen* Publikationen, die *explizit* Kinder (bzw. Schülerinnen und Schüler) im Kontext der Zusammenarbeit betrachten und diese als (potentiell) relevante Akteure mit eigenen Perspektiven und Handlungsmöglichkeiten verstehen. Der Fokus war dabei breit: Es wurde in nationalen und internationalen Datenbanken recherchiert und sowohl nationale als auch internationale

---

124 Die Untersuchung »Vertrauen in Partnerschaft II« von Sacher (2008) sei hier ebenfalls angeführt. Anders als in den fokussierten Studien interessiert sich diese für die Haltungen von Schülerinnen und Schülern bezüglich der Beteiligung ihrer Eltern. Dies geschieht mit dem Ziel, deren Akzeptanz unterschiedlicher Formen der Zusammenarbeit zu erheben, um diese im Kontext einer grundsätzlich als positiv verstandenen Zusammenarbeit zu erhöhen. Die Ergebnisse sind analog zu den weiter unten dargestellten quantitativen Studien. Darüber hinaus gibt ein kurzer Beitrag von Stiller (2016) einen ersten Einblick in seine Forschung zur Sicht von Kindern auf Zusammenarbeit, der sich jedoch nur auf die Einstiegssequenz in eine Gruppendiskussion mit Kindern der 3. Klasse bezieht.

Studien gesichtet und aufbereitet. Dabei wurden auch Publikationen in die Analyse einbezogen, die zumindest in Teilen auch auf ungleichheitsrelevante Merkmale wie *Class*, *Ethnicity* oder *Age* Bezug nehmen. Das Gleiche gilt für Publikationen, die Auskunft über die besondere(n) Position(en) von Kindern innerhalb der generationalen Ordnung geben (vgl. Abschn. 3.3.2). Es wurden Studien berücksichtigt, deren Untersuchung sich auf Kinder im Alter bis zu 12 Jahren erstreckt und die damit insbesondere Aussagen über die frühe und mittlere Kindheit und den Kontext Kindertageseinrichtung bzw. Grundschule zulassen.[125]

Das erste Ergebnis der Recherche ist, dass es keine empirischen Studien mit Kindern in vorschulischen Einrichtungen, Krippen oder Kindertageseinrichtungen gibt, die sich auf das Themenfeld Zusammenarbeit und Partnerschaft beziehen lassen (zur Partizipation von Kindern in Kitas: u. a. Höke 2016; Knauer und Sturzenhecker 2016).

Die Ergebnisse der Studien zu Grundschulen geben Aufschluss über die Sichtweisen, Perspektiven und das Handeln von Kindern etwa mit Blick auf die Beteiligung ihrer Eltern an ihrer schulischen Bildung, die konkrete Interaktion von Eltern und Lehrkräften, die elterliche Hilfe bei den Hausaufgaben oder die Teilnahme von Müttern und Vätern an Ausflügen. Aufgrund des ohnehin überschaubaren Forschungsstands wurden keine weiteren Einschränkungen vorgenommen. Die für die Analyse ausgewählten Studien aus nord- und mitteleuropäischen Ländern

---

125 Daneben existiert eine Reihe von Erhebungen zu den Meinungen und Wünschen Jugendlicher auf das Verhältnis und die Zusammenarbeit von Familie und (weiterführender) Schule. Da sie nur bedingt spezifische Aussagen über die interessierende Altersgruppe zulassen, wird auf sie im Folgenden nur am Rande eingegangen. Einschlägige Studien sind von Agabrian (2007); Deslandes und Cloutier (2002); Jónsdóttir (2015); Lahaye, Nimal und Couvreur (2001).

(Belgien, Großbritannien, Norwegen und Schweden)[126] kritisieren allesamt die bisherige empirische Ausblendung von Kindern. Sie rufen dazu auf, nicht wie bisher nur die beteiligten Erwachsenen – Eltern und pädagogische Fach- bzw. Lehrkräfte – in den Blick zu nehmen,[127] sondern ebenso die Interessen und Wünsche von Kindern in der Zusammenarbeit und ihre Vorstellungen zum Verhältnis von Schule und Familie zu berücksichtigen. Es ist gleichermaßen Anspruch und Ergebnis der Studien, Kinder als relevante Akteure mit (eigenem) Einfluss auf die Interaktionsprozesse sichtbar zu machen.

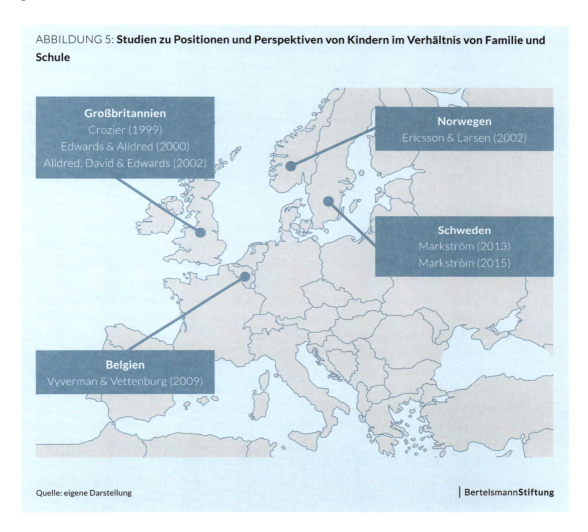

ABBILDUNG 5: **Studien zu Positionen und Perspektiven von Kindern im Verhältnis von Familie und Schule**

Großbritannien
Crozier (1999)
Edwards & Alldred (2000)
Alldred, David & Edwards (2002)

Norwegen
Ericsson & Larsen (2002)

Schweden
Markström (2013)
Markström (2015)

Belgien
Vyverman & Vettenburg (2009)

Quelle: eigene Darstellung | BertelsmannStiftung

---

126 Die Auswahl der Länder ergab sich aus der Tatsache, dass lediglich hier Studien durchgeführt wurden, in denen die Kinderperspektiven und die Positionen von Kindern Gegenstand der Analysen sind. Dies bedeutet, dass für Deutschland keine Studie in den Forschungsstand aufgenommen werden konnte, da keine publizierten Analysen zum Themenfeld ›Kinder als Akteure in der Zusammenarbeit‹ vorliegen.

127 Mit Bezug auf Projekte im Rahmen der Partizipations- und Demokratieforschung ließe sich hier noch die genannte Einschränkung ergänzen, dass Kinder beziehungsweise Schülerinnen und Schüler eben nur *innerhalb der Institutionen* als relevante Akteure mitgedacht werden (exemplarisch: Krappmann und Petry 2016).

Im Folgenden werden die wichtigsten Befunde der Studien dargestellt. Dabei wird ein besonderes Augenmerk auf die Frage nach dem Zusammenhang von Zusammenarbeit und Ungleichheitsverhältnissen gelegt (insbesondere soziale Herkunft und Generation; vgl. Abschn. 2.3). Die empirischen Befunde und ihre Bedeutung für die aktuelle Debatte werden thesenartig so zugespitzt, dass deutlich wird, welche Forschungslücken offen sind und zukünftig bearbeitet werden müssten.

These 1: Kinder sind aktive Gestalter des Verhältnisses von Elternhaus und Bildungsinstitution, deren spezifischer Beitrag bislang kaum empirisch analysiert wird.

Die untersuchten Studien zeigen, dass die Nicht-Berücksichtigung und Ausblendung von Kindern im Kontext Zusammenarbeit zwischen Familie und Institution ihre tatsächliche Rolle verkennt. Die für die Perspektiven und Positionen von Kindern sensitive Forschung macht vielmehr deutlich, dass Kinder das Verhältnis von Familie und Schule aktiv mit aushandeln und Einfluss darauf nehmen.[128] Die Kinder schaffen, regulieren oder verhindern Verbindungen und Interaktionen zwischen ihrer Familie und der Schule und haben einen wichtigen Anteil an der Kommunikation (Alldred, David und Edwards 2002, vgl. Übersicht im Anhang 3), z. B. wenn sie als Bote *(Messenger)* für schriftliche Dokumente fungieren (hierzu Markström 2015).

Die Zusammenarbeit zwischen Familie und Bildungsinstitution ist, das belegen die Studien eindrücklich, für die Kinder selbst weder immer positiv noch klar negativ. Während im Rahmen des Konzeptes einer Bildungs- und Erziehungspartnerschaft davon ausgegangen wird, dass eine Partnerschaft zwischen Eltern und Lehrkräften immer dem Wohl der Kinder dient bzw. insbesondere ihrem Schulerfolg (vgl. Kap. 4), zeichnen die Studien, die explizit Kinder in den Blick nehmen, ein deutlich differenzierteres Bild: Ericsson und Larsen (2002, vgl. Übersicht in Anhang 3) zeigen in einer Studie in norwegischen Grundschulen, dass eine verstärkte Zusammenarbeit und Interaktion (in Form halbjährlicher Gespräche von Eltern und Lehrkräften, bei denen Kinder häufig anwesend sind) Chancen für die Kinder mit sich bringen kann. Sie arbeiten für Erstklässlerinnen und Erstklässler heraus, dass sie Erwachsene (sowohl ihre Eltern als auch ihre Lehrkräfte) durchaus für sich zu nutzen wissen, um ihre eigenen Interessen und Ziele zu verfolgen. Gleichzeitig bergen diese Situationen und die stärkeren Verschränkungen von Familien- und Schulleben auch Risiken für Kinder in Bezug auf die Möglichkeit, ihre eigenen Interessen und Anliegen einzubringen und durchzusetzen, da die Kontrolle über sie zunimmt (ebd.) und die Autonomie der Kinder möglicherweise eingeschränkt wird (Markström 2013).

Die Studie von Markström (2015, vgl. Übersicht in Anhang 3) macht darüber hinaus deutlich, dass Kinder reine Überbringer schriftlicher Kommunikation sind bzw. sein können, aber gleichzeitig ebenso gestaltend auf diese Kommunikation einwirken (können), indem sie etwa ihre Eltern überzeugen, zum Elternabend zu gehen, oder z. B. Schreiben absichtlich »verlorengehen« lassen (vgl. auch Markström

---

128 Hierzu Alldred, David und Edwards 2002; Edwards 2002; Markström 2015; Vyverman und Vettenburg 2009; auch Sacher 2008.

2013). Die Kinder gehen mit den Erwartungen beider Welten, der Familie und der Schule, um und handeln diese unterschiedlich aus (Markström 2015).

These 2: Kinder sind genauso wie Erwachsene in generationale Ordnungsverhältnisse eingebunden. Ihre Zugehörigkeit zur generationalen Kategorie der *Kinder* strukturiert ihre Perspektiven und Positionen im Kontext der Zusammenarbeit mit. Ihre Perspektiven und Positionen nicht zu beachten bedeutet, einen wichtigen Einflussfaktor in der und für die Interaktion aller Akteure zu übersehen.
Bereits in den ersten empirischen Auseinandersetzungen mit der Thematik in den 1990er-Jahren wurde darauf hingewiesen, dass es Annahmen über generationale Verhältnisse sind, die bisher zur Ausblendung von Kindern in der Debatte um Zusammenarbeit geführt haben (Edwards und David 1997). Aber das ist nicht der einzige Punkt, an dem sich die generationale Ordnung für die Positionen und Perspektiven von Kindern als bedeutsam erweist. Vielmehr machen die Studien deutlich, dass ihre Position *als Kinder* innerhalb dieser Ordnung ihre Möglichkeiten und ihre Rolle im Kontext der Zusammenarbeit (mit-)strukturiert (v. a. Ericsson und Larsen 2002; Markström 2013). Kinder haben dabei eine zumeist weniger einflussreiche und den erwachsenen Akteuren untergeordnete Position.

Markström (2013, vgl. Übersicht in Anhang 3) arbeitet aus Interviews mit Kindern heraus, dass sie das Verhältnis von Familie und Schule so wahrnehmen, dass ihre Position durch wissende und machtvollere Erwachsene dominiert wird (ebd.; zur generationalen Ordnung als Rahmung des Verhältnisses von Kindern und Erwachsenen vgl. Abschn. 2.3.2). Zudem gibt es, wenngleich weitaus seltener, Aussagen von Kindern, die ein eher horizontales, d. h. gleichberechtigteres Verhältnis zwischen Lehrkräften, Eltern und ihnen selbst erkennen lassen.

Besonders spannend ist der Befund, dass sich aus der Kinderperspektive für die Beteiligung von Eltern an Schule andere Kategorien oder Typologien einer ›guten‹ Zusammenarbeit ergeben als diejenigen, die aus der Forschung entwickelt wurden, in der es nur um die erwachsenen Akteure geht; beispielsweise angelehnt an Epstein (vgl. Abschn. 5.1.2) und den fachlichen Diskurs (vgl. Kap. 4; hierzu Edwards und Alldred 2000; Vyverman und Vettenburg 2009). Ein wichtiges Ergebnis ist dabei, dass Kinder die Formen und Arten elterlicher Beteiligung (von der Unterstützung bei Hausaufgaben bis hin zur Teilnahme an Elternabenden oder im Unterricht) vor allem nach der Bedeutung bewerten, die diese für sie selbst haben. In ihren Berichten über die Beiträge ihrer Mütter und Väter zu ihrem Schulleben wird deutlich, dass sie die Formen der Zusammenarbeit danach unterscheiden, ob es sich dabei z. B. eher um – wie es die Autorinnen bezeichnen – supervisorische, leistungsfokussierte oder logistische Formen, wie etwa die Begleitung bei Schulausflügen, handelt (Vyverman und Vettenburg 2009, vgl. Übersicht Anhang 3).

Auch Edwards und Alldred (2000, vgl. Übersicht in Anhang 3) erarbeiten auf Basis ihrer Untersuchung zur Rolle von Kindern im Verhältnis von Familie und Schule eine alternative Typologie, die sich aus den Berichten der Kinder ergibt. Für die Perspektiven von Kindern und ihre entsprechenden Bewertungen stellt sich dabei vor allem als ausschlaggebend heraus, wie sich ihre eigene Beteiligung an der Interaktion von Eltern und Lehrkräften gestaltet (ebd.). Damit sind die gängigen Klassifikationen, mit denen im Feld der PI gearbeitet und geforscht wird, nicht nur wenig sensitiv im Hinblick auf sozial benachteiligte Mütter und Väter (vgl. Kap. 5.4), sondern zugleich ebenfalls mit Blick auf die Kinder. Neben den bereits herausgearbeiteten sozialen Ungleichheitsverhältnissen werden damit auch generationale Ungleichheitsverhältnisse deutlich. Dies zeigt sich nicht zuletzt darin, dass die für die Akteursgruppe der Kinder relevanten Aspekte von Zusammenarbeit bislang in der nationalen und internationalen Forschung weitgehend ausgeblendet werden.

These 3: Die Auseinandersetzung mit *den* Perspektiven von Kindern eröffnet neue Einsichten in das Verhältnis von Bildungsinstitution und Familie. Die Positionen und Sichtweisen von Kindern sind dabei ebenso heterogen wie diejenigen der beteiligten Erwachsenen.

Bereits die wenigen vorliegenden Studien machen deutlich, dass nicht von einer universalen Perspektive *der* Kinder ausgegangen werden kann. Vielmehr unterscheiden sich die Positionen von Kindern innerhalb des Verhältnisses von Familie und Bildungsinstitution und ihre diesbezüglichen Vorstellungen teilweise deutlich voneinander. Es zeichnet sich ab, dass Kinder unterschiedliche, aber gleichwohl nicht beliebige Vorstellungen davon haben, wie intensiv und in welcher Art sie sich eine Verbindung zwischen ihrem Leben zu Hause und dem in der Schule wünschen.

Während einige Kinder einen engen Kontakt zwischen ihren Eltern und Lehrkräften befürworten, ziehen andere Kinder klare Grenzen zwischen Schule und Familie vor (Edwards und Alldred 2000; Markström 2015). Einige Kinder mögen es, an Elterngesprächen teilzunehmen, anderen bereiten die Inhalte dieser Gespräche Sorgen (Crozier 1999, vgl. Übersicht in Anhang 3). Auch das Thema Privatsphäre spielt dabei für Kinder eine Rolle. So werden z. B. in der britischen Studie von Crozier Hausbesuche von Kindern unisono abgelehnt (ebd.). Die konkreten individuellen und sozialen Lebensverhältnisse der jeweiligen Kinder spielen dabei eine bedeutsame Rolle (Alldred, David und Edwards 2002; Vyverman und Vettenburg 2009; vgl. hierzu These 4).

These 4: Die Sichtweisen der Kinder auf und ihre Erfahrungen mit Zusammenarbeit sind nicht zufällig: Neben ihrer Position in der generationalen Ordnung sind sie beeinflusst durch soziale und individuelle Merkmale, das Alter und die Form(en) der Zusammenarbeit.

Für einige der erwähnten Unterschiede zwischen Kindern geben die Studien Hinweise auf (mögliche) Einflussfaktoren: Sowohl das Geschlecht als auch die soziale Herkunft *(Social Class)*[129] stellen sich dabei als wichtige und miteinander zusammenhängende Faktoren heraus.[130] Mädchen und Jungen unterschiedlicher sozialer

---

129 Ergebnisse hierzu bietet auch die Studie von Lahaye, Nimal und Couvreur (2001): So bewerten Jugendliche aus Familien höherer sozialer Positionen eine intensive Kommunikation zwischen Familie und Schule deutlich positiver als diejenigen aus weniger privilegierten Elternhäusern. Zudem zeigen sich Schulerfolg, positive Erfahrungen in der Schule und Noten als wichtige Faktoren für die Einstellung gegenüber Zusammenarbeit. Diese Befunde werden in den dargestellten Studien zu Kindern nicht herausgestellt (zu Letzterem auch Jónsdóttir 2015).

130 Alldred et al. 2002; Vyverman und Vettenburg 2009; zu Geschlecht auch Sacher 2008; zu Jugendlichen Deslandes und Cloutier 2002.

Schichten bevorzugen verschiedene Formen elterlicher Beteiligung. Dies wird in der Studie von Edwards und Alldred (2000) deutlich. Während Mädchen der Beteiligung ihrer Eltern an schulischen Belangen gegenüber generell positiver eingestellt sind, ist dieser Effekt noch stärker für Mädchen der Mittelschicht und für Grundschulkinder. Diese Gruppen sind auch selbst aktiver in der Gestaltung des Verhältnisses von Elternhaus und Bildungsinstitution.

Jungen scheinen den Fokus der Beteiligung ihrer Eltern an Schule eher auf formale Aspekte wie ihre Schulleistungen legen zu wollen, Mädchen verstehen schulische Belange umfassender und beziehen z. B. Peer-Kontakte ebenfalls ein. Ein weiteres Ergebnis ist, dass Kinder aus unterprivilegierten Verhältnissen die Beziehung zwischen Familie und Schule besonders aktiv mitgestalten, indem sie den Kontakt entweder blockieren oder ihn unterstützen. Demgegenüber wirken Kinder aus Familien der Mittelschicht weniger auf die Beteiligung ihrer Eltern ein (ebd.).[131]

Auch der ethnische Hintergrund von Kindern hat sich in diesem Kontext als bedeutsam erwiesen. In der Studie von Alldred, David und Edwards (2002) waren es vor allem die Kinder der ethnischen Minderheiten, die ihr Schulleben und ihr Familienleben möglichst getrennt halten wollten, während Kinder der Mehrheitsgesellschaft Grenzen weniger betonten. Die Autorinnen folgern daher:

»*Policies and interventions seeking to build links between parents and schools, are entering into particular and diverse – but also much broader structural – issues that are embedded in the relationship between home and school*« (ebd.: 135).

Das Alter spielt bei den Perspektiven von Kindern auf Zusammenarbeit ebenfalls eine Rolle: Insbesondere ältere Schülerinnen und Schüler wollen eine aktivere Rolle in der Interaktion zwischen Eltern und Lehrkräften einnehmen; sie wollen mehr Kontrolle über Ausmaß und Inhalt des Kontakts haben bzw. diesen auch eher aktiv fördern oder blockieren (Crozier 1999; Edwards und Alldred 2000; Ericsson und Larsen 2002; Sacher 2008). Sowohl die Studie von Ericsson und Larsen (2002) als auch diejenige von Alldred, David und Edwards (2002) zeigt, dass sich ältere Schülerinnen und Schüler tendenziell eine stärkere Trennung von Familie und Schule wünschen.

Befunde von Edwards und Alldred (2000) differenzieren hier noch weiter, indem sie deutlich machen, dass es vor allem über formale Gelegenheiten wie den Besuch von Elternabenden hinausgehende Formen elterlicher Beteiligung in der Schule sind, die mit zunehmendem Alter negativ bewertet werden (ebd.). Paradox ist, dass Befunde der auf Erwachsene bezogenen Forschung zur Zusammenarbeit aufzeigen, dass die Zusammenarbeit mit den Eltern mit zunehmendem Alter der Kinder weniger bedeutsam ist und weniger stark praktiziert wird (u. a. Sacher 2008). Bei den Kindern scheint dies aber eher umgekehrt zu sein; ihre eigene Be-

---

131 Dieser Befund steht im Widerspruch zur Forschung zu Erwachsenen, die insbesondere unterprivilegierte Mütter und Väter als weniger aktiv in der Zusammenarbeit darstellt (v. a. Kap. 5.2.1 und 5.3.1). Die Ergebnisse zu Kindern zeigen aber, dass Aktivität sich auch darin äußern kann, Interaktion zu verhindern, und eine geringe Beteiligung an der Zusammenarbeit demnach nicht rein passiv gedacht werden kann.

teiligung und ihre Gestaltungsmöglichkeiten an der Zusammenarbeit gewinnen an Bedeutung.

Ebenfalls relevant für die Erfahrungen und Sichtweisen von Kindern auf die Zusammenarbeit zwischen Eltern und Lehrerinnen/Lehrern sind Geschwister (Edwards und Alldred 2000) und die Beziehungen in der Familie (Vyverman und Vettenburg 2009). Kinder, die ihre Eltern als ›nett‹ beschreiben, waren der Beteiligung ihrer Eltern an Schule gegenüber positiver eingestellt (ebd.; zu Eltern auch Edwards und Alldred 2000). Neben diesen sozialen und individuellen Einflussfaktoren haben zudem das Ausmaß und die Art der Zusammenarbeit einen Einfluss auf die Bewertungen durch die Kinder, z. B. wenn es um die Begleitung durch die Eltern bei Ausflügen oder aber um die Teilnahme am Unterricht geht.

Für Kinder gibt es damit *die* Zusammenarbeit genauso wenig wie für Erwachsene: Darauf machen insbesondere die beiden quantitativen Untersuchungen von Vyverman und Vettenburg (2009) und Crozier (1999) aufmerksam. Dass es zudem keine einheitliche Vorstellung von Zusammenarbeit geben kann, wird auch in den bereits dargelegten alternativen Kategorien und Typologien deutlich, die sich aus der Perspektive von Kindern anders gestalten als aus derjenigen der beteiligten Erwachsenen (siehe These 2). Durch die Auseinandersetzung mit den Kinderperspektiven wird damit ebenso deutlich, dass eine differenziertere Betrachtung der Beteiligung von Kindern sowie ihrer Perspektiven auf Zusammenarbeit notwendig ist: Denn Kinder können gleichzeitig einige Arten der (Nicht-)Beteiligung ihrer Eltern unterstützen und andere ablehnen oder sogar verhindern (ebd.; Edwards und Alldred 2000).

In der Zusammenarbeit zwischen Eltern und Schule sind für Kinder sehr unterschiedliche und bis auf die Studien von Markström (2013; 2015), Edwards und Alldred (2000) sowie Ericsson und Larsen (2002) noch weitgehend unerforschte Positionen und Rollen möglich. Zukünftige Forschung sollte diese in unterschiedlichen Feldern, z. B. Kindertageseinrichtungen und Schulen, weitergehend untersuchen. Dabei wäre es bedeutsam, auch verschiedene Situationen einzubeziehen und zu erforschen, z. B. Konstellationen bei der Zusammenarbeit von Fachkräften oder Lehrkräften mit Eltern, während die Kinder anwesend und auf eine noch näher zu untersuchende Form beteiligt sind. Zugleich wären aber für die Forschung ebenfalls Konstellationen von Interesse, bei denen die Kinder zwar nicht physisch präsent sind, aber (zumindest) durch anwesende Erwachsene (advokatorisch) vertreten werden (vgl. für Finnland Alasuutari 2014).

7 Ertrag der Analyse und Forschungslücken

Es gibt in Deutschland markante Ungleichheitsverhältnisse, die sich auch im Bildungssystem beobachten lassen und für Kinder zu Barrieren auf ihrem Bildungsweg führen. Bildungs- und sozialpolitisches Ziel ist es daher schon seit längerem, mehr Chancengerechtigkeit herzustellen, Bildungsungleichheiten zu vermindern und allen Kindern gleiche (Start-)Chancen zu ermöglichen. Verschiedene Reformen, Initiativen und Programme *innerhalb* der Bildungsinstitutionen zielen darauf ab, Bildungsungleichheiten abzubauen. Aber auch eine neue und gezielte Gestaltung der *Schnittstelle von Bildungsinstitution und Familie* soll für mehr Chancengerechtigkeit sorgen. Dabei wird eine *Bildungs- und Erziehungspartnerschaft* zwischen Kindertageseinrichtungen bzw. Schulen und Familien gefordert, eine stärkere Beteiligung von Eltern und eine vermehrte und intensivierte Zusammenarbeit mit Familien. In der Realität finden sich diese Forderungen in zentralen Dokumenten (auf der Ebene bildungs- und sozialpolitischer Steuerung, in Aus- und Fortbildungsmanualen etc.), fachlichen Diskussionen sowie in Berichten aus der früh- und primarpädagogischen Praxis[132]. Dabei stellen diese Ansätze eine mitunter zentrale Antwort auf die Frage dar, wie bestehende (Bildungs-)Ungleichheiten vermindert und allen Kindern in Bildungsinstitutionen dieselben Chancen eröffnet wie auch (schulische) Erfolge ermöglicht werden können.

Ausgehend von der Beobachtung gesellschaftlicher Ungleichheitsverhältnisse und den skizzierten Entwicklungen, stand in diesem Buch das Themenfeld *Elternbeteiligung, Zusammenarbeit und Bildungs- und Erziehungspartnerschaft mit Familien* im Fokus, wobei der Schwerpunkt auf den Bereich der Kindertageseinrichtungen und Grundschulen gelegt wurde. Aus einer erziehungs- und sozialwissenschaft-

---

[132] Beispielsweise gehören hierzu die Praxisberichte im Kontext Kindertageseinrichtungen im Themenheft (Heft 9/2016) »Eltern beteiligen?« der Zeitschrift *Theorie und Praxis der Sozialpädagogik (TPS)* oder auch die Praxisberichte im Themenheft »Elternarbeit« (Heft 298.299/2016) von »*Die Grundschulzeitschrift*«.

lichen, ungleichheits- und kindheitstheoretischen Perspektive wurde die Schnittstelle von Bildungsinstitution und Familie genauer betrachtet: wie sie gestaltet *wird*, gestaltet *werden soll* und welche (ungleichheitsrelevanten) Konsequenzen bzw. Effekte sich hieraus jeweils für die unmittelbar beteiligten Akteure – die pädagogischen Fachkräfte, die Lehrkräfte, die Eltern und die Kinder bzw. die Schülerinnen und Schüler – ergeben.

Um gesellschaftliche Kontexte wie die rechtlichen Rahmenbedingungen sowie bildungs- und sozialpolitische Vorgaben und fachliche, praxisbezogene Diskurse zu berücksichtigen, wurden *erstens* drei empirische Schlaglichter auf Phänomene geworfen, die sich der gesellschaftlichen Makroebene zuordnen lassen. Es handelt sich zunächst um die Verankerung der Thematik »Zusammenarbeit und Bildungs- und Erziehungspartnerschaft« in den Rechtsgrundlagen der Bundesländer für die Schulen und in denjenigen für die Kindertageseinrichtungen auf Ebene des Bundes und der Länder; hinzu kommen die Darlegungen der Thematik in den Bildungs- und Erziehungsplänen auf Länderebene sowie schließlich die Debatte um Elternbeteiligung, Zusammenarbeit und Partnerschaft mit Familien in praxisorientierten Fachzeitschriften. Bislang wurden diese spezifischen Dokumente (Rechtsgrundlagen, Pläne, Praxiszeitschriften) als Forschungsgegenstand in den Erziehungs- und Sozialwissenschaften kaum berücksichtigt. Von ihnen gehen aber (bisher zumeist kaum erforschte) Effekte auf die Ausgestaltung von Elternbeteiligung, Zusammenarbeit und Partnerschaft aus.

Zweitens wurden nationale und internationale wissenschaftliche Studien zum Themenfeld Elternbeteiligung, Zusammenarbeit und Partnerschaft systematisiert und aufbereitet. Betrachtet wurden v. a. solche Studien, die Phänomene auf der Mikroebene der Wahrnehmung, des Denkens und Handelns der Akteure – pädagogische Fachkräfte, Lehrkräfte, Eltern und Kinder – untersuchen. In den Interaktionen und in den (darauf bezogenen) Schilderungen der Akteure werden alltägliche und subtile Erfahrungen sozialer Differenz in Bildungskontexten anschaulich. Die Studien geben somit Einblicke in konkrete Formen und Vollzüge der (Re-)Produktion) von Bildungsungleichheit als multikausalem Phänomen. Der internationale Blick dient dazu, bislang in der deutschen Debatte kaum rezipierte Befunde und Argumente zu berücksichtigen. Auf diese Art und Weise ist eine differenziertere und umfassendere Vorstellung davon möglich, wie sich Elternbeteiligung, Zusammenarbeit und Partnerschaft auf der Mikroebene vollzieht und inwiefern dies für Fragen der (Re-)Produktion von Ungleichheitsverhältnissen bedeutsam ist.

Darüber hinaus werden in Anhang 3 in einer Übersicht 50 (inter-)nationale Studien zum Themenfeld Elternbeteiligung, Zusammenarbeit und Partnerschaft in Kurzportraits vorgestellt, die exemplarisch für die recherchierten Studien stehen und Einblicke in bedeutsame Facetten der vielschichtigen internationalen Forschung geben. Sie sind als Anregung gedacht, sich auch in der deutschen Debatte vertieft und spezifisch mit einzelnen Forschungsvorhaben genauer auseinanderzusetzen.

In diesem Kapitel werden die Befunde der Analysen anschließend knapp zusammengefasst und ihr Ertrag für die weitere, empirisch fundierte Debatte herausgearbeitet.

Rechtliche Grundlagen der Arbeit in den Kindertageseinrichtungen und Schulen
Die Analyse der aktuell gültigen rechtlichen Rahmenbedingungen zeigt, dass in den Gesetzen sowohl im Kontext der Kindertageseinrichtungen (auf Ebene des Bundes und der Länder) als auch in dem der Schulen (auf Ebene der Länder) das Verhältnis zwischen Institution und Familie rechtlich reguliert und eine Zusammenarbeit gesetzlich festgeschrieben wird. Damit ist die Ausgestaltung des Verhältnisses zu den Familien, zumeist zu den Eltern, eine verpflichtende Aufgabe, die den pädagogischen Professionellen, Fachkräften oder Lehrkräften, zukommt. Zugleich sind die Familien ihrerseits aufgefordert, dieses Verhältnis zu gestalten. Dies gilt insbesondere im Kontext Schule, in dem die Bildungs- und Erziehungsrechte von Eltern und Staat gleichrangig nebeneinander stehen.

Ein weiteres Ergebnis der Analyse ist, dass in den Rechtsgrundlagen – vergleichbar zur praxisbezogenen Debatte und zu den bildungs- und sozialpolitischen Rahmenbedingungen – keine definitorische Klarheit darüber herrscht, was mit den einzelnen Fachbegriffen genau bezeichnet wird: Die Begriffe (Eltern-)Beteiligung, Einbeziehung, Zusammenwirken, Zusammenarbeit, Mitwirken, Mitarbeit und Partnerschaft werden zumeist synonym verwendet. Im Kontext Kindertagesbetreuung ist der Begriff Zusammenarbeit dominant, im Kontext Schule derjenige der (Eltern-)Mitwirkung. Der Begriff der Partnerschaft, der in den fachlichen und empirischen Debatten sehr zentral ist (vgl. Abschn. 4.3 und Kap. 5), wird insgesamt nicht sehr häufig genutzt; explizit wird er in vier von 16 Bundesländern für den Bereich der Kindertageseinrichtungen und in drei von 16 Bundesländern für den Bereich der Schule verwendet. Ähnlich vielfältig wie die Verwendung der zentralen (Fach-)Begriffe sind auch die Ziele, die durch und mit einer Zusammenarbeit und Mitwirkung in Kindertageseinrichtungen und Schulen erreicht werden sollen. Sie reichen von der Sicherung eines guten Übergangs in die Schule und vom frühzeitigen Erkennen von entwicklungsspezifischen Problemstellungen bis hin zur Sicherung der Rechte der Kinder und zum Wohl der Kinder bzw. jedes Kindes.[133]

Betrachtet man die *Position von Kindern* in den rechtlichen Rahmenbedingungen genauer, so lassen sich zusammenfassend folgende Ergebnisse festhalten:

Die Analyse der 16 Ländergesetze macht deutlich, dass Kindern in den Gesetzen im Kontext der *Kindertagesbetreuung* ganz allgemein ein an Voraussetzungen bzw. Bedingungen (Alters- und Entwicklungsangemessenheit) geknüpfter, aber dennoch zunächst grundlegender Status als Akteure zugebilligt wird (zum Akteurskonzept: Betz und Esser 2016; Esser et al. 2016; Mierendorff 2014; vgl. Abschn. 2.3.2). Im Unterschied zur *Schule* und den rechtlich verankerten kollektiven Rechten für Schülerinnen und Schüler sowie im Unterschied zu den kollektiven Elternrechten in Kindertageseinrichtungen gibt es für »Kita-Kinder« aber keine vergleichbar rechtlich abgesicherte Position[134]. Vielmehr obliegt es den Trägern bzw.

---

133 Wie realistisch es ist, diese oder weitere Ziele mittels Zusammenarbeit, Beteiligung und Partnerschaft zu erreichen, wird in Kapitel 5 diskutiert.
134 Es gibt indessen Diskussionen zu Standards der Umsetzung von § 45 SGB VIII (Hansen und Knauer 2016), die in Bezug auf die Zusammenarbeit mit Eltern aber nicht spezifiziert und ausgestaltet sind.

den einzelnen Einrichtungen und ihren Teams, hier ihre jeweiligen Schwerpunkte zu setzen[135], etwa Kinderkonferenzen einzuberufen oder Kita-Verfassungen zu institutionalisieren. Der Akteursstatus von Schülerinnen und Schülern ist im Gegensatz dazu u. a. durch Schulgesetze stärker abgesichert (s. u.); sie verfügen daher aufgrund der gesetzlichen Regelungen über eigene feste Orte und Gremien, wie z. B. Schülerversammlungen, Schülerräte oder Schülerkonferenzen.

Selbst wenn es sich bei den analysierten gesetzlichen Regelungen nicht um *einklagbare Rechte* von Kindern bzw. Schülerinnen und Schülern handelt, entfalten in Gesetzen formulierte Rechte und Positionen von Personen zumindest eine symbolische Wirkung mit Blick auf generationale Ungleichheitsverhältnisse, d. h. auf das Verhältnis zwischen Erwachsenen und Kindern. Daher wäre zu überlegen, zukünftig auch im Bereich der Kindertageseinrichtungen neben kollektiven Elternrechten auch kollektive Rechte von Kindern gesetzlich zu verankern und prominent zu platzieren. Dadurch könnte ein Anstoß für die frühpädagogische Praxis gegeben werden, permanent und flächendeckend (auch) die Perspektiven und Positionen von

---

135 Allein das Alter oder der Entwicklungsstand des Kindes, Faktoren, die vielfach in den Gesetzen als einschränkende Bedingungen vorgebracht werden (vgl. Abschn. 4.1), kann für diese Regelung nicht ausschlaggebend sein – auch, da zwischen dem Besuch einer Kindertageseinrichtung und dem der Grundschule bisweilen nur wenige Wochen liegen.

Kindern in der Kindertagesbetreuung im Blick zu haben und sich kontinuierlich mit ihnen auseinanderzusetzen.

Weiterhin macht die Analyse deutlich, dass Kindern – im Unterschied zu ihren Eltern – im Bereich der Kindertageseinrichtungen kein Status als Akteure zugesprochen wird, wenn es um den *Themenkomplex Zusammenarbeit* mit Familien geht. Sobald es um die Gestaltung des Verhältnisses von Einrichtung und Familie geht, handelt es sich um eine (partnerschaftliche) Zusammenarbeit unter Erwachsenen. Damit wird *Familie* mit *Eltern* gleichgesetzt, und Kinder, die ebenfalls als Teil von Familie gedacht werden müssten, sind hier nicht mehr unmittelbar Beteiligte. Vielmehr sind sie Anlass und zugleich Ziel des Handelns der Erwachsenen, der pädagogischen Fachkräfte und Eltern. Damit werden Kinder zu (passiven) Objekten an der Schnittstelle von Kindertageseinrichtung und Familie gemacht und bleiben auf dieser diskursiven Ebene unsichtbar. Vor dem Hintergrund dieses Befundes wäre ebenfalls ein Umdenken möglich, wenn Kindern – besonders bei der Ausgestaltung der Schnittstelle von Einrichtung und Familie – zumindest sprachlich und damit auch symbolisch eine eigene Position mit Akteursstatus zugewiesen würde. Dadurch könnte für die Position und Belange von Kindern in der pädagogischen Praxis sensibilisiert werden. Denn die pädagogische Praxis bezieht auch und sehr grundlegend die Zusammenarbeit mit Eltern mit ein.

Anders gestaltet sich die *Position von Kindern in den Schulgesetzen*. Ihre allgemeinen Formen der Beteiligung und Mitwirkung sind im Unterschied zu Kindertageseinrichtungen rechtlich abgesichert. Kindern werden damit als Schülerinnen und Schülern in viel stärkerem Maße u. a. Informations-, Beratungs-, Beteiligungs- und Beschwerderechte explizit zugestanden, auch wenn diese teilweise wieder an Voraussetzungen gebunden bzw. eingeschränkt sind – erneut entsprechend ihrem Alter und ihrer Entwicklung. Dennoch gibt es kollektive Mitwirkungsrechte für Schülerinnen und Schüler wie Schülerräte, Schülerkonferenzen, Schülerversammlungen, Schülervertretungen oder Klassenschülerschaften.

Allerdings zeigt sich auch in Bezug auf die Schule, dass Schülerinnen und Schüler im Kontext der *Zusammenarbeit zwischen Schule und Familie* nur spärlich als Akteure auftauchen und primär die Eltern bzw. die Erziehungsberechtigten in den Blick genommen werden. In manchen Bundesländern werden die Kinder als Schülerinnen/Schüler zumindest als Beteiligte in der Ausgestaltung des Verhältnisses von Familie und Schule genannt: So werden sie in Mecklenburg-Vorpommern sowie Brandenburg sogar als Partner mitgedacht – ein Begriff, der in der fachlichen Debatte mit »Augenhöhe« und »Gleichberechtigung« in Verbindung gebracht wird. In Nordrhein-Westfalen wird ebenfalls auf das Konzept der Partnerschaft rekurriert, allerdings wirken hier nur die Schule und die Eltern zusammen, die Schülerinnen und Schüler selbst werden nicht zum Thema. In Rheinland-Pfalz wird in der landesspezifischen Grundschulordnung ebenfalls eine Form der Partnerschaft festgeschrieben, in der auch Schülerinnen und Schüler mit gedacht werden; es geht darum, dass verbindlich zum Halbjahr in den Klassenstufen zwei, drei und vier gemeinsam mit Eltern und Schülerinnen und Schülern ein Gespräch »auf Augenhöhe – unter Partnern« zu führen ist, wie das Ministerium für Bildung, Wissenschaft, Weiterbildung und Kultur sowie der Landeselternbeirat Rheinland-Pfalz betonen.¹³⁶ Diese Festlegung liegt damit aber nicht auf der Ebene der Landesgesetzgebung und ist auch nicht bindend für andere Schularten.

Analog zu Kindertageseinrichtungen wäre ebenso im Bereich der Schulgesetzgebung und hier primär mit dem Fokus auf die Grundschulen darüber nachzudenken, dass Schülerinnen und Schülern zumindest sprachlich und damit zuallererst auch symbolisch flächendeckend eine eigene Position mit Akteursstatus im (partnerschaftlichen) Verhältnis von Schule und Familie zugewiesen wird. Dies könnte für die Position und Belange von Kindern als Schülerinnen und Schülern in der schulischen Praxis – zu der ab dem ersten Schultag auch die Gestaltung des Verhältnisses zur Familie gehört – sensibilisieren und ihre Position im Gefüge von Schule, d. h. Lehrkräften und den Eltern, stärken.

Zugleich ist festzuhalten, dass aus wissenschaftlicher Sicht ebenfalls eine Analyse der Auswirkungen rechtlicher Rahmenbedingungen auf die konkrete Ausgestaltung des Alltags in Kindertageseinrichtungen bzw. Grundschulen und v. a. die Gestaltung der Schnittstelle zu den Familien dringend geboten ist. Denn allein durch eine Analyse der Rechtsgrundlagen und die Forderung ihrer Veränderung können noch keine Aussagen darüber gemacht werden, ob und inwiefern sich auf der Mikroebene der sozialen Praxis in den Institutionen Veränderungen beobachten lassen, d. h., die Position von Kindern und Schülerinnen und Schülern tatsächlich gestärkt wird.

Politische Steuerung über Bildungs- und Erziehungspläne im Elementar- und Primarbereich

In der Analyse der thematisch einschlägigen Kapitel der aktuell gültigen 16 Bildungs- und Erziehungspläne wird deutlich, dass der Partnerschaftsbegriff prominent vertreten ist. Es kann jedoch nicht bestimmt werden, was nun genau darunter zu verstehen ist – die Darlegungen bleiben recht vage und sind bisweilen widersprüchlich. Zudem gibt es definitionsähnliche Aussagen, die zugleich empirische Aussagen beinhalten wie z. B. diejenige, dass eine Partnerschaft zwischen Institution und Familie für die Kinder positiv ist (siehe die Bildungsgrundsätze von Nordrhein-Westfalen, vgl. Kap. 4). Solche Aussagen erhalten auf sprachlicher Ebene den Status von Fakten (Meyer 2017) und wirken dadurch so, als wären sie allgemeingültig. Allerdings fehlen bei genauerer Betrachtung hierfür die empirischen Belege, einmal abgesehen von den fehlenden theoretischen Grundlagen für eine solche Aussage (vgl. Kapitel 5 und 6).¹³⁷

Die Ergebnisse der Analyse offenbaren weitere Widersprüchlichkeiten und Ambivalenzen innerhalb der einzelnen Pläne, insbesondere bei den jeweiligen Defini-

---

136 Die LandesschülerInnenvertretung Rheinland-Pfalz findet in den offiziellen Dokumenten zu den so genannten »Lehrer-Schüler-Eltern-Gesprächen« in Grundschulen nirgendwo Erwähnung. Sie vertritt die Interessen der Schülerinnen und Schüler an Schulen mit Sekundarstufe I und II in Rheinland-Pfalz (zu Details: https://www.lsvrlp.de/de/topic/42.lsv.html, abgerufen am 31.01.2017)

137 Mit Meyer (2017) kann man von der »Figur des Tatsachenberichts« (Meyer 2017: 162) sprechen. Sie arbeitet diese Figur für eine thematisch anders gelagerte Analyse derselben Dokumente heraus: die Thematisierung sozialer Differenz in den Bildungs- und Erziehungsplänen.

tionen von Zusammenarbeit und Partnerschaft und der in diesem Zusammenhang aufzufindenden Konzeptualisierung von Kindern. Relevant ist dieses Ergebnis aus zwei Gründen: *Erstens* macht es darauf aufmerksam, dass die Pläne in vielerlei Hinsicht für die Fach- und Lehrkräfte eher verunsicherndes als orientierendes Wissen bereitstellen (vgl. auch Betz, de Moll und Bischoff 2013; Betz und Eunicke 2017; Kelle und Bollig 2006; Thiersch 2014) – das (fach-)politische Ziel, dass die Pläne für die pädagogischen Professionellen handlungsleitende Funktion haben sollen, wird durch diese Ambivalenzen konterkariert. *Zweitens* offenbart die Analyse eine große Diskrepanz: Einerseits wird in den Plänen explizit sowohl die Partizipation von Kindern als auch ihr Akteurs- und Expertenstatus in vielen zentralen, aber allgemein gehaltenen Passagen postuliert. Sobald es aber konkret wird, d. h., die Zusammenarbeit mit Familien als ein spezifischer und zentraler Bereich professioneller Praxis in den Blick genommen wird, zeigt sich andererseits schnell, dass hier eine deutliche Lücke zwischen allgemeinem Anspruch und allgemeinen Postulaten und ihrer Konkretisierung klafft. Viele Aussagen über Kinder erweisen sich bei der Analyse der einschlägigen Kapitel zur Zusammenarbeit zwischen Bildungsinstitution und Familie als Worthülsen – z. B., dass sie Experten in eigener Sache sind, dass es keine Dominanz der Erwachsenen geben soll, sondern alle gleichberechtigt miteinander umgehen, oder dass Kinder ein Recht darauf haben, an allen Entscheidungen teilzuhaben, die sie betreffen. Die Position von Kindern und ihre mögliche Partizipation im Kontext Zusammenarbeit und Partnerschaft sind mehrheitlich nicht ausgewiesen; eine eigenständige (von ihnen selbst artikulierte) Perspektive von Kindern auf dieses Verhältnis wird fast gänzlich ausgeblendet, und Kindern wird kaum ein aktiver Status zugebilligt, ebenso wenig wird er konkretisiert.

Gerade vor dem Hintergrund, dass den Bildungs- und Erziehungsplänen mehr Verbindlichkeit zukommen soll und sie als Orientierungshilfe für pädagogische

Fach- und Lehrkräfte dienen sollen, wäre es daher dringend notwendig, den Themenbereich Beteiligung, Zusammenarbeit und Partnerschaft neu zu fassen (vgl. die kindheitstheoretischen Annahmen in Kapitel 3). Das würde bedeuten, die einschlägigen Kapitel konsequent aus einer Perspektive zu formulieren, die »von Kindern aus« gedacht ist; zumindest wäre eine Neukonzeptualisierung der Kapitel nötig, in der Kinder nicht vorwiegend ignoriert, instrumentalisiert oder lediglich als Objekte des Handelns Erwachsener konzeptualisiert werden, wie dies derzeit in vielen Bildungs- und Erziehungsplänen beobachtbar ist.

Praxisorientierte Debatten zur Bildung, Betreuung und Erziehung in Kindertageseinrichtungen und in Grundschulen
Die Analyse der einschlägigen praxisorientierten Fachzeitschriftenartikel für Kindertageseinrichtungen und Grundschulen aus den Jahren 2005 bis 2015 zeigt, dass es sich bei der Bildungs- und Erziehungspartnerschaft um ein zunehmend häufiger beschriebenes, insgesamt breit verhandeltes und sehr wirkmächtiges Konstrukt handelt, das nahezu ausschließlich positiv belegt ist. Eine Bildungs- und Erziehungspartnerschaft wird in den analysierten Artikeln dabei wiederholt und für unterschiedliche Adressatinnen/Adressaten als eine attraktive Lösung für die Herausforderung präsentiert, die Schnittstelle zwischen Bildungsinstitution und Familie zu gestalten – alle Akteure, sowohl die pädagogischen Fach- und Lehrkräfte als auch die Eltern und die Kinder, profitieren von ihr (kritisch dazu bereits Betz 2015). So ist in den Artikeln u. a. davon die Rede, dass durch die Partnerschaft ideale Entwicklungs- und Bildungsbedingungen für Kinder geschaffen werden und diese dadurch bessere Leistungen und einen höheren Schulerfolg erzielen. Weiterhin wird dargelegt, dass die Eltern in der Partnerschaft als Expertinnen und Experten anerkannt werden und die pädagogischen Fach- und Lehrkräfte durch den Aufbau und die Etablierung einer Partnerschaft eine Entlastung in ihrem pädagogischen Handeln erfahren. Geht man aber einen Schritt weiter und setzt diese in zahlreichen praxisbezogenen Artikeln gemachten Aussagen mit der gegenwärtigen, vor allem internationalen Forschungslandschaft in Beziehung, dann wird offenkundig, dass viele Aussagen in den Beiträgen eher als Annahmen und Postulate zu behandeln sind, die noch einer empirischen Bewährungsprobe zu unterziehen wären.

Aus diesen Beobachtungen folgt zweierlei: *Zum einen* erscheint es, gerade angesichts der starken Favorisierung von mehr Zusammenarbeit und Partnerschaft im praxisorientierten Diskurs, angebracht, in Bezug sowohl auf Kindertageseinrichtungen als auch auf Grundschulen die fachliche, praxisnahe Diskussion mit empirischen Grundlagen zu stärken, um gute Argumente für, aber bisweilen auch gegen eine Zusammenarbeit und Partnerschaft zu haben. Hierbei wäre es bedeutsam, stärker als bislang die unterschiedlichen Positionen und Perspektiven aller Akteure, d. h. der pädagogischen Fach- und Lehrkräfte, der Eltern, aber auch der Kinder oder der Schülerinnen/Schüler, näher zu beleuchten. Zugleich sollten die vielfältigen Ambivalenzen, die dem Partnerschaftskonstrukt eigen sind (Betz 2016a; 2016b; 2016c), zum Thema gemacht werden – nicht zuletzt deswegen, weil die Adressatinnen/Adressaten dieser Praxiszeitschriften, (angehende) pädagogische Fach- und Lehrkräfte, Leitungen, Personen aus dem Aus- und Weiterbildungssektor, Vertreterinnen und Vertreter von Trägern und Behörden, aber auch Eltern, sehr wohl in ihrer Praxis und ihrem Alltag mit Widersprüchen und gegenläufigen Interessen der Beteiligten konfrontiert werden. Die vielfach einseitig positiven Darstellungen in den Praxiszeitschriften sind daher für eine fundierte und v. a. reflektierte Auseinandersetzung mit diesem hoch komplexen Bereich pädagogischen Handelns kaum ausreichend und wenig geeignet für dessen Weiterentwicklung.

Zum anderen ist es auch hier erforderlich, den Diskurs in den einschlägigen praxisorientierten Fachzeitschriften für Kindertageseinrichtungen und Grundschulen zukünftig selbst genauer in den wissenschaftlichen Blick zu nehmen. Denn zahlreiche der untersuchten Zeitschriften gibt es schon seit vielen Jahren, sie können als etabliert gelten und erreichen mit ihren hohen Auflagen einen hohen Verbreitungsgrad. Es wird aber kaum Forschung zu dieser Form des fachlichen Diskurses betrieben. In diesem Zusammenhang ergeben sich zwei spannende, derzeit kaum zu beantwortende Fragen, die an die oben skizzierten Schwierigkeiten anknüpfen: Welches Wissen wird in praxisorientierten Zeitschriften hervorgebracht und vermittelt? Welche Effekte ergeben sich hieraus für das Reden über Praxis und vor allem für die Praxis in Kindertageseinrichtungen und in Grundschulen selbst – aus der Perspektive von pädagogischen Fachkräften, Lehrkräften, Eltern und Kindern oder Schülerinnen und Schülern?

Nationale und internationale wissenschaftliche Befunde zum Themenfeld Elternbeteiligung (Parental Involvement, PI), Zusammenarbeit sowie Bildungs- und Erziehungspartnerschaft im Elementar- und Primarbereich und im Kontext sozialer Ungleichheitsverhältnisse

Übergreifendes Ziel der Analyse des (inter)nationalen Forschungsstandes war es, die Mechanismen zu identifizieren, durch die Bildungsungleichheit an der Schnittstelle von Familie und Institution (Kindertageseinrichtung und Grundschule) hergestellt, reproduziert oder verringert wird (bzw. werden kann): Welches empirische Wissen liegt dazu vor und sollte in die entsprechenden Debatten einfließen? Welche Tragweite haben die aktuellen Befunde, und welche Forschungslücken und Auffälligkeiten gibt es? Was ist *im Speziellen* bekannt zu den Sichtweisen, Handlungsorientierungen und Überzeugungen sowie dem Handeln der beteiligten Eltern, der pädagogischen Fach- und Lehrkräfte und der Kinder hinsichtlich Elternbeteiligung, Zusammenarbeit und Partnerschaft?

Die empirischen (inter-)nationalen Forschungsbefunde bilden das Fundament, auf das fachpraktische Modelle und Konzepte sowie bildungs- und sozialpolitische Vorhaben aktuell aufbauen bzw. aufbauen können. Demnach ist es besonders wichtig, die empirische Forschung zum Themenfeld systematisch in den Blick zu nehmen. Der Ertrag der Analyse wird im Folgenden gebündelt zusammengetragen.

Eltern
Die Forschung zu Eltern konzentriert sich *erstens* auf die Elternbeteiligung (PI) in frühpädagogischen Einrichtungen und Grundschulen. Das primäre Forschungsinteresse liegt dabei darin, Beteiligungsraten von Eltern entlang unterschiedlicher Differenzlinien, wie z. B. des sozialen Hintergrunds, festzustellen oder Zusammenhänge zwischen PI und Bildungserfolg zu messen. Damit kann sowohl die Elternbeteiligung an Aktivitäten in der Kindertageseinrichtung oder der Schule gemeint

sein als auch deren Beteiligung an schulbezogenen Aktivitäten zu Hause, wie z. B. Vorlesen oder Üben für Klassenarbeiten. Es ist ein gut dokumentierter Befund, dass bestimmte Elterngruppen (s. u.) seltener in die Bildung ihrer Kinder involviert sind – sei es zu Hause oder in den Einrichtungen selbst. Verschiedene PI-Studien belegen, *dass* soziale Hintergrundfaktoren für die Elternbeteiligung und Zusammenarbeit eine relevante Rolle spielen. Als meist beforschte und relevante Ungleichheitskategorien erweisen sich dabei der soziale Hintergrund (z. B. Klasse, Schicht, sozioökonomischer Status – also die soziale Herkunft –, aber auch der Bildungsabschluss von Müttern) und der ethnische Hintergrund (im englischsprachigen Raum: oft marginalisierte ethnische Gruppen, z. B. *Afro-American Parents*; im deutschsprachigen Raum: meist der Migrationshintergrund).

Allerdings werden die *Mechanismen sozialer Ungleichheits- oder Bildungsungleichheitsreproduktion* in der klassischen PI-Forschung (vgl. Abschn. 5.4) bislang nicht in den Blick genommen. Die Frage bleibt daher offen, wie diese Differenzlinien trotz der international vielfach festzustellenden und von der sozialen Position der Eltern unabhängigen hohen Bildungsaspirationen zustande kommen und wie sich dies erklären lässt. Daher bleibt auch die Suche nach realistischen Anknüpfungspunkten für die Veränderung von Bildungsungleichheitsverhältnissen ergebnislos: Denn um herauszufinden, *ob, wie* und *weshalb* die ungleichheitsrelevanten Differenzkategorien soziale Herkunft und Migrationshintergrund in Situationen und Konstellationen der Zusammenarbeit zwischen Bildungsinstitution und Familie wirksam werden, wäre es notwendig, den empirischen Fokus der PI-Forschung *auch* mit der Analyse der *Mikroebene von Interaktionssituationen* zu verknüpfen. Hier wären vertiefende Forschungsvorhaben notwendig.

Die Aufarbeitung des Forschungsstands liefert zudem *zweitens* die Erkenntnis, dass positive Zusammenhänge von Elternbeteiligung mit bestimmten Entwicklungs- oder Bildungsoutcomes von Kindern nachgewiesen sind. Dies gilt allerdings häufig für Querschnittsuntersuchungen, seltener für Längsschnittstudien, bei denen zum Teil keine oder nur sehr kleine positive Effekte belegt sind. Ähnlich verhält es sich in der internationalen Evaluationsforschung zu Familien- und Elternbildungsprogrammen im Vor- und Grundschulbereich. Die unterschiedlichen Programme sind zudem bereits auf nationaler Ebene höchst vielfältig und daher kaum vergleichbar. Befunde gleich welcher Art können daher nur schwer auf deutsche Verhältnisse übertragen werden. Kurzfristige positive Effekte sind für verschiedene Familien- und Elternbildungsprogramme mit unterschiedlichen Schwerpunkten nachweisbar, im Längsschnitt fallen diese jedoch deutlich geringer aus. Eindeutig lässt sich aus den Ergebnissen der Forschung zu Elternbeteiligung und zu den Programmen daher vor allem die Forderung nach vermehrten längsschnittlichen Forschungsdesigns ableiten. In der Elternbeteiligungsforschung gilt dies u. a. für die noch kaum behandelten Fragen nach möglichen kompensatorischen Effekten von Elternbeteiligung und Zusammenarbeit in Kindertageseinrichtungen und Grundschulen; in der (Programm-)Evaluationsforschung betrifft dies den Bereich früher Elternbildung. Hierzu gibt es vergleichsweise wenige Studien.

Drittens konzentriert sich die Forschung zu Eltern auf deren Wahrnehmung von Beteiligung und Zusammenarbeit sowie auf ihre Zufriedenheit mit den Bildungseinrichtungen. International zeigt sich für den Elementarbereich eine hohe Zufriedenheit von Eltern, die ECEC-Einrichtungen nutzen – dies gilt in etwas geringerem Maße auch für die Einschätzung ihrer Mitwirkungsmöglichkeiten. Zusammenarbeit mit den Einrichtungen wird als bedeutsam eingestuft. Die Erwartungen und Wünsche der Eltern differenzieren sich dabei sozial aus: Zum Beispiel suchen Eltern aus sozial benachteiligten Milieus stärker informelle Austauschmöglichkeiten als Eltern mit hohem sozioökonomischem Status. Wie in ethnographischen Fallstudien deutlich wird, gilt dies z. T. auch für die Elternbeteiligung in Grundschulen.

Internationale Studien zu den Sichtweisen von Eltern auf Schule und Lehrkräfte sowie zu ihrer Zufriedenheit mit dem Kontakt zur Schule belegen ebenfalls, dass sich die Perspektiven entlang der ethnischen und sozialen Herkunft der Eltern unterscheiden. Vor allem sozial benachteiligte Eltern sowie Eltern aus gesellschaftlichen Minderheiten und/oder mit Migrationshintergrund sehen Schwierigkeiten bei der Beteiligung in und an Schule (etwa aufgrund sprachlicher Barrieren) oder praktizieren häufig Beteiligungsformen, die nicht mit den Formaten der Schule übereinstimmen – und die aufgrund divergierender Ansprüche und Erwartungen von schulischer Seite häufig nicht (an-)erkannt werden. Diese Forschung macht darauf aufmerksam, wie wichtig es ist, genauer zu klären und zu analysieren, wer was unter Elternbeteiligung und Zusammenarbeit versteht und welcher Maßstab herangezogen wird, um elterliches Engagement bezüglich der Bildung der Kinder festzulegen.

Zudem nimmt die PI-Forschung vorzugsweise eine Institutionenperspektive ein und geht damit von den schulischen Bedarfen aus. Eltern erhalten dabei primär eine zuarbeitende Funktion. Auch dadurch geraten die Beteiligungsformen sozial benachteiligter Eltern tendenziell aus dem Blick. Diese Institutionenperspektive zeigt sich aber nicht nur in der gegenwärtigen Forschungslandschaft; vielmehr nehmen, darauf machen die Befunde ebenfalls aufmerksam, auch Lehrkräfte in den Schulen vielfach diese Perspektive ein. Daher ist es – besonders im deutschen Kontext – wichtig, in der Forschung und der Praxis zukünftig noch stärker die Sichtweisen und Positionen sozial benachteiligter Eltern als gleichwertige Perspektive zu den Perspektiven der weiteren Beteiligten zu berücksichtigen.

Pädagogische Fach- und Lehrkräfte
Ungleichheitsrelevante Fragestellungen sind in der Forschung zum Elementar- und Primarbereich wenig ausgeprägt, sofern es explizit um die professionellen Akteure geht, also die Fach- und Lehrkräfte. Zwar werden deren Sichtweisen auf eine sozial heterogene Elternschaft durchaus in den Blick genommen, aber es gibt nur sehr wenige Studien, die professionelles Handeln (bezogen auf Zusammenarbeit in Kindertageseinrichtung und Grundschule) im Kontext gesellschaftlicher Ungleichheitsverhältnisse analysieren. Einige Studien können zeigen, dass und wie Fach- und Lehrkräfte v. a. Eltern aus benachteiligten Milieus oder Eltern mit Migrationshintergrund/aus ethnischen Minderheiten in spezifischer Weise problematisieren. Diese Eltern werden z. B. als Lernende adressiert, die nicht den (legitimen) Bildungsvorstellungen der professionellen Akteure entsprechen.

Die internationale Forschung in ECEC-Einrichtungen konzentriert sich vielfach auf die Sichtweisen und Überzeugungen der Fachkräfte und stellt diese in den Kontext von Fragen frühpädagogischer Professionalisierung und Qualitätssteigerung in der Zusammenarbeit mit Eltern. Auffällig ist die hohe, selbst berichtete Bereitschaft von Fachkräften, partnerschaftliche Beziehungen mit den Eltern zu bilden. Sie steht allerdings einer häufig als problematisch erlebten Alltagspraxis gegenüber. Dieser Alltag, in dem Eltern beispielsweise als schwer erreichbar, desinteressiert oder unhöflich erlebt werden, ist mit den ›idealen‹ Vorstellungen der Fachkräfte von Partnerschaft und Zusammenarbeit kaum vereinbar.

Lehrkräfte weisen ebenfalls häufig ein idealtypisches Verständnis von Elternbeteiligung und Zusammenarbeit auf. Ihre Erwartungen hinsichtlich der Beteiligung von Eltern sind primär auf die schulischen Bedarfe und den Unterricht ausgerichtet, nicht so sehr auf die Bedarfe der Eltern. Beteiligungsformen, die sich z. B. auf die Bereitstellung von Unterrichtsmaterial ›beschränken‹, aber für Eltern mit hohen Anstrengungen verbunden sein können, werden nicht wahrgenommen bzw. nicht als ›Beteiligung‹ von Eltern anerkannt. Zudem geben die empirischen Studien Einblicke, *dass* und *in welcher Weise* Lehrkräfte von Zusammenhängen zwischen dem Bildungs(miss)erfolg von Kindern und den familialen Unterstützungsweisen bzw. der Elternbeteiligung an der Bildung der Kinder ausgehen. Insbesondere bei Kindern aus Familien in prekären sozialen Verhältnissen werden aus Lehrkraftsicht z. B. Schulprobleme nicht selten den Eltern zugeschrieben. Auch die Wahrnehmung und die Beurteilung der Familien von Schülerinnen und Schülern werden als abhängig von deren sozialer Position bzw. prekärer Lebenssituation gesehen sowie vom Grad der elterlichen Präsenz an der Schule. Festzuhalten ist somit, dass weder der Kontakt und die Zusammenarbeit von Lehrkräften und Eltern noch die schulische Leistungsbeurteilung durch Lehrkräfte in einem kontextfreien Raum geschehen. Vielmehr spielen hierbei die Zugehörigkeit zu einer sozialen Klasse, der Bildungsstatus und die Herkunft von Eltern und Schülerinnen und Schülern eine bedeutende Rolle. Dies macht deutlich, wie stark der Kontext Schule von gesellschaftlichen Ungleichheitsverhältnissen geprägt ist und wie deutlich diese das Denken und Handeln von Lehrkräften mit beeinflussen.

Partnerschaften sind, vor allem im Elementarbereich, von den Fachkräften erwünscht und gewollt – aber aufgrund des wahrgenommenen Handelns der Eltern für sie scheinbar nicht bzw. teilweise nur schwer umsetzbar. Wenn sie auf Eltern blicken, dann greifen Fach- und Lehrkräfte nicht selten die Problemkategorien der fachlichen Debatten auf und reproduzieren sie. Die Konstruktionen von Nationalität, Kultur (international: *Race*) und Armut (international: *Class*), zu denen es viel Forschung gibt, werden auch von den pädagogischen Professionellen als problematisch wahrgenommen. Sie treten als austauschbare und mit praktischen Problemen assoziierte Kategorien auf, entlang derer Eltern, Familien und Kinder differenziert werden (Betz und Bischoff 2017); sie kommen etwa in Interviews zur Sprache.

Angesichts der empirisch nachgewiesenen Schwierigkeiten, eine Bildungs- und Erziehungspartnerschaft in der Praxis zu realisieren, scheint die ebenfalls empirisch belegte, weit verbreitete Defizitperspektive der Fach- und Lehrkräfte auf ›problematische, unwillige Eltern‹ und ›schwer erreichbare Eltern‹ nahezu vorprogrammiert. Daran zeigt sich, dass in die Gestaltung der Schnittstelle von Institution und Familie systematische Ungleichheitsverhältnisse eingelassen sind; sie werden durch die Perspektiven der Fach- und Lehrkräfte unabhängig von länderspezifisch variierenden institutionellen Kontexten (re-)produziert und damit aufrechterhalten. Vor dem Hintergrund einiger Befunde im Elementarbereich, dass die aus Elternsicht formulierten Bedarfe und Schwierigkeiten (z. B. Informationsdefizite) von den Fachkräften selbst zum Teil gar nicht wahrgenommen werden, ist dies besonders bemerkenswert.

Es offenbart sich eine Kluft zwischen den gegenseitigen Wahrnehmungen, die nicht ohne Weiteres durch die praktizierten Kommunikationsstrategien der Eltern sowie der Fach- und Lehrkräfte überwindbar erscheint, beispielsweise dann nicht, wenn Fachkräfte fälschlicherweise davon ausgehen, mit Hausbesuchen die Beziehung zu den Eltern zu stärken, während die Eltern diese Praktik als Zumutung empfinden. Bislang gibt es kein empirisch gesichertes Wissen darüber, wie diese Kommunikationslücken und v. a. diskrepanten Wahrnehmungen an der Schnittstelle zwischen Bildungsinstitution und Familie zustande kommen (können), und auch nicht, wie sie behoben werden können. Damit ist eine klare Forschungslücke markiert, die es zukünftig zu bearbeiten gilt.

Interaktion und Kommunikation zwischen Eltern sowie Fach- und Lehrkräften
Die (inter-)nationalen Studien zum Verhältnis von *Fach- und Lehrkräften und Eltern* machen sichtbar, wie sehr sich die Perspektiven auf die Zusammenarbeit von professionellen Akteuren auf der einen Seite und Eltern auf der anderen Seite unterscheiden können: Im Vorschulbereich sind die jeweiligen Erziehungsvorstellungen vielfältig. Praktiken (wie z. B. Hausbesuche) werden von Fachkräften und Eltern

zum Teil sogar konträr erlebt. In kleineren qualitativen Studien wird zudem deutlich – und dies steht in klarem Kontrast zu den Befunden der PI-Forschung –, dass Eltern mit hohem sozioökonomischem Status weniger das Bedürfnis verspüren, mit den ECEC-Einrichtungen zu kommunizieren und in Einrichtungsbelange involviert zu sein.

Welche Konflikte die Zusammenarbeit bzw. der Kontakt von Eltern und Lehrkräften mit sich bringen kann, wird auch in der Schule erforscht. In Kontaktsituationen von Eltern und Lehrkräften zeigt sich, dass Lehrkräfte gegenüber Eltern unterschiedlicher gesellschaftlicher Positionen und Herkunft auch unterschiedliche Zuschreibungen vornehmen. Befunde zu Kommunikationssituationen zwischen Lehrkräften und Eltern belegen, dass Lehrkräfte vor allem gegenüber sozial benachteiligten Eltern und/oder Eltern mit Migrationshintergrund bzw. aus ethnischen Minderheiten die Gesprächsthemen vorgeben, die legitimen Bildungs- und Erziehungsvorstellungen einbringen und das Setting des Kontakts stärker definieren. Entgegen der Wahrnehmung und dem Wunsch vieler professioneller Akteure, partnerschaftlich mit den Eltern zu kommunizieren, treten somit in den Interaktionssituationen gerade dann die machtvollen Positionen der Fach- und Lehrkräfte (unbewusst) zutage, wenn sie mit Eltern in weniger privilegierten gesellschaftlichen Positionen interagieren. Zudem nehmen Lehrkräfte häufig auch nur dann von sich aus Kontakt mit diesen Eltern auf, wenn aus ihrer Perspektive ein Problem besteht.

Für den Elementarbereich wurde noch nicht systematisch untersucht, welcher Zusammenhang zwischen Eltern-Fachkraft-Interaktionen und der jeweiligen sozialen Herkunft von Eltern besteht und welche Bedeutung dies wiederum für die (Re-)Produktion ungleicher Machtverhältnisse haben kann. Auch sind Hol- und Bringsituationen in ECEC-Einrichtungen, als eine besonders häufige und von Eltern und Fachkräften als relevant eingeschätzte Kontaktform, bislang nirgends in den Blick genommen worden. Damit finden sich hier zwei weitere zentrale Forschungslücken, deren Analysen Aufschluss über mögliche Mechanismen der (Re-)Produktion von Ungleichheiten im Alltag von Bildungsinstitutionen versprechen. In entsprechenden Forschungsvorhaben sollte es allerdings nicht ausschließlich um zukünftige Bildungsungleichheiten von sozial unterschiedlich situierten Kindern gehen. Vielmehr gilt es, etwaige Asymmetrien in der Zusammenarbeit auch auf gegenwärtig ungleiche (Bildungs-)Beteiligungsmöglichkeiten von Eltern und von Kindern in den Bildungseinrichtungen hin zu untersuchen.

Eltern von Grundschulkindern verfügen über unterschiedliche Ressourcen, um untereinander und mit der Schule zu interagieren und so ihre Interessen auch über Einzelgesprächssituationen hinaus zur Geltung zu bringen. Mittelschichtseltern sind meist gut organisiert: Vergleichsweise zeitlich flexibler und mit höheren ökonomischen Ressourcen ausgestattet, nutzen sie häufiger Elternprogramme, selbst wenn diese ursprünglich für andere Zielgruppen konzipiert wurden. Während sozial benachteiligte Eltern u. a. gegen Vorurteile und weitere Benachteiligungen im Schulbetrieb ankämpfen müssen, sind Eltern der sozioökonomisch gut situierten und weißen Mittelschicht (z. B. in den USA) in Schulen sehr präsent und können Angebote der Elternbeteiligung strategisch für sich nutzen – teilweise zum Nachteil für sozial benachteiligte Eltern. Beteiligung ist demnach kein individuelles und kontextfreies Phänomen. Vielmehr kommen hierbei verschiedene Interessen zum Zuge; Spannungen und Interessenskonflikte zwischen sozial unterschiedlich positionierten Elterngruppen sind empirisch nachweisbar.

Im Ergebnis können so auch kompensatorisch gedachte Programme und Konzepte zur Erhöhung von Elternbeteiligung und für intensivierte Zusammenarbeit negative und ungleichheitsverstärkende Nebeneffekte mit sich bringen. Bislang wurden derartige Effekte, die der Intention zuwiderlaufen, mehr Chancengerechtigkeit zu bewirken, vor allem in US-amerikanischen Studien im Primarschulbereich beobachtet. Angesichts dieser Befunde fällt besonders auf, dass es für Deutschland kaum Untersuchungen zu kollektiven Umgangsstrategien von Eltern mit Bildungsinstitutionen gibt (u. a. in Bezug auf institutionell verankerte Gremien); demnach ist hier erneut eine Forschungslücke zu verzeichnen. Das fehlende empirische Wissen wird noch bedeutsamer, wenn man die Frage nach möglichen unerwünschten Nebenwirkungen von Zusammenarbeit und (kollektiver) Beteiligung auf den Elementarbereich ausweitet.

Kinder: Zusammenarbeit im Elementar- und Primarbereich
Die Recherche und Aufbereitung des (inter)nationalen Forschungsstands macht deutlich, dass die Zahl der Studien zu den Positionen und den Perspektiven von Kindern auf die Zusammenarbeit zwischen Kindertageseinrichtung, Grundschule und Familie im Vergleich zu den Forschungsvorhaben über die beteiligten Erwachsenen sehr gering ausfällt. Obwohl es mittlerweile einige Studien zur Partizipation von Kindern *in* Kindertageseinrichtungen, *in* Schulen und *in* Familien gibt, wird auch in diesem Forschungsbereich die Ausgestaltung des Verhältnisses von Bildungsinstitution und Familie nicht aus Kinderperspektive untersucht. Für den Kontext Kindertageseinrichtungen liegt weder in Deutschland noch im internationalen Kontext auch nur eine Studie vor, die diese Schnittstelle empirisch in den Blick nimmt.

Dieser Befund ist bemerkenswert, da die wenigen vorliegenden Studien aus dem Ausland zu den Perspektiven von Kindern beziehungsweise Schülerinnen und Schülern eindrücklich zeigen, dass Kinder das Verhältnis von Elternhaus und Bildungsinstitution aktiv mitgestalten und nicht lediglich passiv Objekte der Zusammenarbeit unter Erwachsenen sind – auch wenn dies auf den ersten Blick angesichts des starken Forschungsfokus auf die beteiligten erwachsenen Akteure so erscheinen mag. In der Zusammenarbeit und durch sie, darauf weisen die Studien hin, können sowohl Chancen als auch Barrieren für die Kinder und ihre Interessen liegen, die nicht nur in schulischem Erfolg oder in Entwicklungsoutcomes zu messen sind. Kinder handeln bei der Ausgestaltung des Verhältnisses von Institution und Familie innerhalb eines generationalen Verhältnisses, d. h. aus ihrer Position als Kinder heraus in Relation zu Erwachsenen. Dies hat Einfluss auf ihre oftmals geringeren Möglichkeiten, die Beziehung zu den pädagogischen Professionellen und zu ihren Eltern als unmittelbar Beteiligte zu gestalten, und ebenso auf die potentiellen Positionen, die eine Zusammenarbeit für sie und für die beteiligten Erwachsenen bereithält.

Die Forschungsvorhaben weisen zudem auf die Notwendigkeit hin, Kinder nicht als eine homogene Gruppe mit einheitlichen Vorstellungen und Erfahrungen zu sehen. Vielmehr sind Differenzierungen gefragt, durch die sich – nicht zuletzt – Hinweise auf Einflussfaktoren für gelingende oder misslingende Zusammenarbeit ergeben: Soziale Merkmale von Familien sowie das Alter von Kindern und die erlebten Formen der Zusammenarbeit von Schule und Familie erweisen sich als besonders bedeutsam. Die Auseinandersetzung nicht mit *der* Perspektive, sondern mit *den* Perspektiven und den Erfahrungen von Kindern eröffnet zudem neue und fruchtbare Sichtweisen auf das Verhältnis von Bildungsinstitution und Familie, die erst durch den Einbezug dieser bisher vernachlässigten Akteursgruppe möglich sind. Diese neue Sichtweise liegt beispielsweise darin, dass die wenigen vorliegenden Studien bereits Hinweise darauf geben, dass aus Kinderperspektive(n) *alternative Typologien von Zusammenarbeit* (vgl. Kap. 6) zu konzipieren sind, die nicht mit den in der Wissenschaft bisher weit verbreiteten und vielfach rezipierten (Erwachsenen-)Modellen der Beteiligung (insbesondere das Modell von Epstein) konform gehen. Damit können Möglichkeiten, aber auch Hürden der Beteiligung für Kinder bzw. aus Kindersicht mit in die Debatte und Weiterentwicklung von Konzepten zur Zusammenarbeit sowohl im Kontext der Kindertageseinrichtungen als auch dem der Schulen eingebracht werden. Durch eine Forschung mit Kindern und aus den Perspektiven der Kinder werden Impulse für ein ›anderes‹ und umfassenderes Nachdenken über Zusammenarbeit und eine differenziertere Perspektive auf Partnerschaft gegeben. Diese Beobachtungen und die vorliegenden Befunde müssten – gerade auch für den deutschen Kontext, für den bislang keine einschlägige Studie vorliegt – durch empirische Analysen vertieft und erweitert werden.

Zu den zentralen Konzepten: Parental Involvement (PI) und Partnerschaft
Forschungsvorhaben und Befunde zu PI und Partnerschaft lassen sich nur schwer zueinander in Beziehung setzen. Daher ist es auch nicht möglich, sich ein einheitliches abschließendes Bild über den Stand dieser Forschung zu machen. Der Grund liegt unter anderem darin, dass sich die Operationalisierungsweisen und die Forschungszugänge zwischen und innerhalb von Ländern bisweilen sehr stark unterscheiden. Hinzu kommt, dass aus unterschiedlichen Perspektiven geforscht wird und diese nicht notwendigerweise miteinander kompatibel sind. Zusammenarbeit, PI und Partnerschaft sind hoch komplexe Phänomene, welche die Forschenden vor besondere Herausforderungen stellen, unabhängig davon, ob sie quantitative oder qualitative Studien durchführen.

Trotz dieser Einschränkungen lohnt es sich, die Studien sowohl im Detail als auch in der Gesamtschau zu betrachten. Nach dem ersten Schritt, der Systematisierung und Aufbereitung des (inter-)nationalen Forschungsstands, wurde dazu auf einer konzeptionellen Ebene gefragt, wie PI und im Speziellen Partnerschaft in der Forschung diskutiert und verstanden werden. Diese Frage stellte sich im Zuge der Recherche, da beide Konzepte in der internationalen Forschungslandschaft häufig rezipiert bzw. genutzt werden und breite Anerkennung und Zustimmung erfahren. Eine solche vertiefte Analyse hilft, die entsprechenden Befunde und Interpretationen in ihrer Tragweite zu verstehen und einzuschätzen.

Es haben sich einige in der Forschungsgemeinschaft geteilte Annahmen herauskristallisiert, die auf unterschiedliche Art und Weise zu der Vielfalt, Heterogenität und Komplexität der bereits herausgearbeiteten und skizzierten internationalen Befunde im Kontrast stehen. Im Folgenden werden diese Beobachtungen pointiert in *sechs Problem- und Handlungsfeldern* herausgearbeitet. Sie verweisen auf bedeutsame blinde Flecke in der Forschung (vgl. Abschn. 5.4 und 5.5) und damit auf zukünftige Forschungsbedarfe. Darüber hinaus machen sie darauf aufmerksam, welche Leerstellen und blinde Flecke auch in der auf diese Forschung angewiesenen bzw. auf sie verwiesenen politischen und praxisbezogenen Gestaltung der Schnittstelle zwischen den Einrichtungen frühkindlicher Bildung, Betreuung und Erziehung, der Grundschule und der Familie liegen.

Problem- und Handlungsfeld 1: Es gibt sehr heterogene Forschungszugänge und ebenfalls heterogene, bisweilen widersprüchliche Befunde. Daran anknüpfende politische und praktische Maßnahmen bleiben notwendigerweise zu allgemein und unspezifisch.
Das breit geteilte Postulat, dass PI grundsätzlich einen positiven Effekt auf den Bildungserfolg von Kindern hat, lässt die heterogenen methodischen Zugänge und Befunde ebenso in den Hintergrund treten wie die Tatsache, dass es sich bei den meisten (quantitativen) Studien zu *PI* insbesondere um korrelative Studien handelt. Während in der Forschungsgemeinschaft weitestgehend Konsens zur positiven Wirkung von PI besteht, werden zeitgleich die sehr heterogenen Vorstellungen und Definitionen in den Studien verdeckt, aus welchen Komponenten sich PI eigentlich zusammensetzt. Dies führt u. a. dazu, dass unterschiedliche Auffassungen der Forscherinnen und Forscher, wie PI zu bestimmen ist, und divergierende, teils auch widersprüchliche Befunde in der internationalen Forschungslandschaft

tendenziell untergehen. Zudem bleiben aus einer solchen Forschung abgeleitete Maßnahmen auf politischer oder handlungsfeldbezogener Ebene notwendigerweise allgemein und universell; sie sind damit zu unspezifisch, um tatsächlich Wirkung entfalten zu können.

Problem- und Handlungsfeld 2: Forschende sind selbst soziale Akteure, ihre Klassifikationen und Vereinfachungen finden sich in der pädagogischen und politischen Praxis wieder.
Es wird suggeriert, dass die PI-Forschung und die Forschung zur Bildungs- und Erziehungspartnerschaft gegenüber sozial heterogenen Elterngruppen, ihrem Denken und Handeln, nicht wertend sind und objektiv den Beitrag der Eltern zur Zusammenarbeit aufzeigen. Diese zumeist implizit vertretene Annahme lässt unberücksichtigt, dass gesellschaftliche Ungleichheitsverhältnisse in die wissenschaftliche und handlungsfeldbezogene Praxis eingelassen sind und auch Forschende von ihrem gesellschaftlichen Standpunkt aus Forschung betreiben (hierzu: Betz und de Moll 2015; Cancian 2002). Im Kontext von PI und Partnerschaft zeigt sich dies unter anderem daran, dass häufig (nur) solche Eltern adressiert werden, die benachteiligten gesellschaftlichen Gruppen angehören. In den Studien wird deutlich, dass es auch in gut gemeinter, oft kompensatorisch ausgerichteter Absicht sehr schwer ist, spezifische Eltern jenseits defizitärer Wahrnehmungsmuster zu denken und *über sie* wie auch *mit ihnen* zu forschen.

Gerade die positive Konnotation des Konstrukts der Bildungs- und Erziehungspartnerschaft verschleiert dabei auch in der Forschung, dass zugleich ein defizitärer Blick produziert und kultiviert wird und das Konzept selbst als ambivalent anzusehen ist. Die in den Studien zum Vorschein kommenden unauflösbaren Dilemmata werden in ihrer augenscheinlichen Widersprüchlichkeit selbst nicht thematisiert. Sie werden in der Rezeption der Studien und in der an sie anknüpfenden Entwicklung von Programmen, Modellen und Initiativen auf politischer Ebene und auf der Ebene der pädagogischen Praxis im Kontext von Kindertageseinrichtungen und Schulen weitertransportiert, aber nicht aufgeklärt und zum Thema gemacht.

Problem- und Handlungsfeld 3: Ein Großteil der Forschung fokussiert primär Bildungsinstitutionen und ihre Bedarfe und Ziele. Die Bedarfe und Wünsche von Eltern werden dem untergeordnet.
Es ist vielfach impliziter Konsens in der Forschung, dass die Zusammenarbeit und Partnerschaft eine Win-win-Situation für alle darstellt (hierzu kritisch für die fachliche Debatte Betz 2015) und Eltern sowie pädagogische Fach- und Lehrkräfte in ihrem Handeln dasselbe Ziel verfolgen: die schulische Kompetenzentwicklung des Kindes. Diese Grundannahmen verdecken, dass PI vornehmlich an den Zielen und Bedarfen der Bildungsinstitutionen orientiert ist – die von Eltern werden dem untergeordnet. Damit bleiben erstens komplexere Zusammenhänge unberücksichtigt, z. B., welche Orientierungen für Mütter und Väter in welchen Kontexten und Konstellationen handlungsleitend sind. Zweitens besteht die Gefahr, aus Institutionenperspektive formulierte Ansprüche an alle Eltern, ungeachtet ihrer sozialen Lebenssituation, gleichermaßen festzusetzen und bestimmte Handlungen wie z. B. schulzentrierte Elternaktivitäten einzufordern. Drittens werden Handlungs-

weisen, die nicht unmittelbar dieser Logik folgen, mitunter gar nicht erst wahrgenommen und als legitim anerkannt.

Problem- und Handlungsfeld 4: Die Studien zeigen, dass Fach- und Lehrkräfte mit dem Dilemma umgehen (müssen), dass die Partnerschaft nur als eine zwischen ungleichen Partnern möglich ist. Dieses Problem wird in den fachlichen und politischen Vorgaben kaum offen thematisiert und den Praktikerinnen und Praktikern selbst überlassen.
Empirische Analysen von Eltern-Fachkraft- oder Eltern-Lehrkraft-Gesprächen zeigen, dass von einem partnerschaftlichen, nicht-hierarchischen Verhältnis zwischen Familie bzw. Eltern und pädagogischen Professionellen in der Praxis nicht die Rede sein kann. Das in der Forschung vertretene Postulat, dass eine ›gute‹ Partnerschaft eine unter Gleichen ist und sich damit unabhängig von den sozialen Lebensrealitäten der Eltern auf Augenhöhe realisieren lässt, verdeckt die strukturellen Ungleichheiten bzw. die asymmetrischen Machtverhältnisse, die in der Beziehung zwischen Eltern und Fach- bzw. Lehrkräften angelegt sind. Das grundlegende Dilemma, dass eine Partnerschaft *ungleicher* Partnerinnen und Partner hergestellt werden soll, wird in den praxisorientierten Zeitschriften kaum zum Thema gemacht und auch in den bildungs- und sozialpolitischen Rahmenbedingungen der Ausgestaltung einer Partnerschaft, u. a. den Bildungs- und Erziehungsplänen, zu wenig aufgegriffen. Damit wird dieses Handlungsproblem vorwiegend den pädagogischen Fachkräften und Lehrkräften selbst überlassen. Dies zeigt sich nicht zuletzt in den hohen Selbstansprüchen der pädagogischen Professionellen an die Bildung von Partnerschaften mit Eltern, die vielfach an der täglichen Praxis zu scheitern scheinen.

Problem- und Handlungsfeld 5: Konsensorientierte Kommunikation mit Eltern wird in der Forschung als qualitativ hochwertig postuliert, nicht erforscht. Es fehlt eine stärkere Beschäftigung mit der Frage, ob und inwiefern eine (konsensorientierte) Zusammenarbeit nicht auch negative Effekte haben kann.
Kommunikationssituationen zwischen pädagogischen Fach- und Lehrkräften und Eltern, die partnerschaftlich, kongruent und konsensorientiert verlaufen, gelten in der Forschung häufig als qualitativ hochwertig. Dies wird allerdings postuliert, nicht empirisch erforscht. Es fehlen sowohl empirische Belege dafür, dass diese Formen der Interaktion eindeutig besser sind als andere, als auch eine Klärung, für wen sie sich als höherwertig erweisen. Zudem wird selten thematisiert, dass konsensorientierte Kommunikation mit Familien im Kontext von Kindertageseinrichtungen und Grundschulen auch Ungleichheiten verschleiern oder deren Bearbeitung erschweren kann. Daher gilt es deutlich stärker als bislang zu reflektieren, dass und inwiefern es ebenfalls negative Effekte von (konsensorientierter) Zusammenarbeit und Partnerschaft geben kann – gerade im Kontext von Bildungsungleichheitsverhältnissen.

Problem- und Handlungsfeld 6: Es wird suggeriert, dass die Kinder im Fokus der Forschung stehen. Jedoch ist diese primär an gesellschaftlichen Interessen (der Erwachsenen) ausgerichtet. Über die Positionen und Perspektiven von Kindern

erhalten so weder Praktikerinnen und Praktiker noch Politikerinnen und Politiker wissenschaftlich fundierte Einblicke.

Entgegen dem Postulat, dass die Kinder bei PI und Zusammenarbeit von Bildungsinstitution und Familie immer im Fokus stehen, geht es in der weit überwiegenden Mehrheit der Forschungsvorhaben primär um gesellschaftliche (Erwachsenen-)Interessen, bei denen Kinder nicht in ihrer Position und Eigenständigkeit als handelnde Kinder, sondern lediglich als zukünftige Outcomes betrachtet und ihre Anliegen allenfalls nachrangig mit gedacht werden. Dementsprechend gibt es kaum wissenschaftliche Empirie dazu, welche Rolle den Kindern als eigenständigen Akteuren im partnerschaftlichen Verhältnis zwischen Fach- bzw. Lehrkräften und Eltern eigentlich zukommt und welche Perspektiven sie auf die Schnittstelle Familie und Institution haben.

8 Ausblick

Bildungsungleichheit, wie sie im vorliegenden Buch im Zentrum der Analysen stand, ist nicht nur ein sozial- und erziehungswissenschaftlich interessantes Phänomen. Mit Blick auf die zukünftige Entwicklung ist sie ein sehr zentrales und weit über das Bildungssystem hinausreichendes gesellschaftliches Problem, denn ungleiche Bildungschancen haben neben individuellen Folgen auch gesamtgesellschaftliche Konsequenzen. Auch wenn das Problem bereits lange bekannt ist, besteht daher weiterhin und heute vielleicht sogar dringlicher als zuvor Handlungsbedarf. Das bildungs- und sozialpolitische Ziel, Bildungsungleichheiten zu reduzieren, Chancengerechtigkeit herzustellen und allen Kindern gleiche (Start-)Chancen zu ermöglichen, steht daher weiter auf der politischen und gesellschaftlichen Agenda.

Angesichts der Komplexität und Vielschichtigkeit sowie nicht zuletzt der Hartnäckigkeit des Phänomens Bildungsungleichheit bedarf es unterschiedlicher, aber miteinander verzahnter wissenschaftlicher Vorhaben, um die Mechanismen der (Re-)Produktion der bestehenden Ungleichheitsverhältnisse im Bildungssystem und im Verhältnis u. a. zur Familie besser zu verstehen. Erforderlich sind hierzu vor allem empirische Analysen, die sich auf bislang – insbesondere in Deutschland – noch wenig beachtete Situationen, Konstellationen und Interaktionen konzentrieren und damit die *Mikroebene sozialer Praxis* in den Blick nehmen; diese müssen konsequent mit *Makrophänomenen sozialer Ungleichheit*, d. h. gesellschaftlichen Machtverhältnissen, in Beziehung gesetzt werden. Erst die fokussierte Betrachtung der sozialen Prozesse in Kindertageseinrichtungen, in Schulen, in Familien und in ihrem Verhältnis zueinander – über die wir bislang sehr wenig wissen – gibt Aufschluss darüber, *wie* und *wieso* sich auf der Makroebene bereits vielfach dokumentierte (Bildungs-)Ungleichheiten durch die Praxis (re-)produzieren. Wenn diese Verknüpfung gelingt und unser Verständnis erweitert wird, steigt die Wahrscheinlichkeit, dass auch Maßnahmen und Reformvorhaben zur Verminderung der stabilen Ungleichheitsverhältnisse greifen können.

Um Bildungsungleichheiten abzubauen, wird die Zusammenarbeit und Partnerschaft zwischen Familien und Kindertageseinrichtungen bzw. Grundschulen immer stärker gefordert. Sie stellt einen hohen Anspruch an alle Beteiligten dar, die an der Ausgestaltung des Verhältnisses von Bildungsinstitution und Familie beteiligt sind. Damit jedoch Elternbeteiligung und Zusammenarbeit angesichts der hohen externen Erwartungshaltungen und vor dem Hintergrund komplexer und bisweilen widersprüchlicher Handlungsanforderungen (z. B. in den Bildungs- und Erziehungsplänen der Länder, vgl. Abschn. 4.2) in der täglichen pädagogischen Praxis realisierbar werden und gelingen können, müssen die verschiedenen Vorstellungen und Bedürfnisse *aller* Beteiligten einbezogen und berücksichtigt werden. Bislang weiß man allerdings wenig darüber, *wer welche* Vorstellungen, Bedürfnisse und Perspektiven auf Zusammenarbeit hat. Noch weniger ist darüber bekannt, *wie* diese Vorstellungen im Alltag der Bildungsinstitutionen aufeinandertreffen und welche Folgen sich daraus ergeben.

Die im Buch aufbereitete Forschung zu den Sichtweisen von Fach- bzw. Lehrkräften und Eltern sowie ihrem Verhältnis zueinander (vgl. Abschn. 5.2.3 und 5.3.3) offenbart eine Fülle von mitunter konträren Wahrnehmungen von Zusammenarbeit und Vorstellungen, wie diese gestaltet sein kann und soll. Dabei stehen die heterogenen Sichtweisen sich nicht als gleich*wertige* gegenüber: dass Fach- und Lehrkräfte als Vertreterinnen/Vertreter der Institutionen vor allem sozial benachteiligten Eltern gegenüber – häufig unbewusst – meist dominante Positionen einnehmen und die *legitimen* Sichtweisen auf Bildung, Betreuung und Erziehung definieren, ist ein gesicherter Befund mehrerer (inter-)nationaler qualitativer Studien. Welche Schwierigkeiten, Herausforderungen und Anknüpfungspunkte sich aus dem Zusammenspiel der unterschiedlichen Perspektiven ergeben, ist dagegen eine Leerstelle empirischer Forschung: Bislang ist nicht ausreichend erforscht, *wie* sich die Zusammenarbeit an der Schnittstelle von Bildungsinstitution und Familie gestaltet und welche ungleichheitsrelevanten Faktoren dabei eine Rolle spielen.

Deutlich wird auch, dass Kindern so gut wie keine Position als relevante Akteure oder gar als Partner im politischen und (fach-)wissenschaftlichen Diskurs um Zusammenarbeit zugedacht wird. Sie stehen zwar argumentativ im Zentrum der PI- und Partnerschaft-Konzepte in der Forschung (vgl. Abschn. 5.4 und 5.5) und ebenso im Zentrum der bildungs- und sozialpolitischen sowie der fachlichen Diskurse (vgl. Abschn. 4.2 und 4.3), und die Zusammenarbeit soll zu ihrem Wohl stattfinden. Dennoch gibt es bisher nahezu keinen Einbezug ihrer Sichtweisen und ihrer Beiträge zur Gestaltung des Verhältnisses von Bildungsinstitution und Familie. Diese Ausblendung der Kinder und zugleich ihre widersprüchliche Konzeptualisierung konnten mit den Analysen von Gesetzestexten, Bildungs- und Erziehungsplänen sowie praxisbezogener Fachzeitschriften (vgl. Kap. 4) gezeigt werden, in denen Kinder primär als Objekte der Zusammenarbeit konzipiert werden: Ihre Perspektiven auf und ihre Gestaltungsmöglichkeiten und -weisen der Schnittstelle Familie und Bildungsinstitution werden nicht konsequent in den Blick genommen. Damit wird die Tatsache ignoriert, dass – wenngleich noch sehr wenige – empirische Studien aus dem Ausland zeigen, das Kinder dieses Verhältnis aktiv mit gestalten. (vgl. Kap. 6). Eine eingehende, differenzierte Auseinandersetzung mit den Kinderperspektiven und ihren Positionen an dieser Schnittstelle – insbesondere mit einem Fokus auf die (Re-)Produktion bildungsbezogener und generationaler Ungleichheiten – steht bislang jedoch aus.

An diese Überlegungen und Forschungslücken schließt das Kooperationsprojekt der Goethe-Universität Frankfurt am Main und der Bertelsmann Stiftung *Kinder zwischen Chancen und Barrieren – Wie Eltern, Kinder, Kita & Schule interagieren* aus kindheits- und ungleichheitstheoretischer Perspektive an. Im Projekt werden die unterschiedlichen Vorstellungen der beteiligten Akteure, d.h. die Vorstellungen und Perspektiven der Kinder, Mütter und Väter, der Grundschullehrkräfte sowie der frühpädagogischen Fachkräfte untersucht. Das Projekt basiert auf zwei Teilstudien[138], die sich einerseits mit den erwachsenen Akteuren der Zusammenarbeit, ihren Handlungsorientierungen, Überzeugungen und ihrem Handeln in Kindertageseinrichtungen und Grundschulen auseinandersetzen und andererseits die Positionen und Perspektiven von Grundschulkindern selbst in den Blick nehmen – Teilstudie A: *Handlungsorientierungen, Überzeugungen und Handeln von Eltern, Fach- und Lehrkräften*; Teilstudie B: *Bildungs- und Erziehungspartnerschaft zwischen Familie und Grundschule: Positionen und Perspektiven von Kindern*.

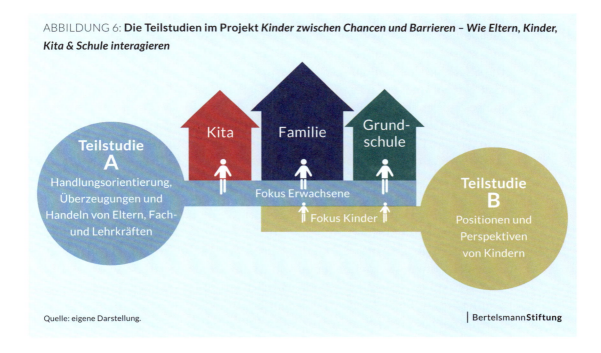

ABBILDUNG 6: **Die Teilstudien im Projekt *Kinder zwischen Chancen und Barrieren – Wie Eltern, Kinder, Kita & Schule interagieren***

In der Teilstudie A *Handlungsorientierungen, Überzeugungen und Handeln von Eltern, Fach- und Lehrkräften* stehen die Eltern und die pädagogischen Fach- bzw. Lehrkräfte vor Ort im Fokus des Interesses. Dazu werden Interaktions*prozesse* zwischen Institution und Familie in ihrem relationalen Verhältnis zueinander untersucht; leitende Annahme ist, dass diese Interaktionen immer nur vor dem Hintergrund gesellschaftlicher Kontexte und damit unter Berücksichtigung von Machtverhältnissen analysiert werden können. Besonderes Augenmerk wird auf empirisch beobacht-

---

138 Informationen zu den beiden Teilstudien finden Sie online unter: https://www.uni-frankfurt.de/Perspektiven_Positionen_Kinder, abgerufen am 31.01.2017, und https://www.uni-frankfurt.de/Handlungsorientierungen-Eltern-Fachkraefte-Lehrkraefte, abgerufen am 31.01.2017.

bare Formen der Zusammenarbeit von Eltern und pädagogischen Fach- bzw. Lehrkräften im Alltag gerichtet. Ziel ist es, dazu beizutragen, die unsichtbaren Mechanismen in Bildungsinstitutionen (Bourdieu und Passeron 1971) zu entschlüsseln, durch die soziale Ungleichheiten entstehen oder verfestigt werden. Dazu werden Interviewdaten (N=54) von Eltern, Fachkräften von Kindern im Vorschulalter sowie Lehrkräften von Grundschulkindern aus Hessen und Sachsen ausgewertet. Zudem werden längsschnittliche, ethnographische Beobachtungen in Kindertageseinrichtungen in heterogenen Einzugsgebieten in Hessen und Baden-Württemberg durchgeführt, die den empirischen Kern der Teilstudie darstellen. Diese Beobachtungen beinhalten die Teilnahme von Forscherinnen u. a. an Hol- und Bring-Situationen in den Einrichtungen, die – dies zeigt der internationale Forschungsstand – bedeutsame Kommunikationssituationen für die beteiligten erwachsenen Akteure darstellen, jedoch bislang nicht näher erforscht sind. Zudem nehmen die Wissenschaftlerinnen an Elterngesprächen (Aufnahmegesprächen, Entwicklungsgesprächen etc.) teil und führen qualitative Interviews mit den beteiligten Leitungskräften, pädagogischen Fachkräften und Eltern zu verschiedenen Zeitpunkten der Zusammenarbeit. Von besonderem Interesse bei den Beobachtungen ist, inwiefern soziale Faktoren wie die soziale Herkunft, der Migrationshintergrund oder das Geschlecht in den Handlungsorientierungen und in der direkten Interaktion relevant werden und was dies für die (Re-)Produktion oder auch Reduzierung von Bildungsungleichheiten bedeutet.

In der Teilstudie B *Bildungs- und Erziehungspartnerschaft zwischen Familie und Grundschule: Positionen und Perspektiven von Kindern* wird der bislang in Deutschland nicht erforschten Frage nachgegangen, welche Rolle den Kindern an der Schnittstelle von Bildungsinstitution und Elternhaus zukommt. Es wird untersucht, welche Position die Kinder in der Gestaltung des Verhältnisses von Familie und Grundschule einnehmen und wie sich diese durch mehr – oder andere – Formen der Zusammenarbeit unter Umständen auch verändert. Ebenfalls ist es Thema der Teilstudie, wie die Kinder selbst das Verhältnis von Elternhaus und Bildungsinstitution wahrnehmen und wie sie die Zusammenarbeit zwischen Eltern und Lehrkräften ›zu ihrem Wohl‹ einschätzen. Damit sind die folgenden Forschungsfragen für die Teilstudie bedeutsam: Welche Position in der Zusammenarbeit bzw. beim Zusammentreffen von Bildungsinstitution und Familie haben Kinder bzw. Schülerinnen und Schüler (aus kindheitstheoretischer Perspektive)? Welche (ungleichheitsrelevanten) Chancen und Barrieren gibt es für sie an der Schnittstelle von Elternhaus und Bildungsinstitution und im Zusammenhang mit den verstärkt geforderten Bildungs- und Erziehungspartnerschaften?

Im Rahmen der Studie werden erwachsene Expertinnen und Experten – Lehrkräfte, Schulleitungen sowie Sozialarbeiterinnen und -arbeiter – erzählgenerierend interviewt, um aus ihrer Sicht mehr über die Positionen von Schülerinnen und Schülern in der Zusammenarbeit zu erfahren. Das zentrale Element der Studie bilden zwei empirische Erhebungen mit Grundschulkindern: In Grundschulen in Hessen und Rheinland-Pfalz erzählen Schülerinnen und Schüler der dritten Klasse in Gruppendiskussionen und qualitativen Einzelinterviews über ihre Erfahrungen mit der Zusammenarbeit zwischen ihren Eltern und Lehrkräften ihrer Schule. Diese Interviews werden mit Blick auf die Rekonstruktion von Handlungsorientierungen und Überzeugungen und auf soziale Ungleichheits(re)produktion an der Schnittstelle Grundschule-Familie analysiert.

Es ist zu erwarten, dass das Gesamtvorhaben *Kinder zwischen Chancen und Barrieren* vor dem Hintergrund gesellschaftlicher Ungleichheitsverhältnisse in Bildungsinstitutionen und an der Schnittstelle zu Familien einen Erkenntnisgewinn zu den Positionierungen, Handlungsorientierungen, Überzeugungen und dem Handeln von pädagogischen Fach- und Lehrkräften, sowie Eltern und Kindern erzielt. In beiden Teilstudien wird nicht nur ein Beitrag zur erziehungs- und sozialwissenschaftlichen Grundlagenforschung geleistet, ebenso werden auch Handlungsempfehlungen abgeleitet. Diese richten sich auf die sozial- und bildungspolitische Gestaltung des Aufwachsens von Kindern, die Aus- und Weiterbildung von pädagogischen Fach- und Lehrkräften und eine sozial wie auch generational ungleichheitssensible pädagogische Praxis in Kindertageseinrichtungen und in Grundschulen. Damit sollen neue Perspektiven und Handlungsoptionen eröffnet werden, um Bildungsungleichheiten im Bildungssystem abzubauen und allen Kindern und ihren Eltern gesellschaftliche Teilhabe zu ermöglichen.

Literaturverzeichnis

Agabrian, Mircea. »Relationships between school and family: the adolescent's perspective«. *Forum Qualitative Sozialforschung* (8) 1 Art. 20 2007. (Auch online unter www.qualitative-research.net/index.php/fqs/article/view/209, Download 23.01.2017.)

Alameda-Lawson, Tania, und Michael A. Lawson. »Ecologies of collective parent engagement in urban education«. *Urban Education* 2016. 1–36.

Alanen, Leena. »Generational order«. *The Palgrave handbook of childhood studies.* Hrsg. Jens Qvortrup, William A. Corsaro und Michael-Sebastian Honig. Basingstoke 2009. 159–174.

Alasuutari, Maarit. »Voicing the child? A case study in Finnish early childhood education«. *Childhood* (21) 2 2014. 242–259.

Alldred, Pam, Miriam David und Rosalind Edwards. »Minding the gap. Children and young people negotiating relations between home and school«. *Children, home and school. Regulation, autonomy or connection?* Hrsg. Rosalind Edwards. London 2002. 121–137.

Allen, Arlene M. *Parental involvement and educational performance: The perceptions of parents in an urban elementary school.* Dissertationsschrift. Columbia University. New York City 2011.

Anders, Yvonne. »Stichwort: Auswirkungen frühkindlicher institutioneller Betreuung und Bildung«. *Zeitschrift für Erziehungswissenschaft* (16) 2 2013. 237–275.

Anders, Yvonne, und Hans-Günther Roßbach. »Frühkindliche Bildungsforschung in Deutschland«. *Handbuch frühkindliche Bildungsforschung.* Hrsg. Margrit Stamm und Doris Edelmann. Wiesbaden 2013. 183–195.

Andresen, Sabine, und Danijela Galic. *Kinder. Armut. Familie. Alltagsbewältigung und Wege zu wirksamer Unterstützung.* Gütersloh 2015.

Anyikwa, Ngozi, und Ngozi Obidike. »Mothers' constructions of their roles in the literacy education of their children«. *Africa Development* (37) 3 2012. 57–67.

Arnoldt, Bettina, und Christine Steiner. »Perspektiven von Eltern auf die Ganztagsschule«. *Zeitschrift für Familienforschung* (27) 2 2015. 208–227.

Autorengruppe Bildungsberichterstattung. *Bildung in Deutschland 2016. Ein indikatorengestützter Bericht mit einer Analyse zu Bildung und Migration.* Bielefeld 2016.

Azaola, Marta C. »What does education mean for us and how do we get involved? Parents' accounts in a Mexican rural community«. *International Journal about Parents in Education* (1) 0 2007. 1–7.

Bakker, Joep, Eddie Denessen und Mariël Brus-Laeven. »Socio-economic background, parental involvement and teacher perceptions of these in relation to pupil achievement«. *Educational Studies* (33) 2 2007. 177–192.

Barnard, Wendy M. »Parent involvement in elementary school and educational attainment«. *Children and Youth Services Review* (26) 1 2004. 39–62.

Barton, Angela C., Corey Drake, Jose G. Perez, Kathleen St. Louis und Magnia George. »Ecologies of parental engagement in urban education«. *Educational Researcher* (33) 4 2004. 3–12.

Bartosch, Ulrich, Raingard Knauer, Christine Bartosch, Johanna Bleckmann, Elena Grieper, Agnieszka Maluga und Imke Nissen. *Schlüsselkompetenzen pädagogischer Fachkräfte in Kindertageseinrichtungen für Bildung in der Demokratie.* Kiel 2015.

Barz, Heiner, Meral Cerci und Zeynep Demir. *Bildung, Milieu und Migration. Kurzfassung der Zwischenergebnisse 12/2013* (Forschungsbericht). Heinrich-Heine-Universität. Abteilung für Bildungsforschung und Bildungsmanagement. Düsseldorf 2013.

Bayerisches Staatsministerium für Arbeit und Sozialordnung, Familie und Frauen. *Der Bayerische Bildungs- und Erziehungsplan für Kinder in Tageseinrichtungen bis zur Einschulung.* 5. Aufl. Berlin 2012.

Beck, Mira, Mariann Schwaß und Mark Stemmler. *Nachbericht zur Evaluation des Bundesprogramms ›Elternchance ist Kinderchance – Elternbegleitung der Bildungsverläufe der Kinder‹. Bericht zur Kontrollgruppe im Modul 3 – die Wirkung auf Ebene der Eltern und Kinder.* Erlangen 2016.

Becker, Rolf (Hrsg.). *Lehrbuch der Bildungssoziologie.* 2. Aufl. Wiesbaden 2011.

Becker, Rolf. »Chancenungleichheit bei der Einschulung und in der Primarstufe. Theoretische Überlegungen und empirische Evidenzen«. *Zeitschrift für Grundschulforschung* (9) 1 2016. 7–19.

Becker, Rolf, und Andreas Hadjar. »Meritokratie – Zur gesellschaftlichen Legitimation ungleicher Bildungs-, Erwerbs- und Einkommenschancen in modernen Gesellschaften«. *Lehrbuch der Bildungssoziologie.* Hrsg. Rolf Becker. 2. Aufl. Wiesbaden 2011. 37–62.

Becker, Rolf, und Wolfgang Lauterbach. »Bildung als Privileg – Ursachen, Mechanismen, Prozesse und Wirkungen«. *Bildung als Privileg. Erklärungen und Befunde zu den Ursachen der Bildungsungleichheit.* Hrsg. Rolf Becker und Wolfgang Lauterbach. 5. Aufl. Wiesbaden 2016. 3–57.

Becker, Rolf, und Claudia Schuchart. »Verringerung sozialer Ungleichheiten von Bildungschancen durch Chancenausgleich? Ergebnisse einer Simulation bildungspolitischer Maßnahmen«. *Bildung als Privileg. Erklärungen und Befunde zu den Ursachen der Bildungsungleichheit.* Hrsg. Rolf Becker und Wolfgang Lauterbach. 5. Aufl. Wiesbaden 2016. 461–487.

Beneke, Margaret R., und Gregory A. Cheatham. »Inclusive, democratic family-professional partnerships: (re)conceptualizing culture and language in teacher preparation«. *Topics in Early Childhood Special Education* (35) 4 2015. 234–244.

Benner, Aprile D., und Ni Yan. »Classroom race/ethnic composition, family-school connections, and the transition to school«. *Applied Developmental Science* (19) 3 2015. 127–138.

Bennewitz, Hedda, und Lars Wegner. »›da hast du dich irgendwie gar nich gemeldet.‹ Die Aushandlung von Verantwortungsübernahme in Elterngesprächen«. *Zeitschrift für Soziologie der Erziehung und Sozialisation* (35) 1 2015. 86–105.

Berkemeyer, Nils, Wilfried Bos, Veronika Manitius, Björn Hermstein, Melanie Bosnitz und Ina Semper. Chancenspiegel 2014. *Regionale Disparitäten in der Chancengleichheit und Leistungsfähigkeit der deutschen Schulsysteme*. Hrsg. Bertelsmann Stiftung, Institut für Schulentwicklungsforschung der Technischen Universität Dortmund und Institut für Erziehungswissenschaft der Friedrich-Schiller-Universität Jena. Gütersloh 2014.

Bertelsmann Stiftung. *Mehr Partizipation wagen. Argumente für eine verstärkte Beteiligung von Kindern und Jugendlichen*. Gütersloh 2010.

Betz, Tanja. *Ungleiche Kindheiten. Theoretische und empirische Analysen zur Sozialberichterstattung über Kinder*. Weinheim 2008.

Betz, Tanja. »Kindheitsmuster und Milieus«. *Aus Politik und Zeitgeschichte* (17) 2009. 14–20.

Betz, Tanja. »Kompensation ungleicher Startchancen. Erwartungen an institutionalisierte Bildung, Betreuung und Erziehung für Kinder im Vorschulalter«. *Erziehung und Bildung von Kindern als gemeinsames Projekt. Zum Verhältnis familialer Erziehung und öffentlicher Kinderbetreuung*. Hrsg. Peter Cloos und Britta Karner. Baltmannsweiler 2010. 113–134.

Betz, Tanja. »Ungleichheit im Vorschulalter. Einrichtungsbezogene Bildungs- und Betreuungsarrangements unter sozialwissenschaftlicher Perspektive«. *Child Care. Kulturen, Konzepte und Politiken der Fremdbetreuung von Kindern*. Hrsg. Maria A. Wolf, Elisabeth Dietrich-Daum, Eva Fleischer und Maria Heidegger. Weinheim 2013a. 117–131.

Betz, Tanja. »Anforderungen an Fachkräfte in Kindertageseinrichtungen«. *Handbuch Frühkindliche Bildungsforschung*. Hrsg. Margrit Stamm und Doris Edelmann. Wiesbaden 2013b. 259–272.

Betz, Tanja. *Das Ideal der Bildungs- und Erziehungspartnerschaft. Kritische Fragen an eine verstärkte Zusammenarbeit zwischen Kindertageseinrichtungen, Grundschulen und Familien*. Bertelsmann Stiftung. Gütersloh 2015.

Betz, Tanja. »Wie viel Partnerschaft geht? Kritische Fragen an ein wenig hinterfragtes Ideal«. *Die Grundschulzeitschrift* (30) 298.299 2016a. 6–9.

Betz, Tanja. »Zwischen Wunsch und Wirklichkeit. Zusammenarbeit mit Eltern als Bildungs- und Erziehungspartnerschaft?«. *Theorie und Praxis der Sozialpädagogik* (44) 9 2016b. 5–9.

Betz, Tanja. »Eine Partnerschaft zwischen allen Beteiligten? Die Perspektive von Kindern als Leerstelle in der Fachdebatte«. *Die Grundschulzeitschrift* (30) 298.299 2016c. 18–19.

Betz, Tanja, und Stefanie Bischoff. »Risikokind und Risiko Kind. Konstruktionen von Risiken in politischen Berichten«. *Normierung und Normalisierung der Kindheit*. Hrsg. Helga Kelle und Johanna Mierendorff. Weinheim 2013. 60–81.

Betz, Tanja, und Stefanie Bischoff. »Kindheit unter sozialinvestiven Vorzeichen«. *Handbuch Kindheits- und Jugendsoziologie*. Hrsg. Andreas Lange, Christine Steiner, Sabina Schutter und Herwig Reiter. Wiesbaden 2015. 1–17.

Betz, Tanja, und Stefanie Bischoff. »Heterogenität als Herausforderung oder Belastung? Zu den Perspektiven frühpädagogischer Fachkräfte auf Differenz in Kindertageseinrichtungen«. *Diversität in der Pädagogik der frühen Kindheit. Im Spannungsfeld zwischen Konstruktion und Normativität*. Hrsg. Ursula Stenger, Doris Edelmann, David Nolte und Marc Schulz. Weinheim 2017. 101–118.

Betz, Tanja, Stefanie Bischoff und Laura B. Kayser. »Unequal parents' perspectives on education. An empirical investigation of the symbolic power of political models of a good parenthood in Germany«. *Parents in the spotlight. Parenting practices and support from a comparative perspective* (Journal of Family Research/Zeitschrift für Familienforschung. Sonderheft. Band 11). Hrsg. Tanja Betz, Michael-Sebastian Honig und Ilona Ostner. Leverkusen 2017, i. E. 99–118.

Betz, Tanja, und Frederick de Moll. »Sozial situierte Erwartungen von Eltern und pädagogischen Fachkräften an gute Kindertageseinrichtungen. Ein gesellschaftstheoretischer und empirisch-quantitativer Beitrag zur Qualitätsdebatte«. *Empirische Pädagogik* (29) 3 2015. 371–392.

Betz, Tanja, Frederick de Moll und Stefanie Bischoff. »Gute Eltern – schlechte Eltern. Politische Konstruktionen von Elternschaft«. *Frühe Bildung in der Familie. Perspektiven der Familienbildung*. Hrsg. Kompetenzteam Wissenschaft des Bundesprogramms »Elternchance ist Kinderchance«, Lena Correll und Julia Lepperhoff. Weinheim 2013. 69–80.

Betz, Tanja, Frederick de Moll und Laura B. Kayser. »Soziale Determinanten des Lehrerhandelns. Milieuspezifische und berufsbiografische Einflussfaktoren auf die Kooperation und Kommunikation mit Eltern«. *Zeitschrift für Soziologie der Erziehung und Sozialisation* (35) 4 2015. 377–395.

Betz, Tanja, und Florian Esser. »Kinder als Akteure – Forschungsbezogene Implikationen des erfolgreichen Agency-Konzepts«. *Diskurs Kindheits- und Jugendforschung* (11) 3 2016. 301–314.

Betz, Tanja, und Nicoletta Eunicke. »Kinder als Akteure in der Zusammenarbeit von Bildungsinstitutionen und Familien? Eine Analyse der Bildungs- und Erziehungspläne«. *Frühe Bildung* (6) 1 2017. 3–9.

Betz, Tanja, und Laura B. Kayser. »Herkunftsspezifische Orientierungen von Eltern im Umgang mit Lehrkräften. Grundlagen für eine ungleichheitssensible Zusammenarbeit«. *Facetten grundschulpädagogischer und -didaktischer Forschung* (Jahrbuch Grundschulforschung, Band 20). Hrsg. Katrin Liebers, Brunhild Landwehr, Simone Reinhold, Sebastian Riegler und Romina Schmidt. Wiesbaden 2016. 109–114.

Betz, Tanja, und Laura B. Kayser. »Children and society: Children's knowledge about inequalities, meritocracy, and the interdependency of academic achievement, poverty, and wealth«. *American Behavioral Scientist* (61) 2 2017. 186–203.

Beyer, Beate. »Chancengleichheit im Kindergarten? Inkludierende und exkludierende Einstellungs- und Handlungsmuster in Einrichtungen früher Bildung«.

Prozesse sozialer Ungleichheit. Bildung im Diskurs. Hrsg. Susanna Siebholz, Edina Schneider, Susann Busse, Sabine Sandring und Anne Schippling. Wiesbaden 2013. 177–187.

Bierschock, Kurt, Andrea Dürnberger und Marina Rupp. *Evaluation des Hippy-Programms in Bayern* (Forschungsbericht). Staatsinstitut für Familienforschung an der Universität Bamberg (ifb). Bamberg 2009.

Binz, Christine, Gunther Graßhoff, Annika Pfaff, Sarah Schmenger und Heiner Ullrich. »Eltern als Akteure im Übergang vom Elementar- zum Primarbereich: Praktiken von Elternpartizipation in kooperativen Tandems von Kindergärten und Grundschulen«. *Diskurs Kindheits- und Jugendforschung* (7) 3 2012. 333–348.

Bischoff, Stefanie. *Habitus und Professionalität. Zur Bedeutung des Habitus für das pädagogische Denken und Handeln von Fachkräften in Kindertageseinrichtungen*. Dissertationsschrift. Goethe-Universität. Frankfurt am Main 2016.

Bischoff, Stefanie, und Tanja Betz. »›Denn Bildung und Erziehung der Kinder sind in erster Linie auf die Unterstützung der Eltern angewiesen‹. Eine diskursanalytische Rekonstruktion legitimer Vorstellungen ›guter Elternschaft‹ in politischen Dokumenten«. *Erziehungswissenschaftliche Diskursforschung. Empirische Analysen zu Bildungs- und Erziehungsverhältnissen*. Hrsg. Susann Fegter, Fabian Kessl, Antje Langer, Marion Ott, Daniela Rothe und Daniel Wrana. Wiesbaden 2015. 263–282.

Bischoff, Stefanie, Tanja Betz und Nicoletta Eunicke. »Ungleiche Perspektiven von Eltern auf frühe Bildung und Förderung in Familie und Kindertageseinrichtung. Eine empirische Analyse elterlicher Habitustypen«. *Familienbilder zwischen Kontinuität und Wandel. Analysen zur (sozial-)pädagogischen und erziehungswissenschaftlichen Bezugnahme auf Familie*. Hrsg. Petra Bauer und Christine Wiezorek. Weinheim 2017, 212–228.

Bischoff, Stefanie, Margaret Pardo-Puhlmann, Frederick de Moll und Tanja Betz. »Frühe Kindheit als ›Grundstein für eine erfolgreiche Bildungsbiografie‹. Deutungen ›guter Kindheit‹ im politischen Diskurs«. *Frühe Kindheit im Fokus. Entwicklungen und Herausforderungen (sozial-)pädagogischer Professionalisierung*. Hrsg. Bettina Grubenmann und Mandy Schöne. Berlin 2013. 15–34.

Blackmore, Jill, und Kirsten Hutchison. »Ambivalent relations: the ›tricky footwork‹ of parental involvement in school communities«. *International Journal of Inclusive Education* (14) 5 2010. 499–515.

Bock-Famulla, Kathrin, Jens Lange und Eva Strunz. *Länderreport Frühkindliche Bildungssysteme 2015. Transparenz schaffen – Governance stärken*. Bertelsmann Stiftung. Gütersloh 2015.

Böhme, Anke, und Thomas Böhme. »Eltern als Erziehungspartner. Neue Formen der Einbeziehung und Unterstützung von Eltern und Familien«. *klein&groß* (59) 5 2006. 7–13.

Bollig, Sabine, und Tanja Betz. »Ungleichheiten in früher Kindheit. Was trägt die öffentliche Kindertagesbetreuung zu deren Abbau oder Verstetigung bei?«. *Sozialalmanach 2016. Schwerpunkt: Inegalitéiten*. Hrsg. Nathalie Georges, Danielle Schronen und Robert Urbé. Luxembourg 2016. 331–344.

Bourdieu, Pierre, und Jean-Claude Passeron. *Die Illusion der Chancengleichheit. Untersuchungen zur Soziologie des Bildungswesens am Beispiel Frankreichs*. Stuttgart 1971.

Bourdieu, Pierre. *Sozialer Sinn. Kritik der theoretischen Vernunft*. Frankfurt am Main 1987.

Brandes, Holger, Sandra Friedel und Wenke Röseler. *Gleiche Startchancen schaffen! Bildungsbenachteiligung und Kompensationsmöglichkeiten in Kindergärten. Eine repräsentative Erhebung in Sachsen*. Opladen 2011.

Brooker, Liz. »Learning to play, or playing to learn? Children's participation in the cultures of homes and settings«. *Engaging play*. Hrsg. Liz Brooker und Susan Edwards. Berkshire 2010a. 39–53.

Brooker, Liz. »Constructing the triangle of care: power and professionalism in practitioner/parent relationships«. *British Journal of Educational Studies* (58) 2 2010b. 181–196.

Brown, Sally, Mariana Souto-Manning und Tasha Tropp Laman. »Seeing the strange in the familiar: unpacking racialized practices in early childhood settings«. *Race Ethnicity and Education* (13) 4 2010. 513–532.

Buchalik, Ute, und Rüdiger Hansen. »Wie eine Kita-Verfassung hilft, mit Regeln demokratischer umzugehen«. *KiTa aktuell* (25) 4 2016. 142–144.

Büchner, Peter, und Anna Brake. *Bildungsort Familie. Transmission von Bildung und Kultur im Alltag von Mehrgenerationenfamilien*. Wiesbaden 2006.

Buchori, Sylvia, und Toni Dobinson. »Diversity in teaching and learning: practitioners' perspectives in a multicultural early childhood setting in Australia«. *Australasian Journal of Early Childhood* (40) 1 2015. 71–79.

Bühler-Niederberger, Doris. *Kindheit und die Ordnung der Verhältnisse. Von der gesellschaftlichen Macht der Unschuld und dem kreativen Individuum*. Weinheim 2005.

Bühler-Niederberger, Doris. *Lebensphase Kindheit. Theoretische Ansätze, Akteure und Handlungsräume*. Weinheim 2011.

Bühler-Niederberger, Doris, und Johanna Mierendorff. »Ungleiche Kindheiten – eine kindheitssoziologische Annäherung. Einführung in den Schwerpunkt ›Soziologische Kindheitsforschung‹«. *Diskurs Kindheits- und Jugendforschung* (4) 4 2009. 449–456.

Bundesministerium für Familie, Senioren, Frauen und Jugend. *14. Kinder- und Jugendbericht. Bericht über die Lebenssituation junger Menschen und die Leistungen der Kinder- und Jugendhilfe in Deutschland*. Berlin 2013.

Camehl, Georg F., Juliane F. Stahl, Pia S. Schober und Katharina Spieß. »Höhere Qualität und geringere Kosten von Kindertageseinrichtungen – zufriedenere Eltern?«. *DIW Wochenbericht* (82) 42 2015. 1105–1113.

Cancian, Francesca M. »Defining ›good‹ child care. Hegemonic and democratic standards«. *Child care and inequality. Rethinking carework for children and youth*. Hrsg. Francesca M. Cancian, Demie Kurz, Andrew S. London, Rebecca Reviere und Mary C. Tuominen. New York 2002. 65–78.

Castelli, Stefano, und Alessandro Pepe. »School-parents relationships: a bibliometric study on 40 years of scientific publications«. *International Journal about Parents in Education* (2) 1 2008. 1–12.

Chao, Xia, Mo Xue und Ming Xu. »Elementary English education: An arena of social struggle for professional Chinese parents«. *Critical Inquiry in Language Studies* (11) 4 2014. 252–272.

Cheatham, Gregory. A., und Michaelene M. Ostrosky. »Listening for details of talk: Early childhood parent-teacher conference communication facilitators«. *Young Exceptional Children* (13) 1 2009. 36–49.

Cheatham, Gregory. A., und Rosa M. Santos. »Collaborating with families from diverse cultural and linguistic backgrounds. Considering time and communication orientations«. *Young Children* (66) 5 2011. 76–82.

Chen, Feiyan, und Joseph Agbenyega. »Chinese parents' perspectives on home-kindergarten partnership: A narrative research«. *Australasian Journal of Early Childhood* (37) 2 2012. 95–105.

Chin, Tiffani, und Meredith Phillips. »Social reproduction and child-rearing practices: social class, children's agency, and the summer activity gap«. *Sociology of Education* (77) 3 2004. 185–210.

Christie, Sarah, und Agnes Szorenyi. »Theorizing the relationship between UK schools and immigrant parents of eastern and central European origin: the parents' perspectives«. *International Journal about Parents in Education* (9) 1 2015. 145–156.

Cloos, Peter, und Britta Karner. »Erziehungspartnerschaft? Auf dem Weg zu einer veränderten Zusammenarbeit von Kindertageseinrichtungen und Familien«. *Erziehung und Bildung von Kindern als gemeinsames Projekt. Zum Verhältnis familialer Erziehung und öffentlicher Kinderbetreuung*. Hrsg. Peter Cloos und Britta Karner. Baltmannsweiler 2010. 169–192.

Cloos, Peter, Marc Schulz und Severine Thomas. »Wirkung professioneller Bildungsbegleitung von Eltern. Rekonstruktive Forschungsperspektiven auf kindheitspädagogische Settings«. *Frühe Bildung in der Familie. Perspektiven der Familienbildung*. Hrsg. Kompetenzteam Wissenschaft des Bundesprogramms »Elternchance ist Kinderchance«, Lena Correll und Julia Lepperhoff. Weinheim 2013. 253–267.

Clycq, Noel, Ward Nouwen und Anneloes Vandenbroucke. »Meritocracy, deficit thinking and the invisibility of the system: discourses on educational success and failure«. *British Educational Research Journal* (40) 5 2014. 796–819.

Coleman, James S., Ernest Q. Campbell, Carol J. Hobson, James McPartland, Alexander M. Mood, Frederick D. Weinfeld und Robert L. York. *Equality of educational opportunity*. U.S. Department of Health, Education and Welfare. Washington 1966.

Cooper, Carey E., Robert Crosnoe, Marie-Anne Suizzo und Keenan A. Pituch. »Poverty, race, and parental involvement during the transition to elementary school«. *Journal of Family Issues* (31) 7 2010. 859–883.

Cottle, Michelle, und Elise Alexander. »Parent partnership and ›quality‹ early years services. Practitioners' perspectives«. *European Early Childhood Education Research Journal* (22) 5 2014. 637–659.

Covay, Elizabeth, und William Carbonaro. »After the bell. Participation in extracurricular activities, classroom behavior, and academic achievement«. *Sociology of Education* (83) 1 2010. 20–45.

Creech, Andrea. »Learning a musical instrument: the case of parental support«. *Music Education Research* (12) 1 2010. 13–32.

Crozier, Gill. »Parental involvement: who wants it?« *International Studies in Sociology of Education* (9) 3 1999. 219–238.

Darmstadt, Danielle, Hedi Plän und Jürgen Stapelmann. »Kooperation von Anfang an. Erziehungspartnerschaft im Netzwerk von Kindertagesstätten und Grundschule«. *Grundschulmagazin* (74) 1 2006. 19–24.

de Moll, Frederick. *Familiale Bildungspraxis und Schülerhabitus*. Dissertationsschrift. Goethe-Universität. Frankfurt am Main 2016.

de Moll, Frederick, und Tanja Betz. »Inequality in pre-school education and care in Germany. An analysis by social class and immigrant status«. *International Studies in Sociology of Education* (24) 3 2014. 237–271.

de Moll, Frederick, und Tanja Betz. »Accounting for children's agency in research on educational inequality. The influence of children's own practices on their academic habitus in elementary school«. *Reconceptualising agency and childhood. New perspectives in childhood studies*. Hrsg. Florian Esser, Meike S. Baader, Tanja Betz und Beatrice Hungerland. London 2016. 271–289.

Denessen, Eddie, Joep Bakker, Lenny Kloppenburg und Marleen Kerkhof. »Teacher – parent partnerships: preservice teacher competences and attitudes during teacher training in the Netherlands«. *International Journal about Parents in Education* (3) 1 2009. 29–36.

Deppe, Ulrike. »Eltern, Bildung und Milieu. Milieuspezifische Differenzen in den bildungsbezogenen Orientierungen von Eltern«. *Zeitschrift für Qualitative Forschung* (14) 2 2013. 221–242.

Desforges, Charles, und Alberto Abouchaar. *The Impact of parental involvement, parental support and family education on pupil achievements and adjustment: a literature review* (Research Report 433). Department for Education and Skills. Nottingham 2003.

Deslandes, Rollande, und Richard Cloutier. »Adolescents' perception of parental involvement in schooling«. *School Psychology International* (23) 2 2002. 220–232.

Deutsches Jugendinstitut e.V. und Weiterbildungsinitiative Frühpädagogische Fachkräfte. *Inklusion - Kulturelle Heterogenität in Kindertageseinrichtungen. Grundlagen für die kompetenzorientierte Weiterbildung*. Deutsches Jugendinstitut e.V. München 2013.

Deutsches Jugendinstitut e.V. und Weiterbildungsinitiative Frühpädagogische Fachkräfte. *Inklusion – Kinder und Familien in Armutslagen. Grundlagen für die kompetenzorientierte Weiterbildung*. Deutsches Jugendinstitut e.V. München 2014.

Diehm, Isabell. »Kindergarten und Grundschule – Zur Strukturdifferenz zweier Erziehungs- und Bildungsinstitutionen«. *Handbuch der Schulforschung*. Hrsg. Werner Helsper und Jeanette Böhme. 2. Aufl. Wiesbaden 2008. 557–575.

Diehm, Isabell, Melanie Kuhn, Claudia Machold und Miriam Mai. »Ethnische Differenz und Ungleichheit. Eine ethnographische Studie in Bildungseinrichtungen der frühen Kindheit«. *Zeitschrift für Pädagogik* (59) 5 2013. 644–656.

Dietrich, Fabian, Martin Heinrich und Nina Thieme (Hrsg.). *Bildungsgerechtigkeit jenseits von Chancengleichheit. Theoretische und empirische Ergänzungen und Alternativen zu ›PISA‹*. Wiesbaden 2013a.

Dietrich, Fabian, Martin Heinrich und Nina Thieme. »Bildungsgerechtigkeit jenseits von Chancengleichheit. Theoretische und empirische Ergänzungen und Alternativen zu ›PISA‹ – Zur Einführung in den Band«. *Bildungsgerechtigkeit jenseits von Chancengleichheit. Theoretische und empirische Ergänzungen und Alter-*

nativen zu ›PISA‹. Hrsg. Fabian Dietrich, Martin Heinrich und Nina Thieme. Wiesbaden 2013b. 11–32.

Ditton, Hartmut. »Der Beitrag von Schule und Lehrern zur Reproduktion von Bildungsungleichheit«. *Bildung als Privileg. Erklärungen und Befunde zu den Ursachen der Bildungsungleichheit*. Hrsg. Rolf Becker und Wolfgang Lauterbach. 5. Aufl. Wiesbaden 2016. 281–312.

Ditton, Hartmut, und Jan Krüsken. »Sozialer Kontext und schulische Leistungen. Zur Bildungsrelevanz segregierter Armut«. *Zeitschrift für Soziologie der Erziehung und Sozialisation* (26) 2 2006. 135–157.

Ditton, Hartmut, Jan Krüsken und Magdalena Schauenberg. »Bildungsungleichheit – der Beitrag von Familie und Schule«. *Zeitschrift für Erziehungswissenschaft* (8) 2 2005. 285–304.

Dor, Asnat. »Parents' involvement in school: attitudes of teachers and school counsellors«. *US-China Education Review* (B) 11 2012. 921–935.

Durand, Tina M. »Latino parental involvement in kindergarten. Findings from the early childhood longitudinal study«. *Hispanic Journal of Behavioral Sciences* (33) 4 2011. 469–489.

Dusolt, Hans. *Elternarbeit als Erziehungspartnerschaft: Ein Leitfaden für den Vor- und Grundschulbereich*. 3. Aufl. Weinheim 2008.

Edwards, Rosalind (Hrsg.). *Children, home and school. Regulation, autonomy or connection?* London 2002.

Edwards, Rosalind, und Pam Alldred. »A typology of parental involvement in education centring on children and young people: negotiating familialisation, institutionalisation and individualization«. *British Journal of Sociology of Education* (21) 3 2000. 435–455.

Edwards, Rosalind, und Miriam David. »Where are the children in home-school relations? Notes towards a research agenda«. *Children & Society* (11) 3 1997. 194–200.

Edwards, Rosalind, und Val Gillies. »Clients or consumers, commonplace or pioneers? Navigating the contemporary class politics of family, parenting skills and education«. *Ethics and Education* (6) 2 2011. 141–154.

Egger, Jan, Jürgen Lehmann und Martin Straumann. »›Collaboration with parents isn't a burden. It's just a natural part of my work.‹ – Parental involvement in Switzerland. An analysis of attitudes and practices of Swiss primary school teachers«. *International Journal about Parents in Education* (9) 1 2015. 119–130.

El Nokali, Nermeen E., Heather J. Bachman und Elizabeth Votruba-Drzal. »Parent involvement and children's academic and social development in elementary school«. *Child Development* (81) 3 2010. 988–1005.

Engelbert, Angelika, und Alois Herlth. »Sozialökologische Ansätze«. *Handbuch Kindheits- und Jugendforschung*. Hrsg. Heinz-Hermann Krüger und Cathleen Grunert. 2. Aufl. Wiesbaden 2010. 103–123.

Epstein, Joyce L. »Perspectives and previews on research and policy for school, family, and community partnerships«. *Family-school links. How do they affect educational outcomes?* Hrsg. Alan Booth und Judy Dunn. Mahwah, N.J. 1996. 209–246.

Epstein, Joyce L. *School, family, and community partnerships.* Boulder, CO. 2001.

Epstein, Joyce L. »School, family, and community partnerships: Caring for the children we share«. *School, family, and community partnerships. Your handbook for action.* Hrsg. Joyce L. Epstein, Mavis G. Sanders, Beth S. Simon, Karen Clark Salinas, Natalie Rodriguez Jansorn und Frances L. Van Voorhis. 2. Aufl. Thousand Oaks 2002. 20–29.

Epstein, Joyce L., Mavis G. Sanders, Beth S. Simon, Karen Clark Salinas, Natalie Rodriguez Jansorn und Frances L. Van Voorhis (Hrsg.). *School, family, and community partnerships. Your handbook for action.* 2. Aufl. Thousand Oaks 2002.

Ericsson, Kjersti, und Guri Larsen. »Adults as resources and adults as burdens. The strategies of children in the age of school-home collaboration«. *Children, home and school. Regulation, autonomy or connection?* Hrsg. Rosalind Edwards. London 2002. 92–105.

Erikson, Erik H. *Childhood and society.* New York 1950.

Esser, Florian, Meike S. Baader, Tanja Betz und Beatrice Hungerland (Hrsg.). *Reconceptualising agency and childhood. New perspectives in childhood studies.* London 2016.

Europäische Kommission. *Mitteilung der Kommission. Frühkindliche Betreuung, Bildung und Erziehung: der bestmögliche Start für alle unsere Kinder in die Welt von morgen.* Brüssel 2011.

Exekutivagentur für Bildung, Audiovisuelles und Kultur (EACEA). *Frühkindliche Betreuung, Bildung und Erziehung in Europa: ein Mittel zur Verringerung sozialer und kultureller Ungleichheiten.* Brüssel 2009.

Fan, Xitao, und Michael Chen. »Parental involvement and students' academic achievement: a meta-analysis«. *Educational Psychology Review* (13) 1 2001. 1–22.

Fantuzzo, John, Christine M. McWayne und Marlo A. Perry. »Multiple dimensions of family involvement and their relations to behavioral and learning competencies for urban, low-income children«. *School Psychology Review* (33) 4 2004. 467–480.

Faust, Gabriele, und Hans-Günther Roßbach. »Herkunft und Bildungserfolg beim Übergang vom Kindergarten in die Grundschule«. *Zeitschrift für Erziehungswissenschaft* (17) 2 2014. 119–140.

Faust, Gabriele, Franziska Wehner, Sanna Pohlmann-Rother und Jens Kratzmann. »Der Übergang in die Grundschule aus Elternsicht«. *Handbuch frühkindliche Bildungsforschung.* Hrsg. Margrit Stamm und Doris Edelmann. Wiesbaden 2013. 423–434.

Felix, Nadine, Jacqui Dornbrack und Eileen Scheckle. »Parents, homework and socio-economic class: discourses of deficit and disadvantage in the ›new‹ South Africa«. *English Teaching: Practice and Critique* (7) 2 2008. 99–112.

Fend, Helmut. »Chancengleichheit im Lebenslauf – Kurz- und Langzeitfolgen von Schulstrukturen«. *Lebensverläufe, Lebensbewältigung, Lebensglück. Ergebnisse der LifE-Studie.* Hrsg. Helmut Fend, Fred Berger und Urs Grob. Wiesbaden 2009. 37–72.

Fitzner, Susanne, und Walter Kowalczyk. »Verbündete statt Gegner«. *Grundschule* (46) 9 2014. 6–9.

Friebertshäuser, Barbara, Markus Rieger-Ladich und Lothar Wigger (Hrsg.). *Reflexive Erziehungswissenschaft. Forschungsperspektiven im Anschluss an Pierre Bourdieu*. 2. Aufl. Wiesbaden 2009.

Friedrich, Lena, und Manuel Siegert. »Frühe Unterstützung benachteiligter Kinder mit Migrationshintergrund: Effekte von Konzepten der Eltern- und Familienbildung«. *Handbuch frühkindliche Bildungsforschung*. Hrsg. Margrit Stamm und Doris Edelmann. Wiesbaden 2013. 461–471.

Friedrich, Lena, und Adelheid Smolka. »Konzepte und Effekte familienbildender Angebote für Migranten zur Unterstützung frühkindlicher Förderung«. *Zeitschrift für Familienforschung* (24) 2 2012. 178–198.

Frindte, Annegret. »›Und das Wichtigste ist immer zu vermitteln, ich mag dein Kind‹ – Professionelle Perspektiven auf interdependente Sorgetätigkeiten in Kindertageseinrichtungen«. *Forschung in der Frühpädagogik IX. Schwerpunkt: Institutionalisierung früher Kindheit und Organisationsentwicklung*. Hrsg. Iris Nentwig-Gesemann, Klaus Fröhlich-Gildhoff, Tanja Betz und Susanne Viernickel. Freiburg 2016. 85–111.

Fritzsche, Bettina, und Kerstin Rabenstein. »›Häusliches Elend‹ und ›Familienersatz‹. Symbolische Konstruktionen in Legitimationsdiskursen von Ganztagsschule«. *Familie und öffentliche Erziehung. Theoretische Konzeptionen, historische und aktuelle Analysen*. Hrsg. Jutta Ecarius, Carola Groppe und Hans Malmede. Wiesbaden 2009. 183–202.

Fröhlich-Gildhoff, Klaus. »Die Zusammenarbeit von pädagogischen Fachkräften und Eltern im Feld der frühkindlichen Bildung, Betreuung und Erziehung«. *Bildungsforschung* (10) 1 2013a. 11–25.

Fröhlich-Gildhoff, Klaus. »Kooperation von Familien und familienergänzenden Einrichtungen«. *Handbuch frühkindliche Bildungsforschung*. Hrsg. Margrit Stamm und Doris Edelmann. Wiesbaden 2013b. 357–372.

Fröhlich-Gildhoff, Klaus, Eva-Maria Engel und Maike Rönnau. *Abschlussbericht der wissenschaftlichen Begleitung des Projektes Kinderbetreuung und Familienbildung (KiFa)* (Forschungsbericht). Evangelische Hochschule Freiburg. Freiburg 2005.

Fröhlich-Gildhoff, Klaus, Gabriele Kraus und Maike Rönnau. »Gemeinsam auf dem Weg. Eltern und ErzieherInnen gestalten Erziehungspartnerschaft«. *Kindergarten heute* (36) 10 2006. 6–15.

Fuchs, Kirsten, und Christian Peucker. »›... und raus bist du!‹ Welche Kinder besuchen nicht den Kindergarten und warum?«. *Wer betreut Deutschlands Kinder? DJI-Kinderbetreuungsstudie*. Hrsg. Walter Bien, Thomas Rauschenbach und Birgit Riedel. Berlin 2007. 61–81.

Galindo, Claudia, und Steven B. Sheldon. »School and home connections and children's kindergarten achievement gains: the mediating role of family involvement«. *Early Childhood Research Quarterly* (27) 1 2012. 90–103.

Gartinger, Silvia, und Rolf Janssen (Hrsg.). *Erzieherinnen + Erzieher*. Band 1: *Professionelles Handeln im sozialpädagogischen Berufsfeld*. 3., aktual. Druck. Berlin 2015.

Geißler, Rainer. »Bildungschancen und soziale Herkunft«. *Archiv für Wissenschaft und Praxis der sozialen Arbeit* (37) 4 2006. 34–49.

Geißler, Rainer. *Die Sozialstruktur Deutschlands*. 7. Aufl. Wiesbaden 2014.

George, Theresa I. *Early childhood teachers' views on working with parents: Positive and negative encounters in maintaining the home/school relationship in high/low income schools*. Dissertationsschrift. Kent State University College of Education, Health and Human Services. Kent 2012.

Giesinger, Johannes. »Was heißt Bildungsgerechtigkeit?«. *Zeitschrift für Pädagogik* (53) 3 2007. 362–381.

Gillies, Val. »Meeting parents' needs? Discourses of ›support‹ and ›inclusion‹ in family policy«. *Critical Social Policy* (25) 1 2005. 70–90.

Gillies, Val. »Perspectives on parenting responsibility. Contextualizing values and practices«. *Journal of Law and Society* (35) 1 2008. 95–112.

Gläser, Eva, Susanne Miller und Sabine Toppe. »Zwischen Ausgrenzung und Normalität – Perspektiven auf Armut in der Grundschule«. *Chancenungleichheit in der Grundschule. Ursachen und Wege aus der Krise*. Hrsg. Jörg Ramseger und Matthea Wagener. Wiesbaden 2008. 91–94.

Göbel-Reinhardt, Annika, und Nicole Lundbeck. *Erziehungs- und Bildungspartnerschaften in Kitas. Qualitative Forschungsergebnisse für eine erfolgreiche Praxis*. Wiesbaden 2015.

Goff, Jenny, Maria Evangelou und Kathy Sylva. »Enhancing parents' ways of supporting early learning through participation in early-intervention project in the UK: the early learning partnership project«. *Zeitschrift für Familienforschung* (24) 2 2012. 160–177.

Goffman, Erving (Hrsg.). *Interaktion und Geschlecht*. 2. Aufl. Frankfurt am Main 2001.

Gomolla, Mechtild, und Frank-Olaf Radtke. *Institutionelle Diskriminierung. Die Herstellung ethnischer Differenz in der Schule*. 3. Aufl. Wiesbaden 2009.

Götz, Margarete, und Uwe Sandfuchs. »Geschichte der Grundschule«. *Handbuch Grundschulpädagogik und Grundschuldidaktik*. Hrsg. Wolfgang Einsiedler, Margarete Götz, Andreas Hartinger, Friederike Heinzel, Joachim Kahlert und Uwe Sandfuchs. 4. Aufl. Bad Heilbrunn 2014. 32–45.

Graham, John. »Editorial: Families and schools – The learning partnership«. *Professional Voice* (8) 2 2010. 7–10.

Greine, Rita. »Von gegenseitigem Vertrauen und Unterstützung. Erziehungspartnerschaft – Wunschdenken oder Wirklichkeit?«. *klein&groß* (63) 5 2010. 10–13.

Grgic, Mariana, und Christian Alt. »Bildung in der Familie und elterliche Betreuungsbedarfe als neue Themen des Monitorings frühkindlicher Bildung«. *Frühe Bildung* (3) 1 2014. 10–21.

Hachfeld, Axinja, Yvonne Anders, Susanne Kuger und Wilfried Smidt. »Triggering parental involvement for parents of different language backgrounds. The role of types of partnership activities and preschool characteristics«. *Early Child Development and Care* (186) 1 2016. 190–211.

Hadjar, Andreas. *Meritokratie als Legitimationsprinzip. Die Entwicklung der Akzeptanz sozialer Ungleichheit im Zuge der Bildungsexpansion*. Wiesbaden 2008.

Hadley, Fay. »Early childhood staff and families' perceptions: diverse views about important experiences for children aged 3–5 years in early childhood settings«. *Contemporary Issues in Early Childhood* (13) 1 2012. 38–49.

Hakyemez, Sevcan. »Turkish early childhood educators on parental involvement«. *European Educational Research Journal* (14) 1 2015. 100–112.

Hansen, Rüdiger, und Raingard Knauer. »Beschwerdeverfahren für Kinder in Kindertageseinrichtungen. Annäherungen an Standards für die Umsetzung des § 45 SGB VIII«. *Demokratische Partizipation von Kindern*. Hrsg. Raingard Knauer und Benedikt Sturzenhecker. Weinheim 2016. 47–73.

Hartung, Susanne, Sabine Kluwe und Diana Sahrai. »*Neue Wege in die Elternarbeit*«. *Evaluation von Bildungsprogrammen und weiterführende Ergebnisse zur präventiven Elternarbeit* (Kurzbericht des BMBF-geförderten Projekts: Bielefelder Evaluation von Elternedukationsprogrammen [BEEP] anlässlich der Abschlusstagung am 16.06.2009). Universität Bielefeld. Bielefeld 2009.

Heekerens, Hans-Peter. »Die Auswirkungen frühkindlicher Bildung auf den Schulerfolg – eine methodenkritische Bestandsaufnahme«. *Zeitschrift für Soziologie der Erziehung und Sozialisation* (30) 3 2010. 311–324.

Heid, Helmut. »Über die (Un-)Tauglichkeit zentraler Prinzipien zur Überwindung sozialer Bildungsungerechtigkeit«. *Zeitschrift für Grundschulforschung* (9) 1 2016. 95–106.

Henderson, Anne T., und Karen L. Mapp. *A new wave of evidence: the impact of school, family, and community connections on student achievement. Annual synthesis 2002*. Southwest Education Development Laboratory. Austin 2002.

Hengst, Heinz, und Helga Zeiher. »Von Kinderwissenschaften zu generationalen Analysen. Einleitung«. *Kindheit soziologisch*. Hrsg. Heinz Hengst und Helga Zeiher. Wiesbaden 2005. 9–23.

Herrell, Penelope O. *Parental involvement: parent perceptions and teacher perceptions*. Dissertationsschrift. East Tennessee State University. Johnson City 2011.

Hertel, Silke. »Elternberatung im schulischen Kontext«. *Eltern und Schule. Aspekte von Chancengerechtigkeit und Teilhabe an Bildung*. Hrsg. Susanne Frank und Anne Sliwka. Weinheim 2016. 116–126.

Hessisches Kultusministerium und Landeselternbeirat von Hessen. *Begegnung auf Augenhöhe – Schulbegleitende Gespräche zu dritt*. Wiesbaden 2013.

Hessisches Ministerium für Soziales und Integration und Hessisches Kultusministerium. *Bildung von Anfang an. Bildungs- und Erziehungsplan für Kinder von 0 bis 10 Jahren in Hessen*. 7. Aufl. Wiesbaden 2015.

Hirschauer, Stefan. »Intersituativität. Teleinteraktionen und Koaktivitäten jenseits von Mikro und Makro«. *Interaktion – Organisation – Gesellschaft revisited. Anwendungen, Erweiterungen, Alternativen*. Zeitschrift für Soziologie. Sonderheft. Hrsg. Bettina Heintz und Hartmann Tyrell. Stuttgart 2015. 109–133.

Ho Sui Chu, Esther. »Building trust in elementary schools: the impact of home-school-community collaboration«. *International Journal about Parents in Education* (1) 0 2007. 8–20.

Hofmann, Jan. »Bildung, Schule, Kinderrechte: Perspektiven auf Handlungsansätze und Entwicklungsräume aus Sicht der Makroebene«. *Worauf Kinder und Jugendliche ein Recht haben. Kinderrechte, Demokratie und Schule: Ein Manifest*. Hrsg. Lothar Krappmann und Christian Petry. Schwalbach/Ts. 2016. 241–249.

Hogrebe, Nina. »Segregation im Elementarbereich – Mobilität und Trägerschaft«. *Zeitschrift für Grundschulforschung* (9) 1 2016. 20–33.

Höke, Julia. »Als Gruppensprecher muss man schwindelfrei sein. Kinderperspektiven auf formale Partizipationsstrukturen in der Kita«. *Zeitschrift für Soziologie der Erziehung und Sozialisation* (36) 3 2016. 298–313.

Hollstein, Betina. »Der Anteil der Lehrer an der Reproduktion sozialer Ungleichheit. Grundschulempfehlungen und soziale Selektion in verschiedenen Berliner Sozialräumen«. *Die Natur der Gesellschaft. Verhandlungen des 33. Kongresses der Deutschen Gesellschaft für Soziologie in Kassel 2006*. Hrsg. Karl-Siegbert Rehberg. Frankfurt am Main 2008. 2605-2613.

Holm, Lars. »Parental perspectives on Danish full-day schools for ethnic-minority students«. *International Journal about Parents in Education* (8) 1 2014. 26–32.

Honig, Michael-Sebastian, Magdalena Joos und Norbert Schreiber (Hrsg.). *Was ist ein guter Kindergarten? Theoretische und empirische Analysen zum Qualitätsbegriff in der Pädagogik*. Weinheim 2004.

Horvat, Erin, Elliot B. Weininger und Annette Lareau. »From social ties to social capital. Class differences in the relations between schools and parent networks«. *American Educational Research Journal* (40) 2 2003. 319–351.

Hübner, Dietmar. »Bildung und Gerechtigkeit: philosophische Zugänge«. *Bildungsgerechtigkeit jenseits von Chancengleichheit. Theoretische und empirische Ergänzungen und Alternativen zu ›PISA‹*. Hrsg. Fabian Dietrich, Martin Heinrich und Nina Thieme. Wiesbaden 2013. 35–55.

Hughes, Patrick, und Glenda MacNaughton. »Preparing early childhood professionals to work with parents: The challenges of diversity and dissensus«. *Australian Journal of Early Childhood* (27) 2 2002. 14–20.

Huxel, Katrin. »Lehrerhandeln im sozialen Feld Schule. Beispiele für den Umgang von Lehrkräften mit Geschlecht und Ethnizität«. *Interkulturelle Pädagogik und sprachliche Bildung*. Hrsg. Sara Fürstenau. Wiesbaden 2012. 25–39.

Idel, Till-Sebastian, Kerstin Rabenstein und Norbert Ricken. »Zur Heterogenität als Konstruktion. Empirische und theoretische Befunde einer ethnographischen Beobachtung von Ungleichheitsordnungen im Unterricht«. *Differenz – Ungleichheit – Erziehungswissenschaft. Verhältnisbestimmungen im (Inter-)Disziplinären*. Hrsg. Isabell Diehm, Melanie Kuhn und Claudia Machold. Wiesbaden 2017. 139–156.

Isler, Dieter, Sibylle Künzli und Regula J. Leemann. »Frühe Literalität als soziale Praxis – Analyse von Mikroprozessen der Reproduktion von Bildungsungleichheit«. *Zeitschrift für Soziologie der Erziehung und Sozialisation* (30) 1 2010. 60–73.

Jäger-Flor, Doris, und Reinhold S. Jäger. *Bildungsbarometer zur Kooperation Elternhaus-Schule. 4/2009. Ergebnisse, Bewertungen und Perspektiven*. Zentrum für empirische pädagogische Forschung (zepf) der Universität Koblenz-Landau. Landau 2010.

Jäkel, Julia, Dieter Wolke und Birgit Leyendecker. »Resilienz im Vorschulalter: Wie stark kann die familiäre Leseumwelt biologische und soziokulturelle Entwicklungsrisiken kompensieren?«. *Zeitschrift für Familienforschung* (24) 2 2012. 148–159.

Jeynes, William H. »A meta-analysis of the relation of parental involvement to urban elementary school student academic achievement«. *Urban Education* (40) 3 2005. 237–269.

Jeynes, William H. *Parental involvement and academic success*. New York 2011.

Jónsdóttir, Kristín. »Teenagers' opinions on parental involvement in compulsory schools in Iceland«. *International Journal about Parents in Education* (9) 1 2015. 24–36.

Joos, Magdalena, und Tanja Betz. »Gleiche Qualität für alle? Ethnische Diversität als Determinante der Perspektivität von Qualitätsurteilen und praktiken«. *Was ist ein guter Kindergarten? Theoretische und empirische Analysen zum Qualitätsbegriff in der Pädagogik*. Hrsg. Michael-Sebastian Honig, Magdalena Joos und Norbert Schreiber. Weinheim 2004. 69–118.

Jugendministerkonferenz (JMK) und Kultusministerkonferenz (KMK). *Gemeinsamer Rahmen der Länder für die frühe Bildung in Kindertageseinrichtungen*. Beschluss der Jugendministerkonferenz vom 13./14.05.2004 / Beschluss der Kultusministerkonferenz vom 03./04.06.2004.

Kamerman, Sheila B., und Shirley Gatenio. »Overview of the current policy context«. *Early Childhood Education and Care in the USA*. Hrsg. Debby Cryer und Richard M. Clifford. Baltimore 2003. 1–46.

Karila, Kirsti. »The significance of parent-practitioner interaction in early childhood education«. *Zeitschrift für qualitative Bildungs-, Beratungs- und Sozialforschung* (7) 1 2006. 7–24.

Kayser, Laura B., und Tanja Betz. »›Da hatt' ich mal so ein Thema mit der Lehrerin‹. Handlungsorientierungen von Eltern als Ausgangspunkt für eine ungleichheitssensible Zusammenarbeit«. *Zeitschrift für Grundschulforschung* (8) 1 2015. 377–395.

Kayser, Laura B., und Nicoletta Eunicke. »Kinder mischen mit! Warum es sich lohnt Kinder in die Zusammenarbeit einzubeziehen«. *Theorie und Praxis der Sozialpädagogik* (44) 9 2016. 12–13.

Kelle, Helga, und Sabine Bollig. »Geschlechteraspekte als Elemente frühpädagogischen Orientierungswissens? Ein kritischer Kommentar zu den Bildungsplänen in Hessen und NRW«. *Betrifft Mädchen* (19) 3 2006. 105–110.

Kesselhut, Kaja. »Machtvolle Monologe. ›Elterngespräche‹ als Herstellungsorte von Differenz«. *Entwicklung und Förderung in der frühen Kindheit. Interdisziplinäre Perspektiven*. Hrsg. Peter Cloos, Katja Koch und Claudia Mähler. Weinheim 2015. 192–206.

Killus, Dagmar. »Zusammenarbeit zwischen Elternhaus und Schule: Erfahrungen, Erwartungen und Enttäuschungen«. *Eltern ziehen Bilanz. Ein Trendbericht zu Schule und Bildungspolitik in Deutschland. Die 2. JAKO-O Bildungsstudie*. Hrsg. Dagmar Killus und Klaus-Jürgen Tillmann. Münster 2012. 49–68.

Killus, Dagmar, und Angelika Paseka. »Elterliches Engagement für das schulische Lernen des eigenen Kindes«. *Eltern zwischen Erwartungen, Kritik und Engagement. Ein Trendbericht zu Schule und Bildungspolitik in Deutschland. Die 3. JAKO-O Bildungsstudie*. Hrsg. Dagmar Killus und Klaus-Jürgen Tillmann. Münster 2014. 131–148.

Killus, Dagmar, und Klaus-Jürgen Tillmann (Hrsg.). *Eltern ziehen Bilanz. Ein Trendbericht zu Schule und Bildungspolitik in Deutschland. Die 2. JAKO-O Bildungsstudie*. Münster 2012.

Killus, Dagmar, und Klaus-Jürgen Tillmann (Hrsg.). *Eltern zwischen Erwartungen, Kritik und Engagement. Ein Trendbericht zu Schule und Bildungspolitik in Deutschland. Die 3. JAKO-O Bildungsstudie*. Münster 2014.

Kim, Elizabeth M., Kathleen M. Minke, Susan M. Sheridan, Natalie Koziol, Ji Hoon Ryoo und Kristin M. Rispoli. *Congruence within the parent-teacher relationship: associations with children's functioning*. CYFS Working Paper 2012-2. Nebraska Center for Research on Children, Youth, Families and Schools. Nebraska 2012.

Klein, Lothar. »Ist Erziehungspartnerschaft eine Illusion? Für eine realistischere Perspektive der Zusammenarbeit mit Eltern«. *Theorie und Praxis der Sozialpädagogik* (44) 9 2016. 10–11.

Klemm, Klaus. »Vierzig Jahre Chancenungleichheit in der Grundschule – keine Abhilfe in Sicht?«. *Chancenungleichheit in der Grundschule. Ursachen und Wege aus der Krise*. Hrsg. Jörg Ramseger und Matthea Wagener. Wiesbaden 2008. 17–23.

Klinkhammer, Nicole. *Kindheit im Diskurs. Kontinuität und Wandel in der deutschen Bildungs- und Betreuungspolitik*. Marburg 2014.

Knapp, Claudia. »Mit Eltern zusammenarbeiten. Auf dem Weg zu einer neuen Praxis«. *Die Grundschulzeitschrift* (28) 271 2014. 9–12.

Knapp, Claudia. »›Da is er noch net an dem Punkt‹ – Verantwortungsaushandlung in einem Eltern-Lehrerin-Gespräch«. *Eltern – Lehrer – Schüler. Theoretische und qualitativ-empirische Betrachtungen zum Verhältnis von Elternhaus und Schule sowie zu schulischen Gesprächen*. Hrsg. Marina Bonanati und Claudia Knapp. Bad Heilbrunn 2016. 102–116.

Knauer, Raingard, und Rüdiger Hansen. »Eine Verfassung für die Kita. Chancen und Grenzen eines demokratischen Verfahrens«. *Theorie und Praxis der Sozialpädagogik* (44) 5 2016. 10–12.

Knauer, Raingard, Rüdiger Hansen und Benedikt Sturzenhecker. »Demokratische Partizipation in Kindertageseinrichtungen«. *Demokratische Partizipation von Kindern*. Hrsg. Raingard Knauer und Benedikt Sturzenhecker. Weinheim 2016. 31–46.

Knauer, Raingard, und Benedikt Sturzenhecker (Hrsg.). *Demokratische Partizipation von Kindern*. Weinheim 2016.

Knoll, Alex. »Chancengleichheit und Chancengerechtigkeit – eine Übersicht«. *Vorsprung für alle! Erhöhung der Chancengerechtigkeit durch Projekte der Frühpädagogik*. Hrsg. Catherine Walter-Laager, Manfred Pfiffner und Karin Fasseing Heim. Bern 2014. 11–30.

Kobelt Neuhaus, Daniela. »Mit Eltern professionell zusammenarbeiten. Vom Qualitätsgrundsatz zur guten Praxis«. *Kleinstkinder* (44) 10 2014. 12–16.

Kock, Susanna. »Zwei Seiten einer Medaille. Über die Notwendigkeit, Konzepte der Zusammenarbeit von Eltern und Schule zu reflektieren«. *Die Grundschulzeitschrift* (30) 298.299 2016. 4–5.

Kohl, Katharina, Julia Jäkel und Birgit Leyendecker. »Schlüsselfaktor elterliche Beteiligung: Warum Lehrkräfte türkischstämmige und deutsche Kinder aus belasteten Familien als verhaltensauffällig einstufen«. *Zeitschrift für Familienforschung* (27) 2 2015. 193–207.

Kohl, Katharina, Julia Jäkel, Olivia Spiegler, Jessica A. Willard und Birgit Leyendecker. »Eltern und Schule – Wie beurteilen türkischstämmige und deutsche Mütter sowie deutsche Lehrkräfte elterliche Verantwortung und Beteiligung?«. *Psychologie in Erziehung und Unterricht* (61) 2 2014. 96–111.

Krais, Beate, und Gunter Gebauer. *Habitus*. Bielefeld 2002.

Kramer, Rolf-Torsten. *Abschied von Bourdieu? Perspektiven ungleichheitsbezogener Bildungsforschung*. Wiesbaden 2011.

Kramer, Rolf-Torsten. »»Reproduktionsagenten« oder »Transformationsakteure«? Lehrkräfte im Blick der Bildungssoziologie von Pierre Bourdieu«. *Zeitschrift für Soziologie der Erziehung und Sozialisation* (35) 4 2015. 344–359.

Kramer, Rolf-Torsten, Werner Helsper, Sven Thiersch und Carolin Ziems. *Selektion und Schulkarriere. Kindliche Orientierungsrahmen beim Übergang in die Sekundarstufe I*. Wiesbaden 2009.

Kramer, Rolf-Torsten, Werner Helsper, Sven Thiersch und Carolin Ziems. *Das 7. Schuljahr. Wandlungen des Bildungshabitus in der Schulkarriere?* Wiesbaden 2013.

Krappmann, Lothar. »Kinderrechte, Demokratie und Schule – ein Manifest«. Hrsg. Lothar Krappmann und Christian Petry. *Worauf Kinder und Jugendliche ein Recht haben. Kinderrechte, Demokratie und Schule: Ein Manifest*. Schwalbach/Ts. 2016. 17–55.

Krappmann, Lothar, und Christian Petry (Hrsg.). *Worauf Kinder und Jugendliche ein Recht haben. Kinderrechte, Demokratie und Schule: Ein Manifest*. Schwalbach/Ts. 2016.

Kristoffersson, Margaretha. »Parental involvement all the way through local school boards«. *International Journal about Parents in Education* (3) 1 2009. 37–42.

Krüger, Heinz-Hermann, und Ursula Rabe-Kleberg. »Orte der (Re)Produktion sozialer Ungleichheiten – einleitender Beitrag«. Hrsg. Heinz-Hermann Krüger und Ursula Rabe-Kleberg. *Prozesse sozialer Ungleichheit*. Wiesbaden 2013. 137–140.

Kuhn, Melanie. *Professionalität im Kindergarten. Eine ethnographische Studie zur Elementarpädagogik in der Migrationsgesellschaft*. Wiesbaden 2013.

Kultusministerkonferenz (KMK). *Kompetenzorientiertes Qualifikationsprofil für die Ausbildung von Erzieherinnen und Erziehern an Fachschulen/Fachakademien*. Beschluss der Kultusministerkonferenz vom 1.12.2011.

Lahaye, Willy, Pierre Nimal und Patricia Couvreur. »Young people's representations of school and family relationships in Belgium«. *A bridge to the future. Collaboration between parents, schools and communities*. Hrsg. Frederik Smit, Kees van der Wolf und Peter Sleegers. Nijmegen 2001. 201–212.

Lanfranchi, Andrea, und Alex Neuhauser. »ZEPPELIN 0–3: Theoretische Grundlagen, Konzept und Implementation des frühkindlichen Förderprogramms ›PAT – Mit Eltern Lernen‹«. *Frühe Bildung* (2) 1 2013. 3–11.

Lange-Vester, Andrea. »Habitusmuster von Lehrpersonen – auf Distanz zur Kultur der unteren sozialen Klassen«. *Zeitschrift für Soziologie der Erziehung und Sozialisation* (35) 4 2015. 360–376.

Lareau, Annette. *Unequal childhoods. Class, race, and family life* (2nd ed., with an update a decade later). Berkeley 2011.

Lau, Eva Y., Hui Li und Nirmala Rao. »Parental involvement and children's readiness for school in China«. *Educational Research* (53) 1 2011. 95–113.

Laubstein, Claudia, Gerda Holz und Nadine Seddig. *Armutsfolgen für Kinder und Jugendliche. Erkenntnisse aus empirischen Studien in Deutschland*. Bertelsmann Stiftung. Gütersloh 2016.

Lawson, Michael A. »School-family relations in context. Parent and teacher perceptions of parent involvement«. *Urban Education* (38) 1 2003. 77–133.

Lee, Jung-Sook, und Natasha K. Bowen. »Parent involvement, cultural capital, and the achievement gap among elementary school children«. *American Educational Research Journal* (43) 2 2006. 193–218.

Lewicki, Marie-Luise, und Claudia Greiner-Zwarg. *Eltern 2015 – wie geht es uns? Und unseren Kindern?*. Berlin 2015. (Auch online unter http://www.eltern.de/public/mediabrowserplus_root_folder/PDFs/studie2015.pdf, Download 23.01.2017)

Liebel, Manfred. *Wozu Kinderrechte. Grundlagen und Perspektiven.* Weinheim 2007.

Liebel, Manfred. *Kinder und Gerechtigkeit: über Kinderrechte neu nachdenken.* Weinheim 2013.

Lightfoot, Dory. »›Some parents just don't care‹. Decoding the meanings of parental involvement in urban schools«. *Urban Education* (39) 1 2004. 91–107.

Lim, Minjung. »Unpacking parent involvement: Korean American parents' collective networking«. *School Community Journal* (22) 1 2012. 89–109.

Lindner, Ulrike. »Gemeinsam geht's besser«. *Meine Kita* (2) 2014. 4–7.

Link, Judith M. *Schichttypische Benachteiligung im allgemeinen Bildungswesen. Ein Vergleich zwischen Kanada und Deutschland.* Wiesbaden 2011.

Lösel, Friedrich, und Doris Bender. »Parenting and family-oriented programs for the prevention of child behavior problems: what the evidence tells us«. *Parents in the spotlight. Parenting practices and support from a comparative perspective* (Journal of Family Research/Zeitschrift für Familienforschung. Sonderheft, Band 11). Hrsg. Tanja Betz, Michael-Sebastian Honig und Ilona Ostner. Leverkusen 2017, i. E. 217–240.

Maaz, Kai, und Gabriel Nagy. »Der Übergang von der Grundschule in die weiterführenden Schulen des Sekundarschulsystems: Definition, Spezifikation und Quantifizierung primärer und sekundärer Herkunftseffekte«. *Bildungsentscheidungen* (Zeitschrift für Erziehungswissenschaft. Sonderheft, Band 12). Hrsg. Jürgen Baumert, Kai Maaz und Ulrich Trautwein. Wiesbaden 2009. 153–182.

Mahmood, Sehba. »First-year preschool and kindergarten teachers: challenges of working with parents«. *School Community Journal* (23) 2 2013. 55–85.

Markström, Ann-Marie. »Children's perspectives on the relations between home and school«. *International Journal about Parents in Education* (7) 1 2013. 43–56.

Markström, Ann-Marie. »Children's views of documentation in the relations between home and school«. *Children & Society* (29) 3 2015. 231–241.

Martínez-González, Raquel-Amaya, und Beatriz Rodríguez-Ruiz. »Assessing parents' satisfaction with their parental role for a more effective partnerships between families and schools«. *International Journal about Parents in Education* (1) 0 2007. 21–29.

Mayring, Philipp. *Qualitative Inhaltsanalyse. Grundlagen und Techniken.* 12. Aufl. Weinheim 2015.

Maywald, Jörg. *Kinder haben Rechte! Kinderrechte kennen – umsetzen – wahren. Für Kindergarten, Schule und Jugendhilfe (0–18 Jahre).* Weinheim 2012.

Maywald, Jörg. »Erziehungs- und Bildungspartnerschaft mit Eltern. Die Aufgabe von Tagespflegepersonen«. *Zeitschrift für Tagesmütter und -väter* (5) 2014. 2–5.

McWayne, Christine M., und Gigliana Melzi. »Validation of a culture-contextualized measure of family engagement in the early learning of low-income Latino children«. *Journal of Family Psychology* (28) 2 2014. 260–266.

McWayne, Christine M., Virginia Hampton, John Fantuzzo, Heather L. Cohen und Yumiko Sekino. »A multivariate examination of parent involvement and the social and academic competencies of urban kindergarten children«. *Psychology in the Schools* (41) 3 2004. 363–377.

Menz, Margarete, und Christine Thon. »Legitime Bildung im Elementarbereich. Empirische Erkundungen zur Adressierung von Eltern durch Fachkräfte«. *Zeitschrift für Qualitative Forschung* (14) 1 2013. 139–156.

Merkle, Tanja, und Carsten Wippermann. *Eltern unter Druck: Selbstverständnisse, Befindlichkeiten und Bedürfnisse von Eltern in verschiedenen Lebenswelten*. Stuttgart 2008.

Meyer, Sarah. »Das ewige Dilemma mit der Differenz. Eine Dokumentenanalyse zu Thematisierungen sozialer Differenz in den Bildungsplänen der Länder für die Kindertagesbetreuung«. *Diversität in der Pädagogik der frühen Kindheit. Im Spannungsfeld zwischen Konstruktion und Normativität*. Hrsg. Ursula Stenger, Doris Edelmann, David Nolte und Marc Schulz. Weinheim 2017. 149–167.

Mierendorff, Johanna. *Kindheit und Wohlfahrtsstaat. Entstehung, Wandel und Kontinuität des Musters moderner Kindheit*. Weinheim 2010.

Mierendorff, Johanna. »Childhood Studies. Anregungen für die kindheitspädagogische Professionsforschung«. *Kindheit und Profession. Konturen und Befunde eines Forschungsfeldes*. Hrsg. Tanja Betz und Peter Cloos. Weinheim 2014. 24–35.

Milne, Emily, und Janice Aurini. »Schools, cultural mobility and social reproduction: the case of progressive discipline«. *Canadian Journal of Sociology/Cahiers canadiens de sociologie* (40) 1 2015. 51–74.

Ministerium für Bildung, Jugend und Sport des Landes Brandenburg. *Gemeinsamer Orientierungsrahmen für die Bildung in Kindertagesbetreuung und Grundschule. Zwei Bildungseinrichtungen in gemeinsamer Verantwortung beim Übergang vom Elementarbereich in den Primarbereich*. 2. Aufl. Weimar 2009.

Ministerium für Bildung, Wissenschaft, Jugend und Kultur. *Leitfaden für ein Lehrer-Schüler-Eltern-Gespräch an rheinland-pfälzischen Schulen*. Mainz (o. J.).

Ministerium für Bildung, Wissenschaft und Kultur Mecklenburg-Vorpommern. *Bildungskonzeption für 0- bis 10-jährige Kinder in Mecklenburg-Vorpommern*. Schwerin 2011.

Ministerium für Bildung, Wissenschaft, Weiterbildung und Kultur und Landeselternbeirat Rheinland-Pfalz. *Das Lehrer-Schüler-Eltern-Gespräch. Ein Entwicklungsgespräch*. Mainz 2015.

Ministerium für Familie, Kinder, Jugend, Kultur und Sport des Landes Nordrhein-Westfalen und Ministerium für Schule und Weiterbildung des Landes Nordrhein-Westfalen. *Bildungsgrundsätze für Kinder von 0 bis 10 Jahren in Kindertagesbetreuung und Schulen im Primarbereich in Nordrhein-Westfalen*. Freiburg 2016.

Ministerium für Kultus, Jugend und Sport Baden-Württemberg. *Orientierungsplan für Bildung und Erziehung in baden-württembergischen Kindergärten und weiteren Kindertageseinrichtungen*. Stuttgart 2011.

Minke, Kathleen M., Susann M. Sheridan, Elizabeth M. Kim, Ji Hoon Ryoo und Natalie A. Koziol. »Congruence in parent-teacher relationships«. *The Elementary School Journal* (114) 4 2014. 527–546.

Moskal, Marta. »Language and cultural capital in school experience of Polish children in Scotland«. *Race Ethnicity and Education* (19) 1 2014. 1–32.

Müller, Dagmar, Mira Beck, Susanne Gerleigner, Angelika Guglhör-Rudan, Kerstin Hein, Mariann Schwaß, Mark Stemmler und Sabine Walper. *Evaluation des Bundesprogramms »Elternchance ist Kinderchance – Elternbegleitung der Bildungsverläufe der Kinder«* (Abschlussbericht). Deutsches Jugendinstitut e. V. München 2015.

Nawrotzki, Kristen D. »Parent-school relations in England and the USA: Partnership, problematized«. *The politicization of parenthood. Shifting private and public responsibilities in education and child rearing* (Children's Well-Being). Hrsg. Martina Richter und Sabine Andresen. London 2012. 69–84.

Nelson, Margaret, und Rebecca Schutz. »Day care differences and the reproduction of social class«. *Journal of Contemporary Ethnography* (36) 3 2007. 281–317.

Neuenschwander, Markus P., Thomas Balmer, Annette Gasser, Stefanie Goltz, Ueli Hirt, Hans Ryser und Hermann Wartenweiler. *Eltern, Lehrpersonen und Schülerleistungen* (Schlussbericht). Kanton und Universität Bern, Stelle für Forschung und Entwicklung, Lehrerinnen- und Lehrerbildung. Bern 2004.

Neumann, Sascha, und Claudia Seele. »Von Diversität zu Differenz. Ethnographische Beobachtungen zum Umgang mit Plurilingualität in frühpädagogischen Settings«. *Ethnographie und Differenz in pädagogischen Feldern. Internationale Entwicklungen erziehungswissenschaftlicher Forschung*. Hrsg. Anja Tervooren, Nicolas Engel, Michael Göhlich, Ingrid Miethe und Sabine Reh. Bielefeld 2014. 349–366.

Nzinga-Johnson, Sekile, Jean A. Baker und Jana Aupperlee. »Teacher-parent relationships and school involvement among racially and educationally diverse parents of kindergartners«. *The Elementary School Journal* (110) 1 2009. 81–91.

Organisation for Economic Co-operation and Development (OECD). *PISA 2015. Ergebnisse im Fokus*. 2016. (Auch online unter https://www.oecd.org/berlin/themen/pisa-studie/PISA_2015_Zusammenfassung.pdf, Download 23.01.2017.)

ohne Verfasser (o. V.). *Länderübergreifender Lehrplan Erzieherin/Erzieher*. 2012. (Auch online unter www.boefae.de/wp-content/uploads/2012/11/laenderuebergr-Lehrplan-Endversion.pdf, Download 23.01.2017.)

Olk, Thomas. »Ungleichheit und Gerechtigkeit im Generationenverhältnis. Sind Kindheit und Kinder die Verlierer der Sozialstaatsreform?«. *Ordnungen der Kindheit. Problemstellungen und Perspektiven der Kindheitsforschung*. Hrsg. Michael-Sebastian Honig. Weinheim 2009. 127–154.

Örter, Rolf, und Siegfried Höfling (Hrsg.). *Mitwirkung und Teilhabe von Kindern und Jugendlichen* (Berichte und Studien der Hanns-Seidel-Stiftung e. V., Band 83). München 2001.

Paseka, Angelika. »Elternbeteiligung auf Klassen- und Schulebene«. *Eltern zwischen Erwartungen, Kritik und Engagement. Ein Trendbericht zu Schule und Bildungspolitik in Deutschland. Die 3. JAKO-O Bildungsstudie*. Hrsg. Dagmar Killus und Klaus-Jürgen Tillmann. Münster 2014. 111–130.

Pepe, Alessandro, und Loredana Addimando. »Teacher-parent relationships: influence of gender and education on organizational parents' counterproductive behaviours«. *European Journal of Psychology of Education* (29) 3 2014. 503–519.

Peters, Susanne. »Kooperation auf Augenhöhe. Eine Partnerschaft zwischen Schule und Familie entwickeln«. *Die Grundschulzeitschrift* (28) 271 2014. 4–8.

Petrie, Jessica T., und Susan D. Holloway. »Mothers' representations of the role of parents and preschools in promoting children's development«. *Early Childhood Research & Practice* (8) 2 2006. (Auch online unter http://ecrp.uiuc.edu/v8n2/petrie.html, Download 23.01.2017.)

Petry, Christian, und Lothar Krappmann. »Statt eines Nachworts: Sehr geehrter Herr Ministerpräsident«. *Worauf Kinder und Jugendliche ein Recht haben. Kinderrechte, Demokratie und Schule: Ein Manifest*. Hrsg. Lothar Krappmann und Christian Petry. Schwalbach/Ts 2016. 281–290.

Pietsch, Stefanie, Sonja Ziesemer und Klaus Fröhlich-Gildhoff. *Zusammenarbeit mit Eltern in Kindertageseinrichtungen – Internationale Perspektiven. Ein Überblick: Studien und Forschungsergebnisse*. Expertise für das Projekt Weiterbildungsinitiative Frühpädagogische Fachkräfte (WiFF). Deutsches Jugendinstitut e. V. München 2010.

Pirchio, Sabine, Elena Volpe und Traute Taeschner. »The role of parent-teacher involvement in child adjustment and behaviour in child-care centres«. *International Journal about Parents in Education* (5) 2 2011. 56–64.

Pirchio, Sabine, Chiara Tritrini, Ylenia Passiatore und Traute Taeschner. »The role of the relationship between parents and educators for child behavior and well-being«. *International Journal about Parents in Education* (7) 2 2013. 145–155.

Posey, Linn. »Middle- and upper-middle-class parent action for urban public schools: promise or paradox?« *Teachers College Record* (114) 1 2012. 1–43.

Prakke, Bette, Arie van Peet und Kees van der Wolf. »Challenging parents, teacher occupational stress and health in Dutch primary schools«. *International Journal about Parents in Education* (1) 0 2007. 36–44.

Puma, Michael, Stephen Bell, Ronna Cook, Camilla Heid, Gary Shapiro, Pam Broene et al. *Head start impact study. Final report*. US Department of Health and Human Services, Administration for Children and Families. Washington D.C. 2010.

Putnam, Robert D. *Bowling alone: the collapse and revival of American community*. New York 2000.

Reichert-Garschhammer, Eva. »Dialog auf Augenhöhe. Von der traditionellen ›Elternarbeit‹ zur modernen ›Bildungspartnerschaft mit Eltern‹ – ein Wechsel zur echten Kooperation mit Eltern in Kindertageseinrichtungen und Schulen«. *Kinderzeit* (2) 2009. 14–19.

Reinders, Heinz. »Vom Bildungs- zum Optimierungsmoratorium«. *Diskurs Kindheits- und Jugendforschung* (11) 2 2016. 147–160.

Rentzou, Konstantina. »Exploring parental preferences: care or education: what do Greek parents aspire from day care centres?«. *Early Child Development and Care* (183) 12 2013. 1906–1923.

Reyer, Jürgen. *Die Bildungsaufträge des Kindergartens. Geschichte und aktueller Status*. Weinheim 2015.

Robson, Sue. »Parent perspectives on services and relationships in two English early years centres«. *Early Child Development and Care* (176) 5 2006. 443–460.

Rogge, Benedikt, und Olaf Groh-Samberg. »Statuserhalt und Statusbewusstsein«. *Bildung und Klassenbildung. Kritische Perspektiven auf eine Leitinstitution der Gegenwart*. Hrsg. Hans-Peter Müller und Tilman Reitz. Weinheim 2015. 26–49.

Roth, Xenia. »Starke Partner«. *Meine Kita* (4) 2015. 4–8.

Sacher, Werner. *Elternarbeit in den bayerischen Schulen. Repräsentativ-Befragung zur Elternarbeit im Sommer 2004* (SUN Schulpädagogische Untersuchungen Nürnberg, Nr. 23). Lehrstuhl für Schulpädagogik. Nürnberg 2004.

Sacher, Werner. »Elternhaus und Schule. Bedingungsfaktoren ihres Verhältnisses, aufgezeigt an der bayerischen Studie vom Sommer 2004«. *Bildung und Erziehung* (59) 3 2006. 303–322.

Sacher, Werner. *Schüler als vernachlässigte Partner der Elternarbeit. Forschungsbericht anstelle einer Abschiedsvorlesung* (SUN Schulpädagogische Untersuchungen Nürnberg, Nr. 29). Lehrstuhl für Schulpädagogik. Nürnberg 2008.

Sacher, Werner. »Erziehungs- und Bildungspartnerschaften in der Schule: zum Forschungsstand«. *Erziehungs- und Bildungspartnerschaften. Grundlagen und Strukturen von Elternarbeit*. Hrsg. Waldemar Stange, Rolf Krüger, Angelika Henschel und Christof Schmitt. Wiesbaden 2012. 232–243.

Sacher, Werner. »Elternarbeit als Erziehungs- und Bildungspartnerschaft. Teil 1: Grundlagen und Maßnahmen«. *Schulmanagement* (44) 4 2013a. 34–37.

Sacher, Werner. »Elternarbeit als Erziehungs- und Bildungspartnerschaft. Teil 2: ›Schwer erreichbare‹ Eltern«. *Schulmanagement* (44) 5 2013b. 35–37.

Sacher, Werner. *Elternarbeit als Erziehungs- und Bildungspartnerschaft. Grundlagen und Gestaltungsvorschläge für alle Schularten*. 2. Aufl. Bad Heilbrunn 2014a.

Sacher, Werner. Elternarbeit als Erziehungs- und Bildungspartnerschaft. Teil 6: Einbeziehen der Schüler in die Elternarbeit. *Schulmanagement* (45) 3 2014b. 36–39.

Sacher, Werner. »Differenzierte Elternarbeit als Voraussetzung für mehr Chancengerechtigkeit«. *Eltern und Schule. Aspekte von Chancengerechtigkeit und Teilhabe an Bildung*. Hrsg. Susanne Frank und Anne Sliwka. Weinheim 2016. 104–115.

Sächsisches Staatsministerium für Kultus. Der Sächsische Bildungsplan. *Ein Leitfaden für pädagogische Fachkräfte in Krippen, Kindergärten und Horten sowie für Kindertagespflege*. Weimar 2011.

Schlicht, Raphaela. *Determinanten der Bildungsungleichheit. Die Leistungsfähigkeit von Bildungssystemen im Vergleich der deutschen Bundesländer*. Wiesbaden 2011.

Schmidt, Else. »Neues Fundament für die Kooperation in der Kita«. *Kinderzeit* (2) 2009. 8–11.

Schneider, Susanne. »Bildungschancen von Kindern mit muslimisch geprägter Herkunft. Lehrerinnen und Lehrer als Gatekeeper«. *Bildung und Klassenbildung. Kritische Perspektiven auf eine Leitinstitution der Gegenwart*. Hrsg. Hans-Peter Müller und Tilman Reitz. Weinheim 2015. 124–152.

Schreiber, Norbert. »Qualität von was? Qualität wozu? Zur Perspektivität von Eltern- und Erzieherinnenurteilen«. *Was ist ein guter Kindergarten? Theoretische und empirische Analysen zum Qualitätsbegriff in der Pädagogik*. Hrsg. Michael-Sebastian Honig, Magdalena Joos und Norbert Schreiber. Weinheim 2004. 39–60.

Schuchart, Claudia, und Imke Dunkake. »Schichtspezifische Stereotype unter angehenden Lehrkräften«. *Zeitschrift für Soziologie der Erziehung und Sozialisation* (34) 1 2014. 89–107.

Schweizer, Annika. *Interaktion zwischen frühpädagogischen Fachkräften und Eltern. Dokumentarische Videointerpretation von Entwicklungsgesprächen in Berliner Kindertagesstätten*. Poster präsentiert auf dem 25. DGfE-Kongress »Räume für Bildung. Räume der Bildung«. Kassel 2016.

Scopelliti, Massimiliano, und Tullia Musatti. «Parents' view of child care quality. Values, evaluations, and satisfaction«. *Journal of Child and Family Studies* (22) 8 2013. 1025–1038.

Senatsverwaltung für Bildung, Jugend und Wissenschaft. *Berliner Bildungsprogramm für Kitas und Kindertagespflege*. Weimar 2014.

Smit, Frederik, Geert Driessen, Roderick Sluiter und Peter Sleegers. »Types of parents and school strategies aimed at the creation of effective partnerships«. *International Journal about Parents in Education* (1) 0 2007. 45–52.

Smrekar, Claire, und Lora Cohen-Vogel. »The voices of parents: rethinking the intersection of family and school«. *Peabody Journal of Education* (76) 2 2001. 75–100.

Speck-Hamdan, Angelika. »Die Eltern: wichtige Partner – schwierige Partner?«. *Grundschule* (39) 3 2007. 16–17.

Spernes, Kari. »›I buy paraffin so he can read in the evening‹ – a study from Kenya about parental involvement in school«. *International Journal about Parents in Education* (5) 1 2011. 24–35.

Stange, Waldemar. »Erziehungs- und Bildungspartnerschaften: Grundlagen, Strukturen, Begründungen«. *Erziehungs- und Bildungspartnerschaften: Grundlagen und Strukturen von Elternarbeit*. Hrsg. Waldemar Stange, Rolf Krüger, Angelika Henschel und Christof Schmitt. Wiesbaden 2012. 12–39.

Stange, Waldemar. »Elternarbeit als Erziehungs- und Bildungspartnerschaft«. *Handbuch frühe Kindheit*. Hrsg. Rita Braches-Chyrek, Charlotte Röhner, Heinz Sünker und Michaela Hopf. Opladen 2014. 571–587.

Stefansen, Kari, und Gunhild R. Farstad. »Classed parental practices in a modern welfare state: caring for the under threes in Norway«. *Critical Social Policy* (30) 1 2010. 120–141.

Stiller, Karl-Theodor. »Aus Kindersicht: schulische Elternarbeit«. *Eltern – Lehrer – Schüler. Theoretische und qualitativ-empirische Betrachtungen zum Verhältnis von Elternhaus und Schule sowie zu schulischen Gesprächen*. Hrsg. Marina Bonanati und Claudia Knapp. Bad Heilbrunn 2016. 143–157.

Stojanov, Krassimir. »Die Kategorie der Bildungsgerechtigkeit in der bildungspolitischen Diskussion nach PISA. Eine exemplarische Untersuchung«. *Zeitschrift für Qualitative Forschung* (9) 1–2 2008. 209–230.

Stojanov, Krassimir. »Bildungsgerechtigkeit als Anerkennungsgerechtigkeit«. *Bildungsgerechtigkeit jenseits von Chancengleichheit. Theoretische und empirische Ergänzungen und Alternativen zu ›PISA‹*. Hrsg. Fabian Dietrich, Martin Heinrich und Nina Thieme. Wiesbaden 2013. 57–69.

Stormont, Melissa, Keith C. Herman, Wendy M. Reinke, Kimberly B. David und Nidhi Goel. »Latent profile analysis of teacher perceptions of parent contact and comfort«. *School Psychology Quarterly* (28) 3 2013. 195–209.

Sylva, Kathy, Edward Melhuish, Pam Sammons, Iram Siraj-Blatchford und Brenda Taggart. *The effective provision of pre-school education [EPPE] project. Technical paper 12. The Final Report: Effective Pre-School Education*. Institute of Education, University of London. London 2004.

Textor, Martin R. »Eltern mit ins Team! Wie die Bildungspartnerschaft gelingt«. *Kinderzeit* (2) 2006. 20–21.

Theodorou, Eleni. »Reading between the lines: exploring the assumptions and implications of parental involvement«. *International Journal about Parents in Education* (0) 1 2007. 90–96.

Thiersch, Renate. »Bildungs- und Erziehungspläne für Kindertageseinrichtungen. Anmerkungen aus Anlass der Neuerscheinung des baden-württembergischen Orientierungsplanes«. *Sozialer Wandel. Herausforderungen für kulturelle Bildung und Soziale Arbeit*. Hrsg. Stefan Faas und Mirjana Zipperle. Wiesbaden 2014. 187–200.

Thüringer Ministerium für Bildung, Wissenschaft und Kultur. *Thüringer Bildungsplan für Kinder bis 10 Jahre*. Weimar 2010.

Tschöpe-Scheffler, Sigrid (Hrsg.). *Gute Zusammenarbeit mit Eltern in Kitas, Familienzentren und Jugendhilfe. Qualitätsfragen, pädagogische Haltung und Umsetzung*. Opladen 2014.

Turney, Kristin, und Grace Kao. »Barriers to school involvement. Are immigrant parents disadvantaged?« *The Journal of Educational Research* (102) 4 2009. 257–271.

Tzuo, Pei-Wen, Liang See Tan, Foong Ling Yong und Jyh-Chong Liang. »Teachers' versus parents' perceptions of professionalism of early childhood teachers: a mixed-methods study«. *Australasian Journal of Early Childhood* (40) 2 2015. 117–126.

Ule, Mirjana, Andreja Živoder und Manuela du Bois-Reymond. »›Simply the best for my children‹: patterns of parental involvement in education«. *International Journal of Qualitative Studies in Education* (28) 3 2015. 329–348.

Uludag, Asli. »Elementary preservice teachers' opinions about parental involvement in elementary children's education«. *Teaching and Teacher Education* (24) 3 2006. 807–817.

van Houte, Sabine, Lieve Bradt, Michel Vandenbroeck und Maria Bouverne-De Bie. »Professionals' understanding of partnership with parents in the context of family support programmes«. *Child & Family Social Work* (20) 1 2015. 116–124.

Van Voorhis, Frances L., Michelle F. Maier, Joyce L. Epstein und Chrishana M. Lloyd. *The impact of family involvement on the education of children ages 3 to 8. A focus on literacy and math achievement outcomes and social-emotional skills*. New York 2013.

Vandenbroeck, Michel. »Let us disagree«. *European Early Childhood Education Research Journal* (17) 2 2009. 165–170.

Vandenbroeck, Michel, und Arianna Lazzari. »Accessibility of early childhood education and care. A state of affairs«. *European Early Childhood Education Research Journal* (22) 3 2014. 327–335.

Vandenbroeck, Michel, Naomi Geens, Freya Geinger, Tineke Schiettecat, Dorien Van Houte und Griet Roets. »Parenting newspeak«. *Parents in the spotlight. Parenting practices and support from a comparative perspective* (Journal of Family Research/ Zeitschrift für Familienforschung. Sonderheft, Band 11). Hrsg. Tanja Betz, Michael-Sebastian Honig und Ilona Ostner. Leverkusen 2017, i. E. 23–39.

Vandenbroeck, Michel, Griet Roets und Aïsja Snoeck. »Immigrant mothers crossing borders: nomadic identities and multiple belongings in early childhood education«. *European Early Childhood Education Research Journal* (17) 2 2009. 203–216.

Viernickel, Susanne, und Stefanie Schwarz. *Schlüssel zu guter Bildung, Erziehung und Betreuung – Wissenschaftliche Parameter zur Bestimmung der pädagogischen Fachkraft-Kind-Relation* (Expertise). Der Paritätische Gesamtverband, Diakonie Deutschland – Evangelischer Bundesverband und Gewerkschaft Erziehung und Wissenschaft. Berlin 2009.

Viernickel, Susanne, Iris Nentwig-Gesemann, Katharina Nicolai, Stefanie Schwarz und Luise Zenker. *Schlüssel zu guter Bildung, Erziehung und Betreuung. Bildungsaufgaben, Zeitkontingente und strukturelle Rahmenbedingungen in Kindertageseinrichtungen* (Forschungsbericht). Der Paritätische Gesamtverband, Diakonie Deutschland – Evangelischer Bundesverband und Gewerkschaft Erziehung und Wissenschaft. Berlin 2013.

Vincent, Carol, Annette Braun und Stephen J. Ball. »Childcare, choice and social class: caring for young children in the UK«. *Critical Social Policy* (28) 1 2008. 5–26.

Vincent, Carol, Nicola Rollock, Stephen Ball und David Gillborn. »Intersectional work and precarious positionings: black middle-class parents and their encounters with schools in England«. *International Studies in Sociology of Education* (22) 3 2012. 259–276.

Vodafone Stiftung Deutschland. *Qualitätsmerkmale schulischer Elternarbeit. Ein Kompass für die partnerschaftliche Zusammenarbeit von Schule und Elternhaus.* Düsseldorf 2013.

Vomhof, Beate. *Frühpädagogische Fachkräfte und Eltern. Eine empirische Studie zu ihrer Zusammenarbeit im Kontext von Sprachfördermaßnahmen.* Weinheim 2016.

Von der Gathen, Jan. »Erziehungspartnerschaft von Anfang an. Mit Eltern die Verantwortung teilen«. *Die Grundschulzeitschrift* (22) 212–213 2008. 9–11.

Vuorinen, Tuula. »Supporting parents in their parental role – approaches practiced by preschool teachers in preschool«. *International Journal about Parents in Education* (4) 1 2010. 65–75.

Vuorinen, Tuula, Anette Sandberg, Sonja Sheridan und Pia Williams. »Preschool teachers' views on competence in the context of home and preschool collaboration«. *Early Child Development and Care* (184) 1 2014. 149–159.

Vyverman, Veerle, und Nicole Vettenburg. »Parent participation at school: a research study on the perspectives of children«. *Childhood* (16) 1 2009. 105–123.

Wabnitz, Reinhard J. *Grundkurs Bildungsrecht für Pädagogik und soziale Arbeit. Mit 64 Übersichten, 14 Fällen und Musterlösungen.* München und Basel 2015.

Walper, Sabine. »Eltern auf der Suche nach Orientierung«. *Was Eltern wollen. Informations- und Unterstützungswünsche zu Bildung und Erziehung. Eine Befragung des Instituts für Demoskopie Allensbach im Auftrag der Vodafone Stiftung Deutschland.* Hrsg. Vodafone Stiftung Deutschland GmbH. Düsseldorf 2015. 17–25.

Walper, Sabine, Carolin Thönnissen und Philipp Alt. »Einflüsse von akademischer Sozialisation und der Verbundenheit mit den Eltern auf die schulischen Leistungen von Kindern und Jugendlichen«. *Zeitschrift für Familienforschung* (27) 2 2015. 152–172.

Wenzel, Sascha. »Kein Kind ist eine Insel«. *Worauf Kinder und Jugendliche ein Recht haben. Kinderrechte, Demokratie und Schule: Ein Manifest.* Hrsg. Lothar Krappmann und Christian Petry. Schwalbach/Ts. 2016. 197–207.

Westphal, Manuela, und Karin Kämpfe. »Elternarbeit im Bereich Kita: empirische Forschungsergebnisse«. *Erziehungs- und Bildungspartnerschaften. Grundlagen und Strukturen von Elternarbeit.* Hrsg. Waldemar Stange, Rolf Krüger, Angelika Henschel und Christof Schmitt. Wiesbaden 2012. 244–254.

Wieler, Marius, und Elke Wild. *Summative Evaluation des Elternqualifizierungsprogramms »familY: Eltern bilden – Kinder stärken. Schlussbericht des BMBF-geförderten familY-Projekts*. Universität Bielefeld, Fakultät für Psychologie und Sportwissenschaften. Bielefeld 2015.

Wild, Elke, und Marius Wieler. »Verwirklichungschancen schaffen durch eine geeignete Gestaltung von Lernprozessen im familiären Umfeld: eine Übersicht über den Stand der bildungsbezogenen Elterntrainingsforschung und ihrer Desiderata«. *Eltern und Schule. Aspekte von Chancengerechtigkeit und Teilhabe an Bildung*. Hrsg. Susanne Frank und Anne Sliwka. Weinheim 2016. 77–88.

Wilder, Sandra. »Effects of parental involvement on academic achievement. A metasynthesis«. *Educational Review* (66) 3 2014. 377–397.

Wilson, Rene M. *Taking on the perspective of the other: understanding parents' and teachers' perceptions of parent involvement in student's educational experiences*. Dissertation. University of Albany/State University New York. New York 2011.

Wissink, Inge B., und Mariette de Haan. »Teachers' and parental attribution for school. Performance of ethnic majority and minority children«. *International Journal of Higher Education* (2) 4 2013. 65–76.

Zaoura, Alexandra, und Carol Aubrey. »Home-school relationships in primary schools. Parents' perspectives«. *International Journal about Parents in Education* (5) 2 2011. 12–24.

Anhang

Anhang 1: Beiträge aus praxisorientierten Fachzeitschriften

Böhme, Anke, und Thomas Böhme. »Eltern als Erziehungspartner. Neue Formen der Einbeziehung und Unterstützung von Eltern und Familien«. *klein&groß* (59) 5 2006. 7–13.

Darmstadt, Daniele, Hedi Plän und Jürgen Stapelmann. »Kooperation von Anfang an. Erziehungspartnerschaft im Netzwerk von Kindertagesstätten und Grundschule«. *Grundschulmagazin* (74) 1 2006. 19–24.

Fitzner, Susanne, und Walter Kowalczyk. »Verbündete statt Gegner«. *Grundschule* (46) 9 2014. 6–9.

Fröhlich-Gildhoff, Klaus, Gabriele Kraus und Maike Rönnau. »Gemeinsam auf dem Weg. Eltern und ErzieherInnen gestalten Erziehungspartnerschaft«. *Kindergarten heute* (36) 10 2006. 6–15.

Fthenakis, Wassilios E. »Auf den Anfang kommt es an. Die Qualität von Bildungsprogrammen, die Dilemmata deutscher Bildungspolitik und Perspektiven der Entwicklung«. *Betrifft KINDER* (08–09) 2007. 6–17.

Fthenakis, Wassilios E., und Bettina Ferk. »Schluss mit dem Helfersyndrom«. *Meine Kita* (4) 2015. 12–13.

Greine, Rita. »Der Begriff der ›Elternarbeit‹ ist out. Das Eltern-Erziehungsinterview«. *klein&groß* (60) 1 2007. 22–23.

Greine, Rita. »Von gegenseitigem Vertrauen und Unterstützung. Erziehungspartnerschaft – Wunschdenken oder Wirklichkeit?«. *klein&groß* (63) 5 2010. 10–13.

Knapp, Claudia. »Mit Eltern zusammenarbeiten. Auf dem Weg zu einer neuen Praxis«. *Die Grundschulzeitschrift* (28) 271 2014. 9–12.

Knauer, Raingard. »Bildungsprozesse begleiten – von Anfang an. Bildungsförderung durch Zusammenarbeit von Familie, Kitas und Schule«. *Grundschule* (39) 1 2007. 10–12.

Kobelt Neuhaus, Daniela. »An einem Strang ziehen. Erziehungspartnerschaft aus verschiedenen Blickwinkeln«. *Kleinstkinder* (2) 2014a. 12–13.

Kobelt Neuhaus, Daniela. »Auf Augenhöhe. Erziehungspartnerschaft braucht Respekt und Zeit«. *Kleinstkinder* (3) 2014b. 10–11.

Kobelt Neuhaus, Daniela. »Mit Eltern professionell zusammenarbeiten. Vom Qualitätsgrundsatz zur guten Praxis«. *Kindergarten heute* (44) 10 2014c. 12–16.

Kobelt Neuhaus, Daniela, und Gabriele Haug-Schnabel. »Qualität in der Zusammenarbeit mit Eltern. Bildungsprozesse begleiten – von Anfang an«. *Kindergarten heute* (44) 10 2014. 8–11.

Lepenies, Annette. »Eine ›Große Koalition‹ zum Besten des Kindes. Die Partnerschaft von Eltern und ErzieherInnen im Early-Excellence-Konzept«. *klein&groß* (59) 12 2006. 37–39.

Liegle, Ludwig. »Hand in Hand. Gedanken zu den Bedingungen einer Erziehungs- und Bildungspartnerschaft zwischen Familien und Kitas«. *Welt des Kindes* (91) 6 2013. 10–13.

Lindner, Ulrike. »Gemeinsam geht's besser«. *Meine Kita* (2) 2014. 4–7.

Maywald, Jörg. »Erziehungs- und Bildungspartnerschaft mit Eltern. Die Aufgabe von Tagespflegepersonen«. *Zeitschrift für Tagesmütter und -väter* (5) 2014. 2–5.

Maywald, Jörg, und Éva Hédervári-Heller. »Von der Eingewöhnung zur Erziehungspartnerschaft«. *Frühe Kindheit* (6) 2009. 43–49.

Mienert, Malte. »Mit Eltern partnerschaftlich zusammenarbeiten. Von der Elternarbeit zur Erziehungspartnerschaft«. *klein&groß* (67) 9 2014. 7–10.

Niedergesäß, Bernd. »Neue Entwicklungen in der Zusammenarbeit zwischen PädagogInnen und Eltern. Einflüsse gesellschaftlichen Wandels auf die pädagogische Arbeit«. *Theorie und Praxis der Sozialpädagogik* (39) 8 2011. 42–45.

Peters, Susanne. »Kooperation auf Augenhöhe. Eine Partnerschaft zwischen Schule und Familie entwickeln«. *Die Grundschulzeitschrift* (28) 271 2014. 4–8.

Prott, Roger. »Zusammenarbeit von Erzieherinnen und Eltern – auch eine Aufgabe für Kita-Träger«. *Betrifft KINDER* (5–6) 2007. 44–51.

Reichert-Garschhammer, Eva. »Dialog auf Augenhöhe. Von der traditionellen ›Elternarbeit‹ zur modernen ›Bildungspartnerschaft mit Eltern‹ – ein Wechsel zur echten Kooperation mit Eltern in Kindertageseinrichtungen und Schulen«. *Kinderzeit* (2) 2009. 14–19.

Roth, Xenia. »Echte Unterstützung«. *Meine Kita* (2) 2014. 8–9.

Roth, Xenia. »Starke Partner«. *Meine Kita* (4) 2015. 4–8.

Sacher, Werner. »Elternarbeit – ohne Schüler?«. *Grundschulmagazin* (1) 2009. 48–50.

Sacher, Werner. »Elternarbeit muss bei Schülern ankommen. Welche Art von Elternarbeit braucht die Schule?«. *Schulmanagement* (42) 5 2011. 8–11.

Sacher, Werner. »Elternarbeit als Erziehungs- und Bildungspartnerschaft. Teil 1: Grundlagen und Maßnahmen«. *Schulmanagement* (44) 4 2013. 34–37.

Sacher, Werner. »Elternarbeit als Erziehungs- und Bildungspartnerschaft. Teil 2: ›Schwer erreichbare‹ Eltern«. *Schulmanagement* (44) 5 2013. 35–37.

Sacher, Werner. »Elternarbeit als Erziehungs- und Bildungspartnerschaft. Teil 3: Interkulturelle Elternarbeit«. *Schulmanagement* (44) 6 2013. 35–37.

Sacher, Werner. »Elternarbeit als Erziehungs- und Bildungspartnerschaft. Teil 4: Eltern als Hilfslehrer?«. *Schulmanagement* (45) 1 2014. 37–39.

Sacher, Werner. »Elternarbeit als Erziehungs- und Bildungspartnerschaft. Teil 5: Eltern und Berufsorientierung«. *Schulmanagement* (45) 2 2014. 37–39.

Sacher, Werner. »Elternarbeit als Erziehungs- und Bildungspartnerschaft. Teil 6: Einbeziehen der Schüler in die Elternarbeit«. *Schulmanagement* (45) 3 2014. 36–39.

Schmidt, Else. »Neues Fundament für die Kooperation in der Kita«. *Kinderzeit* (2) 2009. 8–11.

Schulz, Gudrun. »Kooperation mit Eltern«. *Betrifft KINDER* (8–9) 2007. 56–57.

Schwanenberg, Jasmin, und Josefa Krinecki. »Gemeinsam mit Eltern. Elternpartizipation in der Ganztagsschule«. *Die Grundschulzeitschrift* (28) 274 2014. 20–23.

Speck-Hamdan, Angelika. »Die Eltern: wichtige Partner – schwierige Partner?«. *Grundschule* (39) 3 2007. 16–17.

Strätz, Rainer. »Eltern als Bildungs- und Erziehungspartner. Theorie und Praxis der Frühpädagogik U3 (5)«. *Kindergarten heute* (44) 5 2014. 40–43.

Textor, Martin R. »Eltern mit ins Team! Wie die Bildungspartnerschaft gelingt«. *Kinderzeit* (2) 2006. 20–21.

Viernickel, Susanne. »Wege zur Erziehungspartnerschaft zwischen Erzieherinnen und Eltern«. *Frühe Kindheit* (6) 2006. 24–29.

Von der Gathen, Jan. »Erziehungspartnerschaft von Anfang an. Mit Eltern die Verantwortung teilen«. *Die Grundschulzeitschrift* (22) 212-213 2008. 9–11.

Wippermann, Carsten. »Eltern und Kita-Fachkräfte: unterschiedliche Welten? Ein Interview über Milieu-Studien«. *klein&groß* (68) 7–8 2015. 57–58.

Anhang 2: Bildungs- und Erziehungspläne

Bayerisches Staatsministerium für Arbeit und Sozialordnung, Familie und Frauen (Hrsg.). *Der Bayerische Bildungs- und Erziehungsplan für Kinder in Tageseinrichtungen bis zur Einschulung.* 5., erw. Aufl. Berlin 2012.

Freie Hansestadt Bremen, Die Senatorin für Soziales, Kinder, Jugend und Frauen (Hrsg.). *Rahmenplan für Bildung und Erziehung im Elementarbereich. Frühkindliche Bildung in Bremen.* 2. Aufl. Bremen 2012.

Freie und Hansestadt Hamburg, Behörde für Arbeit, Soziales, Familie und Integration. Abteilung Familie und Kindertagesbetreuung (Hrsg.). *Hamburger Bildungsempfehlungen für die Bildung und Erziehung von Kindern in Tageseinrichtungen.* 2. Aufl. Hamburg 2012.

Hessisches Ministerium für Soziales und Integration und Hessisches Kultusministerium (Hrsg.). *Bildung von Anfang an. Bildungs- und Erziehungsplan für Kinder von 0 bis 10 Jahren in Hessen.* 7. Aufl. Wiesbaden 2015.

Ministerium für Arbeit und Soziales des Landes Sachsen-Anhalt (Hrsg.). *Bildungsprogramm für Kindertageseinrichtungen in Sachsen-Anhalt. Bildung: elementar – Bildung von Anfang an. Fortschreibung 2013.* Weimar 2014.

Ministerium für Bildung, Jugend und Sport des Landes Brandenburg (Hrsg.). *Gemeinsamer Orientierungsrahmen für die Bildung in Kindertagesbetreuung und Grundschule. Zwei Bildungseinrichtungen in gemeinsamer Verantwortung beim Übergang vom Elementarbereich in den Primarbereich.* 2., vollst. und erw. Aufl. Weimar 2009.

Ministerium für Bildung, Kultur und Wissenschaft Saarland (Hrsg.). *Bildungsprogramm für saarländische Kindergärten.* Weimar 2006.

Ministerium für Bildung, Wissenschaft und Kultur Mecklenburg-Vorpommern (Hrsg.). *Bildungskonzeption für 0- bis 10-jährige Kinder in Mecklenburg-Vorpommern.* Schwerin 2011.

Ministerium für Familie, Kinder, Jugend, Kultur und Sport des Landes Nordrhein-Westfalen und Ministerium für Schule und Weiterbildung des Landes Nordrhein-Westfalen. *Bildungsgrundsätze für Kinder von 0 bis 10 Jahren in Kindertagesbetreuung und Schulen im Primarbereich in Nordrhein-Westfalen.* Freiburg 2016.

Ministerium für Integration, Familie, Kinder, Jugend und Frauen Rheinland-Pfalz (Hrsg.). *Bildungs- und Erziehungsempfehlungen für Kindertagesstätten in Rheinland-Pfalz plus Qualitätsempfehlungen.* Berlin 2014.

Ministerium für Kultus, Jugend und Sport Baden-Württemberg (Hrsg.). *Orientierungsplan für Bildung und Erziehung in baden-württembergischen Kindergärten und weiteren Kindertageseinrichtungen.* Stuttgart 2011.

Ministerium für Soziales, Gesundheit, Wissenschaft und Gleichstellung des Landes Schleswig-Holstein (Hrsg.). *Erfolgreich starten. Leitlinien zum Bildungsauftrag von Kindertageseinrichtungen.* 5. Aufl. Kiel 2012.

Niedersächsisches Kultusministerium (Hrsg.). *Orientierungsplan für Bildung und Erziehung im Elementarbereich niedersächsischer Tageseinrichtungen für Kinder.* Hannover 2011.

Sächsisches Staatsministerium für Kultus (Hrsg.). *Der Sächsische Bildungsplan. Ein Leitfaden für pädagogische Fachkräfte in Krippen, Kindergärten und Horten sowie für Kindertagespflege.* Weimar 2011.
Senatsverwaltung für Bildung, Jugend und Wissenschaft (Hrsg.). *Berliner Bildungsprogramm für Kitas und Kindertagespflege,* Weimar 2014.
Thüringer Ministerium für Bildung, Wissenschaft und Kultur (Hrsg.). *Thüringer Bildungsplan für Kinder bis 10 Jahre,* Weimar 2010.

Anhang 3: Übersicht über (inter-)nationale Studien zum Themenfeld Elternbeteiligung, Zusammenarbeit und Partnerschaft

Alasuutari, Maarit. »Voicing the child? A case study in Finnish early childhood education«. *Childhood* **(21) 2 2014. 242–259.**

Die Studie geht von zwei aktuellen Prämissen früher Bildung und Erziehung in nordischen Ländern aus: Das individuelle Kind wird als ›kompetent‹ angesehen, und seine Sichtweisen gilt es zu berücksichtigen. Aus einer kindheits- und diskurstheoretischen Perspektive fragt die Autorin danach, wie diese Prämissen in Gesprächen zwischen pädagogischen Fachkräften und Eltern zum Tragen kommen, in denen die Perspektiven des Kindes in schriftlich dokumentierter Form eingebracht werden. Die Daten basieren auf einer ethnographischen Studie zu individuellen Bildungsplänen *(Individual Education Plans)* in Institutionen früher Bildung und Erziehung in Finnland. Im Fokus stehen Erfahrungen und Wünsche von ein- bis sechsjährigen Kindern bezüglich ihrer Kindertageseinrichtung, die im Vorfeld der Gespräche von den Eltern in einem Fragebogen dokumentiert wurden. Die Autorin analysiert Audio-Aufnahmen von 22 Eltern-Fachkraft-Gesprächen. Die Ergebnisse zeigen, dass die Einschätzungen der Kinder zum Teil durchaus als Ausdruck ihrer Kompetenz verstanden werden, über sich selbst und ihre Wünsche zu berichten. Gleichzeitig wird aber auch deutlich, dass diese Wünsche zum Teil durch institutionelle Diskurse oder normative Vorstellungen von Elternschaft eingeschränkt oder sogar aufgehoben werden. So kann beispielsweise gezeigt werden, dass die Sichtweisen und Wünsche von Kindern eher dann berücksichtigt werden, wenn sie im Einklang mit den Vorstellungen einer ›qualitativ hochwertigen‹, ›professionellen‹ frühen Bildung und Erziehung stehen, jedoch weniger, wenn sie diese Vorstellungen herausfordern. Fachkräfte und Eltern sind dabei diejenigen – ganz im Sinne ihrer Position innerhalb der generationalen Ordnung –, welche die Sichtweisen von Kindern bestätigen oder zurückweisen können. Als bedeutsam für die Berücksichtigung der Kinderperspektive zeigen sich zudem die Regeln der Interaktion zwischen den anwesenden erwachsenen Gesprächspartnerinnen und -partnern, die etwa versuchen, sich positiv darzustellen. Die Ergebnisse der Studie machen deutlich, dass die Idee von Kindern als kompetenten Akteuren, deren Sichtweisen einzubeziehen sind, einen wichtigen Bezugspunkt früher Bildung und Erziehung in Finnland bildet. Zugleich wird jedoch offenkundig, dass die Umsetzung dieser Ansprüche auf der Mikroebene einen komplexen Prozess darstellt, der die Institutionen der Kindheit sowie ihre Vertreterinnen/Vertreter und die Eltern gleichermaßen herausfordert.

Alldred, Pam, Miriam David und Rosalind Edwards. »*Minding the gap. Children and young people negotiating relations between home and school***«. Children, home and school. Regulation, autonomy or connection? Hrsg. Rosalind Edwards. London 2002. 121–137.**

Hintergrund der Studie ist der Diskurs um Partnerschaften zwischen Familie und Schule im politischen Kontext Großbritanniens, der Ende der 1990er-Jahre seinen Höhepunkt erreichte. Die Autorinnen problematisieren in diesem Zusammenhang, dass der Begriff der Partnerschaft die ungleiche Beziehung zwischen Elternhaus und Schule maskiert. Auf Basis ihrer Studie (1997–1999) »Children's Understandings of Parental Involvement in Education« untersuchen sie, wie Kinder und junge Menschen mit verschiedenen sozialen und ethnischen Hintergründen ihre Erfahrungen mit dem Verhältnis von zu Hause *(Home)* und der Schule *(School)* zur Sprache bringen, wie sie sich hierin selbst positionieren, ob sie die Bereiche eher als getrennt oder als verbunden verstehen und welches Verhältnis sie sich wünschen. In Gruppen- und Einzelinterviews wurden knapp 70 Kinder der 6. und 9. Klasse (ca. 10 und 14 Jahre alt) an drei Schulen mit unterschiedlichen Einzugsgebieten im Süden Großbritanniens befragt. Die Ergebnisse zeigen, dass Kinder aus innerstädtischen Schulen und besonders Kinder aus Familien der Arbeiterschicht sowie südasiatische Familien entweder eher einen Bruch zwischen Familie und Schule wahrnehmen oder eine Trennung der Lebensbereiche präferieren. Mit zunehmendem Alter scheint zudem ihr Wunsch nach einer Trennung größer zu werden. Auch die Kategorie Geschlecht ist bedeutsam: Während Jungen ihre Eltern eher in ihre formalen Aufgaben einbeziehen, tun Mädchen dies für eine größere Bandbreite an Themen. Anhand von drei Fallstudien zeigen die Autorinnen die vielschichtigen Verflechtungen, in die das Verhältnis von Schule und Zuhause eingebettet ist. Obwohl die Kinder in allen drei Schulen gegenüber Bildung, Schule und Zuhause positiv eingestellt sind, unterscheiden sich ihre Präferenzen, z. B. der Wunsch nach einer engen Kopplung oder einer klaren Trennung beider Sphären, je nach spezifischer Lebenssituation. Insgesamt machen die Ergebnisse deutlich, dass Trennungen und Verbindungen von Familie und Schule und die Werte der beiden Sphären in komplexer Weise miteinander verknüpft sein können. Ebenso wird sichtbar, dass es sowohl von den Kindern vorgefundene als auch selbst geschaffene oder aufrechterhaltende Verbindungen oder aber Brüche gibt.

Anyikwa, Ngozi, und Ngozi Obidike. »Mothers' constructions of their roles in the literacy education of their children«. *Africa Development* **(37) 3 2012. 57–67.**
Im Beitrag wird davon ausgegangen, dass Kinder von *Parental Involvement* (PI) profitieren. Es ergeben sich, so die Autorinnen, positive Effekte auf die bildungsbezogene Entwicklung und auf das Wohlbefinden von Kindern, wie entsprechende Forschung gezeigt habe. Gleichzeitig kritisieren die Autorinnen, dass im Konzept PI die Beteiligung von Eltern ausschließlich aus schulzentrierter Sicht gefasst wird. Die heterogenen Elternsichten auf unterschiedliche Formen der Beteiligung werden dabei zu wenig in Rechnung gestellt; dadurch werden besonders Eltern mit geringem Einkommen als vergleichsweise weniger beteiligt identifiziert. Vor diesem Hintergrund fragen die Autorinnen in ihrer Studie danach, wie nigerianische Mütter (N=10) in einer Gegend mit mittlerem Einkommensniveau *(Middle-income Neighbourhood)* ihre Rolle in der Bildung und Grundschule ihrer Kinder konzeptualisieren und welche Herausforderungen ihnen bei der Umsetzung ihrer Rollenvorstellungen begegnen. Die interviewten Teilnehmerinnen unterscheiden sich in ihrem Alter, Bildungsabschluss, Partnerschaftsstatus und in ihrer Arbeitssituation. Die Befunde zeigen, dass alle Mütter intensiv in die Bildung ihrer Kinder eingebunden sind und als aktive Verfechterinnen von Bildung auftreten. Obwohl sechs von zehn Müttern nicht die Möglichkeit haben, viel Zeit in der Schule zu verbringen, entwickeln alle Strategien, die täglichen Schularbeiten der Kinder zu kontrollieren, sie beim

Lernen zu unterstützen oder mit Lehrkräften in Kontakt zu treten. Diese und weitere eher informelle Bereiche wie Gesellschaftsspiele spielen, kulturelle Aktivitäten oder Ausflüge machen werden aus einer schulzentrierten Perspektive auf PI indessen nicht sichtbar. Die Autorinnen plädieren daher dafür, PI zu Hause stärker zu berücksichtigen bzw. anzuerkennen. Sie halten fest, dass Eltern wichtige Beiträge für die kindliche Entwicklung leisten und es in der Verantwortung der Schule liegt, Eltern zu unterstützen, ihr bereits eingebrachtes Engagement noch zu erweitern.

Azaola, Marta C. »What does education mean for us and how do we get involved? Parents' accounts in a Mexican rural community«. *International Journal about Parents in Education* **(1) 0 2007. 1–7.**

Ausgehend von Bourdieus Konzept des kulturellen und sozialen Kapitals und dessen Reproduktion, wird im Beitrag der Frage nachgegangen, wie elterliche Ressourcen deren PI im Kontext Schule (Schulform wird nicht genannt) beeinflussen. Dabei wird die Transmission von elterlichem Kapital auf die Kinder analysiert. Die Einstellungen von mexikanischen Familien (N=8) aus einer ländlichen, sozioökonomisch prekären Lage, ihre Kenntnisse über Schule und ihre Praktiken in Bezug auf Schule werden dazu mit ethnographischen Beobachtungen, Gruppendiskussionen, Interviews, Foto-Interviews, Fragebögen und Dokumentenanalysen erfasst. Die befragten Eltern betrachten Bildung als Aufstiegschance und investieren ihre knappen finanziellen Ressourcen in den Schulbesuch ihrer Kinder. Allen ist allerdings bewusst, dass Schulerfolge keine Garantie für den sozioökonomischen Aufstieg sind, weswegen die finanzielle Investition in die Bildung ihrer Kinder ein finanzielles Risiko darstellt: Bildung bedeutet für die Eltern und Familien, Opfer zu bringen (»education always meant a sacrifice«). Dadurch gibt es auch soziale Ungleichheitsverhältnisse zwischen Geschwisterkindern in den Befunden: Mädchen werden häufig weniger unterstützt als Jungen, da eine Investition finanzieller Ressourcen in ihre Bildung häufig (vor allem von den Vätern) als weniger sinnvoll betrachtet wird (aufgrund etwa früher Heirat und hoher Arbeitslosenquote). Auch die Aufgabenverteilung beim PI ist hinsichtlich der Kategorie Gender unterschiedlich: Es sind hauptsächlich die Mütter, die sich um die Hausaufgaben und die Bildung der Kinder zu Hause kümmern. Weiter zeigt sich, dass das Interesse und die Unterstützung von Bildungsprozessen von Seiten der Eltern mit der fortschreitenden schulischen Qualifikation und dem zunehmenden Alter des Kindes nachlassen. Dieses Ergebnis wird darauf zurückgeführt, dass viele Eltern befürchten, ihre Kinder könnten Mexiko verlassen, wenn ihr Bildungswerdegang erfolgreich verläuft.

Bakker, Joep, Eddie Denessen und Mariël Brus-Laeven. »Socio-economic background, parental involvement and teacher perceptions of these in relation to pupil achievement«. *Educational Studies* **(33) 2 2007. 177–192.**

Die niederländische quantitative Studie bezieht sich in ihrem Erkenntnisinteresse auf aktuelle Studien zum Konzept des PI, die den Zusammenhang von familialem sozioökonomischem Status (SES) und kindlichem Bildungserfolg untersuchen und divergierende Ergebnisse vorlegen. Das Autorenteam stellt die Hypothese auf, dass es verschiedene Arten elterlicher Beteiligung gibt, die nicht mit den Erwartungen der Schule übereinstimmen. Zudem vermutet es, dass Eltern mit niedrigem

SES in ihrem Elternengagement an einer Idealvorstellung von Beteiligung gemessen werden, was ihr Engagement von vornherein abwertet. Mit Fragebögen wird das Verhältnis der Wahrnehmung von Lehrkräften (N=60) und Eltern (N=218) sowie der Zusammenhang dieser Faktoren mit dem Bildungserfolg der Schülerinnen und Schüler untersucht. Erfragt werden in einem Eltern- und einem Lehrkraftfragebogen die elterliche Teilnahme an Schulaktivitäten, Kommunikation mit der Schule, Bildungsaktivitäten zu Hause sowie sozioökonomische Daten der Eltern. Die Befunde zeigen, dass PI von Eltern und Lehrkräften unterschiedlich wahrgenommen wird. Die Eltern-Ratings zur eigenen Beteiligung sind tendenziell höher als die Beurteilung der elterlichen Beteiligung durch die Lehrkräfte; insbesondere die Bildungsaktivitäten zu Hause bleiben für Lehrkräfte unbemerkt. Lehrkräfte dagegen schlussfolgern laut dem Autorenteam auf der Grundlage der beobachtbaren Aktivitäten sowie der Bildungsabschlüsse der Eltern deduktiv auf das Engagement der Eltern zu Hause. Die von den Lehrkräften wahrgenommene Elternbeteiligung korreliert wiederum mit dem Bildungserfolg von Kindern in spezifischen Bereichen, wie Rechtschreibung und Leseverständnis. Trotz dieses Befundes kann jedoch kein signifikanter Zusammenhang zwischen dem Bildungsstand der Eltern und dem Bildungserfolg der Kinder festgestellt werden. Das Autorenteam vermutet, dass dies am eher homogenen Sample der eigenen Studie liegen kann. Es gibt allerdings eine indirekte Relation zwischen SES und Schulerfolg, die durch Lehrervorstellungen von PI moderiert wird.

Barnard, Wendy M. »Parent involvement in elementary school and educational attainment«. *Children and Youth Services Review* **(26) 1 2004. 39–62.**
Die quantitative Studie basiert auf Daten der Langzeitstudie CLS *(Chicago Longitudinal Study)*, die Kinder von der Grundschule bis zu ihrem 20. Lebensjahr begleitet (N=1.165). Barnard fragt nach dem Zusammenhang zwischen dem PI in der Grundschule und dem späteren Schulerfolg, d. h., es geht um mögliche Langzeiteffekte von PI. Der Schulerfolg wird dabei mithilfe von drei Variablen operationalisiert, die sich jeweils auf den formalen Bildungsstand von (ehemaligen) Schülerinnen und Schülern im Alter von 20 Jahren beziehen: Schulabbruch, Abschluss der High School und höchste erreichte Jahrgangsstufe. PI wird anhand der Angaben von Lehrkräften und Eltern über das schulbezogene Engagement der Eltern zu Hause und in der Schule erfasst. Die Angaben der Lehrkräfte beziehen sich auf die Teilnahme der Eltern an Schulveranstaltungen *(School Activities)*. Die Angaben der Eltern betreffen einerseits häusliche Lernaktivitäten wie Vorlesen und andererseits PI in der Schule; Letzteres wird über die Häufigkeit der Teilnahme an Gesprächen mit Lehrkräften, der Mitgestaltung des Klassenzimmers und des Besuchs von Schulveranstaltungen erfasst. Die Angaben werden jeweils über mehrere Messzeitpunkte über die Grundschulzeit hinweg aggregiert. Die Befunde zeigen, dass PI aus Sicht von Lehrkräften signifikant mit den drei Maßen für den Schulerfolg in der High School zusammenhängt, auch unabhängig von anderen relevanten Einflussvariablen wie dem sozioökonomischen Hintergrund der Eltern. Das bedeutet, dass Schülerinnen und Schüler einen höheren Schulerfolg aufweisen, wenn ihre Eltern nach Angaben der Grundschullehrkräfte in hohem Maße in schulische Angelegenheiten ihres Kindes involviert waren, also etwa regelmäßig an Elternge-

sprächen teilgenommen haben. Demgegenüber sind die Angaben der Eltern zu häuslichen Bildungsaktivitäten und zu ihrer Beteiligung in der Schule nicht signifikant mit dem Schulerfolg assoziiert, haben also keinen Einfluss auf Schulabbruch, den erfolgreichen Abschluss der High School und die Anzahl der absolvierten Schuljahre. In weiteren Analysen stellt die Autorin fest, dass lediglich ein einzelnes Item, die Angabe der Eltern zur Häufigkeit der Teilnahme an Schulveranstaltungen, einen signifikanten Effekt auf die Anzahl erfolgreich absolvierter Schuljahre hat. Aufgrund dieser widersprüchlichen Befunde diskutiert Barnard, inwieweit die Einschätzungen von PI durch Lehrkräfte und Eltern zuverlässige Indikatoren für PI darstellen; sie gibt zu bedenken, dass Lehrkräfte und Eltern das schulbezogene Engagement von Eltern offensichtlich unterschiedlich wahrnehmen und daher auch in seinem Ausmaß unterschiedlich bewerten. Als zentrales Ergebnis der Studie hält Barnard gleichwohl fest, dass verstärkte Bemühungen, die Eltern zu Beginn der Schullaufbahn in die schulische Bildung ihres Kindes einzubeziehen, langfristig positive Effekte auf den Schulerfolg haben. Staatliche Maßnahmen zur Intensivierung von PI in der Grundschule könnten demnach zu erfolgreicheren Schullaufbahnen und höheren Bildungsabschlüssen beitragen.

Brooker, Liz. »Constructing the triangle of care: power and professionalism in practitioner/parent relationships«. *British Journal of Educational Studies* **(58) 2 2010. 181–196.**
Im Beitrag wird dargelegt, dass es seit Ende der 1990er-Jahre in Großbritannien eine Vielzahl politischer Initiativen gab, um die Service- bzw. öffentlichen Betreuungsleistungen für junge Kinder und ihre Familien zu erhöhen. Dies gilt auch für die öffentliche Kindertagesbetreuung für unter Dreijährige. Aus politischer Sicht wird dabei argumentiert, dass durch solche Initiativen Kinderarmut reduziert wird, Frauen besser in den Arbeitsmarkt integriert werden und durch frühe Intervention Bildungsungleichheiten reduziert werden. Besonders betont wird in diesen Programmen die Relevanz zweier Beziehungen für Wohlbefinden und Entwicklung: die Beziehung zwischen Kind und Eltern bzw. Fachkraft und die Beziehung zwischen Eltern und Fachkraft *(Triangle of Care)*. In diesem Kontext interessiert sich die Autorin zum einen für die Art und Weise, wie Eltern und Fachkräfte in Kindertageseinrichtungen für unter Dreijährige ihre Beziehung zueinander jeweils konstruieren. Zum anderen will sie wissen, welche Schwierigkeiten es hierbei gibt. Den theoretischen Hintergrund des Beitrags bildet die Re-Konzeptualisierung von ›Sorge‹ *(Notions of Care)*. Im Beitrag werden Vorstellungen von Sorgebeziehungen zwischen Kindern, Eltern und Fachkräften aus der Perspektive von Eltern und Fachkräften dargestellt. Datenbasis sind zwei Studien in je einem *Children Center* in London. In der ersten Studie wurden zwölf Kinder während ihrer ersten Wochen in der Einrichtung beobachtet und ihre Eltern sowie die Fachkräfte der Einrichtung interviewt. In der zweiten Studie wurden zwölf Eltern und acht Fachkräfte interviewt. Die Autorin fokussiert drei typische Praktiken der Einrichtungen[139], die von

---

[139] Hausbesuche (*Home Visiting*), täglicher Austausch (*Daily Communications*), Etablierung eines Systems, in dem Fachkräfte Bezugskinder haben (*Adoption of a Key-Worker-System*).

Eltern und Fachkräften jeweils sehr unterschiedlich wahrgenommen und verhandelt werden und bei Eltern zu Unzufriedenheit, Spannungen und Misstrauen führen. So zeigt sich beispielsweise für die Hausbesuche eine tendenziell passive Positionierung der Eltern, indem diese die Besuche über sich ergehen lassen und z. T. als Zumutung erleben. Fachkräfte hingegen heben den besonderen Wert der Hausbesuche hervor, die von ihnen als erster Schritt in Richtung einer gemeinsamen Sorgebeziehung im Interesse des Kindes gesehen werden, in denen jedoch die Fachkraft als eigentliche Expertin für das Kind konstruiert wird. Die elterlichen Reaktionen – sowohl auf die Hausbesuche als auch auf die an sie herangetragenen Kommunikationsstrategien (z. B. über tägliche schriftliche Notizen der Fachkräfte zu den eigenen Kindern) – differenzieren sich auf einem Kontinuum zwischen Akzeptanz und Verärgerung deutlich aus. Brooker kann beobachten, dass die institutionellen Vorgehensweisen zur Etablierung einer Eltern-Fachkraft-Beziehung in beiden Einrichtungen auf einer sehr generalisierten Sichtweise von ›Eltern‹ (besonders Müttern) basieren und in der aktuellen Form viel Spielraum für gegenseitige Missverständnisse lassen. Kulturelle wie klassenbasierte Unterschiede beeinflussen ebenso wie unterschiedliche Verständnisse von Professionalität die Beziehungen von Eltern und Fachkräften. Die Befunde sprechen aus Sicht der Autorin u. a. für die Notwendigkeit einer facettenreicheren und komplexeren Konstruktion von Sorge, die mit einer ebenso komplexen Konstruktion von Professionalität einhergehen sollte.

Brown, Sally, Mariana Souto-Manning und Tasha Tropp Laman. »Seeing the strange in the familiar: unpacking racialized practices in early childhood settings«. *Race Ethnicity and Education* **(13) 4 2010. 513–532.**
Die Autorinnen stellen fest, dass trotz der gesetzlichen Gleichbehandlung und Integration von Kindern mit heterogenen ethnischen Hintergründen in staatlichen Schulen *(Public Schools)* in den USA nicht notwendigerweise gleiche Möglichkeiten für Kinder bestehen, in der Schule erfolgreich zu sein. Vor dem theoretischen Hintergrund der *Critical Race Theory* werden im Beitrag alltägliche, gewöhnliche Praktiken im Schulalltag auf segregierende und rassistische Implikationen hin analysiert. Es wird davon ausgegangen, dass sich alltägliche Praktiken nachteilig für die Kinder auswirken, die nicht der Norm der weißen Mittelklasse *(White Middle-Class Norm)* entsprechen. In den Blick genommen werden drei unterschiedliche schulische Settings in US-amerikanischen Grundschulen *(Elementary Schools in Southeastern and Midwestern United States)*; dabei werden drei ethnographische Fallstudien[140] durch Beobachtungsnotizen, Transkripte und Feldinterviews dokumentiert. Die Daten werden auf Muster hin analysiert und spezifische Situationen ausgewählt, um sie vertiefend hinsichtlich ungleichheitsrelevanter Praktiken *(Racism and Classism)* zu untersuchen. Im Fokus stehen erstens eine von Eltern im Rahmen der PTA *(Parent Teacher Association)* organisierte Spendenaktion für die Schule, zweitens ein Leseförderprogramm und drittens gemeinsames lautes Lesen im Unterrichtssetting. Die Fallstudien geben Einblicke darin, wie *Racism* und *Classism* im

---

140 Die genaue Anzahl der Teilnehmer/innen wird nicht angegeben.

Schulalltag wirksam werden, etwa wenn anhand von gesammelten Spendensummen Schülerinnen und Schüler als ›gut‹ oder ›weniger gut‹ klassifiziert werden. Sie zeigen nach Ansicht der Autorinnen aber auch, dass die nicht hinterfragten Strukturen des Alltags von Lehrkräften und Schülerinnen und Schülern aufgebrochen werden können, wenn sie bewusst gemacht werden.

Buchori, Sylvia, und Toni Dobinson. »Diversity in teaching and learning: practitioners' perspectives in a multicultural early childhood setting in Australia«. *Australasian Journal of Early Childhood* **(40) 1 2015. 71–79.**
Die Autorinnen interessieren sich dafür, wie Fachkräfte kulturelle Differenzen in multikulturellen ECEC-Settings in Australien wahrnehmen und wie sie mit diesen umgehen. Hierzu werden in einer qualitativen Studie in einer ECEC-Einrichtung (mit Kindern von einem Jahr bis acht Jahren) vier Fachkräfte mit Arbeitserfahrung in multikulturellen Settings aus drei Teilbereichen der Einrichtung beobachtet und in teilstrukturierten Interviews befragt. Die Befunde machen deutlich, dass die diversitätsbezogenen Vorstellungen der Fachkräfte und die Umsetzung in der Praxis differieren. Obwohl sich die Fachkräfte sensibel zum Thema äußern, passen sie den eigenen Unterricht stark an die externen Erwartungen von Eltern und Schulleitung an, was laut den Autorinnen zu einer Universalmethode führt: Die Fachkräfte sehen ihre Aufgabe darin, Kinder aus unterschiedlichen Kulturen in die dominante ›australische‹ Kultur zu integrieren. Vielfalt wird eher zu besonderen Anlässen wie Feierlichkeiten betont. Die Beobachtungen und Interviews zeigen zudem, dass die Fachkräfte beim Versuch, unterschiedliche Kulturen zu beschreiben, teilweise auf stereotype und veraltete Darstellungen zurückgreifen (z. B. indigene Bevölkerung Australiens als unzivilisierte Buschmänner). Eine Zusammenarbeit mit Eltern aus unterschiedlichen Kulturen gestaltet sich aus Fachkraftperspektive aufgrund von Kommunikationsproblemen und Desinteresse der Eltern als äußerst schwierig.

Cheatham, Gregory A., und Michaelene M. Ostrosky. »Listening for details of talk: early childhood parent-teacher conference communication facilitators«. *Young Exceptional Children* **(13) 1 2009. 36–49.**
Ausgangspunkt des US-amerikanischen Beitrags ist die Kommunikation und Zusammenarbeit zwischen Fachkräften *(Early Childhood Educators)* und Familien. Diese beschreibt das Autorenteam als vielfach beforscht und mit den spezifischen Schwierigkeiten bereits dokumentiert. So wird beispielhaft festgehalten, dass die Fachkräfte gemeinsame Gespräche mit Eltern dominieren und kontrollieren; das kann dazu führen, dass der Elternperspektive kein Raum gegeben wird, Eltern Frustrationen erleben, ein angespanntes Verhältnis zu den Fachkräften entsteht und sich Eltern aus der Zusammenarbeit zurückziehen. Fachkräfte, so das Autorenteam weiter, können die Zusammenarbeit jedoch auch fördern, je nachdem, welche Kommunikationsstrategien sie Eltern gegenüber wählen. Im Beitrag werden Ergebnisse aus verschiedenen Elterngesprächen *(Parent-Educator Conversations)* präsentiert, die aus frühkindlichen Förderprogrammen für Kinder mit ›verzögerten‹ Entwicklungsverläufen *(Early Childhood Special Education)* und präventiven Programmen zur Kompensation von beispielsweise sozialer Benachteiligung von Kin-

dern *(Head Start Programs)* stammen. Die Eltern sind europäisch-amerikanisch und afrikanisch-amerikanisch, weisen ein niedriges Einkommen auf, sind englische Muttersprachlerinnen und -sprachler, und ihre Kinder sind zwischen zwei und fünf Jahre alt. Im Artikel werden empirische Beispiele von Elterngesprächen *(Parent-Educator Conferences)* präsentiert, die typische Kommunikationsmuster aufweisen. Es werden vier beobachtete kommunikative Charakteristika beschrieben: (1) längere Pausen seitens der Fachkraft, damit Eltern Zeit eingeräumt wird, sich zu äußern *(Wait Time)*, (2) sich überlappende, gleichzeitig gesprochene Redeanteile *(Overlapping Talk)*, (3) Themenwechsel *(Topic Changes)* und (4) die angemessene Benutzung von Fachbegriffen (*Technical Terms*). Es wird angemerkt, dass die herausgearbeiteten kommunikativen Charakteristika mit den jeweiligen kulturellen und linguistischen Hintergründen der Eltern korrespondieren. Als Ergebnis werden zielgruppenspezifische Kommunikationsstrategien als positiv und für *Parent-Professional Partnerships* als ertragreich beschrieben.

Chen, Feiyan, und Joseph Agbenyega. »Chinese parents' perspectives on home-kindergarten partnership: a narrative research«. *Australasian Journal of Early Childhood* **(37) 2 2012. 95–105.**
Im Beitrag werden die Sichtweisen von Eltern auf die Zusammenarbeit mit der Kindertageseinrichtung *(Home-Kindergarten Partnership)* betrachtet. Der Fokus liegt darauf, wie Eltern ihre eigene Rolle in dieser Zusammenarbeit hinsichtlich ihrer Erwartungen, Beteiligung und Kommunikation wahrnehmen. Theoretisch eingebettet ist die Untersuchung in Bronfenbrenners ökosystemischen Ansatz *(Bio-Ecological Theory)*. Das Sampling besteht aus sechs Eltern aus drei öffentlichen Kindertageseinrichtungen in Zhejiang, China (Großstadt, ländliche Gegend, Kleinstadt). Das frühkindliche Bildungs- und Betreuungsangebot *(ECEC Programs)* wurde in allen drei Einrichtungen als qualitativ hochwertig eingestuft. Befragt werden Eltern von Kindern zwischen zwei und sechs Jahren in halbstrukturierten Interviews. Die Auswertungen zeigen, dass Eltern Fachkräfte zwar unterstützen wollen, jedoch Entscheidungen, die gemeinsam getroffen werden könnten, den Fachkräften überlassen; aus Elternsicht fehlt ihnen selbst das nötige Fachwissen, um qualifizierte Entscheidungen treffen zu können. Die Eltern empfinden die Fachkräfte und deren Wissen als hochwertiger und schätzen deren professionelle Kompetenzen. Die Möglichkeit, eine aktive Rolle in der Zusammenarbeit mit Fachkräften einzunehmen, sehen viele Eltern durch ihre Erwerbstätigkeit und ihre sonstigen Verpflichtungen eingeschränkt. Sie erleben die Zusammenarbeit als zeitintensiv.

Christie, Sarah, und Agnes Szorenyi. »Theorizing the relationship between UK schools and immigrant parents of eastern and central European origin: the parents' perspective«. *International Journal about Parents in Education* **(9) 1 2015. 145–156.**
Thema des Artikels ist die Beziehung zwischen britischen Schulen und Eltern, die innerhalb der letzten zehn Jahre aus Mittel- und Osteuropa zugewandert sind. Untersucht werden elterliche Konstruktionen ihres Verhältnisses zu der von ihren Kindern besuchten Schule. Ziel der Studie ist die Einführung eines Modells multikultureller Interaktion zwischen Familie und Schule; theoretische Bezugspunkte

sind Kellys »personal construct theory« sowie Bourdieus Konzept des kulturellen Kapitals. Zehn Eltern werden in halbstrukturierten Interviews befragt. Die Befunde deuten darauf hin, dass die elterlichen Erwartungen hinsichtlich schulischer Praktiken mit denen des britischen Schulsystems zum Teil kollidieren. Das Verhältnis zur Schule wird durch geringe Möglichkeiten des Austauschs mit den Lehrkräften gekennzeichnet, die Initiative für Austausch und Zusammenarbeit wird überwiegend auf Elternseite verortet. Die Zufriedenheit mit dem Austausch mit einzelnen Lehrkräften wird als sehr unterschiedlich und personenabhängig beschrieben. Aspekte unzureichender Kommunikation und Zusammenarbeit, mangelnde Klarheit über die britischen Unterrichtspraktiken und Sorgen der Marginalisierung und Exklusion bestimmen die elterlichen Konstruktionen: Eltern berichten beispielsweise von Befürchtungen, dass ihre Kinder aufgrund ihres Migrationshintergrundes nicht angemessen in der Schule gefördert werden. Dadurch, so schlussfolgern die Autorinnen, kommt es zu Frustration und Missverständnissen.

Clycq, Noel, Ward Nouwen und Anneloes Vandenbroucke. »Meritocracy, deficit thinking and the invisibility of the system: discourses on educational success and failure«. *British Educational Research Journal* (40) 5 2014. 796–819.
Hintergrund der Studie bilden die Benachteiligung und der Ausschluss von Schülerinnen und Schüler mit Migrationshintergrund und/oder aus prekären sozialen Schichten in flämischen Schulen: Schülerinnen und Schüler mit anderer sozio-ethnischer Herkunft als die Mehrheitsbevölkerung und die Mittelschicht werden, so das Autorenteam, mit vielen Schwierigkeiten in diesem Schulsystem konfrontiert. Zudem ist der derzeit vorherrschende meritokratische Diskurs um Bildungsgerechtigkeit beobachtbar, der perspektivisch Bildungserfolge oder -misserfolge in ein Defizitdenken einrahmt. Das Autorenteam geht in der Studie den Fragen nach, wie Bildungserfolg und -misserfolg von den Befragten definiert und erklärt wird. Diese Fragen werden mit einer Diskursanalyse und einem multimethodischen Vorgehen untersucht. Insgesamt 11.015 Schülerinnen und Schüler der zweiten Stufe der Sekundarstufe mehrerer Schulen in Flandern (Belgien) werden zudem durch Fragebögen befragt. Des Weiteren erfolgten umfassende qualitative Erhebungen mit Schülerinnen und Schülern (N=114), Eltern, Lehrkräften und Schulleiterinnen sowie -leitern. Die Befunde zeigen, dass alle Befragten Schulerfolg mit besseren Chancen auf dem Arbeitsmarkt assoziieren. Schulerfolg wird dabei unterschiedlich definiert: Während Eltern Schulerfolg mit guten Noten gleichsetzen, beziehen sich Lehrkräfte auf die Kompetenzentwicklung und die persönliche Entwicklung der Schülerinnen und Schüler. Diese selbst wiederum verstehen darunter v. a. soziale Aspekte, wie etwa, eine gemeinschaftsfähige Persönlichkeit zu entwickeln. Für Eltern und Schülerinnen und Schüler mit niedrigerem sozioökonomischem Status (SES) sind finanzielle Sicherheit und Statussicherung die wichtigsten Motive, in der Schule erfolgreich zu sein. Demgegenüber spielen für Eltern mit höherem SES vor allem Interessen und die Persönlichkeitsentfaltung eine größere Rolle für eine erfolgreiche Schullaufbahn. Zudem bestätigen die Befunde, dass das individualisierte Konzept von Schulerfolg und -misserfolg mit seinen meritokratischen Aspekten der dominante Diskurs ist, in dem Lehrkräfte Schülerinnen und Schüler

und deren Leistungen betrachten. Dabei zeigen Lehrkräfte eine geringe Anspruchs- und Erwartungshaltung gegenüber Schülerinnen und Schülern aus prekären sozialen Verhältnissen und nehmen gehäuft defizitäre Perspektiven ein, die sich auch auf das familiale soziale Umfeld von Schülerinnen und Schülern beziehen. Eltern denken ebenfalls in diesen meritokratischen Vorstellungen und Diskursen: Eltern mit Migrationshintergrund sind daran interessiert, ihre Kinder nicht in Schulen oder Klassen zu schicken, in denen es viele immigrierte Kinder gibt.

Cottle, Michelle, und Elise Alexander. »Parent partnership and ›quality‹ early years services. Practitioners' perspectives«. *European Early Childhood Education Research Journal* **(22) 5 2014. 637–659.**
Die Autorinnen gehen von der empirischen Beobachtung aus, dass Partnerschaften von Fachkräften und Eltern sehr unterschiedlich verstanden und praktiziert werden. Sie stellen die These auf, dass diese Unterschiede mit verschiedenen Elternkonstruktionen der Fachkräfte zusammenhängen und diese Konstruktionen wiederum durch persönliche und professionelle Dispositionen sowie den nationalen politischen Diskurs (UK) beeinflusst sind. Um dies zu untersuchen, wird das Konzept der Partnerschaft in seinen politischen und historischen Ursprüngen in England diskutiert und hinsichtlich seiner Spannungen beschrieben, z. B. die Bezugnahmen auf elterliche Selbstbestimmung *(Agency)* bei gleichzeitiger Verhandlung defizitärer Elternschaft. In diesem Kontext werden in der Studie die Perspektiven von frühpädagogischen Fachkräften (N=165) analysiert und ebenso, wie diese Qualität und Erfolg von Elternarbeit definieren. Achtzehn Bildungs- und Erziehungseinrichtungen für Kinder in unterschiedlichen Settings (z. B. ländlich, städtisch, ethnisch heterogen/homogen[141]) wurden in einer 10-monatigen Feldphase untersucht, in der verschiedene Methoden zum Einsatz kamen (u. a. Interviews, Gruppendiskussionen, Audioaufnahmen, Beobachtungen). Zentraler Befund ist, dass die teilnehmenden Fachkräfte die Partnerschaft mit Eltern – begründet auf gegenseitigem Vertrauen, geteilten Werten und gemeinsamen Zielen – als einen fundamentalen Aspekt von Qualität bei ihrer Arbeit sehen. Gleichzeitig zeigt die Analyse, dass ›Partnerschaft‹ von unterschiedlichen Fachkräften unterschiedlich verstanden und ausgestaltet wird. Die Ergebnisse heben, so die Autorinnen, die Komplexität der Beziehungen zwischen Fachkräften und Eltern hervor sowie die Schwierigkeit, ein gemeinsames Verständnis von Partnerschaft als Teil der Qualität professioneller Arbeit zu entwickeln, insbesondere vor dem Hintergrund widersprüchlicher politischer Diskurse über das Lernen von Kindern sowie die Positionierung von Eltern (aktiv vs. defizitär). Die Ergebnisse bestätigen weiter, dass die Sicht- und Herangehensweisen der Fachkräfte von politischen Diskursen beeinflusst werden, desgleichen von ihren persönlichen und professionellen Biographien sowie ihren Vorstellungen über die Ziele ihrer Einrichtungen. Die Sicht der Fachkräfte auf Eltern ist stark durch die normative Positionierung von Eltern als defizitäre oder aktive Akteure beeinflusst. Diese Vorstellungen sind, so die Autorinnen, durchdrungen von klassenspezifischen und kulturellen Machtverhältnissen, welche

---

141 Das Alter der Kinder wird nicht angegeben.

dazu führen, dass Fachkräfte Eltern der Mittelschicht gegenüber Eltern aus weniger privilegierten Hintergründen (sozioökonomischer Status, Ethnizität) bevorzugen.

Crozier, Gill. »Parental involvement: who wants it?« *International Studies in Sociology of Education* **(9) 3 1999. 219–238.**
Ausgangspunkt der Studie ist die Einführung von verpflichtenden Vereinbarungen zwischen Eltern und Lehrkräften in England und Wales im Jahr 1999. Crozier kritisiert, dass die eigentlich vielfältigen Konzepte von PI damit vereinfacht werden und in der positiv geführten Debatte jegliche Kritik ausbleibt. In einer quantitativen Fragebogen-Studie befragt sie 474 Schülerinnen und Schüler der Klassen 7, 8, 9 und 10 einer Schule der Arbeiterklasse nach ihren Erfahrungen mit PI. Im Fragebogen werden drei Bereiche von PI fokussiert: Hausaufgaben, Hausaufgabenhefte, die von den Eltern unterschrieben werden müssen *(Homework Diaries)*, und Elternabende. Zudem werden Eltern mehrerer Jahrgangsstufen mit Fragebögen befragt sowie 60 Eltern und 29 Lehrkräfte zu ihren Erfahrungen mit elterlicher Beteiligung interviewt. Der Umgang mit den Hausaufgabenheften (Unterschreiben durch die Eltern und Vervollständigen der Hefte durch die Schülerinnen und Schüler) wird von mehr als der Hälfte der befragten Schülerinnen und Schüler als Schulregel angesehen, die erfüllt werden muss, der die Befragten jedoch gleichgültig gegenüberstehen. Dies steht im Kontrast zu ihren Antworten zum Thema Elternabend, in denen der Wunsch dominiert, eine gestaltende Rolle einzunehmen. 60 Prozent der befragten Schülerinnen und Schüler begleiten die Eltern zu diesen jährlich stattfindenden Elternabenden. Von diesen wiederum bewertet die Mehrheit die Elternabende positiv, da sie dort Gelegenheit bekommen, die elterliche Sicht und die Meinung der Lehrerinnen und Lehrer über ihre Arbeit und ihren Fortschritt zu erfahren. 20 Prozent geben jedoch auch an, dass sie nicht gerne teilnehmen, da das Sprechen über sie sie ängstlich und nervös macht. In der Gruppe der Schülerinnen und Schüler, die nicht an den Elternabenden teilnimmt, fühlen sich 20 Prozent hierdurch aus der Zusammenarbeit ausgeschlossen. Die Mehrheit der befragten Schülerinnen und Schüler hält Elternabende für eine gute Idee und findet es gut, wenn Eltern Kontakt mit der Schule und ihren Lehrkräften haben. Besonders ältere Schülerinnen und Schüler heben hervor, dass sie Teil dieser Beziehung und dieses Kontaktes sein wollen. Crozier betont den Bedarf einer dreigeteilten Beziehung anstatt einer Zweierbeziehung, wie sie bisher in England und Wales vorangetrieben wird. Weiterhin macht ihre Studie deutlich, dass Schülerinnen und Schüler vielfältige Erfahrungen und Wünsche an PI haben, die sich nach Alter, Geschlecht und Engagement-Bereich der Eltern unterscheiden.

Denessen, Eddie, Joep Bakker, Lenny Kloppenburg und Marleen Kerkhof. »Teacher – parent partnerships: preservice teacher competences and attitudes during teacher training in the Netherlands«. *International Journal about Parents in Education* **(3) 1 2009. 29–36.**
Vor dem Hintergrund der Forderung an Lehrkräfte, starke Partnerschaften mit Eltern zu gestalten, beschäftigt sich die quantitative Studie mit der Frage, *wie* angehende Lehrkräfte ihre Haltung gegenüber Eltern und Elternbeteiligung und ihre

entsprechenden Kompetenzen entwickeln. Im Rahmen einer Surveystudie untersucht das Autorenteam den Einfluss von Trainingsprogrammen und der Biographie auf die Kompetenzen von angehenden Lehrkräften für *Teacher-Parent Partnerships* und ihre Einstellungen gegenüber Eltern an drei *Primary Teacher Training Institutes* in den Niederlanden. Insgesamt werden die Kompetenzen, Einstellungen und Biographie (Involviertheit der eigenen Eltern in die Schule) von 545 angehenden Lehrkräfte aller drei Institute mittels Selbstberichten und Fragebögen erfasst; ebenso werden die curricularen Dokumente der Institute (z. B. Kurse und Kursunterlagen) untersucht und je eine Programmkoordinatorin bzw. ein -koordinator zu Inhalten und Zielen der Programme interviewt. Die Untersuchung der curricularen Inhalte zeigt, dass alle drei Institute eine hohe Aufmerksamkeit auf das Thema Lehrkraft-Eltern-Kommunikation legen. Insgesamt können für die angehenden Lehrkräfte recht geringe Kompetenzlevel festgestellt werden, und auch ihre eigene Einschätzung, gut auf die Kommunikation mit Eltern vorbereitet zu sein, fällt für alle Ausbildungsstufen niedrig aus. Es kann gezeigt werden, dass die Beteiligung der eigenen Eltern an Schule den größten Einfluss auf die – weitgehend positiven – Einstellungen der angehenden Lehrkräfte gegenüber (der Zusammenarbeit mit) Eltern hat. Ein entsprechender Zusammenhang dieser biographischen Erfahrung mit den Kompetenzen der Studierenden konnte nicht nachgewiesen werden. Die Biographie der angehenden Lehrkräfte zeigt sich hiermit als bedeutsamer für ihre Einstellungen als die curricularen Inhalte und der Einfluss von Trainingsprogrammen.

Dor, Asnat. »Parents' involvement in school: attitudes of teachers and school counselors«. *US-China Education Review B* **11 2012. 921–935.**
Vor dem Hintergrund von Veränderungen im israelischen Schulsystem und einem dadurch gestiegenen Bewusstsein für die Vorteile von PI ist es das Ziel der qualitativen Untersuchung, Einstellungen und Haltungen zu PI von Lehrkräften mit denen von *School Counselors* an Grundschulen zu vergleichen. 12 Lehrkräfte und 11 *Counselors*[142] aus mehreren Schulen der gleichen Stadt im Zentrum Israels werden in halbstrukturierten Interviews befragt. Sowohl Lehrkräfte als auch *Counselors* erachten den Einbezug von Eltern als wichtig. Lehrkräften geht es dabei eher um die Unterstützung durch Eltern (z. B. durch eine erhöhte freiwillige Mitarbeit) und das *Outcome* der Kinder in der Bildungsentwicklung, während *Counselors* sehr auf emotionale Bedürfnisse von Eltern eingehen. Lehrkräfte verstehen Eltern als Unterstützung und Partnerinnen und Partner in der formal-schulischen Bildung des Kindes, *Counselors* hingegen setzen auf eine Einbindung der Eltern, um ihnen das Gefühl zu geben, dazuzugehören, sowie auf weitere emotionale Aspekte. Lehrkräfte berichten häufiger von Schwierigkeiten und Herausforderungen, wenn Eltern einbezogen werden und sie mit diesen interagieren. *Counselors* berichten hingegen wenig von Schwierigkeiten. Die Ergebnisse werden im Kontext unterschiedlicher Arbeitsbedingungen und -anforderungen vor dem Hintergrund der bestehenden Verhältnisse an Schulen in Israel verhandelt: Es wird von einer Krise des Schulsystems gesprochen, die vor allem im schlechtem Abschneiden bei inter-

---

142 *School Counselors* sind Schulberater/innen und auch in Deutschland in Schulen tätig.

nationalen Schulleistungsvergleichen und in den hohen Raten von schulischer Gewalt zum Ausdruck kommt. Eltern und Schülerinnen/Schüler, so die Schlussfolgerung, sind daher häufig unzufrieden mit dem Schulsystem und haben kein Vertrauen darin. Zudem sinkt das Ansehen des Lehrerinnen-/Lehrerberufs, wodurch es schwierig wird, hochqualifizierte Lehrkräfte längerfristig im Bildungssystem zu halten.

Durand, Tina M. »Latino parental involvement in kindergarten. Findings from the early childhood longitudinal study«. *Hispanic Journal of Behavioral Sciences* **(33) 4 2011. 469–489.**
Durand verwendet in ihrer quantitativen Studie (2011) ausgewählte Datensätze (N=2.051 Kinderdaten sowie Elternbefragung) aus der US-amerikanischen Langzeitstudie ECLS-K (*The Early Childhood Longitudinal Study*, Datensätze aus 1998/1999), um zum einen Zusammenhänge zwischen PI von lateinamerikanischen Eltern zu Hause und im US-amerikanischen Kindergarten und den Lese- und Schreibfähigkeiten ihrer Kinder zu untersuchen und zum anderen den Einfluss von sozialem Kapital auf Formen der Beteiligung zu erforschen. Ziel der Studie ist es, die Beteiligungspraxen von lateinamerikanischen Eltern umfassend im Kontext ihrer sozioökonomischen Ressourcen und ihres sozialen Kapitals darzustellen. Innerhalb dieser Elterngruppe können Unterschiede aufgrund des sozioökonomischen Status (SES) festgestellt werden: Wenn lateinamerikanische Eltern einen geringeren SES haben, dann sind mit hoher Wahrscheinlichkeit beide Eltern außerhalb der USA geboren, und sie sprechen im Haushalt Spanisch. Zudem deutet ein niedriger SES auf verstärkte Sprachbarrieren im Kontakt mit Lehrkräften hin. Es zeigt sich auch, dass umgekehrt ein erhöhter SES der Eltern mit erhöhtem PI und besseren Lesefähigkeiten des Kindes korreliert. Für PI Zuhause und im Kindergarten stellen sich der Bildungsgrad der Mutter, das soziale Kapital der Eltern, und die kulturelle Anpassung (gemessen z. B. an Wertvorstellungen der Eltern) als entscheidende Einflussgrößen heraus. Das Einkommen der Eltern ist nur für das PI im Kindergarten signifikant, es beeinflusst das PI zu Hause dagegen nicht. Durand geht besonders auf die Bedeutung des sozialen Kapitals von lateinamerikanischen Eltern für PI ein; gemessen wird dies an der Anzahl der anderen Eltern aus der Klasse des Kindes, mit denen die Befragten regelmäßig in Kontakt stehen. Es wird deutlich, dass Netzwerke unter Eltern eine wichtige Ressource darstellen.

Edwards, Rosalind, und Pam Alldred. »A typology of parental involvement in education centring on children and young people. Negotiating familialisation, institutionalization and individualization«. *British Journal of Sociology of Education* **(21) 3 2000. 435–455.**
Angesichts gesellschaftlicher Prozesse wie Familialisierung, Institutionalisierung und Individualisierung wird in der Studie die Sicht von Kindern und Jugendlichen auf elterliche Beteiligung bzw. auf die Beziehung zwischen Schule und Elternhaus untersucht und analysiert, wie sich diese Prozesse auf verschiedenen Ebenen auswirken. Im Anschluss an die soziologische Kindheitsforschung verstehen die Autorinnen Kinder als soziale Akteure und betonen, dass Kindheit auch von strukturellen Merkmalen wie Gender, Schicht, Ethnizität und Alter bestimmt wird. Basis der

Analyse ist die Studie »Children's Understandings of Parental Involvement in Education« (1997–1999), für die in drei Schulen mit unterschiedlichen Einzugsgebieten im Süden Großbritanniens Interviews mit 70 Kindern der 6. und 9. Klasse (ca. 10 und 14 Jahre alt) zu elterlicher Beteiligung und dem Verhältnis von Elternhaus und Schule durchgeführt wurden. Ausgehend von den Interviews mit den Kindern, entwickeln die Autorinnen eine Typologie elterlicher Beteiligung: Die Formen elterlicher Beteiligung sind relevant, insofern sie eine Bedeutung für die Kinder hat (etwa supervisorische oder logistische Formen von Beteiligung). Ihre Ergebnisse zeigen die differenzierte Art und Weise, in der Kinder und Jugendliche elterliche Beteiligung an ihrer Schulbildung (mit-)gestalten, sich an dieser beteiligen, sie modifizieren oder sich ihr widersetzen. Eine verstärkte Zusammenarbeit, so ein weiteres Ergebnis, kann sich für unterschiedliche Gruppen von Kindern unterschiedlich positiv auswirken. Auf Basis der Befunde wird argumentiert, dass eine verstärkte Zusammenarbeit vornehmlich mit den Interessen von Mädchen der Mittelschicht und jüngeren Kindern korrespondiert. Es besteht, so betonen die Autorinnen, die Gefahr, dass durch zunehmende Familialisierung und Institutionalisierung die Privatsphäre von Kindern in den Hintergrund tritt. Da, wie die Ergebnisse zeigen, Kinder und Jugendliche in die Kooperation von Schule und Elternhaus bereits aktiv involviert sind, empfehlen die Autorinnen, sie in weiteren Überlegungen zu einem Ausbau elterlicher Beteiligung nicht weiter zu ignorieren.

Egger, Jan, Jürgen Lehmann und Martin Straumann. »›Collaboration with parents isn't a burden. It's just a natural part of my work.‹ – Parental involvement in Switzerland. An analysis of attitudes and practices of Swiss primary school teachers«. *International Journal about Parents in Education* **(9) 1 2015. 119–130.**
Vor dem Hintergrund der steigenden Relevanz der Beziehung zwischen Schule und Familie im erziehungswissenschaftlichen Diskurs der letzten Jahre stellen die Autoren die Frage, wie Lehrkräfte ihre Interaktionen mit Eltern gestalten und welche habitualisierten Überzeugungen diesen zugrunde liegen. Zur Beantwortung der Forschungsfragen wurden Interviews mit 32 Lehrkräften und sieben Schulleitungen an 10 Schweizer Grundschulen durchgeführt (N=39). In theoretischer Hinsicht schließen die Autoren an Oevermanns Professionalisierungstheorie an. Im Ergebnis werden sieben Interaktions- bzw. Kooperationsmuster zwischen Lehrkräften und Eltern aus Sicht der interviewten Lehrkräfte rekonstruiert. Das *erste* Interaktionsmuster basiert auf einer traditionellen Auffassung von Schule. Das heißt, Schule und Familie werden als separate Sphären betrachtet, die sich arbeitsteilig um die Bildung und Erziehung von Kindern kümmern. Dabei wird das Machtgefälle zwischen Schule und Familie im Hinblick auf schulische Bildung betont; Lehrkräfte beanspruchen die Definitionsmacht, was für den Schulerfolg von Kindern notwendig ist. Sie pflegen dabei eine große Distanz zu den Eltern und sehen diese in der Verantwortung für die Disziplinierung und schulbezogene Unterstützung ihres Kindes. Das *zweite* Muster wird als bürokratische Interaktionsform bezeichnet. Lehrkräfte dieses Typs halten sich in der Interaktion mit Eltern vornehmlich an institutionell vorgegebene Regeln. Sie verweisen auf die Schule als formale Organisation mit festen Routinen und Regeln, um ihre Zurückhaltung gegenüber ausgeprägten Kontakten zu Eltern zu legitimieren. Die Initiative wird weitgehend den Eltern

überlassen. Diese müssen mit ihren Anliegen auf die Lehrkräfte zukommen, wobei die Lehrkräfte sich in schwierigeren Fällen auf ihre fehlende Zuständigkeit berufen und Eltern beispielsweise an Schulsozialarbeiter weiterverweisen. Das *dritte* Muster beschreiben die Autoren als Dienstleistung für die Eltern. Lehrkräfte dieses Typs sind sehr empfänglich für die Erwartungen und Bedürfnisse von Eltern. Diese werden oft als überlegen wahrgenommen, und die Lehrkräfte versuchen, Konfrontationen mit ihnen weitgehend zu vermeiden. Sie sind bestrebt, den Erwartungen möglichst vollständig gerecht zu werden, und verlieren dabei bisweilen den Unterschied zwischen gerechtfertigten Anliegen und unangemessenen Einmischungen der Eltern aus dem Blick. Dies wird als professionelle Unsicherheit interpretiert. Der *vierte* Typ wird demgegenüber als Dienstleistung für die Schülerinnen und Schüler gekennzeichnet. Lehrkräfte verstehen sich vor allem als deren Advokaten gegenüber als unangemessen wahrgenommenen Wünschen der Eltern und hohem elterlichen Leistungsdruck. Eltern werden dabei aus einer Defizitperspektive betrachtet, insofern sie aus Sicht der Lehrkräfte das rechte Gespür für Erziehungs- und Bildungsaufgaben verloren haben. Das *fünfte* Muster beschreibt eine Interaktionsform, die auf das Gemeinschaftsgefühl gerichtet ist. Schule wird als Erweiterung des Familienlebens konzipiert, und Eltern werden so weit wie möglich in den Schulalltag einbezogen. Lehrkräfte dieses Typs bemühen sich um ein freundschaftliches Verhältnis zu den Eltern und stellen dabei pädagogische Zielsetzungen der Schule mitunter zurück. Lehrkräfte des *sechsten* Typs verschreiben sich einer modernen Pädagogik, was sich durch ein hohes Engagement und ein ausgeprägtes Wohlwollen in der Zusammenarbeit mit Eltern ausdrückt. Bisweilen führt dies zu Einmischungen in das Familienleben, da die Lehrkräfte die Familie als Erweiterung der Schule betrachten. Schulische Probleme werden den Eltern überantwortet, weshalb die Lehrkräfte sich dazu berechtigt sehen, den Eltern Empfehlungen für geeignete Erziehungsmaßnahmen im Umgang mit schulischen Problemen des Kindes zu geben. Mit dem *siebten* Muster beschreiben die Autoren eine Interaktionsform, die sie als professionelle Arbeitsbeziehung interpretieren. Diese Lehrkräfte sehen sich dem gesellschaftlichen Wohl verpflichtet und zeigen ein hohes Engagement, um das Wohlergehen und die Bildung der Schülerinnen und Schüler sicherzustellen. Dabei nehmen sie bürokratische Begrenzungen der Schule als Organisation wahr und reflektieren ihr eigenes Handeln im organisationalen Kontext. Sie verstehen die Kooperation mit Eltern nicht im Sinne von Empfehlungen oder gar direktiven Aufforderungen, sondern versuchen, eine Balance zwischen ihrer Rolle als Lehrkräfte und den Anliegen von Eltern und Schülerinnen und Schülern zu finden. Dieses Muster – so die Autoren – komme dem derzeit postulierten Konzept einer Bildungs- und Erziehungspartnerschaft sehr nahe.

El Nokali, Nermeen E., Heather J. Bachman und Elizabeth Votruba-Drzal. »Parent involvement and children's academic and social development in elementary school«. ***Child Development*** **(81) 3 2010. 988–1005.**
Die Autorinnen gehen davon aus, dass PI die Möglichkeit bietet, die schulische, d. h. leistungsbezogene und soziale Entwicklung weniger erfolgreicher Kinder im Primarbereich (*Elementary School*, USA) zu verbessern. Ziel des Beitrags ist es, die Effekte von PI auf die Entwicklung der Schulleistungen, soziale Kompetenzen und

problematisches Verhalten von der ersten bis zur fünften Klasse zu untersuchen. Hierzu werden Daten der in den USA durchgeführten längsschnittlichen NICHD-Studie (*Study of Early Child Care and Youth Development,* NICHD SECCYD) ausgewertet. Die Daten umfassen die Angaben von Müttern und Lehrkräften zum Ausmaß der elterlichen Involviertheit, zu sozialen Kompetenzen und Verhaltensproblemen des Kindes sowie aufseiten der Kinder (N=1.364) die Ergebnisse standardisierter Leistungstests zu drei Messzeitpunkten, d. h. in der ersten, dritten und fünften Klasse. Leistungstests, die bereits im Kindergarten durchgeführt wurden, gingen als Kontrollvariable in die Analysen ein. Zur Erfassung des PI werden zwei Variablen gebildet, die auf denselben Instrumenten basieren und die Einschätzung des PI jeweils aus Eltern- und Lehrersicht betreffen. Dabei werden jeweils Angaben zur Einstellung der Eltern gegenüber der Schule (z. B., inwieweit die Eltern die Ziele der Schule teilen), zur elterlichen Wertschätzung schulischer Bildung und zum freiwilligen Engagement der Eltern in der Schule des Kindes zusammengefasst. Während die Leistungstests in den Bereichen Lesen, Mathematik und Vokabular mit den Kindern durchgeführt werden, basieren die Maße für soziale Kompetenzen und Problemverhalten auf nahezu identischen standardisierten Tests, die von Eltern und Lehrkräften bearbeitet werden. Im Ergebnis zeigen die Analysen, dass PI unabhängig von der Auskunft gebenden Gruppe (Eltern oder Lehrkräfte) zwar die Entwicklung sozialer Kompetenzen über die Grundschulzeit positiv beeinflusst und zu einer Verminderung von Problemverhalten beiträgt, jedoch keinen Effekt auf die Leistungsentwicklung hat. Somit wiesen Kinder mit hoher Involviertheit der Eltern nach den Eltern- und Lehrereinschätzungen höhere soziale Kompetenzen und weniger Problemverhalten auf. Gerade mit Blick auf den ausbleibenden Effekt von PI auf die Leistungsentwicklung von Grundschulkindern diskutieren die Autorinnen selbstkritisch, inwieweit ihre übergreifende Operationalisierung von PI angemessen ist. Durch die Zusammenfassung mehrerer unterschiedlicher Aspekte von PI, z. B. von Bildungsaspirationen und schulbezogenem Engagement, könnten spezifische Effekte einzelner Facetten von PI auf die Leistungen von Kindern verdeckt worden sein.

Ericsson, Kjersti, und Guri Larsen. »Adults as resources and adults as burdens. The strategies of children in the age of school-home collaboration«. *Children, home and school. Regulation, autonomy or connection?* **Hrsg. Rosalind Edwards. London 2002. 92–105.**
Es gibt eine zunehmende Verflechtung von Erziehung und Bildung und damit von Familie und Bildungsinstitution. Davon gehen die Autorinnen des Artikels aus. Sie untersuchen, welche Konsequenzen die aus dieser Verflechtung entstehenden neuen Formen der Zusammenarbeit von Eltern und Schule für Kinder haben. Im Fokus stehen halbjährlich stattfindende Gespräche zwischen Eltern und Lehrkräften, bei denen häufig auch Kinder anwesend sind. Es wird untersucht, ob die intensivere Kooperation zwischen Eltern und Schule von Kindern als Belastung (verstärkte Einflussnahme und Kontrolle) oder als Ressource (Möglichkeiten der Einflussnahme) wahrgenommen und genutzt wird. Hierzu wurden im Jahr 1996 an Grund- und weiterführenden Schulen in Oslo qualitative Interviews mit 41 Kindern (7 bzw. 13 Jahre alt), deren Eltern und den Klassenlehrkräften zum Verhältnis

von *Home* und *School* geführt. Zusätzlich wurden 24 Gespräche von Eltern, Kindern und Lehrkräften sowie acht Elternversammlungen teilnehmend beobachtet. Die Analyse der Interaktionen von Eltern, Lehrkräften und Kindern zeigt, dass die Positionen von Kindern im Verhältnis von Familie und Schule variieren. Während in einigen Fällen die Kooperation von Eltern und Lehrkräften zu einer verstärkten Kontrolle von Kindern führt, können andere Kinder die Situation zur Einflussnahme nutzen. So können sowohl Eltern als auch Lehrkräfte von Kindern als Ressourcen genutzt werden, um ihre Interessen durchzusetzen. Gleichzeitig gibt es jedoch auch Kinder, welche die beiden Bereiche möglichst getrennt voneinander halten (wollen). Die Ergebnisse machen zwei gegenläufige Tendenzen in Bezug auf die Position von Kindern deutlich. Zum einen gibt es ein Risiko, dass Kinder zum gemeinsamen Projekt Erwachsener (Eltern und Lehrkräfte) werden, zum anderen bieten sich auch Möglichkeiten des *Empowerment* von Kindern durch solche neuen Formen der Zusammenarbeit. Das Ziel der Zusammenarbeit, so die Autorinnen, soll daher neu formuliert werden und das *Empowerment* und die Akteurschaft von Kindern in den Mittelpunkt gestellt werden.

Fan, Xitao, und Michael Chen. »Parental involvement and students' academic achievement: a meta-analysis«. *Educational Psychology Review* **(13) 1 2001. 1–22.**
Vor dem Hintergrund der wachsenden Bedeutung von PI in der Öffentlichkeit und Bildungsforschung wird im Beitrag eine Meta-Analyse von 25 quantitativen Studien präsentiert, die sich mit dem Zusammenhang von PI und Schulerfolg befassen. Das Anliegen der Meta-Analyse wird damit begründet, dass die Forschungslage zu PI und Schulerfolg insgesamt widersprüchlich ist. Inkonsistent, so die Autoren, sind insbesondere die unterschiedlichen Definitionen und die Operationalisierung von PI. Fan und Chen stellen eine große Bandbreite an Definitionen in der Forschung zu PI fest, die sie als chaotisch bezeichnen. Um dieser Problematik zu beggnen, ordnen die Autoren die unterschiedlichen Operationalisierungen von PI fünf Kategorien zu. Die *erste* Kategorie umfasst Studien, die PI als schulbezogene Eltern-Kind-Kommunikation deuten und dementsprechend beispielsweise über die Häufigkeit von Gesprächen zu den schulischen Fortschritten des Kindes erfassen. Mit der *zweiten* Kategorie werden Operationalisierungen zusammengefasst, die PI als häusliche Supervision durch die Eltern fassen. Hierzu gehört etwa die Frage, ob es festgelegte Zeiten für die Hausaufgaben des Kindes gibt. Ein Teil der Studien definiert PI im Sinne elterlicher Bildungsaspirationen; diese Studien werden in der *dritten* Kategorie aggregiert, sie operationalisieren PI beispielsweise über den von den Eltern erwarteten Bildungsabschluss. Die *vierte* Kategorie umfasst Operationalisierungen, die sich auf die Häufigkeit von Kontakten zwischen Eltern und der Schule beziehen, etwa wie oft Eltern freiwillig in der Schule mithelfen. Die *fünfte* Kategorie schließlich bezieht sich auf andere und generelle Operationalisierungen. In ihrer Meta-Analyse setzen Fan und Chen zwei Schwerpunkte. Zum einen interessieren sie sich für die durchschnittliche Korrelation zwischen PI und Schulerfolg über die analysierten Studien hinweg, zum anderen für den spezifischen Beitrag unterschiedlicher Operationalisierungen von PI und Schulerfolg zum statistischen Zusammenhang zwischen diesen beiden Konstrukten. Im Ergebnis zeigt die Meta-Analyse erstens, dass insgesamt von einem schwachen bis mo-

deraten Zusammenhang zwischen PI und Schulerfolg gesprochen werden kann. Zweitens werden Schlussfolgerungen bezüglich der unterschiedlichen Effekte von PI in Abhängigkeit von der jeweiligen Operationalisierung gezogen. Den stärksten Zusammenhang mit dem Schulerfolg zeigt PI dann, wenn es über die elterlichen Bildungsaspirationen und -erwartungen gemessen wird. Den schwächsten Zusammenhang dagegen finden die Autoren bei Studien, die PI über die Supervision des Kindes im Elternhaus operationalisieren. Auch die Frage, wie der Schulerfolg in einer Studie erfasst wird, hat einen Einfluss auf dessen Zusammenhang mit PI. Wird er global gemessen, also über den Notendurchschnitt erfasst, so ist der Zusammenhang am stärksten. Wenn nur einzelne Fachnoten als Indikatoren für den Schulerfolg betrachtet werden, ist der Zusammenhang im Schnitt dagegen schwächer. Die Autoren resümieren, dass die Operationalisierung von PI einen entscheidenden Einfluss auf die Forschungsergebnisse hat, weshalb sie zu erhöhter Aufmerksamkeit in Bezug auf die Definition, Operationalisierung und Messung von PI auffordern. Es sollten in künftigen Studien zudem möglichst mehrere Dimensionen von PI berücksichtigt werden, wobei diese als distinkte Konstrukte zu behandeln sind, um die Ergebnisse der Meta-Analyse weiter zu fundieren. Einschränkend geben die Autoren zu bedenken, dass die Aussagekraft der Meta-Analyse aufgrund der geringen Anzahl eingegangener Studien begrenzt ist; der Grund liegt vor allem darin, dass der Großteil der Literatur nicht empirisch ist und nur wenige Studien in ausreichender Qualität für die Meta-Analyse infrage kamen. Mit Blick auf den in der Literatur häufig angenommenen Einfluss des sozioökonomischen Hintergrunds von Eltern auf PI fordern die Autoren zu weiteren Forschungsbemühungen auf, da sie die wichtige Frage nach diesem häufig postulierten Zusammenhang auf Basis der analysierten Studien nicht näher beleuchten konnten.

Felix, Nadine, Jacqui Dornbrack und Eileen Scheckle. »Parents, homework and socio-economic class: discourses of deficit and disadvantage in the ›new‹ South Africa«. *English Teaching: Practice and Critique* **(7) 2 2008. 99–112.**
Bezugnehmend auf die Apartheid-Geschichte Südafrikas, stellen die Autorinnen die Frage, auf welche Art und Weise Schulen in unterschiedlichen sozioökonomischen Settings mit Hausaufgaben als einer Praktik des PI umgehen und wie Lehrkräfte von vierten Klassen sowie Schulleitungen über Eltern und Hausaufgaben sprechen. Literatur zu PI und Hausaufgaben sowie eine linguistische Diskursanalyse bilden den theoretischen Hintergrund der Studie. Interviewt werden fünf Lehrkräfte und die Schulleiterinnen oder Schulleiter der vierten Klassen von drei Schulen. Außerdem werden in der Studie Beobachtungen in 15 Klassen und Gruppendiskussionen mit Schülerinnen und Schülern aus vierten Klassen durchgeführt, deren Ergebnisse jedoch nicht im Fokus des Artikels stehen. Die Befunde zeigen, dass den Eltern der Schule, die in einer wohlhabenden Gegend liegt, diskursiv durch die Befragten *Agency* und *Power* zugesprochen wird. Eltern aus Schulen mit sozioökonomisch prekären Bevölkerungsgruppen (ehemalige ›*Black*‹ *Township School* und ehemalige ›*Coloured*‹ *Catholic School*) werden als desinteressiert oder überfordert beschrieben, und sie werden als unfähig für die Unterstützung bei den Hausaufgaben positioniert. Dabei halten die Autorinnen fest, dass Lehrkräfte von Eltern in der (oberen) Mittelschichtsgegend erwarten, dass sie in die

Bildung und Schule ihrer Kinder involviert sind, und Schulleitungen von einer Anspruchshaltung der Elternschaft berichten, in das Schulgeschehen einbezogen zu werden. In den zwei weiteren Schulen hingegen werden Eltern durch die Mitarbeiterinnen und Mitarbeiter als passive Außenseiter positioniert, die für die Erledigung von Hausaufgaben nicht nützlich sind und von denen PI nicht erwartet oder wertgeschätzt wird. Eltern dieser Schulen werden durch die Befragten als Eltern ohne materielle Ressourcen konstruiert. Als besonders bedenklich heben die Autorinnen hervor, dass das Fehlen von materiellen Ressourcen durch die Lehrkräfte und Schulleitungen mit einem Fehlen von mentalen Ressourcen gleichgesetzt wird. Dadurch werden, so die Autorinnen, Ungleichheitsstrukturen reproduziert.

Galindo, Claudia, und Steven B. Sheldon. »School and home connections and children's kindergarten achievement gains: the mediating role of family involvement«. *Early Childhood Research Quarterly* (27) 1 2012. 90–103.

Ausgangspunkt des Beitrags ist die Feststellung, dass das Elternhaus und die Bildungsinstitution die wichtigsten Kontexte für das Lernen und die Entwicklung von Kindern in der frühen Kindheit sind. Aus der Perspektive von Bronfenbrenners ökosystemischem Ansatz und Epsteins *Theory of Overlapping Spheres (Modell der überlappenden Sphären)* wird der Zusammenhang zwischen PI und der kognitiven Entwicklung von Kindern *(Achievement Gains)* untersucht. Die Studie greift auf ein repräsentatives Sample von US-amerikanischen Kindergartenkindern (N=16.425) zurück. Die Angaben stammen von den Kindern (Leistungstestdaten zu Mathematik und Lesen), deren Eltern (unterschiedliche Dimensionen von Involviertheit) und den Schulleitungen (Bemühen der Schule um Einbezug der Eltern). Es werden drei Hypothesen formuliert. Erstens wird angenommen, dass PI (die Autoren sprechen von *Family Involvement*) positiv von den Bemühungen von Schulen beeinflusst wird, die Familie in schulische Angelegenheiten *(School Outreach)* einzubeziehen; das Engagement der Schulen wird über Angaben der Schulleitungen zur Häufigkeit von Schulfesten, Elternabenden usw. erfasst. Die zweite Hypothese ist, dass ein signifikanter Zusammenhang zwischen PI und der Entwicklung der Mathematik- und Lesekompetenzen besteht. PI wird dabei in drei Dimensionen erfasst: die Häufigkeit der Teilnahme an Elternabenden, dem Elternbeirat, Schulfesten und anderen Veranstaltungen in der Schule des Kindes, die Häufigkeit häuslicher Bildungsaktivitäten wie Vorlesen, Spielen und gemeinsames Sporttreiben. Darüber hinaus wurden die Angaben der Eltern zum erwarteten Bildungsabschluss des Kindes (Bildungsaspirationen) einbezogen. Drittens wird die Hypothese geprüft, dass ein positiver Zusammenhang zwischen *School Outreach* und der Leistungsentwicklung von Kindern besteht, der über die elterliche Involviertheit vermittelt wird. Die Befunde bestätigen die erste Hypothese teilweise: Eltern an Schulen, die sich besonders bemühen, Eltern einzubeziehen, berichten auch eine höhere Beteiligung in der Schule. Dies gilt allerdings nicht für eine erhöhte elterliche Beteiligung am Lernen der Kinder zu Hause und die Bildungsaspirationen der Eltern. Auch die zweite Hypothese kann bestätigt werden: PI korreliert positiv mit der Leistungsentwicklung der Kinder in Mathematik und Lesen. Im Kontrast zu den Meta-Analysen von Fan und Chen (2001) sowie Jeynes (2005) gilt dies nur für die Beteiligung in der Schule und nicht für die elterliche Involviertheit in

Form von häuslichen Bildungsaktivitäten. In Bezug auf die dritte Hypothese zeigt sich in der Studie, dass das Bemühen von Schulen um Elternbeteiligung positive Effekte auf die Leistungsentwicklung von Kindergartenkindern hat. Allerdings konnte nur ein partieller Mediationseffekt von PI nachgewiesen werden: Nur das Ausmaß der elterlichen Beteiligung in der Schule vermittelt den Einfluss von *School Outreach* auf die kindliche Leistungsentwicklung, wenn auch nicht vollständig.

Henderson, Anne T., und Karen L. Mapp. *A new wave of evidence: the Impact of school, family, and community connections on student achievement.* **National Center for Family and Community Connections with Schools. Austin 2002.**

Henderson und Mapp legen eine breit angelegte Übersicht über 51 US-amerikanische empirische Studien und Überblicksartikel vor, die sich mit der Bedeutung der Beziehung zwischen Familien, der Gemeinde *(Community)* und der Schule für den Schulerfolg von Kindern und Jugendlichen befassen. Berücksichtigt wurden quantitative und qualitative Studien der vorangegangenen neun Jahre. Diese werden drei grundlegenden Kategorien zugeordnet: (1) Studien, die sich mit dem Einfluss der Familie und der Gemeinde auf Schulleistungen befassen, (2) Studien über effektive Programme zur Stärkung der Beziehungen zwischen Schule, Familie und der Gemeinde, (3) Studien über von Eltern initiierte Verbesserungen an Schulen. Hinsichtlich der Definition von PI halten die Autorinnen fest, dass der Großteil der Studien PI in Anlehnung an das Modell von Epstein und Kollegen definiert. Auf der Grundlage ihrer umfangreichen Sichtung der Literatur zu den Effekten von PI auf den Schulerfolg (in den meisten Studien gemessen an Schulleistungen, aber zum Teil auch anhand sozialer Kompetenzen oder Übergangsquoten in das tertiäre Bildungswesen) halten Henderson und Mapp fest, dass die Forschungslage insgesamt dafür spricht, dass Eltern bzw. Familien zur Verbesserung des Schulerfolgs von Kindern beitragen können. Die Familie hat nicht nur einen Einfluss auf die Schulleistungen des Kindes, sondern beispielsweise auch auf dessen regelmäßigen Schulbesuch und sein Verhalten in der Schule. Kinder aus Familien mit hohem schulbezogenen Engagement zeigen demnach bessere Schulleistungen, absolvieren mehr Schuljahre erfolgreich und besuchen nach der Schule häufiger höhere Bildungseinrichtungen. Die Autorinnen schlussfolgern zudem, dass insbesondere Kinder mit hohem Risiko für geringe Schulleistungen und schulisches Scheitern von der zusätzlichen Unterstützung durch stark involvierte Eltern profitieren können. Als unterstützend identifizieren sie vor allem das häusliche und somit außerschulische Engagement von Eltern in Bezug auf die Schullaufbahn des Kindes, etwa im Sinne von Gesprächen über die Schule und gemeinsamer Planung der Bildungslaufbahn des Kindes. Der Einbezug von Eltern in der Schule muss daher vor allem auf die Information der Eltern zu schulisch relevanten Bildungsinhalten und zu den Regeln und Möglichkeiten des Bildungssystems ausgerichtet sein. Insgesamt kommen Henderson und Mapp auf Basis ihres Literaturüberblicks zu einer sehr positiven Bewertung von schulbezogenem PI in der Familie und schulbasierten Maßnahmen zur Förderung von PI, solange diese Maßnahmen eine klare Verbindung zum schulischen Lernen und der Bildungslaufbahn des Kindes aufweisen. Zudem ist es sinnvoll, so die Autorinnen, wenn Schulen Eltern auch über ergänzende Bildungsangebote im Umfeld der Gemeinde informieren und Kontakte zu anderen sozialen und Bildungseinrichtungen pflegen, um über diese unterstützend und informierend an Eltern heranzutreten.

Ho Sui Chu, Esther. »Building trust in elementary schools: the impact of home school community collaboration«. *International Journal about Parents in Education* **(1) 0 2007. 8–20.**

Die Autorin geht davon aus, dass Vertrauen *(Trust)* im Kontext Schule zugleich ein wichtiges pädagogisches Ziel und eine Voraussetzung für gute Schulleistungen darstellt. Ho Sui Chu interessiert sich für die Perspektiven von Lehrkräften auf Schülerinnen und Schüler, Eltern und deren Unterstützung. Vertrauen wird als komplexe Qualität sozialen Kapitals verstanden, das sich individuell und institutionell manifestiert. Die Autorin schließt an das Konzept *Relational Trust* an, es geht ihr also um das von Lehrkräften wahrgenommene wechselseitige Vertrauen der an Schule beteiligten Akteure. Um sich dem empirisch zu nähern, greift sie auf die Daten einer großen Studie zu *Parental Involvement in Children's Learning* zurück, die an 94 Grundschulen in Hongkong durchgeführt wurde. Die Datenbasis stellt eine Stichprobe von N=2.879 Lehrkräften dar. Der erste Schwerpunkt der Studie liegt auf der Unterscheidung verschiedener Dimensionen des Vertrauens zwischen Schülerinnen und Schülern, Eltern und Lehrkräften aus Lehrkraftsicht. Diese werden mithilfe von Fragebogenitems gemessen. Die Autorin unterscheidet vier Dimensionen: (1) das Ausmaß des Vertrauens von Lehrkräften in ihre Schülerinnen und Schüler (z. B., inwieweit diese Mitschülerinnen und Mitschülern mit guten Noten Respekt entgegenbringen); (2) das elterliche Vertrauen in Lehrkräfte (z. B., wie sehr Eltern der Expertise der Lehrkräfte trauen); (3) das Vertrauen der Lehrkräfte in die Eltern (z. B., wie stark Lehrkräfte sich für eine vertrauensvolle Zusammenarbeit mit Eltern einsetzen) und (4) das Vertrauen von Lehrkräften in die elterliche Involviertheit in der Schule (z. B., wie sehr Lehrkräfte davon überzeugt sind, dass die Eltern die Lernprozesse der Schülerinnen und Schüler unterstützen). Der zweite Schwerpunkt liegt auf der Analyse des Zusammenhangs zwischen den vier Dimensionen des lehrerseitig wahrgenommenen Vertrauens und verschiedenen Merkmalen von Schülerschaft und Eltern sowie Hintergrundmerkmalen der Lehrkräfte selbst. Aufseiten der Schülerinnen und Schüler und Eltern werden beispielsweise der sozioökonomische Status (SES) und ein Migrationshintergrund in die Analysen einbezogen, aufseiten der Lehrkräfte u. a. deren Geschlecht, Ausbildungsniveau und Berufserfahrung. Die Befunde zeigen, dass Lehrkräfte eine generell positive Einstellung gegenüber Schülerinnen und Schülern und Eltern haben. Ein Großteil der Lehrkräfte schätzt die Unterstützung von Eltern als positiv ein. Ebenso belegen die Ergebnisse, dass Lehrkräfte die Beziehung zu Eltern als eher positiv sehen. Merkmale der Lehrkräfte wie Geschlecht und Ausbildungsniveau zeigen keine starken Zusammenhänge mit dem Ausmaß an Vertrauen, das sie in die Mitarbeit bzw. Unterstützung von Schülerinnen und Schülern und Eltern haben. Das Ausmaß des Vertrauens von Lehrkräften in ihre Schülerinnen und Schüler weist den stärksten Zusammenhang mit dem SES der Eltern auf: Sie haben ein höheres Vertrauen in die schulische Mitarbeit von Schülerinnen und Schülern mit gehobenem

SES. Allerdings berichten die Lehrkräfte, dass sie sich für eine gute Zusammenarbeit mit Eltern der Arbeiterklasse stärker engagieren, etwa in Form häufigerer Gespräche mit den Eltern, um deren Situation und Anliegen besser einschätzen zu können.

Jeynes, William H. »A meta-analysis of the relation of parental involvement to urban elementary school student academic achievement«. *Urban Education* **(40) 3 2005. 237–269.**
Den Ausgangspunkt der Studie bildet die Frage, inwieweit die Stärkung von PI den Schulerfolg von Kindern in urbanen Gebieten verbessern kann. Hierzu wird eine Meta-Analyse von insgesamt 41 Studien durchgeführt, die sich mit dem Zusammenhang zwischen PI und dem Schulerfolg von Kindern in städtischen Primarschulen in den USA befassen. Es werden vier Forschungsfragen bearbeitet: Erstens wird gefragt, inwieweit PI mit größerem Schulerfolg einhergeht. Zweitens geht es um die Frage, ob Programme an Schulen zur Stärkung des PI einen positiven Einfluss aufseiten der Schülerinnen und Schüler zeitigen. Drittens wird untersucht, welche Aspekte von PI besonders effektiv sind. Viertens wird die Frage behandelt, ob der Zusammenhang zwischen PI und Schulerfolg auch bei Berücksichtigung des Einflusses von *Race* und *Gender* bestehen bleibt. Die Befunde in Bezug auf die erste Forschungsfrage weisen einen deutlichen Zusammenhang zwischen PI und verschiedenen Maßen für den Schulerfolg von Kindern aus, u. a. gemessen anhand von Notenschnitt und Leistungstests. (Für PI wurden dabei die in den einbezogenen Studien jeweils gebildeten Globalmaße verwendet, unabhängig von der jeweiligen Definition von PI.) Mit Blick auf die zweite Forschungsfrage zeigt sich, dass schulische Programme, die auf die Aktivierung von Eltern zur schulischen Unterstützung ihres Kindes setzen, sich positiv auf den Schulerfolg auswirken. Hinsichtlich der dritten Frage weist der Autor zunächst darauf hin, dass beinahe alle in den analysierten Studien behandelten Facetten von PI positiv und signifikant mit dem Schulerfolg von Kindern zusammenhängen. Gleichzeitig hält Jeynes fest, dass insbesondere die elterlichen Erwartungen und der Erziehungsstil positive Effekte auf den Schulerfolg haben. Es geht daher weniger um das Engagement von Eltern in der Schule oder die Kontrolle der Hausaufgaben des Kindes, vielmehr ist es relevanter, eine unterstützende Atmosphäre zu Hause zu schaffen. Dies hat statistisch bedeutsame Effekte auf den Schulerfolg. Im Hinblick auf die vierte Frage stellt der Autor fest, dass der positive Zusammenhang zwischen PI und Schulerfolg auch unabhängig vom Geschlecht des Kindes und von der ethnischen Zugehörigkeit *(Race)* der Familie stabil bleibt. Die Befunde sprechen aus seiner Sicht dafür, dass sich die Leistungsschere *(Achievement Gap)* zwischen Kindern aus der Mehrheitsgesellschaft und Kindern aus ethnischen Minderheitengruppen durch die Stärkung von PI reduzieren lässt.

Karila, Kirsti. »The significance of parent-practitioner interaction in early childhood education«. *Zeitschrift für qualitative Bildungs-, Beratungs- und Sozialforschung* **(7) 1 2006. 7–24.**
Im Artikel geht es um die Praktiken von Bildungs- und Erziehungspartnerschaften zwischen Eltern und Fachkräften in der frühkindlichen Bildung und Erziehung in Finnland und wie diese hergestellt und aufgebaut werden. Untersuchungsgegen-

stand sind die Art der Fragen, die in Erziehungsgesprächen zwischen Eltern und Fachkräften gestellt und verhandelt werden, sowie der Verlauf dieser Gespräche. Zudem werden die Rollen, die Eltern und Fachkräfte in diesen Gesprächen einnehmen, in den Blick genommen. Analysiert werden 18 audio-dokumentierte Erziehungsgespräche zwischen Fachkräften und den Eltern (insgesamt 4 Väter und 10 Mütter) von 10 Kindern (5 Kinder waren 1–2 Jahre, 5 Kinder 5–6 Jahre alt). Die Datenanalyse ergibt, dass Fachkräften in den untersuchten Erziehungsgesprächen eine Definitionshoheit zukommt, da sie den Großteil der Redezeit ausfüllen und zumeist die Themen vorgeben, die besprochen werden. Die Eltern nehmen bei diesen Themen eher eine ergänzende Position ein und werden teilweise übergangen. Bei Themen hingegen, welche die Zufriedenheit oder die Grundbedürfnisse ihrer Kinder betreffen, verschaffen sich Eltern in den Gesprächen Gehör. Die Autorin interpretiert die Befunde als Schwierigkeit der Realisierung einer Partnerschaft und folgert, dass Arbeitsverfahren von Fachkräften verändert werden müssen, um eine ›wirkliche‹ Partizipation zu ermöglichen.

Lawson, Michael A. »School-family relations in context. Parent and teacher perceptions of parent involvement.« *Urban Education* **(38) 1 2003. 77–133.**
In der Studie werden die Bedeutung und die Funktionen von PI in einer städtischen Gemeinde mit geringem Einkommen und kulturell diverser Bewohnerschaft in den USA erforscht (11.000 Einwohner). Im Fokus des Interesses steht, wie Lehrkräfte und Eltern PI jeweils verstehen und wie sie ihre individuelle so wie kollektive Rolle in der Zusammenarbeit und Beteiligung (von Eltern) wahrnehmen. Es handelt sich um ein zweijähriges ethnographisches Forschungsprojekt in einer *Elementary School* mit insgesamt 851 Schülerinnen und Schülern, 42 Lehrkräften und 19 qualifizierten Fachkräften. In dieser Zeit wurden Beobachtungen, Interviews und Gruppendiskussionen mit den beteiligten Gruppen durchgeführt. Es nahmen Lehrkräfte (N=12, unterschiedliche ethnische Hintergründe) und Eltern (N=13, alle afro-amerikanisch) von der dritten bis zur sechsten Klassenstufe an den Gesprächen und Interviews teil. Sieben der 13 Eltern waren Eltern mit geringer oder keiner sichtbaren Beteiligung *(Uninvolved Parents)*, die sich selbst als solche charakterisierten. Lawson kommt zu dem Ergebnis, dass Eltern und Lehrkräfte unterschiedliche Auffassungen von PI haben. Diese unterscheiden sich im Hinblick auf Vorstellungen zum Verhältnis von Familie und Schule. Während Lehrkräfte unter PI eine Unterstützung der Lehrkräfte in ihrem Bildungsauftrag sehen, verstehen und operationalisieren Eltern PI als einen alltäglichen Kampf für das Leben und die Zukunft ihrer Kinder. Lehrkräfte verstehen unter PI auf der einen Seite ein schulbezogenes Engagement von Eltern (*School-based* PI, bei dem Eltern zu bestimmten Aktivitäten in der Schule anwesend sind) und ein Engagement der Eltern zu Hause (*Home-based* PI, das vor allem aus schulaffinen und damit die Lehrkräfte unterstützenden Tätigkeiten zu Hause besteht). Eltern dagegen investieren viel Zeit und Engagement, um ihren Kindern einerseits wichtige Ressourcen zu erarbeiten und andererseits eine sichere Lebenswelt in einer tendenziell als gefährlich eingeschätzten Umgebung zu bieten; dazu gehört, dass sie dafür sorgen, dass diese regelmäßig zur Schule gehen. Diese Bemühungen werden jedoch nach Auffassung der Eltern von den Lehrkräften wenig wahrgenommen. Im Gegenteil, die

Ergebnisse zeigen, dass Lehrkräfte häufig defizitorientierte Sichtweisen auf Eltern einnehmen (vor allem auf *Uninvolved Parents*). Zudem sehen sich Lehrkräfte als Expertinnen und Experten für die Bedürfnisse der Kinder und auch die der Eltern. Die Sicht der Eltern wird dabei, so der Autor, systematisch ausgeblendet.

Lee, Jung-Sook, und Natasha K. Bowen. »Parent involvement, cultural capital, and the achievement gap among elementary school children«. *American Educational Research Journal* **(43) 2 2006. 193–218.**
Lee und Bowen untersuchen in ihrer quantitativen Studie den Einfluss von fünf Arten von PI (z. B., inwiefern Eltern zu Hause schulbezogene Aktivitäten wie Lesen organisieren oder ob sie mit dem Kind schulische Inhalte besprechen) auf den Schulerfolg *(Academic Achievement)* von Grundschulkindern, die sich nach ethnischem Hintergrund, Armutsbetroffenheit und elterlichem Bildungsabschluss unterscheiden. Die Forschung gründet sich auf Bourdieus Kapitaltheorie und basiert auf folgenden Hypothesen: (1) Eltern aus unterschiedlichen sozialen Hintergründen praktizieren unterschiedliche Typen von PI; (2) die Arten von PI, die von der *Dominant Cultural Group* (z. B. Eltern der weißen Mittelschicht) ausgeführt werden, weisen den stärksten Zusammenhang mit dem schulischem Erfolg auf, und (3) Eltern aus unterrepräsentierten Gruppen (z. B. von Armut betroffene Eltern) profitieren mit ihren Beteiligungsbemühungen weniger hinsichtlich des Schulerfolgs ihrer Kinder. Das Sample besteht aus 415 Dritt- bis Fünftklässlerinnen und klässlern, deren Eltern und Lehrkräfte mittels Fragebögen befragt wurden. Die Autorinnen zeigen, dass Armut und *Race* bzw. Ethnizität – jenseits der Effekte von PI – eine signifikante Rolle in der Vorhersage von Schulleistungen von Schülerinnen und Schülern spielen. Während die Unterstützung durch die Eltern zu Hause zwischen unterschiedlichen Elterngruppen nicht sehr stark variiert, zeigen sich die größten PI-Unterschiede bezüglich der Beteiligung in der Schule selbst. Hier partizipieren v. a. die Eltern mit höherer Schulbildung und diejenigen, deren eigener Lebensstil der Schulkultur nahesteht. Dieser Befund wird von den Autorinnen als problematisch interpretiert, da Lehrkräfte ein Fehlen von PI als einen Mangel an Interesse an der schulischen Bildung interpretieren könnten.

Lightfoot, Dory. »›Some parents just don't care‹. Decoding the meanings of parental involvement in urban schools«. *Urban Education* **(39) 1 2004. 91–107.**
Ausgehend von der Beobachtung, dass im Rahmen von PI-Konzepten besonders solche Eltern in den Blick geraten, die (ethnischen) Minderheiten angehören, ein geringes Einkommen haben oder in städtischen Ballungszentren leben, fordert die Autorin, diese Konzepte auf ihre Rollenzuweisungen an Eltern und Lehrkräfte sowie verborgene Implikationen hin zu untersuchen. Theoretisch schließt sie an diskursanalytisch postkolonialistische Perspektiven (u. a. Foucault) an. Sie vertritt die These, dass sich Sprache und die Art der Sprache unsichtbar bzw. unbemerkt auf die Produktion und Reproduktion ungleicher Vorstellungen über Eltern auswirkt. Dementsprechend geht sie davon aus, dass ein unreflektierter Gebrauch des Konzeptes PI verschiedene Probleme aufwirft. So sind Bedeutungen von (guter) Beteiligung bestimmter sozialer Gruppen abhängig von der Art der Sprache, die benutzt wird, um über Eltern zu sprechen. Der Beitrag zeigt dies durch eine beispielhafte

Analyse von US-amerikanischen Texten und Programm-Konzepten zu PI und den darin formulierten schulischen Ansprüchen an PI mit einem Fokus auf deren Metaphorik. Die Autorin identifiziert zwei zentrale Metaphern, nämlich Eltern als Ressourcen *(Parents as Ressources)* und Eltern als ›leere Gefäße‹ *(Parents as Empty Vessels)*. Mittelklasse-Eltern werden als Ressourcen für die Schule und Lehrkräfte beschrieben. Sie sind ›voll‹ und haben viel zu geben, selbst wenn sie negatives Verhalten zeigen: Zum Teil geben sie dann ›zu viel‹ und untergraben damit die professionelle Autorität der Lehrkräfte. Für die Elterngruppe mit geringem Einkommen oder Migrationshintergrund zeigt sich: Selbst wenn über diese Gruppen positiv gesprochen wird, ist die Vorstellung dominant, dass diese Eltern ›leer‹ sind bzw. dass ihnen etwas fehlt. Es besteht die Vorstellung, dass sie ohne ein Wissen von außen nicht in der Lage sind, ihre Kinder zu unterstützen. Diese sozial differenzierende Sprache hat aus Sicht der Autorin weitreichende Konsequenzen: Erstens besteht die Gefahr, dass Eltern diesen etablierten Kategorien zugeordnet werden, wodurch es schwierig wird, die Eltern – auch in gut gemeinter Absicht – jenseits dieser Kategorien zu denken. Zweitens scheint es dringend notwendig, den eigenen Sprachgebrauch kritisch zu reflektieren, da auch gut gemeinte Reforminitiativen (wie empirisch beispielhaft gezeigt) in gängigen Wahrnehmungsmustern feststecken.

Mahmood, Sehba. »First-year preschool and Kindergarten teachers: challenges of working with parents«. *School Community Journal* **(23) 2 2013. 55–85.**
Das Erkenntnisinteresse in dieser qualitativen Studie richtet sich auf die Sichtweise sowie die Bedenken und Schwierigkeiten von Fachkräften in Vorschule und Kindertageseinrichtungen im Hinblick auf PI im ersten Praxisjahr. In qualitativen, teilstrukturierten Interviews wurden 14 neuseeländische weibliche Fachkräfte in ihrem ersten Jahr nach der dreijährigen Ausbildung befragt. Die Hälfte arbeitet in *Public Not-for-Profit Centers*, die andere Hälfte in *Private Early Childhood Education Settings*. Die zentrale Forschungsfrage lautet: Was sind die wichtigsten Bedenken von Fachkräften bezüglich der Zusammenarbeit mit Eltern? Die Autorin hält fest, dass alle Fachkräfte die Notwendigkeit einer positiven Beziehung zu Eltern hervorheben, aber auch von einer Reihe von Problemen von Seiten der Eltern berichten. In den Interviews konnten fünf verschiedene Kategorien an Schwierigkeiten identifiziert werden: *Lack of Reciprocity* (z. B., wenn Eltern die Regeln der Einrichtungen ignorieren und ihr Kind krank in die Einrichtung bringen), *Difficulties of Building Relationships* (etwa wenn Eltern in Hol- und Bringsituationen keine Zeit haben oder ihre Kinder bringen und abholen lassen), *Power Dependence* (z. B., wenn Eltern sich nicht freiwillig an Aktionen zur Gestaltung der Einrichtung beteiligen, dies aber von den Fachkräften erwartet wird), *Social Identity of Early Childhood Teachers* (wenn Eltern die Arbeit der Fachkräfte etwa nicht wertschätzen und als tägliches Spielen und Singen abqualifizieren) und *Unanticipated Challenges* (z. B., dass die Fachkräfte während ihrer Ausbildung nicht auf die Probleme der Praxis vorbereitet werden). Ein weiteres Ergebnis der Interviews ist, dass es den Fachkräften schwerfällt, mit denjenigen Eltern zu kommunizieren und sie einzubeziehen, mit denen es nur kurze Kontaktphasen im Alltag gibt oder die ihre Kinder nicht selbst in die Einrichtung bringen. Die Interviews zeigen, dass fehlende Beteiligung von Eltern bei den Fachkräften häufig zu Frustration führt und gerade die Zusammenarbeit mit Eltern

anderer Herkunftskulturen als herausfordernd erlebt wird. Die Autorin plädiert deswegen dafür, auch die Herausforderungen der geforderten Zusammenarbeit mit Eltern in der Ausbildung von Fachkräften zum Thema zu machen.

Markström, Ann-Marie. »Children's perspectives on the relations between home and school«. *International Journal about Parents in Education* **(7) 1 2013. 43–56.**
Markström geht auf die verstärkte Forderung nach dem Einbezug von Eltern als Partner in schwedischen Grundschulen und auf die Annahme einer guten, konstruktiven und unproblematischen Partnerschaft zwischen Eltern und Lehrkräften ein. Ausgehend von einer Kritik an der bisher ausschließlich erwachsenen Sicht auf das Verhältnis von Familie und Schule sowie aus kindheitstheoretischer Perspektive fragt sie nach den Erfahrungen, Verständnissen und der Rolle von Kindern in der Interaktion von Eltern und Lehrkräften. Es wurden 52 halbstrukturierte qualitative Interviews mit Kindern im Alter von elf bis zwölf Jahren aus sieben Grundschulen in Schweden geführt. Es zeigt sich, dass die Kinder eine Bandbreite typischer Interaktionsformen zwischen Eltern und Lehrern kennen. Zudem wird deutlich, dass sie häufig als Boten *(Messenger)* zwischen Schule und Familie fungieren und mitunter Einfluss auf ihre Eltern ausüben sollen, z. B. in Bezug auf deren Teilnahme an Elternabenden. Die Kinder sind sich dieser Erwartungen bewusst, widersetzen sich diesen aber auch teilweise. Es werden vier Arten der Bezugnahme der Kinder auf das Verhältnis von Familie und Schule rekonstruiert: 1. Eine asymmetrisch vertikale *Keep-Apart-Relation* zwischen Schule und Familie, in der Lehrkräfte (und Schule) die machtvollere Position einnehmen. 2. Eine asymmetrisch vertikale *Keep-Apart-Relation* zwischen Kindern und Eltern, die durch generationale Machtverhältnisse geprägt ist. 3. Eine asymmetrisch vertikale *Keep-Apart-Relation*, die von Kindern und ihren Wünschen nach Autonomie ausgeht. 4. Eine (insgesamt seltene) symmetrisch horizontale Beziehung zwischen den Akteuren *(relation between actors)*, die von den Kindern als unproblematischer Austausch unter Gleichen beschrieben wird. Die Tätigkeiten und Positionen der Kinder unterscheiden sich dabei je nach Situation, Verständnis und Ressourcen ihrer Eltern. Die Befunde zeigen die Bedeutsamkeit institutioneller und generationaler Machtverhältnisse und somit ein eher geringes Ausmaß an Möglichkeiten der Teilhabe für Kinder (und – in Teilen – ebenso für Erwachsene) in der Partnerschaft.

Markström, Ann-Marie. »Children's views of documentation in the relations between home and school«. *Children & Society* **(29) 3 2015. 231–241.**
Ausgangspunkt der Studie ist die schulische Praxis in Schweden, schriftliche Mitteilungen in der Kommunikation und Kooperation zwischen Schule und Eltern einzusetzen. Schülerinnen und Schülern kommt hierbei die Rolle der Boten *(Messenger)* zu. Die Studie untersucht die Perspektive von Kindern auf diese schriftliche Kommunikation und ihre Position und Rolle, die sie dabei einnehmen. Die Datenbasis bilden halbstrukturierte Interviews mit 52 Kindern unterschiedlicher sozialer und ethnischer Hintergründe im Alter von elf bis zwölf Jahren (23 Jungen und 29 Mädchen) an sieben Grundschulen in zwei Städten. Die Ergebnisse zeigen, dass Kinder in diesem Austausch durchaus eine wichtige Rolle spielen, auch wenn sie selbst ihre Einflussmöglichkeiten eher als gering einschätzen und sie klar die

Schule bzw. Lehrkräfte als Initiatoren verstehen. Die Kinder haben bei dieser schriftlichen Kommunikation eine ambivalente Rolle: Sie sind zum einen Objekte und Boten dieses Schriftverkehrs, die selbst nur geringe Einflussmöglichkeiten in diesem Prozess wahrnehmen; zum anderen zeigen die Analysen aber, dass sie gleichzeitig als Subjekte zu verstehen sind, die gegen die Dokumentation aktiv Widerstand leisten oder diese in ihrem eigenen Interesse nutzen. Die Haltungen von Kindern zu den Dokumenten sind allerdings nicht einheitlich. Während manche Kinder es begrüßen, wenn ihre Eltern über ihr Handeln in der Schule Bescheid wissen, lehnen andere Kinder es generell ab, dass ihre Eltern in ihre schulischen Angelegenheiten involviert werden und sie sich beispielsweise entlarvt, kritisiert und verletzlich fühlen. So ›vergessen‹ Kinder, Dokumente mitzunehmen, klären strittige Themen lieber direkt mit der Lehrkraft oder ›schützen‹ ihre Eltern vor einem Zuviel an Schriftverkehr, der auch als ›unnötig alarmierend‹ wahrgenommen wird. Diese Interaktionen werden von der Autorin als Opposition der Kinder gegen die schulische Kategorisierung in gute oder schlechte Schülerinnen/Schüler interpretiert. Insgesamt machen die Ergebnisse deutlich, dass Dokumente einen relevanten Bestandteil des Verhältnisses von Elternhaus und Schule darstellen und Kinder dabei mit unterschiedlichen Interessen und Erwartungen konfrontiert werden, die sie miteinander vereinbaren (müssen).

Milne, Emily, und Janice Aurini. »Schools, cultural mobility and social reproduction: the case of progressive discipline«. *Canadian Journal of Sociology/Cahiers canadiens de sociologie* **(40) 1 2015. 51–74.**
In der Studie werden die Auswirkungen und Einflüsse des *Progressive Discipline (P. D.)*-Ansatzes an einer Schule in Ontario, Kanada, untersucht. Dieser Ansatz ist Teil eines neuen Schulprogramms, das sich an den individuellen schulischen und sozialen Bedürfnissen der Schülerinnen und Schüler ausrichtet und das PI erhöhen soll. Dabei ermöglicht der *P. D.*-Ansatz (als Ablösungsmodell für den *Zero-Tolerance*-Ansatz) größere Ermessensspielräume und mehr Milde für Lehrkräfte im Umgang mit disziplinarischen Strafen gegenüber Schülerinnen und Schülern bei Regelverstößen und größere Flexibilität und Aushandlungsoptionen zwischen den verschiedenen Akteursgruppen (Lehrkräfte, Schülerinnen und Schüler und Eltern). Damit wird auch PI stärker betont und schulisch gefördert. Bei der Frage nach den Konsequenzen des neuen Programms auf Schulpolitiken wird ein besonderes Augenmerk auf Aspekte der Reproduktion sozialer Ungleichheit anhand der Kategorie sozioökonomischer Status (SES) gelegt. In der Fallstudie wurden 44 Interviews mit Angestellten an der Schule (etwa Lehrkräfte, Schulleiterinnen/-leiter, Sozialarbeiterinnen/-arbeiter) geführt. Die Autorinnen zeigen u. a., dass *P. D.* es hauptsächlich Eltern mit hohem SES erlaubt, stärker Einfluss auf Disziplinarmaßnahmen für ihre Kinder zu nehmen. Dadurch kommt es zu ungleichen Bestrafungen von Schülerinnen und Schülern bei Regelverstößen, die sozialklassenspezifisch variieren. Eltern mit hohem SES haben einen starken Einfluss darauf, wie Dinge in der Schule geregelt werden; sie wissen, wie schulische Prozesse und das Schulsystem funktionieren, und besitzen die nötigen Ressourcen, um sich zum Vorteil für ihre Kinder einsetzen zu können. Eltern mit niedrigerem SES sind dagegen laut den interviewten Lehr- und Fachkräften an der Schule z. T. nicht damit vertraut, welche

Rechte und wie viel Mitsprachemöglichkeiten sie eigentlich haben. Die Lehrkräfte sind dabei nicht in der Lage, Eltern zurückzuhalten, die effektiv ihr Wissen um die schulisch-institutionellen Praktiken zugunsten ihres eigenen Kindes nutzen können.

Petrie, Jessica T., und Susan D. Holloway. »Mothers' representations of the role of parents and preschools in promoting children's development«. *Early Childhood Research & Practice* **(8) 2 2006, verfügbar unter http://ecrp.uiuc.edu/v8n2/petrie. html, abgerufen am 31.01.2017.**

In dieser US-Studie werden Prozesse mütterlicher Beteiligung in der Vorschule in den Blick genommen. Im Kontrast zu quantitativen Forschungen zu PI, die oftmals den sozioökonomischen Status der Eltern (SES) mit ihrer Beteiligung in Verbindung setzen, untersuchen die Autorinnen die Sichtweisen von Müttern auf ihre Rolle bei der Bildung ihrer Kinder sowie ihre Erwartungen an die Vorschulen; sie setzen dazu qualitative Interviews ein, um ein komplexeres Bild von PI nachzuzeichnen. Im Fokus steht dabei das Selbstwirksamkeitserleben der Mütter in Bildungsfragen ihrer Kinder. Befragt werden Mütter der Mittelklasse und der Arbeiterklasse (N=16), die aus einem größeren Sample stammen und nach relevanten Kriterien ausgewählt wurden (SES, Ethnizität, Bildungsabschluss, Selbstwirksamkeit). Die Befunde zeigen u. a., dass fast alle Mütter die akademischen, schulbezogenen Fähigkeiten ihrer Kinder zu Hause fördern. Mütter der Arbeiterklasse befürchten allerdings eher, die Kinder damit unter Druck zu setzen, als Mütter der Mittelklasse und tendieren zudem stärker dazu, Lehrkräfte als Ratgebende in Bildungs- und Erziehungsfragen und damit als Ressource zu nutzen, während Mütter der Mittelklasse stärker soziale Netzwerke (z. B. mit anderen Müttern) nutzen. Die Autorinnen resümieren, dass das typische Modell von PI die informellen Kontaktmöglichkeiten zu wenig berücksichtigt, die besonders von Müttern der Arbeiterklasse häufiger genutzt werden (etwa der beiläufige Austausch im Klassenzimmer).

Pirchio, Sabine, Elena Volpe und Traute Taeschner. »The role of parent-teacher involvement in child adjustment and behaviour in child-care centres«. *International Journal about Parents in Education* **(5) 2 2011. 56–64.**

Die Autorinnen gehen in Anlehnung an entsprechende Befunde aus der psychologischen Forschung davon aus, dass die Kooperation von Eltern und Fachkräften *(Educators)* in ECEC-Einrichtungen bereits in frühen Jahren den Schulerfolg von Kindern maßgeblich beeinflusst. In der Studie werden die Sichtweisen von Eltern und Fachkräften zu ihrer wechselseitigen Beziehung erfragt und die Art und Weise der Eltern-Fachkraft-Beziehung sowie die Kontaktfrequenz untersucht. Ziel ist es, den Zusammenhang zwischen dem Verhalten des Kindes, der Beziehung zwischen Eltern und Fachkraft sowie der Zufriedenheit der Eltern mit der Einrichtung festzustellen. Das Sample besteht aus fünf Einrichtungen *(Day-Care-Centres)* im Großraum Rom. Insgesamt nehmen 100 Familien, vorwiegend aus der Mittelschicht mit wenigen Kindern, sowie 29 weibliche Fachkräfte an einer Fragebogenerhebung teil. Das Durchschnittsalter der Kinder beträgt 27,7 Monate. Mit steigendem Alter der Kinder, so ein Ergebnis, nimmt die Kontakthäufigkeit zwischen Fachkräften und Eltern zu. Die Autorinnen interpretieren dies in Verbindung mit dem jungen Alter der teilnehmenden Kinder (im Unterschied zu anderen Studien, in denen ältere Kinder im Sample sind). Zudem wird anhand der Ergebnisse sichtbar, dass Eltern mit höheren Bildungsabschlüssen es als weniger notwendig empfinden, in Aktivitäten der Einrichtung involviert zu sein und mit den Fachkräften zu kommunizieren. Dies steht im Kontrast zu Befunden aus der Grundschulforschung, in denen niedrigere Bildungsabschlüsse mit niedrigerer Beteiligung korrelieren. Die Autorinnen kommen zu dem Schluss, dass die Zufriedenheit der Eltern mit materiellen Bestandteilen der Einrichtung *(Material Features)* (z. B. Qualität der physischen Umgebung, Gesundheit und Sicherheit) in Verbindung zu ihrer Zufriedenheit mit deren Bildungsangebot *(Educational Features)* steht. Darüber hinaus korreliert der Kontakt zwischen Fachkraft und Eltern aus Elternsicht negativ mit deren Alter, Bildung und Zufriedenheit mit der Kindertageseinrichtung und positiv mit der sozial-emotionalen Entwicklung und den motorischen Aktivitäten des Kindes.

Posey, Linn. »Middle- and upper-middle-class parent action for urban public schools: promise or paradox«. *Teachers College Record* **(114) 1 2012. 1–43.**
Vor dem Hintergrund, dass öffentliche Schulen *(Urban Public Schools)* in den USA, die insbesondere in ethnisch und kulturell vielfältigen und sozioökonomisch schlechter gestellten Stadtbezirken *(Districts)* liegen, von fehlenden Ressourcen geprägt und teilweise von Schulschließungen bedroht sind, wird in dieser Studie die Bedeutung von Elternengagement für solche Schulen betrachtet. In der qualitativen Fallstudie wird ethnographisch untersucht, wie die Beteiligung von Eltern der Mittel- und oberen Mittelklasse in, an und für eine Grundschule im städtischen Raum Muster sozialer Ungleichheits(re)produktion in öffentlichen Bildungsinstitutionen reduziert oder verschärft. Untersucht wird eine organisierte Elterninitiative in einer Großstadt in Kalifornien mittels teilnehmenden Beobachtungen in der Schule, bei Nachbarschaftstreffen und Veranstaltungen. Zudem wurden halbstrukturierte Interviews mit Eltern, Lehrkräften, Angestellten *(Staff)* und Gemeindemitgliedern *(Community Members)* sowie Dokumentenanalysen durchgeführt. Insgesamt werden 71 Interviews und 605 Stunden Beobachtungen dokumentiert. Die Befunde zeigen Elternengagement in der Schule und im Stadtteil als zweischneidiges Schwert. Die weißen Mittelschichtseltern wenden verschiedene Strategien an, um die Schule zu unterstützen und ihren Ruf zu stärken. Sie gründen Netzwerke (beispielsweise Spielgruppen für die Kinder bereits vor der Einschulung) und organisieren sich, um etwa durch Werbekampagnen (wie Spendenaktionen) finanzielle Ressourcen für die Schule zu akquirieren, wodurch sie die Aufmerksamkeit und das Interesse anderer Eltern der weißen Mittel- und oberen Mittelschicht wecken. Der Anteil der Schülerinnen und Schüler aus der weißen Mittelschicht an der Schule steigt, und eine ökonomisch wie auch sozial ressourcenstarke Klientel bestimmt einen größer werdenden Teil der Schülerinnen und Schüler. Einerseits profitiert die Schule von den materiellen Ressourcen, die von dieser Elterngruppe erarbeitet und für die Schule bereitgestellt werden, andererseits werden Kinder der Arbeiterklasse und aus Minderheiten aus der Schule verdrängt. Diversität und gleichberechtigte Zugänge zu Schule und Bildung werden so erschwert: Obwohl die Initiative der engagierten Eltern der Mittelschicht an ethnisch und kulturell diversen Schülerinnen und Schülern interessiert ist und Diver-

sität unterstützen will, wird diese Diversität gerade durch das elterliche Engagement vermindert.

Prakke, Bette, Arie van Peet und Kees van der Wolf. »Challenging parents, teacher occupational stress and health in Dutch primary schools«. *International Journal about Parents in Education* **(1) 0 2007. 36–44.**

In der niederländischen Studie geht es um die Selbstwahrnehmung von Lehrerinnen und Lehrern in Bezug auf ihre Fähigkeiten im Umgang mit anspruchsvollem Elternverhalten sowie um ihre Anstrengungen für eine gute Eltern-Lehrkraft-Beziehung und ihre Anfälligkeit für Stress, die sich daraus ergibt. These und Hintergrund der Studie ist die Ausgangsposition, dass ein anspruchsvolles Elternverhalten emotionale und physische Ressourcen der Lehrkräfte kostet. Die Datenerhebung umfasst 212 *Elementary School Teachers* in einer urbanen Gegend in West-Holland; dabei werden u. a. auch demographische Daten zu sozioökonomischem Status (SES), Ethnizität, Geschlecht und Familiensituation oder Lehrerfahrung erhoben. Um die Interaktion zwischen Lehrkraft und Eltern zu messen, wird jede Lehrkraft gebeten, sich Eltern mit besonders schwierigem Verhalten im aktuellen Schuljahr vorzustellen und Items des Fragebogens vor diesem Hintergrund zu beantworten. Ziel der Studie ist es, potentiell von Stress betroffene und gefährdete Lehrkräfte *(At-Risk Teachers)* zu identifizieren und präventive Maßnahmen in die Aus- und Weiterbildung der Lehrkräfte einzubinden. Dabei werden in der Studie, anders als in der bisherigen Forschung, persönliche Charakteristika der Lehrkräfte im Umgang mit schwierigen Situationen in den Blick genommen. Die Studie zeigt, dass es vier (von insgesamt sieben) Elterntypen sind, die stark mit Stress von Lehrkräften korrelieren: (1) *Unsatisfied Parents,* (2) *Overprotective Parents,* (3) *Neglectful Parents* und (4) *Excessively Worried Parents.* Lehrkräfte, die mit einem solchen Elternverhalten konfrontiert sind, fühlen sich durch den Umgang mit den Eltern frustriert, entwickeln gegenüber diesen negative Gefühle, sind unzufriedener mit ihrer Lehrtätigkeit und haben z. T. eher gesundheitliche Probleme. Als eine präventive Maßnahme schlagen die Autoren vor, Lehrkräfte, die besonders gefährdet oder potentiell von Stress betroffen sein können, frühzeitig zu erkennen und mittels Lehrkraft-Trainings an ihren Einstellungen zu Eltern zu arbeiten.

Smrekar, Claire, und Lora Cohen-Vogel. »The voices of parents: rethinking the intersection of family and school«. *Peabody Journal of Education* **(76) 2 2001. 75–100.**

Smrekar und Cohen-Vogel untersuchen mit ihrer US-amerikanischen Studie die Vorstellungen und Einstellungen zu Erziehung und Schule bei Eltern mit niedrigem Einkommen und aus ethnischen Minderheiten *(Low-income, Minority Parents)* um ihre Interaktionsmuster mit Schulen zu verstehen. Dazu werden halbstrukturierte Interviews mit 30 Eltern einer Schule in einer *Minority Community* in Nordkalifornien geführt, in der unterschiedliche ethnische Gruppen und Bewohnerinnen/Bewohner mit unterschiedlichem Erwerbsstatus leben (je zehn Eltern mit Kindern in der zweiten, vierten und sechsten Klassenstufe). Themen der Interviews sind die Schulerfahrungen der Eltern, ihre Ansichten über die Bedeutung von Bildung, ihre Rolle in der Schulbildung der Kinder sowie die Art der Interaktion mit der Schule. Die Ergebnisse zeigen, dass eine geringe Beteiligung von Eltern kein Zeichen mangelnden Interesses an der Entwicklung des eigenen Kindes ist. Eltern haben eine positive Einstellung gegenüber Schule und definieren ihre elterliche Rolle bezüglich Schule im Rahmen von Hausaufgabenbetreuung und der Teilnahme an Veranstaltungen oder Terminen in der Schule. Viele Eltern äußern Schwierigkeiten damit, engagierter zu sein, z. B. aufgrund fehlender Sprachkenntnisse. In den Elterninterviews zeigt sich zudem, dass Eltern ihre Rolle in der Schule oftmals als vorgeschrieben wahrnehmen, also als weitgehend festgelegt durch den formalen Rahmen und Verhaltensregeln im Austausch mit Lehrkräften sowie durch besondere sprachliche Codes, bürokratische Regeln und etablierte Abläufe im Bildungssystem. Die Autorinnen rekonstruieren verfestigte, institutionalisierte Rollenzuschreibungen in Bezug auf Eltern und Schule bzw. Lehrkräfte, die sich in den Vorstellungen der Eltern widerspiegeln (etwa, dass die aktive Rolle von Eltern zu Hause stattfinde und Eltern sich nicht in Schulangelegenheiten einmischen sollten). Die Beteiligungsmöglichkeiten für Eltern sind insofern stark vordefiniert, schulisch reguliert und formalisiert. Damit, so die Autorinnen, werden Eltern institutionell häufig lediglich als Konsumentinnen und Konsumenten in der Kommunikation mit Lehrkräften positioniert, da zeitliche Rahmen- und Themensetzungen von den schulischen Regeln und Normen (z. B. vorgegebene zeitliche Taktungen und fest verankerte institutionelle Logiken) ausgehen und häufig problemzentriert sind.

Spernes, Kari. »›I buy paraffin so he can read in the evening‹ – a study from Kenya about parental involvement in school«. *International Journal about Parents in Education* **(5) 1 2011. 24–35.**
Im Rahmen einer Fallstudie wird der Frage nachgegangen, ob bzw. wie Eltern in einem ländlichen Gebiet in Kenia in die Bildung ihrer Kinder involviert sind und welche Bedeutung dem Hintergrund der Eltern sowie ihrer Beteiligung in schulische Aktivitäten für die Bildungsoutcomes der Schülerinnen und Schüler zukommt. Interviewt werden zehn Eltern (drei Männer, sieben Frauen), deren Kinder sich im Klassenranking im oberen oder im unteren Bereich befinden und zum Erhebungszeitpunkt die achte Klasse besuchten. Außerdem werden der Schulleiter und ein Klassenlehrer interviewt. Auch wenn die Interviews als geleitetes Gespräch angelegt sind, werden sie meist im Frage-Antwort-Format durchgeführt, da es schwer ist, so die Autorin, die Eltern zum Erzählen zu bewegen. Die Erhebung der Daten erfolgt an einer staatlichen Grundschule *(Primary School)* in einem kleinen Dorf in Kenia; hier leben alle Schülerinnen und Schüler auf einfachen Farmen in traditionellen Häusern, meist ohne Elektrizität und Wasser. Zudem haben nur wenige Eltern ein Erwerbseinkommen. Die Schule hat 350 Schülerinnen/Schüler und 14 Lehrkräfte. Die Autorin findet keine empirischen Hinweise bei Schule und Eltern, die einer geteilten Verantwortung für Bildung entsprechen, wie sie von Epstein (2001) als bedeutsam herausgestellt wird. Der Schule kommt die Hauptverantwortung für die Bildung der Schülerinnen und Schüler zu, und Eltern sind kaum in die schulischen Arbeiten der Kinder involviert. Ihnen obliegt hingegen das Bereitstellen ökonomischer Ressourcen wie z. B. der Schuluniform. Hinsichtlich des Spracherwerbs stellt die Autorin fest, dass einige Eltern zu Hause sowohl ihre Muttersprache als auch die Schulsprache benutzen (sofern die Schulsprache

nicht die Muttersprache ist). Die Befunde zeigen damit eher eine sequentielle Verantwortlichkeit (*Sequential Responsibilities*; angelehnt an Epstein) von Familie und Schule. Insgesamt sieht die Autorin kaum eine Verbindung zwischen PI und den Bildungsoutcomes der Kinder.

Sylva, Kathy, Edward Melhuish, Pam Sammons, Iram Siraj-Blatchford und Brenda Taggart. *The effective provision of pre-school education [EPPE] project. Technical paper 12. The final report: effective pre-school education.* **Institute of Education University of London. London 2004.**

Die britische EPPE-Studie *(Effective Provision of Pre-school Education)* befasst sich mit der Frage nach den Effekten des Besuchs privater und öffentlicher vorschulischer Bildungseinrichtungen auf die kognitive und soziale Entwicklung von Kindern im Alter von drei bis sieben Jahren. Der Abschlussbericht zur Studie fasst mehrere Facetten der Wirksamkeit vorschulischer Bildung, Betreuung und Förderung zusammen; zudem formulieren die Autoren auf Basis der Befunde Empfehlungen für Politik und Praxis. Die EPPE-Studie ist längsschnittlich sowie multimethodisch (qualitativ und quantitativ) angelegt. Insgesamt wurden zu mehreren Messzeitpunkten Daten zu ca. 3.000 Kindern in 141 britischen vorschulischen Einrichtungen erhoben. Zum einen wurden standardisierte Beobachtungsinstrumente zur Erfassung der Qualität der Einrichtungen eingesetzt, mit denen z. B. gemessen wurde, inwieweit die Fachkräfte gegenüber den Kindern emotionale Wärme zeigen und auf ihre Bedürfnisse eingehen. Zur Erfassung der Qualität gehörte darüber hinaus auch die Feststellung des formalen Qualifikationsniveaus der Mitarbeitenden und des Leitungspersonals der Einrichtungen. Zum anderen wurden auch Merkmale der Familien erhoben, u. a. das Bildungsniveau der Eltern und die häusliche Lernumgebung, gemessen an der Häufigkeit von Eltern-Kind-Aktivitäten wie Vorlesen, Malen und Basteln; aufseiten der Kinder floss u. a. das Geschlecht in die Analysen ein. Neben dem Einfluss einer unterschiedlichen pädagogischen Qualität der Einrichtungen wurde auch der generelle Einfluss des Besuchs einer vorschulischen Einrichtung auf die kindliche Entwicklung untersucht; dazu diente ein Vergleich mit Kindern, die bis zum Schuleintritt zu Hause betreut werden. Die umfangreichen Ergebnisse der Studie lassen sich anhand einiger Schlaglichter zusammenfassen. Nicht nur der bloße Besuch frühpädagogischer Einrichtungen hat einen positiven Effekt auf die Entwicklung von Kindern, sondern zusätzlich auch die Qualität der frühen institutionellen Betreuung und Bildung – für Kinder in Einrichtungen mit hoher Qualität zeigen sich stärkere positive Effekte. Die anhand der standardisierten Beobachtungen der Bildungs- und Betreuungspraxis eingeschätzte Qualität hängt positiv mit dem formalen Ausbildungsniveau des Personals zusammen. Letzteres wirkt sich am deutlichsten auf die kindliche Entwicklung aus: So liegen die Lernzuwächse von Kindern in Einrichtungen mit höher qualifiziertem Personal über denen von Kindern in Einrichtungen mit weniger gut ausgebildeten Erzieherinnen und Erziehern. In Bezug auf den Anspruch, mithilfe früher Bildung soziale Ungleichheiten im Schulerfolg abzubauen, weist das Autorenteam darauf hin, dass sich sozioökonomisch benachteiligte Kinder in einer Einrichtung mit einer heterogenen Zusammensetzung der Kinder kognitiv und sozio-emotional positiver entwickeln als Kinder in Einrichtungen, die hauptsächlich von sozial benachteiligten Kindern besucht werden. Insgesamt zeigen sich für den Besuch – insbesondere von qualitativ hochwertigen – Einrichtungen langfristig nachweisbare Effekte auf die kognitive und soziale Entwicklung der Kinder; dies gilt sowohl bei Schuleintritt als auch noch im zweiten Schuljahr. Darüber hinaus können ebenfalls positive und langfristige Effekte der häuslichen Lernaktivitäten auf die kognitive und – weniger ausgeprägt – auch auf die soziale Entwicklung von Kindern nachgewiesen werden, unabhängig vom sozioökonomischen Hintergrund der Familie und dem Bildungsstand der Mutter. Dementsprechend schlussfolgern Sylva et al., dass politische und pädagogische Maßnahmen, die die Elternbildung und aktive Elternbeteiligung beim kindlichen Lernen zu Hause stärken, eine positive Rolle dabei spielen dürften, Benachteiligungen und Risikofaktoren abzubauen. Zusätzlich zu den quantitativen Ergebnissen berichtet das Autorenteam auch die Ergebnisse qualitativer Fallstudien in 12 besonders effektiven Einrichtungen und leitet aus diesen Empfehlungen für die Verbesserung frühpädagogischer Bildung und Betreuung ab.

Van Houte, Sabine, Lieve Bradt, Michel Vandenbroeck und Maria Bouverne-De Bie. »Professionals' understanding of partnership with parents in the context of family support programmes«. *Child & Family Social Work* **(20) 1 2015. 116–124.**
Das Autorenteam stellt eine hohe politische und wissenschaftliche Aufmerksamkeit für die Beziehung zwischen Fachkräften und Eltern in verschiedenen Settings der staatlichen Kinderfürsorge in Flandern (Belgien) fest. Die Beziehung soll als gleichberechtigte Partnerschaft ausgestaltet sein. Während zahlreiche Wissenschaftlerinnen und Wissenschaftler das Konzept begrüßen, betonen andere die Mehrdeutigkeit eines solchen Konzeptes, die sich vor allem in der Praxis zeigt. Auf dieser Basis dokumentiert der Beitrag Befunde einer qualitativen Studie, in der untersucht wird, wie Fachkräfte Beziehungen zu Eltern in ihrer täglichen Praxis ausgestalten. Fokussiert werden in qualitativen (Gruppen-)Interviews die Sichtweisen von Fachkräften (N=58), die in einem belgischen Familienunterstützungsprogramm (*Centres for Childcare and Family Support*, CKG) an verschiedenen Standorten tätig sind. Der Fokus der Programme liegt auf Eltern mit Kindern von 0 bis 6 Jahren. Es zeigt sich, dass Eltern selten in Entscheidungsprozesse einbezogen werden, etwa ob die Unterstützungsleistung bei den Familien zu Hause stattfinden soll oder ob zukünftig noch professionelle Hilfe vonnöten sein wird. Es können drei Interaktionsformen identifiziert werden: informierend *(Informing)*, anweisend *(Instructing)* und motivierend *(Motivating)*. Auf Basis der Befunde hebt das Autorenteam zwei Aspekte besonders hervor. Erstens zeigen die Interviews eine Spannung zwischen der bekundeten Bereitschaft der interviewten Fachkräfte, Eltern gleichberechtigt einzubeziehen, und den Vorstellungen über (nicht vorhandene) elterliche Möglichkeiten, im besten Interesse des Kindes zu handeln. Die Fachkräfte verwenden viel Zeit darauf, Eltern über Abläufe oder ihre Rechte zu informieren; allerdings sind Eltern in zentralen Entscheidungsmomenten (etwa über den Zugang zum CKG, Formen und Angemessenheit von Interventionen, die die Familie betreffen, sowie die Entscheidung darüber, ob eine Familie weitergehend Unterstützung bekommen soll oder nicht) durchgängig ausgeschlossen. Zweitens initiieren in allen drei genannten Interaktionsformen die Fachkräfte die

Interaktionen. Dabei haben sie die Vorstellung, dass es Eltern grundsätzlich an Wissen, Willen oder Möglichkeiten fehlt; es wird stärker auf Erwartungen an Eltern Bezug genommen als auf eine wechselseitige Beziehung mit ihnen. Selbst die Betonung einer vertrauensvollen Beziehung ist primär auf Interaktionsziele der Intervention gerichtet. Das Autorenteam betont, dass es paradox ist, im Kontext einer deutlichen Situation der Ungleichheit zwischen den Beteiligten (sprachlich) auf Gleichheit Bezug zu nehmen. Daraus resultiert ein instrumentelles Verständnis von Partnerschaft, bei dem es im Vordergrund steht, die gewünschten *Outcomes* der professionellen Interventionen zu realisieren.

Van Voorhis, Frances L., Michelle F. Maier, Joyce L. Epstein und Chrishana M. Lloyd. *The impact of family involvement on the education of children ages 3 to 8. A focus on literacy and math achievement outcomes and social-emotional skills.* **Hrsg. MDRC. New York 2013.**

Ausgehend von der Annahme, dass *Family Involvement* mit den Resultaten von Kindern in vorschulischen Einrichtungen und in den ersten Schuljahren positiv korreliert, interessieren sich die Autorinnen primär dafür, *wie* Familien das Lernen ihrer Kinder zu Hause und in der Schule beeinflussen. Sie fragen, wie die Entwicklung von Partnerschaften zu positiven *Outcomes* bei Kindern führen kann. Der Report fasst die Befunde von 95 Studien (z. T. Interventionsstudien) der letzten zehn Jahre zusammen, die sich mit dem Einfluss familialer Beteiligung an Lernaktivitäten in der Schule oder zu Hause auf die literarischen, mathematischen und sozial-emotionalen Fähigkeiten von Kindern im Alter von drei bis acht Jahren befassen. Dazu werden die Studien – in Anlehnung an Epstein – in vier Kategorien aufgeteilt: (1) Lernaktivitäten zu Hause, (2) familiale Beteiligung in der Schule, (3) Aktivitäten von Schule und Lehrkräften zum Einbezug von Familien und (4) Unterstützung von Eltern in Erziehungsfragen. Ein Großteil der Studien legt nahe, dass der familialen Beteiligung eine Bedeutung für die genannten kindlichen akademischen Fähigkeiten zukommt; einige Studien zeigen auch positive Korrelationen mit den sozialen Fähigkeiten. Den geringsten Zusammenhang gibt es zwischen der familialen Beteiligung in der Schule/Einrichtung und den kindlichen Outcomes. In der Zusammenfassung der Studien wird deutlich, dass alle Eltern, unabhängig von ihren sozioökonomischen oder ethnischen Hintergründen, durch entsprechende Anleitung (etwa konkrete und umsetzbare Angebote zu Lese- und Rechenübungen mit den Kindern) stärker engagiert sein können. Zudem machen sie deutlich, dass sich durch eine engagiertere Haltung der Eltern die schulischen Ergebnisse (Fähigkeiten in Lesen und Mathematik, sozial-emotionale Kompetenzen) der Kinder verbessern.

Vincent, Carol, Nicola Rollock, Stephen Ball und David Gillborn. »Intersectional work and precarious positionings: black middle-class parents and their encounters with schools in England«. *International Studies in Sociology of Education* **(22) 3 2012. 259–276.**

In der englischen Studie wird untersucht, wie der intersektionale Zusammenhang von *Race* und *Class* die elterlichen Strategien von schwarzen Mittelschicht-Eltern *(Black Middle-Class)* beeinflusst, mit Schule und Lehrkräften zu interagieren. Es werden 77 halbstrukturierte Interviews mit 62 Eltern geführt (davon 13 Väter), die sich selbst als afro-karibisch *(Black Caribbean)* bezeichnen. Alle Eltern haben mindestens ein Kind zwischen acht und 18 Jahren. Mit 15 Eltern wird ein Folgeinterview geführt. Es zeigt sich, dass Klassenzugehörigkeit und explizit mittelschichtsaffine Praktiken von den Eltern als Ressourcen genutzt werden, um rassistische Zuschreibungen und Positionierungen abwehren zu können. Die interviewten Eltern erzählen über ihre Strategien, ihre Kinder selbst im privaten Raum vertieft zu fördern, sie besonders gepflegt zur Schule zu schicken oder mit Attributen eines guten Lerners/einer guten Lernerin auszustatten, um sie vor Vorurteilen schützen und minder hohe Erwartungen von Lehrkräften aufgrund der Hautfarbe ihres Kindes vermeiden zu können.

Vuorinen, Tuula, Anette Sandberg, Sonja Sheridan und Pia Williams. »Preschool teachers' views on competence in the context of home and preschool collaboration«. *Early Child Development and Care* **(184) 1 2014. 149–159.**
In Schweden sind Kindertageseinrichtungen (*Preschools* für Kinder von 1 bis 5 Jahren) durch ein nationales Vorschulcurriculum dazu angehalten, mit Eltern zusammenzuarbeiten. Dafür werden unterschiedliche Vorgaben formuliert, etwa dass sich Fachkräfte für die Entwicklung einer guten Beziehung mit den Familien der Kinder verantwortlich fühlen sollen. Im Kontext der curricularen Vorgaben interessieren sich die Autorinnen in ihrer qualitativ-inhaltsanalytischen und interviewgestützten Studie dafür, welche professionellen Kompetenzen für eine solche Zusammenarbeit aus der Perspektive von Fachkräften (*Preschool Teachers*, N=30)[143] als notwendig und wichtig erachtet sowie für Eltern sichtbar werden. Die Ergebnisse zeigen zum einen, dass die Fachkräfte bewusst daran arbeiten, auf spezifische curriculumsrelevante Kompetenzen bezüglich des Lernens der Kinder und ihrer Entwicklung aufmerksam zu machen. Zum anderen halten Fachkräfte im Besonderen ihre sozialen Fähigkeiten (wie die Fähigkeit, Kontakt herzustellen und aufrechtzuerhalten) für bedeutsam für die Zusammenarbeit zwischen Familie und Einrichtung. Einige Fachkräfte nehmen allerdings wahr, dass sich die Eltern weniger für die Fähigkeiten der Fachkraft zur Lernförderung des Kindes als für ihre Fähigkeiten zur Förderung des kindlichen Wohlbefindens und gute Kinderbetreuung *(Childcare)* interessieren. Während die Fachkräfte dementsprechend v. a. versuchen, die curricularen Vorgaben zum kindlichen Lernen in der Einrichtung als wichtigen Teil ihrer Kompetenzen sichtbar zu machen, nehmen sie von Seiten der Eltern Ansprüche wahr, die stärker auf personale Kompetenzen wie soziale und kommunikative Fähigkeiten und Erfahrung der Fachkräfte gerichtet sind. Die von den Fachkräften als bedeutsam erachteten Kompetenzen und die Kompetenzen, die aus ihrer Sicht von Eltern nachgefragt werden, stimmen demnach nicht immer überein.

Vyverman, Veerle, und Nicole Vettenburg. »Parent participation at school: A research study on the perspectives of children«. *Childhood* **(16) 1 2009. 105–123.**
In der Studie werden die Einstellungen und Wahrnehmungen von Kindern zur formellen, informellen und nicht-organisierten Beteiligung von Eltern in der Schule

---

[143] Die Beforschten wurden teils über ihr Interesse an der Studie ausgewählt, teils wurden sie von Seiten der Leitung oder der Managementebene als besonders ›kompetent‹ empfohlen.

untersucht und ebenso, inwiefern sich diese von denjenigen der Eltern unterscheiden. Entgegen der allgemeinen Sichtweise wissenschaftlicher Studien argumentieren die Autorinnen, dass Kinder einen bedeutsamen Einfluss auf die Meinung ihrer Eltern haben und ihre Einstellung ebenfalls bedeutsam für Erfolg oder Misserfolg der elterlichen Partizipation ist. Das Geschlecht und der Grad der sozialen Benachteiligung werden dabei als mögliche Einflussfaktoren untersucht. Das Erkenntnisinteresse richtet sich auch auf die Frage, inwiefern die Sicht der Kinder von Geschlechterverhältnissen oder der sozialen Zusammensetzung der Schule beeinflusst ist. In der quantitativen, nicht repräsentativen Studie wurden 10-jährige Jungen und Mädchen (N=250) in Flandern (Belgien) aus sozial benachteiligten und nicht benachteiligten Schulen (ländlich/städtisch) anhand schriftlicher Fragebögen interviewt. Die Daten zeigen, dass die Kinder der elterlichen Beteiligung an Schule eher positiv gegenüberstehen. Dies unterscheidet sich jedoch nach Art der Beteiligung. Sie präferieren die häusliche Beteiligung (z. B. Hausaufgabenhilfe). Knapp 30 Prozent der Befragten lehnen eine Anwesenheit ihrer Eltern in der Schule ab, wobei 10 Prozent der Kinder davon ausgehen, dass ihre Eltern dies auch ohne ihre Zustimmung tun würden. Geschlechterunterschiede gibt es auf einer affektiven Ebene zunächst nicht: Jungen und Mädchen mögen elterliche Beteiligung gleichermaßen. Bei Jungen findet sich jedoch eine negativere Einstellung, wenn Eltern ihnen sagen, was sie tun oder lassen sollen. Mädchen haben generell eine positivere Einstellung dazu, mit ihren Eltern über das allgemeine Geschehen in der Schule zu sprechen, und sie bewerten auch die Anwesenheit von Eltern bei Elternabenden oder deren Kontakt zu Lehrkräften positiver. Darüber hinaus mögen Kinder aus weniger privilegierten Schulen die Beteiligung ihrer Eltern lieber und geben auch an, dass ihre Eltern mehr partizipieren. Kinder aus privilegierteren Schulen hingegen geben ein geringeres Ausmaß der Beteiligung ihrer Eltern an schulischen Belangen an. Selbst wenn Kinder generell elterlicher Beteiligung positiv gegenüberstehen, folgern die Autorinnen, trifft dies nicht auf alle Typen der Beteiligung zu.

Wissink, Inge B., und Mariette de Haan. »Teachers' and parental attribution for school performance of ethnic majority and minority children«. *International Journal of Higher Education* **(2) 4 2013. 65–76.**
Ausgehend von der Beobachtung, dass Kinder aus Familien ethnischer Minderheiten schlechtere Schulerfolge erzielen als solche aus Familien der Mehrheitsgesellschaft, werden in dieser niederländischen Studie Gespräche zwischen Eltern von Kindern im 4. Grundschuljahr mit den Lehrkräften der Kinder analysiert. Es wird gefragt, ob und wie sich die subjektiven Erklärungsmuster für den Schulerfolg der Kinder zwischen Eltern und Lehrkräften unterscheiden und welche Rolle dabei die ethnische Herkunft der Kinder spielt. Wissink und de Haan bearbeiten diesen Zusammenhang vor dem Hintergrund psychologischer Attributionstheorien. Die analysierten Elterngespräche (N=54; davon 15, die einer ethnischen Minderheit angehören) hatten das Abschneiden des Kindes in einem Leistungstest und die daraus folgende Empfehlung für die weiterführende Schule zum Inhalt und fanden an vier Schulen in multi-ethnischen Stadtteilen niederländischer Großstädte statt. Die Befunde zeigen, dass Lehrkräfte die Schulleistungen von Kindern aus Familien

ethnischer Minderheiten eher als Folge von Anstrengung betrachten. Schlechte Leistungen dieser Kinder werden allerdings nicht durch fehlende Anstrengung erklärt, sondern eher durch begrenzte Fähigkeiten der Kinder. Schlechte Leistungen von Kindern aus Familien der Mehrheitsgesellschaft werden hingegen häufiger auf psychologische Faktoren wie fehlende Motivation und Konzentration zurückgeführt. Diese Differenzen in der Sicht der Lehrkräfte korrespondieren weitgehend mit den unterschiedlichen Zuschreibungen der Eltern aus der Mehrheitsgesellschaft und derer, die einer ethnischen Minderheit angehören. Eltern der Mehrheitsgesellschaft, so die Autorinnen, seien eher daran gewöhnt, psychologische Faktoren in die Erklärung der Schulleistungen ihres Kindes einzubeziehen. Die Lehrkräfte wiederum würden offenbar bei Eltern aus Minderheitengruppierungen häufig davon ausgehen, dass diese ihre Kinder stärker unter Druck setzen, und wollten die Kinder daher vor den Leistungsansprüchen der Eltern bewahren. Ein weiterer zentraler Befund ist, dass nicht nur Unterschiede in der inhaltlichen Attribuierung von Schulerfolg durch die Lehrkräfte beobachtet werden konnten, sondern darüber hinaus auch in der Gesprächsführung. Gespräche zwischen Lehrkräften und Eltern aus der Mehrheitsgesellschaft würden demnach eher bi-direktional geführt. Das heißt, Eltern und Lehrkräfte ergänzen sich wechselseitig in ihrer Einschätzung und kommen eher zu einer gemeinsamen Einschätzung bezüglich der Schulleistungen des Kindes. Die Gespräche zwischen Minderheiteneltern und Lehrkräften seien demgegenüber eher uni-direktional und somit von einer Opposition zwischen Eltern und Lehrkraft gekennzeichnet. Mit Blick auf pädagogisch-praktische Schlussfolgerungen aus ihrer Studie empfehlen die Autorinnen, dass Lehrkräfte verstärkt darin geschult werden sollten, die eigenen Referenzrahmen einerseits sowie die (kulturell gefärbten) Erklärungsmuster und Wahrnehmungen von Eltern andererseits zu reflektieren, um mit den Eltern unabhängig von deren ethnischer Herkunft eine bessere Partnerschaft zur Sicherstellung des Schulerfolgs des Kindes eingehen zu können.

Zaoura, Alexandra, und Carol Aubrey. »Home-school relationships in primary schools. Parents' perspectives«. *International Journal about Parents in Education* **(5) 2 2011. 12–24.**
Die qualitative Studie befasst sich mit der Perspektive von Eltern auf die Beziehungen zwischen Familie und Schule *(Home-School-Relationships)* im Zuge der begonnenen Reformen im Schulsystem Zyperns, die auch eine Neujustierung der zuvor wenig ausgeprägten Eltern- und Schulzusammenarbeit beinhalten. Unter Berücksichtigung der Ungleichheitsdimensionen sozioökonomischer Status (SES), Ethnizität und Gender werden mittels teilstrukturierter Interviews mit 16 Eltern aus sechs Grundschulen unterschiedlicher Einzugsgebiete die Praktiken der Elternbeteiligung an der Schule (4., 5. und 6. Klassenstufe, Alter der Kinder zwischen neun und zwölf Jahren) sowie ihre Bildungsaspirationen, Sichtweisen und ihr Verständnis von PI untersucht. Alle Eltern halten Zusammenarbeit für essentiell in Bezug auf das Bildungsniveau der Kinder *(Children's Attainment)*, und Bildung wird größtenteils als beiderseitige Verantwortung von Schule und Elternhaus betrachtet, wobei es Differenzen darüber gibt, wer die Hauptverantwortung trägt. Aus der Perspektive der Eltern erscheint die Kommunikation zwischen Familie und Schule auf wenige

Gelegenheiten eingegrenzt, wie Elternabende oder von der Schule oder der *Parent Association* (PA) organisierte Aktivitäten. Weitere Formen der Kommunikation wie Briefe oder Telefonate scheinen von der Initiative einzelner Lehrkräfte abzuhängen. Die meisten Eltern verstehen es dabei als Aufgabe der Lehrkräfte, Kommunikation anzubahnen und Möglichkeiten der Beteiligung zu schaffen. Die Sichtweisen auf PI und die Formen der Beteiligung (Elternsprechtage, Kommunikationssituationen und Beteiligung in der PA) divergieren stark zwischen den Eltern, so das Ergebnis der Studie. Einige Eltern kritisieren beispielsweise die in der PA besprochenen Themen (Finanzielles und Organisatorisches) als unwichtig, da es nie um die Kinder an sich geht. Unterschiedliche Ansichten bestehen zudem in der Frage nach dem Ausbau extracurricularer Elternaktivitäten an der Schule, mit denen Eltern mehr Kontakt und Präsenz an der Schule ermöglicht werden soll. Dies wird von Eltern teilweise begrüßt, jedoch aufgrund des zeitlichen Aufwands und der Ressourcen auch als schwierig erachtet. In der Frage, ob Eltern auf der schulischen Entscheidungsebene partizipieren sollten, sind Eltern ebenfalls geteilter Meinung; sie befürchten u. a., dass Eltern individualistische und nur auf ihre eigenen Kinder bezogene Entscheidungen treffen könnten. Während die Eltern sich grundlegend positiv für mehr Möglichkeiten zur Beteiligung aussprechen, heben die Autorinnen die Bedeutung des sozialen und kulturellen Kapitals einzelner Familien für deren eigene Beteiligung an Schule hervor. Eltern, deren Leben und Haltungen den Vorstellungen von Schule stärker entsprechen, engagieren sich damit eher in den Schulen, z. B. in der PA, als Eltern mit weniger privilegierten Hintergründen.

Die Autorinnen

Tanja Betz hat Psychologie, Pädagogik, Soziologie und Mediation an der Universität Trier und der Fernuniversität Hagen studiert und war mehrere Jahre als Schulmediatorin im Ruhrgebiet tätig. Promoviert hat sie über »Ungleiche Kindheiten« im Rahmen einer Sozialberichterstattung über Kinder in Deutschland. Für ihre Dissertation wurde sie mit dem Förderpreis für den wissenschaftlichen Nachwuchs vom Freundeskreis Trierer Universität e. V. ausgezeichnet. Als Leiterin der Arbeitsstelle Kinder- und Jugendpolitik und der Geschäftsstelle des Bundesjugendkuratoriums war sie mehrere Jahre am Deutschen Jugendinstitut e. V. in München insbesondere in der Politikberatung aktiv. 2010 wurde sie für ihr innovatives Forschungsprojekt EDUCARE mit einem Schumpeter Fellowship der VolkswagenStiftung ausgezeichnet. Nach ihrer Tätigkeit als Juniorprofessorin für Professionalisierung im Elementar- und Primarbereich an der Goethe-Universität Frankfurt am Main im Fachbereich Erziehungswissenschaften und im LOEWE-Forschungszentrum »Individual Development and Adaptive Education of Children at Risk« (IDeA), ist sie seit 2015 Professorin für Kindheitsforschung und Elementar-/Primarpädagogik an der Goethe-Universität und Direktorin des Instituts für Pädagogik der Elementar- und Primarstufe. Ihre Forschungsbereiche erstrecken sich auf die sozialwissenschaftliche Bildungs- und Kindheitsforschung in der Altersgruppe null bis zehn Jahre. Sie forscht und lehrt zu den Akteuren wie pädagogischen Fachkräften, Lehrkräften, Eltern, Kindern, (fach-)politischen und wissenschaftlichen Akteuren sowie den Institutionen des Kinderlebens wie Kindertageseinrichtungen, Grundschulen und Familien und fragt nach ihrem Beitrag zur Kompensation ungleicher Startchancen bzw. zur Re-Produktion von sozialer Ungleichheit. Ein weiterer Forschungsschwerpunkt liegt in der Analyse des Zusammenhangs von gesellschaftlichen und organisationalen Kontexten Kontexten und dem professionellen Handeln im Elementar- und Primarbereich. Seit 2013 ist sie Mitglied in der Expertenrunde »Familie und Bildung: Politik vom Kind aus denken« der Bertelsmann Stiftung.

Stefanie Bischoff hat Grund- und Hauptschullehramt (Erstes und Zweites Staatsexamen) sowie Erziehungswissenschaften an der Pädagogischen Hochschule Freiburg i. Br. studiert. Promoviert hat sie im Rahmen ihrer wissenschaftlichen Tätigkeit in dem von der VolkswagenStiftung geförderten Projekt »EDUCARE – Leitbilder ›guter Kindheit‹ und ungleiches Kinderleben« an der Goethe-Universität Frankfurt am Main und am LOEWE-Forschungszentrum »Individual Development and Adaptive Education of Children at Risk« (IDeA). Ihre Dissertation mit dem Titel »Habitus und frühpädagogische Professionalität. Eine qualitative Studie zum Denken und Handeln von Fachkräften in Kindertageseinrichtungen« wird in Kürze im Beltz Juventa Verlag erscheinen. Seit 2010 ist sie wissenschaftliche Mitarbeiterin am Fachbereich Erziehungswissenschaften der Goethe-Universität Frankfurt am Main im Arbeitsbereich Kindheitsforschung und Elementar-/Primarpädagogik geleitet von Professorin Tanja Betz. Aktuell arbeitet sie im Kooperationsprojekt zwischen Goethe-Universität und Bertelsmann Stiftung »Kinder zwischen Chancen und Barrieren – Wie Eltern, Kinder, Kita & Schule interagieren« und forscht zu den Handlungsorientierungen, Überzeugungen und dem Handeln von Eltern, pädagogischen Fach- und Lehrkräften. Sie ist Mitglied in der Deutschen Gesellschaft für Soziologie, assoziiertes Mitglied in der Deutschen Gesellschaft für Erziehungswissenschaft und Mitglied im überregionalen Kolloquium »Milieu- und Habitusforschung«. Ihre Forschungsinteressen liegen im Bereich frühe Bildung und Kindheitspädagogik mit Blick auf soziale (Bildungs-)Ungleichheitsverhältnisse. Ein weiterer Schwerpunkt liegt auf der Erforschung von (Re-)Produktionsprozessen sozialer Ungleichheit mit den Theoriekonzepten Pierre Bourdieus.

Die Autorinnen

Nicoletta Eunicke hat an der Georg-August Universität Göttingen und an der Universität Kapstadt (Südafrika) Soziologie und Sport im Bachelor studiert. An der Goethe-Universität Frankfurt am Main absolvierte sie ihren Master in Soziologie mit Auszeichnung und begann bereits im Studium als studentische Hilfskraft im Arbeitsbereich von Professorin Tanja Betz zu arbeiten. In ihrer Masterarbeit beschäftigte sie sich mit der Frage, wie 9- und 10-jährige Kinder ihre Lebensgeschichte erzählen. Aktuell arbeitet sie im Kooperationsprojekt zwischen Goethe-Universität und Bertelsmann Stiftung »Kinder zwischen Chancen und Barrieren – Wie Eltern, Kinder, Kita & Schule interagieren«. Ihre Forschungsinteressen erstrecken sich über Methoden der Forschung mit Kindern und der Verbindung von Familien- und Kindheitsforschung. In ihrer Promotion am Fachbereich Erziehungswissenschaften der Goethe-Universität interessiert sie sich aus kindheitstheoretischer und intersektionaler Perspektive für das *doing family* an der Schnittstelle von Familie und Grundschule. Sie ist Mitglied in der Kommission zur Forschungsethik des Fachbereichs Erziehungswissenschaften der Goethe-Universität. Weiterhin ist sie Mitglied in der Deutschen Gesellschaft für Soziologie, in den DGS-Sektionen Soziologie der Kindheit sowie Biographieforschung und assoziiertes Mitglied in der Deutschen Gesellschaft für Erziehungswissenschaft.

Laura B. Kayser hat an den Universitäten Darmstadt und Frankfurt am Main Soziologie, Kulturanthropologie und Europäische Ethnologie studiert. Seit 2013 arbeitet sie als wissenschaftliche Mitarbeiterin am Fachbereich Erziehungswissenschaften der Goethe-Universität Frankfurt am Main im Arbeitsbereich Kindheitsforschung und Elementar-/Primarpädagogik. Aktuell arbeitet sie im Kooperationsprojekt zwischen Goethe-Universität und Bertelsmann Stiftung »Kinder zwischen Chancen und Barrieren – Wie Eltern, Kinder, Kita & Schule interagieren«. In ihren Forschungsprojekten und in der universitären Lehre beschäftigt sie sich mit Fragen der Reproduktion sozialer Ungleichheiten in Kitas und Grundschulen. Sie lehrt u. a. zum Zusammenhang von Kindheit und sozialer Ungleichheit (Klasse/Milieu, Generation) und dem Verhältnis von Familie und Grundschule, sowie Methoden der Kindheitsforschung. Ihr besonderes Interesse gilt Kindern als gesellschaftlich relevanten Akteuren, ihrem Denken und

Handeln in ihren verschiedenen Lebensbereichen wie z. B. in der Familie und in Bildungsinstitutionen. In ihrem qualitativen Promotionsvorhaben mit 8- bis 9-jährigen Kindern verbindet sie Konzepte der sozialwissenschaftlichen Kindheitsforschung mit der Habitus- und Milieuforschung im Anschluss an Bourdieu und untersucht, wie Kindheit mit gesellschaftlichen Klassen- bzw. Milieuverhältnissen zusammenhängt. Sie ist Mitglied in der Deutschen Gesellschaft für Soziologie und im Sprecherinnenrat der DGS-Sektion Soziologie der Kindheit sowie Sprecherin des Nachwuchsnetzwerks der Sektion Soziologie der Kindheit. Zudem ist sie assoziiertes Mitglied der Deutschen Gesellschaft für Erziehungswissenschaft.

Katharina Zink hat an der Goethe-Universität Frankfurt am Main Erziehungswissenschaft im Bachelor und Master studiert und arbeitete dort von 2014 bis 2016 als studentische Mitarbeiterin am Fachbereich Erziehungswissenschaften und im Arbeitsbereich Kindheitsforschung und Elementar-/Primarpädagogik. Seit 2016 ist sie als freie Wissenschaftlerin im Kooperationsprojekt zwischen Goethe-Universität und Bertelsmann Stiftung »Kinder zwischen Chancen und Barrieren – Wie Eltern, Kinder, Kita & Schule interagieren« tätig und an der Forschung zu den Handlungsorientierungen, Überzeugungen und dem Handeln von Eltern sowie pädagogischen Fach- und Lehrkräften beteiligt. In ihrer wissenschaftlichen Arbeit interessiert sie sich für gesellschaftstheoretische Bezüge in der Erziehungswissenschaft. Ihre Masterarbeit hat sie zum Thema Erbringung und Erbringbarkeit sozialer Dienstleistungen für Jugendliche in einem kleinstädtischen Kontext verfasst und beschäftigte sich mit sozialer Ungleichheit und Prozessen sozialer Ausschließung.

Abstract

The opportunities that children and young people in Germany have to access education and participate in society are not equally distributed. If educational inequality is to be reduced effectively, empirical studies are needed on how it arises and becomes entrenched – especially at the intersection of educational institution and family. The ultimate goal of an educational partnership and, consequently, better cooperation with and inclusion of parents in early childhood education and care (ECEC) centers and schools is to improve children's educational chances. That is the ideal, yet it has been the subject of very little research, especially in Germany. The empirical understanding of partnership, parental participation and cooperation is thus limited. This book is designed to rectify that situation, and it does so by treating the following questions: What form does this intersection take? What form should it take and which (inequality-relevant) consequences thereby result for the actors immediately involved, the teachers, educational practitioners, parents and children?

To answer these questions, the micro-level of social interactions is linked to macro-phenomena of social and educational inequality. In a first step, empirical observations are made of how the educational partnership is conceived and framed on multiple levels in Germany, i.e. in terms of legal requirements, educational policy management, and activities in the field. To that end, key documents are examined: the states' laws governing schools; federal and state laws governing ECEC centers; the states' educational plans; and practice-oriented publications for ECEC centers and primary schools. In a second step, more than 130 national and international studies examining parental participation, cooperation and partnership in ECEC centers and primary schools are systematized and analyzed. The international perspective allows for a consideration of findings and arguments that have been little received in the German debate until now. This provides a differentiated and more comprehensive understanding of how parental participation, cooperation and partnership take place at the micro level and to what extent they influence the genesis and entrenchment of educational inequality. In addition, brief profiles are given of 50 national and international studies examining these issues, revealing the scope and multifaceted nature of the overall research on this subject.

Finally, the findings are used to derive implications for the legal framework, education policy management and activities in the field. Six problem and practice areas are then identified that reveal blind spots in the current discussion and research. This sheds light on future research requirements and the questions that remain open given the lack of research and findings, which are needed to determine how the interface of educational institution and family should be shaped in terms of policy and practice.